HER-BAK

« POIS CHICHE »

En souvenir
d'une rencontre
fraternelle

Du même auteur

« AOR » R. A. Schwaller de Lubicz. Sa vie, son œuvre, La colombe, 1963.

Her-Bak, « disciple » de la sagesse égyptienne, Flammarion, Champs, 1980.

La Lumière du chemin, rééd. MCOR/La table d'émeraude, 2003.

L'Ouverture du chemin, rééd. MCOR/La table d'émeraude, 2004.

Contribution à l'égyptologie, rééd. MCOR/La table d'émeraude, 2006.

ISHA SCHWALLER DE LUBICZ

HER-BAK
« POIS CHICHE »

VISAGE VIVANT DE L'ANCIENNE ÉGYPTE

ILLUSTRATIONS DE LUCIE LAMY

Champs classiques

ISBN : 978-2-0812-1795-9

PRÉFACE DE L'AUTEUR

La première édition de Pois Chiche Her-Bak *— exécutée au Caire en édition privée à tirage limité — fut détruite dans l'incendie de l'imprimerie Schindler pendant les émeutes du 26 janvier 1952.*

Nous avons profité de cette nouvelle édition pour modifier le groupement et la présentation de ces ouvrages, afin de donner aux lecteurs les illustrations et documentations qui faciliteront la compréhension des sujets traités.

Ces illustrations sont l'œuvre de Lucie Lamy dont les dessins, scrupuleusement précis, ont été relevés sur les décorations murales des tombes. La table des figures en donne les références.

Cette nouvelle présentation de Her-Bak Pois Chiche, « Visage vivant de l'Ancienne Égypte », *décrit la formation préliminaire de Pois Chiche : par les leçons de la Nature et de l'artisanat, puis du Temple extérieur.*

Nous y avons adjoint un Appendice documentaire *qui résume les données classiques actuelles sur l'Égypte Ancienne, avec les explications nécessaires pour mieux la comprendre dans sa réalité.*

Je veux ici rendre hommage à notre cher collaborateur disparu, Alexandre Varille, ancien membre de l'Institut français d'Archéologie orientale du Caire, expert scientifique au Service des Antiquités d'Égypte, membre correspondant de l'Académie des sciences, belles-lettres et arts de Lyon. Sa critique très sûre, appuyée sur une érudition égyptologique incontestée, avait inlassablement contrôlé l'exactitude de mes assertions sur l'Enseignement du Temple égyptien. Sa pensée restera toujours associée à la nouvelle floraison de l'œuvre entreprise par le groupe de Luxor.

ISHA SCHWALLER DE LUBICZ

AVANT-PROPOS

Le double nom « Pois Chiche-Her-Bak » est le programme de cet ouvrage.

Si l'on veut connaître et comprendre l'Ancienne Égypte, on ne peut pas séparer son « visage vivant », plein d'humour et de charme, de son visage hiératique dont chaque expression est un enseignement.

Qu'il s'agisse de faits de la vie quotidienne dépeints dans les tombes des « particuliers », ou des exploits sportifs d'un Pharaon, ou de certains récits mythologiques émaillés de détails apparemment licencieux, on peut être certain que sous ces images concrètes sont enseignés des principes abstraits, révélateurs de lois fondamentales.

Le nom des personnages joue un rôle considérable. La valeur symbolique des noms, utilisée comme élément initiatique, est attestée dans d'innombrables textes. Même le nom des choses témoigne du souci constant d'établir la relation entre l'objet et sa qualité essentielle ou sa fonction : tel le nom de l'or — *neb* ou *noub* — qui désigne également le maître ou le seigneur, parce qu'il exprime la qualité d'équilibre caractérisante du plus noble des métaux comme de la maîtrise humaine ; tel encore le mot *men*, expression de la permanence et de la stabilité, qui désigne aussi les monuments *(menou)*, les bases ou fondations, la cuisse *(men.t)*, le port où se stabilisent les bateaux...

Le nom était considéré comme une définition de la nature essentielle de l'individu, et le programme de sa réalisation. C'est pourquoi le même personnage pouvait recevoir plusieurs noms selon les phases de son évolution.

C'est ainsi que le nom d'Her-Bak exprime sa nature et son

but : *bak* (ou *bik*) désigne le faucon, qui est l'oiseau symbolique d'Horus. Horus est le principe de surévolution auquel doit aspirer l'Humanité.

Her est le nom d'Horus et celui de la face, et ce même mot signifie « sur » (ce qui est au-dessus) ; de sorte que l'expression *her-bak*, jouant sur la relation des deux mots — selon le mode égyptien — signifie en même temps « face de faucon » et « face d'Horus ».

Or, *her-bak* était aussi le nom du pois chiche, parce que ce pois donne l'image de la face du faucon d'Horus avec son bec et la courbe caractéristique qui souligne la région de son œil.

« Pois chiche » est donc la traduction du symbole concret d'*her-bak*, attribué à l'enfant qui cherche son chemin jusqu'au jour où le sens profond d'Her-Bak « face d'Horus » deviendra sa lumière et son nom.

⁂

L'histoire de Pois Chiche-Her-Bak dépeint, dans un mode vivant, le chemin progressif qu'on pourrait appeler « la montée vers le Temple », si toutefois on conçoit le Temple comme l'édifice total de la Connaissance égyptienne, avec sa structure métaphysique, ses applications pratiques, et ses chemins d'accès.

Les textes égyptiens expriment sous différentes formes cette idée que le Temple est la projection du Ciel sur la Terre, c'est-à-dire sur le monde délimité par l'horizon ; or l'horizon est la ligne de jonction du ciel avec ce « monde », que ce monde soit notre Terre, ou le lieu circonscrit par l'enceinte d'un temple, ou notre propre corps. Pour la sagesse égyptienne, le vrai temple vivant est l'*Homme*, en lequel sont incarnés les Principes et fonctions cosmiques, les *Neter*. Et les temples sont les « maisons » en lesquelles sont représentés les symboles de ces *Neter* pour apprendre à l'homme à reconnaître en lui les éléments du grand Monde dont il est l'image et le résumé.

Mais le Temple des Sages est l'Enseignement lui-même, ou plutôt l'ambiance rayonnante en laquelle s'élabore la communion enrichissante entre celui qui cherche et celui qui sait. Considérée sous cet angle, l'Égypte entière est « le Temple », et toute son histoire est l'histoire de l'homme, symbole vivant de toutes les fonctions cosmiques. Les couronnes et les sceptres du Roi représentent les pouvoirs conférés par la conscience acquise, et qui font de lui le roi de la Nature et des créatures inférieures.

Or le rôle du Temple égyptien consistait à sélectionner et former les individus capables d'aspirer à ce type idéal et de recevoir le legs de l'antique Sagesse. Il y avait évidemment des phases progressives dans cette formation ; les trois principales sont le sujet des thèmes de Pois Chiche et Her-Bak.

La phase préliminaire était l'éveil de la conscience latente, par la culture des facultés d'observation, du discernement des qualités et de la notion de *responsabilité*. Elle pourrait se résumer dans ces mots : éprouver la vie, regarder, discerner. C'est la simplicité (candeur) de l'enfant devant l'école de la Nature.

La seconde et la troisième phases étaient l'initiation progressive à la connaissance des *lois causales*, graduée selon les possibilités de l'étudiant.

Ce programme des phases successives a été symbolisé dans la suite des dynasties :

1° par la progression du développement des textes, depuis la concision énigmatique des inscriptions des Pyramides, jusqu'à la prolixité Ptolémaïque ;

2° par une progression analogue dans la participation des fonctionnaires, puis du peuple, aux prérogatives pharaoniques quant aux rites religieux et funéraires.

L'histoire de Pois Chiche se rapporte à la réalisation de la première phase, abondamment documentée par la décoration murale des tombes particulières, ainsi que par divers contes et récits. Pois Chiche a tenté d'évoquer l'atmosphère de *son* milieu, le caractère de *sa* terre, le langage et l'attitude de *son* voisinage, les influences et circonstances qui pouvaient aider ou troubler cette éducation préliminaire.

Her-Bak nous introduit dans la deuxième phase, avec un aperçu de la symbolique hiéroglyphique et théologique, pour aboutir, avec la troisième phase, à la question suprême des destinées de l'homme [1].

Pois Chiche et les héros de son histoire incarnent quelques êtres d'élite, puisant en eux-mêmes la force de « discernement » qui les cultive comme autant de semences au milieu de la masse du fruit... Masse ni plus mauvaise ni meilleure que d'autres « masses », mais que la sagesse des semences fait coopérer à la qualité de son fruit.

L'éducation de Pois Chiche, sous son apparence enfantine, est aussi importante que l'instruction d'Her-Bak, car elle

1. Deuxième volume : *Her-Bak Disciple*.

dépeint les conditions indispensables à la compréhension de l'antique Sagesse et qui sont :

— l'ouverture de « l'oreille intérieure » que les Égyptiens situaient comme nécessité primordiale ;

— la simplicité de cœur et de pensée (élément opposé à la complexité de la pensée moderne) ; enfin l'esprit de synthèse, opposé à notre mentalité analytique.

Grâce à l'acquisition de ces dispositions, Pois Chiche deviendra Her-Bak et pourra s'approcher de la sagesse des Maîtres.

Her-Bak est l'*étudiant*, libre encore de choisir la matière et la qualité de l'instruction qu'il recevra. Il deviendra [1] le *disciple*, artisan — par son choix — de son propre destin ; il évolue parmi d'autres disciples incarnant divers « points de vue » de la Recherche humaine.

Quant à la réalité du Maître présenté dans Her-Bak, *ce Maître c'est l'Égypte*, c'est-à-dire sa Sagesse millénaire, constructrice de l'œuvre formidable qui nous lègue son témoignage par son langage architectural, sculptural et hiéroglyphique.

Mais la compréhension de cette symbolique exige une mentalité si différente de la mentalité moderne, qu'elle nécessite un effort d'adaptation considérable. La Science révélée par les monuments égyptiens est autre chose qu'une accumulation de notions : c'est une connaissance des lois causales, qui permettait de trouver dans la Nature les formes et les expressions symboliques concrétisant vitalement des abstractions qui, autrement, seraient inexprimables.

C'est pourquoi l'enseignement de ces Maîtres ne peut pas être transmis par des formules théoriques. La possession même de leurs « clés » serait insuffisante si nous n'adaptons pas notre mode de pensée à leur esprit de synthèse, notre mode de vision à leur simplicité (c'est-à-dire : suppression de la déformation apportée par les restrictions du mental, les théories routinières et les préjugés).

C'est pourquoi Pois Chiche-Her-Bak s'est donné pour but de créer une *ambiance* susceptible de refléter l'ambiance égyptienne. Il entraîne à sa suite le lecteur comme un compagnon de recherche, l'associe à ses doutes, à ses échecs et à ses découvertes ; il lui ouvre successivement les portes du Temple égyptien, jusqu'à ce que, muni du nécessaire, ce « compagnon de route » puisse à son tour entreprendre le voyage du « pèlerin ».

1. Dans le deuxième volume, *Her-Bak Disciple*, coll. *Champs*

PREMIÈRE PARTIE

POIS CHICHE

I

LE PREMIER JOUR

— Est-ce bien le chemin, ô mon âne ?... Tu as perdu ta route ? Moi aussi ! Ce pays est nouveau pour nous deux : autant de sable que de champs ! Et ce long mur qui ne veut pas finir...

*
**

Ciel lumineux jusqu'à la blancheur aveuglante ! Sur l'horizon d'Orient, un profil de cimes arides borne l'étendue désertique. Le sable caillouteux s'approche jusqu'aux bords de la terre vivante, arrêté brusquement par les champs cultivés qui marquent la limite des rigoles d'inondation.

Les grands fûts des dattiers balancent dans le ciel leurs couronnes de palmes, sombres panaches semblant éventer les maisons de terre brune qui cherchent l'ombre à leurs pieds.

La poussière jaune du désert voisine avec l'or des épis et avec l'intense verdure des champs nouvellement ensemencés [1].

Il n'y a pas de moyen terme en ce pays tout en contrastes : sécheresse ou inondation, stérilité du sable ou fertilité exhubérante du limon. Deux puissances rivales : un Soleil et un fleuve, dont l'épouse commune espère la fécondation ou

1. La richesse du terrain découvert par la baisse du Nil permet deux récoltes successives.

doit subir la consomption, l'une et l'autre sans concession, sans artifice, sans excuse.

Sans excuse... Ô Égypte, ô terre des *Neter* [1] !

***

Sur le bord du chemin qui longe les cultures, une haute muraille arrête la vue, au grand dépit d'un enfant curieux qui chevauche son âne en poursuivant son rêve.

— C'est une montagne, ce mur ! Que peut-il entourer ? Pour être si haut, il doit cacher quelque chose... quelque chose d'immense ! On n'a jamais rien vu d'aussi grand ! Sans doute il faudrait longtemps pour en faire le tour, aussi longtemps que pour venir aux nouvelles cultures...

« Plus beau que l'ancien est le nouveau domaine confié à mon père, mais il est plus loin du marché ! Hé compagnon ! il faut retrouver ton chemin ! Haï ! Haï ! montre-toi gaillard !

« Mon père est grand cultivateur... Je ne serai pas cultivateur : mon père a dit : " Tu seras scribe ! " Qu'en penses-tu camarade ? As-tu jamais porté un scribe sur ton dos ?

« Par ma vie, voici l'ombre ! Hô ! reste ici. C'est assez de marcher sans rien voir ; le sel, les noix de doum ne sont pas coussins moelleux pour mon derrière ! Arrête-toi, fais halte ! Je veux savoir ce qu'il cache, ce mur. »

Au pied d'un sycomore, l'âne, docile, stationne sous la plus basse branche. Alerte comme un singe, l'enfant s'agrippe ; il parvient peu à peu à se hisser jusqu'au faîte de l'arbre. Mais la hauteur du mur défie l'œil indiscret.

Le Soleil monte, il frappe dur sur la petite tête nue. En soupirant l'enfant descend, hélant son âne pour lui servir d'escabeau.

— Hô, toi ! donne ton dos et prends garde à ton maître. Et tâche de rester chevillé en ta place !

Mais les jambes ballotantes cherchent en vain l'appui...

— Ah ! le gredin ! Il n'a pas pu m'attendre !...

Penaud, il part en quête. Les pieds nus trottinent sur les traces de l'âne, suivant la piste étroite qui contourne le mur. Soudain, un cri de joie : une porte dans la muraille !

L'âne coupable est oublié. Sans se soucier de la hutte gardienne qui, non loin de là, le surveille, il cherche dans les

1 *Les Neter*, généralement traduits par « dieux », expriment, en réalité, les Principes fonctionnels de la Nature

ais la fissure favorable... Il se hisse sur une borne, il agrippe ses doigts aux portants...

— Hé, fripouille ! Si tu ne descends pas sur tes pieds je te fais descendre sur la tête...

D'un bond, l'observateur quitte le poste dangereux et fait face au gardien courroucé ; alors, près de la hutte, il aperçoit son âne, attaché, délesté, honteux comme un renard attiré dans un piège.

Indigné, il oublie l'inégalité de la lutte :

— Tu as volé mon chargement : les pains, les noix, le couffin de sel ! Tu vas me rendre mes galettes, ou la bière que tu en feras gonflera ton ventre comme celui d'un chien crevé !...

Le gardien s'est avancé, menaçant, vers le gamin qui le défie :

— D'où sors-tu, vadrouilleur, né d'hier ? Sûrement tu es fils de ton âne !

— Je ne suis pas né d'hier : hier j'ai noué ma ceinture [1] ; traite-moi comme un homme, je ne suis plus un moutard ! Mon père est dans les eaux du nomarque ; bientôt je serai scribe, et je te ferai flairer la terre à mes pieds un jour de pluie !

— Et toi, tu vas flairer le ciel avec ton derrière !

La grosse patte noire empoigne la « ceinture nouée d'hier », renverse le futur scribe tête en bas, et, d'une magistrale volée, le remet sur ses pieds.

La victime serre les dents et se débat ; mais le cache-sexe déchiré reste aux mains du gardien.

— Fils de singe, rends-moi mon *daiou !* Rends-le moi !

Comme un chat sauvage, l'enfant nu se jette sur le bras qui brandit le chiffon précieux, il le griffe, il le mord ; jeté sur le sol il saute, rebondit, trépigne, fou de rage... Subitement, il court vers son âne qui mâchonne la natte de la hutte ; dans une jarre l'eau rafraîchit : l'enfant, à pleines mains, prend le sel du couffin, le précipite dans l'eau claire.

Le gardien, furibond, a lâché le chiffon ; il poursuit le coupable, qui tente dans sa course de trouver son *daiou*... Hélas ! il n'en reste plus qu'un lambeau que les dents d'une chèvre achèvent de brouter.

Alors un grand sanglot secoue le petit homme : son *daïou* neuf ! La fière conquête de sa jeune masculinité ! Il crie, il

1. Le garçon devenu nubile recevait un cache-sexe nommé *daïou*. L'action était exprimée par la formule : « Nouer sa ceinture. »

hurle comme un loup à la Lune, et le gardien, gouailleur, savoure sa vengeance.

— Vas-tu te taire, chacal maudit [1] ? Tu vas ameuter les affrits [2] de la Rouge ! Ferme ton bec, *ngeg* [3], caqueteur enragé !

Le gourdin se relève... mais une poigne solide emprisonne le bras menaçant :

— Qui blasphème le nom des animaux sacrés est déjà mûr pour le chacal ! Que t'a fait cet enfant ?

Sous le regard hautain, la brute s'affaisse, domptée, et vient lécher les pieds du Maître en tremblant.

— Que t'a fait cet enfant ?

— Que ta Grandeur l'apprenne : ce pou a voulu forcer cette porte ! Ce pou a salé mon eau fraîche...

L'enfant rugit :

— Moi, ce pou, j'ai jeté dans ta cruche le sel que tu m'avais volé ! Ce pou ? tu lui as chipé ses galettes ! Ce pou ? tu lui as déchiré son *daiou !*

« Il m'a volé mon cache-sexe : je ne peux plus retourner chez mon père ! »

Le Maître, amusé, observe en silence ; l'enfant, honteux, renifle et boit ses larmes :

— Hier, j'ai noué ma ceinture...

— Déjà ?

— Que va dire mon père ? Ce matin je me suis levé comme un homme fier... et voilà : je suis nu... nu... nu... !

— Et *avant* hier, tu ne l'étais pas, nu ?

L'enfant, interdit, hésite :

— Je... je ne savais pas !

Un large sourire sur la face grave ; la grande main entraîne la petite main... Quelques pas... et l'enfant, suffoqué, voit s'ouvrir devant lui la porte du mystère.

⁂

Muet, trottinant, tiré par l'homme immense, il traverse vite, à regret, des portiques, des cours, des chemins bordés de hauts murs. Soudain, un cri de stupéfaction lui échappe : de chaque côté d'un pylône, deux colosses font face aux arrivants, gigantesques, écrasants, réduisant à des propor-

1 Le chacal est l'animal symbolique du *Neter* Anubis.
2 Esprits malfaisants
3 *Ngeg* (caqueter) est une épithète attribuée à plusieurs oiseaux mythiques.

tions minuscules la stature de l'homme comme celle de l'enfant. Pois Chiche ose à peine élever la voix :

— Ils sont dieux ?

— Non.

— Ils sont rois ?

— Oui.

— Tu es leur serviteur ?

— Oui.

— Alors, pourquoi es-tu si petit ?...

L'homme, de sa hauteur, toise la petite chose qui questionne. Pois Chiche s'enhardit :

— Tu ne dis rien : tu ne sais pas ?

— Non.

— Tu sais leur nom ?

— ...

— Au moins, tu sais ton nom, le tien ?

— Et toi, tu sais le tien ?

— Oui, le mien, c'est « Pois Chiche ».

— Tu sauras peut-être un jour qu'il est beau.

— Pourquoi ?

L'homme conduit l'enfant devant un faucon d'or couronné du haut *pschent* :

— Regarde ton image.

— Mon image ?

— Pois Chiche, Her Bak [1], face de faucon, petit Horus dans l'œuf, regarde... et souviens-toi.

— Il est trop haut pour moi, gémit le petit homme... ou je suis trop petit ! C'est un dieu ?

— Si tu veux.

— Pourquoi « c'est mon image » ?

— Tes yeux sont les siens, tes oreilles les siennes, ton nez le sien ; ta bouche a seulement la langue plus savante. Le jour où, dans ton cœur, tu nourriras le sien, il sera dieu en toi.

— On ne m'a jamais parlé comme cela ! Tu dis la vérité ?...

— Ce que je sais, oui.

Le petit doigt pointait vers l'Horus d'or :

— Dis-moi le nom du dieu.

— C'est le tien.

— Pois Chiche ?...

1 Pois Chiche, Her-Bak, jeux de mots sur le nom du pois chiche qui porte le dessin d'une face de faucon, l'oiseau d'Horus Her-Bak signifie « face de faucon » Voir *Avant-Propos*, p. 7.

— Si tu veux, puisque ta face est gravée dans ce pois : la Nature ne ment jamais en ses images.

— J'ai vu des oiseaux vivants qui lui ressemblaient, mais ils ne brillaient pas comme celui-là, et ils n'avaient pas de bonnet sur la tête ! Sont-ils dieux aussi ?

— Qu'est-ce qu'un dieu, Pois Chiche ?

— Je n'ai jamais pensé à ça ! C'est sûrement « un » qui sait tout ce que les hommes ne savent pas… et aussi tout le reste. (Et son bras circonscrit l'horizon.)

Les yeux du Maître scrutaient le visage de l'enfant :

— Dis-moi : si tu dors, sais-tu quand le Soleil se lève ?

— Non bien sûr !

— Les yeux bandés, sais-tu quand il se couche ?

— Je ne peux pas le savoir.

— Ces oiseaux-là le peuvent, jamais ils ne se trompent ; ils guettent le Soleil dès son lever, à son « sommet », à son coucher : ils sont plus forts que toi.

— Ils savent d'autres choses ?

— Apprends à le leur demander.

— Ils répondront ? Tu le crois ?…

— Si tu observes bien, ton cœur te répondra.

— Comment faut-il leur demander ?

— Te taire, te taire, et regarder.

— Jamais, on ne m'a dit ces choses-là !

— Aujourd'hui est le premier jour…

Un profond soupir souleva la vaste poitrine :

— « Aujourd'hui est le premier jour » : heureux celui qui, à cet âge, peut prononcer cette parole !

« Mais tu t'oublies, Pois Chiche : tu ne sais plus que tu es nu ? »

— Maintenant je ne sais plus, ça ne fait rien. Dis, tu veux me garder avec toi ? Je ferai la bière pour toi, comme ma mère : je sais faire la bière avec les pains.

L'homme sourit tristement :

— Non, il ne faut pas ; tu dois apprendre beaucoup de choses… avant.

— J'apprendrai avec toi ; je serai scribe et saurai lire.

— Ce serait grand dommage ! Il te faut déchiffrer, d'abord, un autre livre. Que fait ton père ?

— Cultivateur. Le Seigneur l'a changé de domaine ; moi, je ne serai pas cultivateur !

— Et pourquoi ?

— C'est trop bête : tout le jour on travaille la terre.

— La terre est ta nourrice, petit. Les arbres, les fleurs et les graines qui germent, si tu sais regarder, t'apprendront plus de choses que n'en savent les scribes qui « comptent des milliers », et dont l'intelligence prétend comprendre tout.

— Je crois que mon père n'est pas savant du tout !

— C'est qu'il n'a pas encore trouvé son « premier jour »...

La réponse, murmurée, fut perdue pour l'enfant qui, mesurant sa petite taille à celle d'un colosse, avait, pour mieux voir, grimpé sur le haut socle.

Mais un prêtre passa...

Vlan ! Vlan ! Une paire de claques magistrales fit sauter le derrière de l'observateur :

— Veux-tu descendre, impur qui profanes de tes pieds sacrilèges le piédestal divin !

L'enfant se tourna, consterné, croyant avoir fâché son grand ami. Mais celui-ci, sévère, imposait silence au prêtre qui flairait la terre devant lui.

— Si le cœur est pur, les pieds le sont aussi, prononça-t-il d'un ton glacé. Va maintenant, et rapporte un cache-sexe neuf pour mon nouveau disciple.

— Ton disciple ?... Ta Grandeur, sans doute, ne pourrait se tromper, mais son « disciple » saurait-il déjà lire ?

Le Maître s'approcha d'un mur avec l'enfant :

— Petit, quel est ce signe ?

— C'est un œil.

— Et celui-ci ?

— Un pied.

— Dis ce que tu comprends.

— L'œil me regarde, et le pied... est posé. Oh ! celui-là veut marcher.

Le prêtre triomphait :

— Ta Grandeur daigne le constater : il ne sait rien.

— Et toi, dis-lui ce que tu sais.

Dédaigneuses, les lèvres prononcèrent :

— Ce divin caractère, qui est l'image d'un œil, se lit *àr ;* c'est un signe horizontal. Cet autre se lit *b ;* c'est le signe du pied vertical, relatif quant à sa hauteur, affectant forme de pied quoique jambe, et supposant la jambe quoique pied. Entre autres acceptions canoniques...

— Cela suffit pour aujourd'hui ; mais si Râ pouvait effacer de mon cycle cinquante de ses circuits, je sais fort bien lequel des deux savoirs je choisirais.

— Oserai-je espérer l'entendre de ta bouche, ô Maître de Sagesse ?

— Certes, ce ne serait pas le tien.

— Cependant, ô Prophète, les caractères sacrés de Thot et de Sechat...

— ... sont inscrits dans les palmes, dans le bec de l'ibis, dans le cri du corbeau, avant de l'être sur nos murs. Mais ton cerveau savant ne connaît pas ces choses.

« Va, et reviens : mon ami attend son *daïou !* »

Timidement, Pois Chiche saisit le bord du vêtement :

FIG. 1. — *Celui dont tu portes le nom.*

— Tu as dis « mon ami »... tu me gardes ?

— Non, petit homme, un autre maître t'attend pour éveiller ton cœur.

— Où m'attend-il ?

— Dans ton jardin, dans ton champ d'orge...

— Je ne l'ai jamais rencontré.

— Tu ne savais pas le chercher. Il aime les questions d'enfant ; demande au grain comment il s'ouvre, compte les pousses du palmier, apprends l'heure avec les oiseaux ; demande au vent du Nord d'où vient son souffle vivifiant, au vent du Sud d'où vient son feu.

— Qui répondra ?

— Celui dont tu portes le nom.

II

LA FAMILLE

Sans doute l'âne avait retrouvé son chemin ; les yeux remplis de cette montagne de merveilles, l'enfant se laisse porter par son rêve.

Par-dessus toutes choses plane le grand faucon doré... De l'or dans les roseaux, de l'or dans les canaux, dans les épis ondulants ; de l'or, là-bas, dans les palmiers. Un nimbe de féerie auréole, aujourd'hui, son nouveau domaine comme une oasis enchantée.

Le trille aigrelet d'un busard le réveille : instinctivement, il mesure du regard la hauteur du Soleil...

A petits pas serrés, l'âne choisit sa route au bord de la rigole. Deux corneilles piétinent, cherchant leur pitance, Pois Chiche les observe, attendri :

— Elles n'ont pas peur de moi aujourd'hui !

Il arrête son âne, prend un des pains dans le couffin, et, morceau par morceau, le jette joyeusement en pâture...

— A-t-on jamais vu pareilles corneilles ? On méprise le pain ! Ces oiseaux sont stupides !... Mais ne dirait-on pas qu'elles ont la même opinion de moi ? Qui donc est l'imbécile ? Pois Chiche, tu as beaucoup de choses à apprendre !

Dédaigneusement, les corneilles ont délaissé le pain pour une ordure ; des moineaux frétillants profitent de l'aubaine à coups de bec hâtifs ; la nouvelle s'ébruite... des hochequeues s'approchent, un vol de passereaux s'abat. L'âne, opportuniste, s'occupe en broutant les épis. Un pain ne suffit pas :

— C'est jour de joie ! Pois Chiche entre dans son domaine et tous ses vassaux lui font fête !... Je ne savais pas qu'ils étaient si jolis !

Un pain... deux pains... trois pains... le couffin se

dégonfle, la foule grouillante en réclame toujours. Une voix rieuse improvise une chanson : « C'est lui ! c'est lui, ô mon frère ! Pois Chiche est arrivé ! Le crocodile ne l'a pas mangé, le Nil ne l'a pas happé, le gardien ne l'a pas rossé ! »

— Quoi ?...

Le cavalier dresse l'oreille à cette évocation inopportune ; il cherche des yeux l'insolente. Frêle et nue, la fillette émerge des épis ; elle pousse un cri de surprise et court en s'esclaffant vers la maison :

— Pois Chiche fait manger les moineaux ! Pois Chiche laisse brouter le blé !

Les oiseaux, pressentant la fin du festin, se disputent les restes. Mais la main généreuse, arrêtant ses largesses, les congédie d'un geste.

— Suffit pour ajourd'hui, je reviendrai !

FIG. 2. — *Je ne savais pas qu'ils étaient si jolis !*

Pas un regard au couffin presque vide, pour le blé ravagé pas un regret ! Du rêve dans les yeux, du soleil dans le cœur...

L'âne repu se met en marche lourdement, mais les petits pieds le talonnent. Les deux jambes menues battent comme des ailes, et lui fouettent les flancs en rythme accéléré...

— Au galop mon ami, il est temps de rentrer !

***

Sur le seuil, la mère, ahurie, assiste à l'entrée triomphale. La fillette jacasse ; la femme, en silence, évalue le contenu des couffins, suppute la différence, s'efforce en vain de comprendre... Soudain, elle avise le cache-sexe nouveau :

— Tu as changé ton *daïou !* Que t'est-il arrivé ?

***

Depuis un long moment, blotti dans le coin frais de la maison de terre, la tête dans les mains, les coudes aux genoux. Pois Chiche essaie de résister aux questions de la mère et des voisines intervenues :

— Je n'ai pas fait de mal ! A lui je dirai tout : à lui, le père ! Lui seul pourra comprendre. Certes il sera surpris de la belle aventure : puisqu'il cultive la terre, sans doute sait-il aussi beaucoup de choses...

Sur le seuil, la haute stature se dresse.

— Père !...

D'un bond, l'enfant est à ses pieds ; mais la voix fluette est couverte par le récit entremêlé : les pains émiettés... le retard... le *daïou*. Accusations, glapissements, chacune des commères exagère un détail.

L'enfant se campe devant « lui », balayant de ses bras l'assistance :

— Mets dehors toutes ces bavardes ! Mon histoire n'est pas une affaire de femmes ; à toi je dirai tout.

Sur un geste énergique, la chambre se vida.

— Alors, parle !

— Voilà : je veux être cultivateur.

— Es-tu fou ? Est-ce toi qui es ton maître ?...

— Tu n'es pas content ? Tu m'apprendras ce que tu sais : comment les graines s'ouvrent, quand les oiseaux se couchent...

— C'est pour me dire cela que tu as chassé les voisines ? Quelle sottise as-tu faite ? Que veux-tu me cacher ? Par qui t'es-tu encore fait rosser ?

— Comment ! On t'a dit ?...

— Réponds sans balbutier !

L'enfant tente de réagir, il ferme les yeux pour conserver son rêve.

Il parle ; il parle dans le vide, sans écho. Le père écoute, le sourcil froncé, le regard buté, méfiant. Pois Chiche essaie de l'émouvoir :

— Toi, mon père, connais-tu les grands murs aux images ? As-tu vu les pierres pointues qui brillent comme le Soleil... le grand...

Il se tait : une pudeur arrête sur ses lèvres l'évocation du faucon doré ; il raconte les faits. Le père hoche la tête :

— Tu as fait là du beau travail ! Nous serons poursuivis par ce prêtre ; nous serons tracassés par les scribes !

— Les scribes sont-ils méchants ?

— Leur métier est intelligent ; ils comptent des milliers, et tout notre bien en dépend ! Si mon fils était scribe, je serais craint de tous, et mon tombeau ne serait pas pouilleux.

Un voile gris assombrit la chambre.

— Ô mon père, mon grand frère ne peut-il pas être scribe si je deviens cultivateur ? Je serai ton élève, tu m'apprendras tout ce que tu connais sur les plantes, sur les oiseaux...

Le père n'ouvre point la bouche pour répondre. Debout devant la porte, son corps long, maigre, voûté, semble intercepter la lumière ; ses poings fermés se crispent, indécis, comme ceux du lutteur qui pressent l'obstacle inconnu. Dans ses yeux caves, la crainte, la routine, le refus de toute nouveauté :

— Ô ce garçon incohérent, est-ce le fils de mon ventre ? Qui l'a poussé à discuter ma volonté ? Quel est l'intrus qui intervient dans ma maison ? N'y a-t-il point assez de peine avec les rats, le khamsin [1], et les scribes ? Faut-il encore les caprices d'un fils et la folie d'un prêtre ?

La voix de l'homme est pleine de rancœur ; le regard dur refuse tout appel. Pois Chiche voit son père avec des yeux nouveaux. Ce n'est plus « celui qui protège » : c'est le chef qui peut disposer de son sort et le lier à son service ; et ce service, c'est *la terre,* la terre qui a voûté son dos, desséché ses mains et son cœur. « Depuis quand, Pois Chiche ? Depuis toujours ! Et moi, ne suis-je pas lié de même, pour toujours ?... »

Ce « toujours » l'épouvante : n'est-ce pas l'opposé de la joie entrevue ? Une grande détresse l'envahit. Il se lève, il entre dans l'étable ; blotti près de son âne, il donne libre cours à son rêve et à son chagrin.

***

— Pois Chiche, tu dors ?

L'enfant, à force de pleurer, s'est assoupi ; il a dormi, dormi...

1. Vent du sud ou sud-ouest, sec et brûlant, qui souffle sur l'Égypte, portant le sable du désert.

Doucement, la fillette secoue son frère :

— Tu pleures, Pois Chiche ?

— J'ai fini de pleurer, je veux partir !

— Je n'ai pas voulu cette histoire, Pois Chiche, je n'ai pas voulu que tu pleures ; tiens, tu n'as pas mangé : je t'ai gardé du pain.

— La maison est trop triste !

— Non, mais tes yeux sont tristes... Viens ! Je te montrerai le jardin des grenouilles tu ne l'as pas vu encore, viens !

Par force, elle l'entraîne à travers les épis.

— Laisse-moi, Mout-Sherit, je veux partir... loin du domaine, loin de mon père, quelque part où les hommes sont libres.

— Où est ce pays-là ?

— Je ne sais pas... Je chercherai jusqu'à ce que je trouve !

— Ô Pois Chiche, après le domaine tu trouveras l'ancien domaine, et puis d'autres domaines.

— Eh bien, j'irai dans le désert.

— Les affrits t'étrangleront !

— Les affrits ?...

Le courage de Pois Chiche est ébranlé ; la fillette en profite :

— Viens, tu n'a pas vu le nouveau jardin, ni le pavillon de repos du Seigneur. Ce n'est pas sa demeure ; on dit que sa maison est grande et belle, dans un autre jardin, là-bas, très loin ; il faudrait prendre l'âne pour y aller.

Pois Chiche ne dit rien ; arrivé à la porte de l'enclos, il s'assied sur la borne, sauvage, muet, attendant... il ne sait quoi.

Pour un petit cœur neuf, la journée est lourde vraiment ! Pourquoi le soir est-il si différent du matin ?... Une musique étrange résonne et l'enveloppe. La voix du vent n'est jamais aussi douce... aucun oiseau n'a le chant si sonore ! — La harpe de l'aveugle, murmure la petite.

« Pourquoi rire, pourquoi pleurer ?
Pourquoi voyager sur le fleuve ?
Pourquoi chercher la joie
Au-delà de son horizon ?
Désert, montagne et plaine
N'ont-ils pas la même lumière ?

Maître du soir et du matin,
Serviteur et roi des Deux-Terres,

Ô toi qui détermines,
Pour chaque lieu, son horizon !
Celui qui te cherche en lui-même
Trouve sa royauté
Libre de toute servitude ! »

Le petit visage sombre est adouci :

— Laisse-moi, Mout-Sherit !

Timidement, Pois Chiche franchit la clôture, il cherche le chanteur... Sous l'accacia, auprès du grand bassin, l'aveugle fait encore vibrer les cordes sous ses doigts.

— Approche, enfant.

Aux genoux de l'aveugle, Pois Chiche s'accroupit, extasié :

FIG. 3. — *L'aveugle fait vibrer les cordes sous ses doigts.*

— Mais tu ne me vois pas...

— Je t'ai senti venir. Pourquoi es-tu triste, petit ?

— Moi ?... je ne t'ai rien dit.

— Non, mais je sais entendre. Si la lumière est éteinte en mes yeux, par mon oreille elle entre dans mon cœur.

L'aveugle, de ses doigts, contourne le petit visage :

— Si jeune... et déjà si déçu !

— Les hommes sont méchants.

— Regarde les oiseaux... Le Soleil est sur l'horizon ?

— Oui, comment le sais-tu ?

— Le chef des busards les appelle : c'est le deuxième signal ; au troisième, le roi du ciel sera couché.

— Alors, c'est sûr ?... Les oiseaux savent ?

— Apprends à écouter, et la joie reviendra dans ton cœur. As-tu vu les beaux lotus bleus ?

— Oh ! quel dommage : ils sont fanés !

— Non, ils dorment le soir et leurs jeunes boutons plongent pour la nuit ; ils savent l'heure aussi : le matin ils s'épanouissent ; à midi, ils jettent leur semence.

— Mon grand ami avait dit vrai !

Émerveillé, l'enfant raconte ; il fait revivre la belle aventure... et l'aveugle sourit.

— De ce jour, petit, souviens-toi : l'aube de ce matin restera sur ta vie, mais ne la laisse jamais éteindre par la méchanceté des hommes. L'ombre fait resplendir la lumière... Regarde : le dernier des busards est couché et la nuit monte de la terre. La hyène et le chacal vont sortir et faire leur vilain métier : sont-ils méchants ?

— Non, ils mangent !

— Et en mangeant ils servent... Le faucon boit le sang des oiseaux : est-il méchant ? Tu n'oses pas répondre ; ne te laisse pas troubler, petit. La Nature n'est ni bonne ni belle : elle obéit. Râ seul est grand, car sa lumière éclaire et touche tout — les ordures comme les beautés — sans se salir : ton cœur le doit aussi, mon enfant.

Sur les genoux du vieillard, la petite tête heureuse s'est posée, et le chant du harpiste berce son sommeil :

« Je chante ton repos,
Je chante ton amour,
Terre aimée, terre aimante,
Amante du Soleil,
Ta-ourit, ô Kemit, ô Apet [1] !
Ventre prodigieux...
Toute semence tu l'acceptes,
O maternelle !
Point de choix ;
Qu'importent le cobra,
Le vautour ou la tourterelle ?
Douceur et venin fraternisent ;

1. Kemit, terre noire, est le nom égyptien de l'Égypte ; un de ses autres noms est *Ta-meri* : terre aimée, ou plus réellement terre-« aimant » ; Ta-ourt, Apet, noms de la déesse de la fécondité. Voir *Her-Bak, Disciple,* Index : *Apet.*

Tes mamelles nourrissent les jumeaux
Les frères ennemis.
Terre aimée, terre aimante,
Je chante ton amour ! »

III

LE LIN

Vent de sud-ouest chargé de sable... Il a passé sur un désert brûlant ; il rend lourde la charge légère ; un homme, sous la botte de lin, est comme un traîneau sous la pierre...

Longue est la procession des enfants qui apportent le lin sur l'aire, et le chef d'équipe est pressé :

— Eh ! gars de tête, Grand-de-Fesse ! On dirait des ânes qui reviennent des mines d'or !

— Le gars de tête te répond : « les langues sont sèches comme celles du corroyeur » !

— Eh, vous boirez sur l'aire. Avancez, l'heure presse !

Court, trapu, Grand-de-Fesse mérite son nom ; son bras levé maintient la gerbe sur sa tête ; c'est un pot de terre lourd : son anse, c'est son bras.

Derrière lui, Pois Chiche trottine ; il cherche la raison des choses :

— Dans l'ancien domaine c'était plus joli, on cueillait le lin avec les fleurs bleues : sais-tu pourquoi, Grand-de-Fesse ?

— Parce que le fil qui en sort est plus beau.

— Alors, pourquoi ce lin n'a-t-il plus ses fleurs bleues ?

— Parce qu'elles sont fanées.

— Je ne suis pas une bête ; pourquoi le cueille-t-on quand la fleur est passée ?

— Parce qu'il est en graines.

— Grand-de-Fesse, pourquoi le cueille-t-on quand il est en graines ?

Le gars de tête se retourne ; il montre une face en sueur, aussi large que la chose dont il porte le nom.

— Pour les faire manger aux ânes de ton espèce : s'il n'y avait pas de graines, avec quoi sèmerait-on ?... En vérité, Pois Chiche, tu te nourris de questions au lieu d'oignons !

La procession s'arrête, attend le bon gré du « premier ».

— Eh ! Vas-tu rester amarré en ta place ? Cours ! Cours ! Dépêche-toi !

Beau-Parleur saisit l'occasion de passer en tête. Il est long, plat, œil sournois, bouche méprisante. Sa voix aigrelette entonne une chanson :

— Je vous le dis à tous : vous êtes des fainéants ! Qui est-ce qui agit tout en parlant ? C'est moi ! Qui est-ce qui sait agir à temps ? C'est moi !

— Ô Pois Chiche, ton frère fait du zèle.

— Beau-Parleur est toujours bon pour parler...

Sous le poids accablant de la chaleur croissante, on parvient enfin sur l'aire.

— Nous voici arrivés ; compagnons, posez à terre !

Les gerbes sont saisies, frappées sur le ventre d'une jarre ; les graines sautent et couvrent l'aire en couche épaisse... Alentour, les bottes s'amoncellent, comme un petit mur protecteur.

— La récolte est parfaite ! Il y aura du grain pour semer, beaucoup, beaucoup.

Imprudents ! Gardez-vous de dire qu'une bonne chose doit arriver... Le Soleil darde des rayons alarmants : une lueur cuivrée embrase l'*Amenti ;* les arbres se découpent en vert de malachite sur l'Orient plombé. Un silence oppressant domine toute vie. Hâtifs, des oiseaux filent au ras de l'aire. Là-bas, c'est la tempête jaune... on la pressent à son haleine, et tout ce qui respire se blottit et se tait. Elle approche. Elle passe le fleuve, elle écume les eaux... Herbes et joncs fauchés, caroubiers ébranchés, tourbillons affolés qui arrachent aux palmeraies leurs semences et leurs scorpions...

Les palmes échevelées se couchent, se relèvent et fouaillent la face du vent ; les troncs immenses courbent le dos sous la menace. Balancement vertigineux, craquement douloureux de leurs colonnes brisées...

Après la palmeraie, les champs !

— Attention ! La colère du désert est sur nous !

Un sourd grondement s'amplifie ; l'obscurité jaunâtre enveloppe toute chose... C'est du feu, c'est le sable, il approche en tempête, il envahit les yeux, dessèche la bouche... on étouffe !

Le chef d'équipe, se trouvant fort embarrassé, se retire pour le dire à un plus grand que lui. Et que font les enfants sans le maître ? Comme des rats, chacun fuit vers son trou...

Pois Chiche, consterné, voit voler les bottilles, les beaux grains, la récolte ; il hurle dans le vent :

— Écoutez, bande d'émasculés ! Double ration de poissons pour ceux qui feront ce que je dis ! Mon père la donnera, par ma vie je le garantis !

— Dit-il vrai ? discutent les fuyards.

Plusieurs sont friands de la perche, l'un d'eux revient pour l'amour du goujon, les autres suivent... Tête basse, yeux mi-clos, ils affrontent le sable et le vent ; Pois Chiche ordonne : on obéit ; les gerbes sont jetées en tapis sur les graines, balayées en hâte en un monceau.

— Vite ! vite ! sur les gerbes ! Couchez-vous, serrez-vous !

Certes, il est temps ! La trombe arrive. Les enfants étendus, le ventre sur les gerbes, la tête enfouie dans leurs bras, subissent et attendent. Le sable fustige les dos et les oreilles, cingle et brûle la peau, fait crisser les dents...

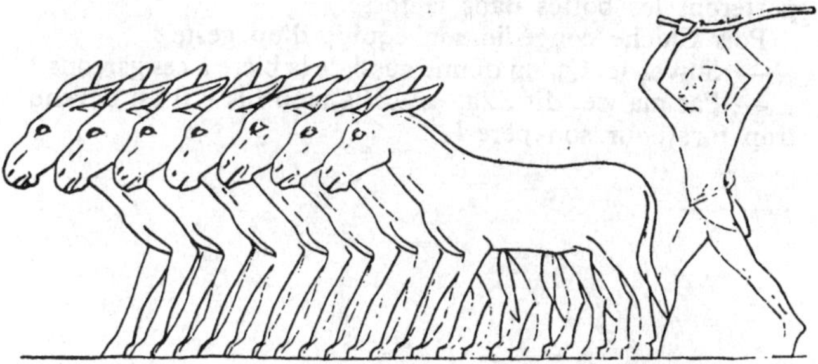

FIG. 4. — *Ce sont les ânes qui porteront les bottes.*

***

La trombe passe ; en ouragan, elle s'engouffre à travers les arbres et les champs ; tout ce qui peut voler avec le vent est emporté, un balai saccageur nettoie l'aire...

La trombe a passé. Seul, un brouillard de sable demeure, stagnant, opaque, aveuglant ; tout feuillage est couleur de terre.

Étourdis, assommés, les enfants restent sans bouger, à peu près assoupis.

Alors Sita s'avance, accompagné des scribes pour constater la catastrophe.

— Je n'ai pas mal agi, le Maître jugera. Jamais oncques ne vit pareille tornade depuis l'origine des temps !... Ô frères, qu'est cela ? Cet amoncellement, est-ce un tas de « frappés vivants », tels ceux qu'atteint le dieu dans sa fureur ?

Grand-de-Fesse, entendant ces mots, secoue sa peau de sable sous les yeux des hommes ahuris ; toussant, crachant, il présente la récolte sauvée :

— Regarde ô Sita, ton fils te donne tout ce lin. Voilà ce qu'il a fait, Pois Chiche, en vérité.

Pois Chiche émerge à son tour ; il est jaune, ses yeux sont blancs, tel un poisson de sable.

— Debout les gars !... Père, je n'ai rien fait sans eux, rien... Père, je leur ai promis du poisson en double ration.

Le père écoute, hébété ; son bâton soulève les tiges bottelées, évalue la récolte...

— Certes, il y a prouesse en cela ! Mais cette histoire n'entre pas dans ma tête. Va, toi, Grand-de-Fesse, amène les âniers pour enlever le grain : aujourd'hui ce sont les ânes qui porteront les bottes dans la fosse.

Pois Chiche congédie son équipe d'un geste :

— Suivez-le. Qu'on donne aussi de la bière à ces garçons !

— Par ma vie, dit Sita, est-ce là mon fils ? Il est devenu trop fort pour son père !

IV

JALOUSIE

Lorsque Sita revint à la maison, son fils aîné, Beau-Parleur, était assis près de l'entrée ; il avait l'âme noire d'envie et le rictus crispé d'une hyène. Sita lui dit :

— Sais-tu comment Pois Chiche a sauvé la récolte ?

— Comment ne le saurais-je pas ? répondit Beau-Parleur. Les travailleurs ont chanté son histoire tout le long du chemin ; les chienx eux-mêmes la connaissent ! Et les voisins ne parlent plus de toi, mais de Pois Chiche... Avant qu'un second jour soit, ceci reviendra aux oreilles du Maître : c'est ce Pois Chiche qui sera loué, et tu ne seras plus rien devant le Seigneur Menkh !

Sita considéra son fils avec surprise :

— Nul ne pourra jeter un blâme sur mon nom, mais on dira ce que je dis : « Que soit, certes, félicité le père qui l'a engendré ! »

Beau-Parleur se leva ; il remplit un pot de bière, il l'offrit à son père en soupirant :

— Certes, le grand cultivateur, Sita, mon père, est épuisé par la fatigue, pour oublier ainsi les insolences de mon cadet ! Ô mon père, le bien qu'il a fait aujourd'hui se tournera en mal demain ; si ta face est aveugle à ce que tu vois, tes travailleurs riront de toi et tu perdras la faveur de ton Maître.

— Quel mal a-t-il donc fait ? dit le père.

— N'est-ce pas assez qu'il soit comme un chat capricieux, qui s'en va seul sur son chemin sans regarder la main qui le nourrit, sans écouter l'ordre de qui l'engendra ?

— A-t-il commis une telle faute ? Ne te rebute pas contre ton frère ; déclare sans détour ce que tu veux de moi.

— Eh quoi, mon père ! ne suis-je point son aîné ? N'ai-je

pas priorité sur lui ? Tu devais me léguer ta charge, et tu lui offrais d'être scribe ; or ce fils indigne t'oppose son refus et veut prendre ma place !

— Non, mon fils, répondit Sita, la colère te rend injuste : Pois Chiche ne veut pas prendre ta place, c'est un enfant qui ne sait encore rien de la vie ; mais si je donne un ordre, il devra m'obéir.

— Ô le père que j'aime, il se dérobe à l'évidence ! Il donne son cœur au fils ingrat, et laisse spolier le soutien de sa vieillesse ! Voilà ce que je dis : je ne me laisserai pas dominer par mon frère ! Ô mon père, fais que je puisse devenir un des

FIG. 5. — *Fais que je puisse devenir scribe comptable du domaine.*

scribes comptables du domaine. N'ai-je pas suivi l'école ? N'ai-je pas la faveur d'Akhi, fils du chef des comptables, qui fut écolier avec moi ? N'ai-je pas l'esprit prompt, la parole facile ? Bientôt je deviendrai scribe inspecteur, et tu seras un homme heureux. Et puisque ce Pois Chiche « baigne son cœur » dans les travaux des champs, qu'il tire donc la charrue pour soulager ses bœufs ! Qu'il porte le faix de son âne ! Qu'il soit un père pour ses veaux ! Qu'il couve les œufs de ses oies ! Qu'il nourrisse le canard orphelin ! Moi, je serai toujours là pour veiller au travail et protéger ton bien ; l'impôt ne t'écrasera pas : je ferai que tout compte soit en ta faveur...

Sita, le cultivateur, réfléchit longuement sur ce qu'il venait d'entendre. Connaissant celui qui devrait faire vivre son nom, et sachant la dureté de son cœur, il n'osa point s'élever contre lui, mais il médita sur ce qu'il devrait accorder.

Et voici qu'il vit le scribe intendant du domaine qui venait vers lui et le saluait joyeusement :

— Ô Sita, serviteur intègre qui a la louange de son maître, sois en bonne santé ! Je t'apporte une nouvelle qui comblera de joie les fidèles vassaux dont tu es un modèle. Le troisième jour qui vient sera faste pour le noble Seigneur Menkh, notre excellent maître. Car le Pharaon V.S.F. [1] lui a fait don d'une statue accompagnée de grands avantages ; or notre maître convoque les fonctionnaires et serviteurs intéressés, pour assister à la lecture de l'acte de donation et des charges qui en découlent.

« Toi, donc, sois présent pour entendre le témoignage de ces hautes faveurs et pour lui rendre hommage. »

— Certes, répondit Sita, je me réjouis grandement de ceci, car Menkh est un maître équitable pour ceux qui le servent. Il est louable entre les plus louables ; sa bouche anéantit le mensonge et fait naître la vérité, et l'opprimé trouve en lui un appui. Je ferai donc ainsi que tu l'as dit.

« Mais toi, ô scribe très savant, délivre-moi de mon souci pour une affaire qui, présentement, m'inquiète : mon fils aîné que voici désire devenir scribe comptable au service du domaine. Quel est ton avis à ce sujet ? Pourra-t-il s'instruire en ce métier, et accéder à la fonction qu'il souhaite ? Sera-t-il admis parmi les fils de plus importants que moi ? Et pourra-t-il un jour surveiller son cadet auquel je transmettrai ma charge ? »

Le scribe ayant pesé ses paroles répondit :

— Je t'aiderai volontiers, s'il m'est donné d'agir en faveur d'un serviteur qui est dans les eaux de son maître ! Je t'accorderai tout le poids de mon influence, sachant à ce propos que je n'obligerai pas un ingrat : celui qui connaît l'art d'engraisser des oies succulentes ne saurait manquer d'en donner la primeur aux gourmets... Beau Parleur, ô mon fils, tu seras sans doute mon élève.

Et le scribe, s'étant levé, s'éloigna ; mais Sita et son fils l'accompagnèrent sur le chemin, et le haut fonctionnaire se plut à détailler les préparatifs de la cérémonie et les réjouissances qui l'accompagneraient.

Après cela, comme le père et le fils rentraient à la maison, ils trouvèrent Pois Chiche, sa mère et sa sœur qui venaient

1 V S.F. abrégé de Vie, Santé, Force, traduction classique de l'expression *ânkh, oudja, seneb* qui suit souvent le nom du Pharaon. Voir signes 49, Pl. II.

d'y arriver. Sita leur répéta les paroles du scribe, et Beau-Parleur décrivit avec complaisance les fastes qu'il avait annoncés.

Pois Chiche, émerveillé, s'écria :

— Ô mon père, je n'ai jamais vu pareille chose ; fais que je sois à ton côté lorsque tu présenteras tes hommages au Seigneur !

Mais Beau-Parleur s'interposa :

— Toi, Pois Chiche, apprends maintenant à te tenir en ta place ! Moi seul accompagnerai mon père, car je suis l'*héritier,* et j'apprends le métier de scribe, et je serai comptable du domaine. Et je surveillerai ton travail, et tu seras avec moi ce qu'il en est d'un cadet. Va et sers-nous, apporte le pain-bière [1] !

Pois Chiche n'ouvrit point la bouche pour répondre : il alla chercher deux pains dans la jarre, il en prit un qu'il déposa devant son père ; mais sa sœur, Mout-Sherit, s'empara du second et le plaça devant son frère en disant à mi-voix :

— N'y-a-t-il plus de femmes dans la maison ?

Et Pois Chiche sourit ; il murmura :

— Un jour, ma mère m'a dit aussi : « N'y a-t-il pas des dieux plus puissants que les hommes ?... »

Et quand il eut mangé, il s'endormit.

1. « Pain-bière » était une formule habituelle exprimant la nourriture solide et liquide.

V

L'ÉPOUVANTAIL

Or l'orge, près du fleuve, était déjà dorée ; la récolte serait abondante, on se réjouissait beaucoup. Sans doute on laisserait large part aux glaneurs, selon l'ordre du maître.

Chaque cultivateur disposait son équipe pour la surveillance des moissons qui ne sauraient tarder. De loin en loin, un mur de roseaux protège une famille contre le vent ; c'est la paillote, la demeure des champs pour la saison *perit*. Les étoiles du ciel lui servent de plafond ; point de bouche inutile, car les vieillards restent à la maison ; la femme y vient pour l'homme, la fillette pour la chèvre, la chèvre pour le lait, l'âne pour le transport.

On garde, et on attend. On prépare les faux, les filets et les ligatures.

Dès que le jour décline, on va chercher l'eau fraîche pour remplir les grandes jarres. Puis, on tire des pots les pains et les oignons.

La chaleur fut pesante ; la nuit est sereine et le sommeil profond !

Gardant la porte près de la jarre, le chien est là pour aboyer.

« Ne dois-je pas aboyer quand aboie le chien du voisin ?... » Ainsi pensent les chiens de toutes les paillotes, les grands et les petits, les jaunes et les noirs, qui rêvent sous la lune... « Et cela, qu'est-ce ?... Un rat ! Pourquoi suis-je attaché ? J'aboie, j'aboie, j'aboie. »

... Mais le jour fut si lourd, et la nuit est si douce ! Et le sommeil n'est pas troublé.

*
**

Le Soleil s'est levé, le Soleil est monté. De nouveau il descend vers sa montagne, ayant donné aux grains un peu de sa dorure.

Au milieu des épis se dresse un pilier ; ses pierres sont liées par de la boue, il dépasse les orges, il atteint la tête d'un homme. On y monte par de hautes marches. Du sommet on surveille le champ. La tribune est étroite, elle n'est pas large !

Assis sur le pilier, le veilleur affairé agite un long fouet de fibres.

— Hâ—hâ—hâ ! Ô moineaux impudents !... Ô pouilleux sans abri !... Hâ—hâ, bavards geignards, radoteurs ! Empiffreurs qui rendez deux fois ce qu'ils prennent, sans arrêt, sans arrêt !... Hâ—hâ, ô voleurs ! Vous n'écoutez point la voix du ventre : vous engouffrez encore quand il est plein !

« Hâ !... Hâ !... pschch ! pschch ! bande d'insatiables !...

FIG. 6. — *Les scribes sachant compter milliers et dizaines de mille millions...*

L'orge du voisin est meilleure que la mienne : allez ! allez ! mangez des mouches, mangez des vers, laissez mon grain ! Hâ—hâ...

« Moi, je suis harassé ! Seules les femmes peuvent crier tout un jour sans se fatiguer !... Oh ! cette nuée de pillards, là, sous mon nez : faut-il qu'ils aient envie ! Envie ? En vérité, Pois Chiche, ne fais-tu pas un sot métier ? A-t-on envie de pain lorsqu'on n'a pas faim ? Non ! Ceux-là n'ont plus faim : ils ont envie de grains comme le chat de la souris, même s'il a mangé... C'est vrai, mais si la souris ne tentait pas le chat, pourrait-on demeurer dans la maison ? Mon chien tremble d'envie devant les cailles. Grand-de-Fesse rêve de poisson : pour son poisson il ferait le travail de dix hommes ! Et Beau-Parleur ? S'il ne brûlait point d'envie de tenir les gens sous son bâton, il passerait le jour à dormir, et la nuit semblablement ! Et mon père ? Je ne sais ce qui pourrait tenter mon père... il n'est jamais en joie : son cœur est peut-être plein avec rien ? Mon cœur, à moi, s'élargit tous les jours, ce n'est pas un pot : c'est une jarre ! Ce n'est pas une jarre : c'est un bassin sans fond ! L'inondation même ne pourrait jamais le remplir ; je désire tout, et surtout ce que je ne connais pas ! Pois Chiche, c'est mauvais : ton cœur est trop lourd pour ton ventre ! »

Le Soleil aussi est trop lourd pour le veilleur. Il somnole, et sa tête s'appesantit sur ses genoux. Une motte de terre s'aplatit contre son épaule.

— Hé ! « le-sur-son-pilier », dort-on sur une échelle ? Qui es-tu ? Quel est ton nom ?

— Mon nom ? Pois Chiche !

— Quel Pois Chiche ? le jardinier ? le gardeur d'oies ? le moissonneur ? Ton métier d'hier n'est jamais celui de demain. Ta fonction d'aujourd'hui, quelle est-elle ?

— Je suis le « chef-épouvantail ». Vois là-bas ces piliers : cinq dépendent de moi, un au Nord, un à l'Ouest, un à l'Est, deux au Sud. Mon personnel m'observe : si je suis vigilant, ils restent vigilants, et si je dors, ils dorment, et les moineaux s'amusent. Ce n'est pas une sinécure !

— Aucun métier n'est une sinécure, ô Pois Chiche. Le gardien d'oies les fait tourner pour qu'elles digèrent, alors qu'il a le ventre vide : est-il vraiment le maître de ses oies ? Le moissonneur est ruiné par les rats, le jardinier par les criquets... Toi, laisse tout cela et apprends mon métier : le scribe est plus heureux !

— Il y a quelque vérité dans ce que tu dis, ô Khoui, mais le scribe n'apprend jamais comment les oiseaux font leur nid, ni ce qu'apportent les vents, ni des milliers de choses que ne me diront point ton calame ni ta palette !

Le scribe le blâma, lui démontrant son intérêt :

— Quel enfant sans raison ! Cette science-là ne remplit pas les jarres. Quant au scribe, il n'est jamais pauvre ! Il contrôle, il calcule, il est de ceux qui reçoivent et non de ceux qui donnent ; on le craint, et chacun a pour lui des égards.

Pois Chiche descend de son pilier ; il se met à marcher à côté de Khoui ; il lui dit :

— Je réfléchirai à tes paroles sages, ô le plus avisé des scribes, mais je veux éprouver ton pouvoir ; accorde-moi une faveur : Menkh, notre bon maître, a convoqué mon père, comme les chefs d'exploitation du domaine, pour assister à la cérémonie de donation : ô Khoui, fais que je sois présent !

— Toi, Pois Chiche, sais-tu ce que tu demandes ? Ce n'est pas une petite chose, car le chef du cadastre déteste les bavards. Il a donné à ses gardiens l'ordre d'interdire l'entrée de la maison à quiconque n'était ni scribe ni fonctionnaire, ni serviteur convoqué.

— Alors, ô le plus savant des scribes, je serai ton aide, ton assesseur fidèle !

— Mon assesseur ! Dis-moi, Pois Chiche, en quoi peux-tu m'aider ?

— En quoi ? Ne suis-je pas un garçon qui sait compter sur ses doigts jusqu'à dix ?

— En vérité, Pois Chiche, quelle grande merveille ! As-tu compté sur les doigts de tes pieds ? Ajoutes-y les deux de ton nez, et retranche celui de ta bouche : que reste-t-il ?

Pois Chiche réfléchit, écrasé par tant de savoir ; il dit :

— Ô Khoui, fais cela pour moi je te prie ; un ami m'a donné un morceau d'ocre rouge apportée d'Assouan ; ce sera la meilleure que ton calame ait jamais employée. Jamais personne ne trouvera dans les écrits d'aussi belles rubriques !

Khoui, le scribe fort avisé, se mit à rire, il dit :

— En vérité, Pois Chiche, existe-t-il un plus malin que toi ? Or ce que tu proposes me satisfait grandement. Qu'il en soit selon ton désir : tu tiendras ma palette, et seras à mes pieds comme un serviteur attentif près de son maître.

VI

ENVIE

— Ta bouche est muette, ô Pois Chiche : que t'est-il arrivé ?

— La question qui est dans mon cœur n'ose point sortir de mes lèvres !

Le harpiste sourit, ses doigts caressèrent la tête de l'enfant tendue vers lui :

— La parole conçue dans le cœur est déjà inscrite dans le ciel. Dis tout ce que tu penses.

— Sache cela, ô Mesdjer : tu es plus que mon père ; tes yeux d'aveugle voient plus clair que les miens. Ma tête est pleine de ce que je regarde chaque jour, pleine comme la barque du passeur à l'heure du marché ; mon cœur saute d'envie vers une chose... et puis vers l'autre... il ne sait ce qu'il veut, ni ce qu'il ne veut pas.

— Ton discours est fleuri comme celui d'un scribe : est-ce bien toi, Pois Chiche ? Parle donc sans détours ; ouvre ta bouche pour la question qui te tourmente.

— Voici : je veux savoir quelle est la chose qui peut te faire envie.

L'aveugle fouille en silence la pensée de l'enfant. Il tire à lui son pied, croisé sur son genou ; il murmure :

— C'est là une étrange question, en vérité ! Moi, je prends chaque jour ce que les heures me donnent...

— Tu vois bien que tu ne réponds pas. J'ai regardé mon âne, et je l'ai vu courir pour un peu d'orge ; j'ai regardé ma sœur, elle a menti pour un bijou ; et j'ai vu le voisin s'il a envie, il vole.

— Tu dis vrai, ô Pois Chiche. La force de l'envie fait pressentir le cadavre au vautour : sur un champ de bataille il dirige son regard vers le camp qui sera vaincu ; tant est puissante son envie qu'elle en fait un voyant !

— J'ai peur de cela : l'envie rend les être méchants.

— L'envie donne l'audace et l'énergie ; quiconque ignore cela ne connaît rien de l'homme.

— Mais toi, tu dis que tu es sans désirs.

— Non, j'ai une soif immense de la lumière, du Soleil.

— Alors, tu a été malheureux de les perdre ?

— Ce fut le contraire qui arriva : mon désir de lumière fut si violent qu'il m'apprit à chercher le Soleil dans mon cœur ; alors je connus la Lumière ! La fleur qui n'en a pas envie se ferme, et ne la reçoit pas ; plus un arc est tendu, plus ardente est sa flèche. Si ton ventre n'avait pas de désir pour le pain que tu manges, il ne produirait pas ce qu'il faut pour le transformer en ta chair...

— Mais moi je suis petit, je ne suis pas grand : qui sait de quoi j'aurai envie ?

— Si tu vas au marché, tu te sers de ton âne : doit-il devenir ton maître ?

— Ô Mesdjer, je crois que mon âne fera beaucoup de sottises sous mes ordres...

— Il est un temps pour germer, un autre pour récolter ; l'essentiel est d'abord de semer.

« Sois heureux d'être encore petit, tu observes toutes choses vivantes avec un cœur nouveau ; apprends maintenant comment elles se transforment : c'est cela que tu dois faire. Sais-tu pourquoi ton père humidifie le lin étendu dans la fosse ? »

— Il ne me l'a pas dit. Sans doute est-ce pour le nettoyer ?

— Ne sais-tu pas que pour le rendre pur il faut que pourrisse tout ce qui peut pourrir ? Que pour en faire un fil *durable* on doit d'abord *détruire* ce qui pourrait ensuite se corrompre ? Certes, il faut sauver les fibres au bon moment ; ensuite on charge le Soleil de brûler ce qui est impur.

— Alors, il devient blanc ?

— Pas encore ; on le broie, on l'étire en longs fils, on mouille encore ces fils pour les pourrir légèrement. Ainsi tout ce qu'ils ont de corruptible est épuisé ; c'est le lin purifié dont on fait les beaux tissus blancs.

— Comment peut-il devenir si joli après avoir été gâté ?

— Rien n'a été gâté de ce qui est pur en lui ; rien ne peut être rénové sans avoir subi l'épreuve de la destruction du corruptible.

— C'est une chose difficile à comprendre pour moi.

— Ô Pois Chiche, ce l'est plus encore pour un homme au

savoir arrogant. Le lin aura plusieurs fois refleuri avant que mes paroles aient mûri dans ton cœur ; mais à chaque saison son mystère et sa leçon !

« Avais-tu observé le lin avant la graine ? »

— Celui de mon père avait des fleurs bleues.

— C'est une plante de printemps ; le bleu aime la jeunesse du matin et du Soleil ; le lin a quelquefois d'autres nuances, mais la couleur de sa nature est le gris bleuté de la Lune.

— Ô Mesdjer, la Lune n'est pas grise : elle est blanche.

— Blanche comme l'argent, mais sa lumière est bleue. Connais-tu le nom de la Lune quand elle est pleine ?

— On dit qu'elle est *meh*... Oh ! c'est presque le nom du lin : *meha*.

— C'est exact, et ce mot te donne le nom du Nord, *meh*, d'où vient le vent froid. Or sache que le lin n'est très beau que s'il est exposé vers le Nord.

— Comment connais-tu toutes ces choses ?

— J'ai regardé, lorsque j'avais mes yeux ; puis j'ai prononcé les *noms* que nos sages ont donnés à tout ce qui est sur terre : *ainsi j'ai quelquefois deviné leur pensée*.

— Quand tu me parles, mon cœur saute comme un cabri ! Pour connaître ce que tu sais, je crois qu'il apprendrait à maîtriser son âne : est-ce cela l'envie ?

— Apprends d'abord à connaître cet âne, ô bouillant cavalier ! La route est longue... il faut laisser passer quelques tempêtes.

VII

DONATION

— Ô mon âne, ce n'est pas le jour de rester chevillé en ta place ! Marche ! Fais vite, je dois être arrivé avant les autres. Ne prends pas le chemin : passons à travers champs pour ne pas rencontrer Beau-Parleur et mon père...

« Hé ! compagnon, ai-je bien manœuvré ? Certes je n'aurai pas la robe, mais je tiendrai la palette du scribe. Je verrai le Seigneur Menkh dans sa gloire, sa maison magnifique, ce que mes yeux n'ont jamais vu.

« Ô glouton, tu pourras brouter au retour, vois tous ces gens qui nous devancent : galopons ! galopons ! »

La foule s'entasse autour de la demeure. Pois Chiche a retrouvé Khoui ; scribes et fonctionnaires se groupent selon l'ordre.

On entre, on prend place, et Pois Chiche contemple. Le décor de la salle, les peintures murales, l'éblouissent. Vit-on jamais des couleurs aussi vives, des colonnes si hautes ? Ces lotus, n'a-t-on pas envie de les cueillir ?

Et voici que des exclamations joyeuses retentissent à l'approche du scribe royal, le messager de Pharaon V.S.F. Tous les dos se sont courbés, comme les épis sous le vent ; chacun, se redressant, montre un visage radieux, car le favori de ce jour est le Seigneur de ce domaine, Menkh, grand chef des Techniciens. Combien il est majestueux, siégeant sur son estrade, au milieu de ses fils, ses amis et ses intendants !

Or le scribe royal, majordome, Sebek-Nekht, se tient debout, ayant en main le décret de Sa Majesté. La voix forte déclame ce qu'*On* (le Roi) a décidé dans le palais royal V. S. F., à savoir :

« En l'an XXX, 3ᵉ mois de l'été, jour 2, Sa Majesté a ordonné que soit accordée, en témoignage de sa faveur envers un familier du Roi, une statue de granit au noble Chef des Techniciens des ateliers royaux, Menkh, en raison de son excellente attitude. Cette statue est destinée au temple de Sa Majesté, où elle sera placée à côté d'un colosse du Roi. Il est ajouté à cette fondation l'octroi d'un terrain de 50 aroures, afin que Menkh institue un service d'offrandes en obligations journalières. »

Le cœur de Menkh fut grandement satisfait en entendant ces paroles, car ce n'était pas une petite chose qui lui arrivait en récompense de son dévouement pour le royaume et pour le Pharaon.

Il se leva lentement, et prononça, à l'intention du Roi, les paroles suivantes :

— Le dieu, ton père, agit selon toutes ses décisions. Tant que durera le ciel, ses actes dureront, stables pour l'éternité. Je suis le serviteur reconnaissant de mon Maître, et j'agirai conformément à toutes ses volontés.

Ayant ainsi parlé, le Seigneur reprit possession de son siège. Il fit approcher son secrétaire, qui, déroulant un papyrus, commença la lecture d'un acte que Menkh désirait faire connaître aux assistants. Voici :

« Écoutez la formule d'un wafk [1] réglementant ma fondation funéraire, afin de la perpétuer à jamais quand j'aurai fait prospérer les bois du sarcophage [2] et rejoint mon caveau dans la nécropole.

« J'établis des biens par cet acte, concernant mes terrains, mes serfs et mes troupeaux, au profit de la statue de mon Maître qui est dans son temple. Spécification : 25 + 15 + 10 aroures = 50 aroures [3], dont m'a gratifié Sa Majesté, tant était grande ma loyauté à le servir.

« Or quand le dieu se sera satisfait des biens et que la statue aura reçu ses provisions, qu'on fasse paraître les offrandes pour le serviteur-ici-présent, de la main du prêtre de service, selon la coutume journalière.

Liste connexe.

Pains au taux de 30	5 pièces
Pains au taux de 40	7 pièces
Total	12 pièces

1. Fondation dont les revenus sont tirés d'un bien inaliénable.
2. État du défunt qui attend la régénération.
3. *Aroure :* mesure de superficie égyptienne, 2 756,25 m².

Bière au taux de 30	2 jarres
Vin	2 jarres
Tourterelles	2 pièces
Légumes	6 bottes

Et je dis :

« Écoutez, tous les prêtres et prophètes du Temple qui viendront par la suite : Sa Majesté a donné, aussi bien à moi qu'à vous, pain-bière, viandes, légumes et toutes choses excellentes pour vous nourrir dans son temple. N'agissez pas par convoitise excessive envers mes biens, car je n'ai pas songé à les augmenter lorsque j'étais sur terre.

« Je n'ai pas cherché d'accroissement sans cesse, puisque j'ai fondé ce wakf, étant un homme probe, dont son dieu savait qu'il ferait accroître la perfection, un auteur de choses profitables pour les serviteurs de son domaine. Je n'ai chassé personne de sa fonction. Je n'ai jamais pris la propriété des autres par fraude. Ce que je déteste le plus, ce sont les actes d'improbité.

« Et voici que pour finir, je dis ces choses. Quant à tout chef des Techniciens royaux qui sera mon successeur, quant à tout prêtre du temple, qui voudraient profiter de mes biens,

FIG. 7. — *Combien il est majestueux, siégeant sur son estrade..*

que Dieu les défavorise ! Il ne les laissera pas jouir de la fonction qu'ils ont reçue. Il les livrera au feu du Roi en son jour de colère. Son uraeus frontale vomira la flamme sur le haut de leurs têtes, détruira leurs chairs et dévorera leurs corps. Ils deviendront « comme Apopis au matin du jour de l'An [1] ». Ils ne recevront pas les honneurs dus aux gens vertueux. Ils ne pourront pas avaler les offrandes des morts. On ne leur versera pas de libations. Leurs femmes seront violées sous leurs yeux. Leurs fonctions seront prises et données à des hommes qui seront leurs adversaires. Leurs KA [2] seront séparés d'eux. Leurs maisons s'effondreront à terre.

« Mais si, au contraire, ils veillent sur l'exécution de ce wakf, que leur soit fait tout le bien possible ! Ils atteindront l'âge de la retraite et transmettront leurs fonctions à leurs enfants après une vieillesse qui entassera les années de bonheur ! »

Un ronflement sonore retentit... Heureusement pour le dormeur, il est couvert par les acclamations qui félicitent le maître si hautement favorisé.

Alors Pois Chiche se réveille, au grand éclat de rire de ses voisins : l'ocre rouge de sa palette avait marqué son front et le bout de son nez...

— Ô Pois Chiche, dit Khoui, ce sont là tes premières écritures !

Lorsque les notables eurent scellé le document, Menkh, ayant appelé son secrétaire particulier, dit à très haute voix :

— Qu'on inscrive et qu'on sache ce que j'ai décidé.

« J'accorde, à l'occasion de cet heureux jour, double ration de bière à mes bons serviteurs ; que soient immolés dix moutons, et qu'on distribue à tous de la viande.

« Quant à Kakem, mon laboureur fidèle, que lui soit donné un couple de bœufs venant de mes étables, en échange du travail excellent qu'il n'a cessé de faire pour moi.

« Quant à Ounnefer, qu'il reçoive dix sacs d'orge pour nourrir ses quatorze enfants.

« Quant à Sita, je lui accorde en propriété personnelle, de fils en fils et d'héritier en héritier, un petit champ qui m'appartient, sis au bord du fleuve, et mitoyen au domaine de Sabou. »

1. Légende du serpent Apopis qui est « rossé » le premier matin de l'année.
2. Corps spirituels de l'homme Voir *Her-Bak Disciple* Index : KA.

De grandes acclamations remercièrent la largesse du maître du domaine. Les serviteurs favorisés vinrent flairer la terre devant lui.

C'est alors que Sita et son fils Beau-Parleur aperçurent Pois Chiche debout parmi les scribes... et leur surprise fut si violente qu'ils ne surent plus en quel lieu ils étaient ! Mais Pois Chiche les rejoignit quand ils quittèrent la salle, et il dit :

— C'est un jour heureux pour toi, ô mon père ! Quant à moi, je me suis décidé à cultiver la terre avec toi. Mais les scribes m'ont dit que Thot [1] venait de marquer son sceau sur ma figure... Alors il en sera... selon ce qu'il décidera !

1. Thot, *Neter* de l'Instruction et des hiéroglyphes. Voir n° 32, Pl. VI.

VIII

LE CHAMP

Il y a beaucoup d'ânes pour les travaux des champs, mais celui-ci est sans pareil ; c'est l'âne de la maison, qui mange et dort près de ses maîtres ; c'est l'âne de Pois Chiche, c'est l'âne du marché, celui qui connaît le chemin, les heures, les habitudes ; c'est le *porteur,* c'est le puissant, c'est l'*âne* enfin !

Il est beau, il est gris, une croix brune est tracée sur son dos. Lui seul, il a le droit de paître et de fumer ce champ jusqu'au temps de l'inondation, ce champ qui est la gloire de Sita. Certes, le pâturage y est digne de l'âne ! Quand, après les grandes eaux, la terre apparaîtra, l'herbage y sera dru et vert comme la malachite ; et lorsque, de nouveau, l'âne aura brouté et fumé, l'âne et le pré en seront vivifiés, et l'orge y germera plus belle qu'en nul autre champ.

Donc, aujourd'hui, l'âne est sur sa propriété et Pois Chiche est avec son âne.

Et Pois Chiche est heureux ; le Nil borde le pré, et le fleuve et ses rives sont un monde enchanté. Des barques aux grandes voiles blanches remontent le courant ; celle-ci est lourdement remplie de pots de terre et de jarres ; celle-là transborde des cultivateurs avec une vache et son veau. Une longue péniche descend le fleuve, venant du Sud, chargée d'une montagne de paille et de grains.

L'eau miroitante a des reflets de lapis lazuli ; sur la berge, des plants de concombres et de courges montrent déjà des fruits verts. Deux pluviers s'y racontent leurs aventures.

Du côté Sud, le pré est encastré dans celui de Sabou. Le fils de ce voisin garde son champ à l'abri d'une paillote. Quant à Pois Chiche, il a choisi, près de la berge, un beau coin d'ombre donné par un grand sycomore et un groupe d'acacias. Son buste se confond avec le tronc de l'arbre, et sa simplicité avec les instincts animaux.

Le champ fertile est le rendez-vous préféré des peuplades d'oiseaux, selon la saison, selon l'heure et la mollesse de la terre. Les hirondelles le survolent en rase-mottes quand la chaleur humide y rabat les moucherons. La famille de huppes y élit domicile ; auprès de l'arbre, la mère apprend à ses enfants à heurter le sol de leur bec pour faire sortir le vermisseau ; les petites huppes tapent et tapent, frappent trop loin, frappent trop près, et, dépitées, tentent de partager le ver que la mère a trouvé.

Autour de l'âne qui broute auprès d'une rigole, un concile de petits hérons blancs — hautains de bec et courts de queue, — piétine dans la terre amollie. L'un d'eux, plus intrigant, suit l'âne pas à pas, guettant l'instant propice ; l'âne arrache une touffe : l'oiseau se précipite, déniche un ver sous son museau. Un coup de tête le chasse comme une mouche : il est déjà derrière. L'âne baisse le nez : il est sous le museau ! Et la comédie continue entre l'âne patient et le héron glouton, craintif et profiteur.

Un couple de corneilles livre bataille à des busards qui leur disputent leur pâture. Et Pois Chiche se remémore les nombreuses légendes sur le mariage des corneilles, sur leur fidélité, même dans le veuvage.

*
**

Quelle activité dans les blés du voisin ! Une compagnie d'alouettes frétillantes s'accorde avec des nuées de passereaux pour hâter le pillage avant la nuit.

Mais soudain on se tait, on s'égaille en sauve-qui-peut, un trille aigu retentit : c'est le cri de guerre du faucon. Le voici... le croissant effilé de ses ailes se dessine sur le ciel bleu ; il monte en ligne droite, s'appuyant sur le vide, par élans successifs sans aucun tournoiement ; son regard ne s'aveugle point sous le Soleil ! Il s'élève si haut que l'oiseau menacé se rassure... alors, dans une chute à pic, le faucon fonce sur sa proie, la saisit dans ses serres, la déplume en plein vol, et lui perce le cœur pour en boire le sang.

Pois Chiche est troublé ; il oscille entre l'admiration et le dégoût. Il tourne ses regards vers le fleuve paisible : un martin-pêcheur y guette le poisson, qu'il survole dans une immobilité trépidante ; soudain il tombe comme une pierre, plonge le bec et happe...

— Toujours tuer pour vivre, toujours tuer pour manger ! Existe-t-il un monde où l'on puisse vivre sans tuer ?...

La lumière décline, et les oiseaux du jour s'assemblent par peuplades. Les busards planeurs s'élèvent plus haut pour capter les derniers rayons de leur maître. Un vacarme assourdissant éclate dans les mimosas : les moineaux cherchent leur perchoir et changent d'avis à tout instant ; on se querelle, on se pourchasse, on se jalouse, on pépie, on jacasse, on sautille, on volette... et l'arbre tout crissant, secoué de battements d'ailes, attend en frémissant la fin du cataclysme.

⁂

Ô ce silence ! Les moineaux sont couchés : la terre semble muette quand ils closent leur bec. Ouav ! Ouav ! Le cri de

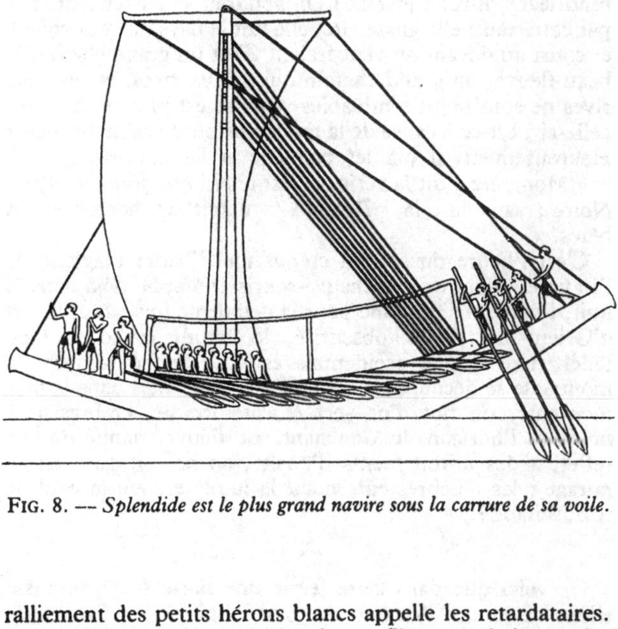

FIG. 8. — *Splendide est le plus grand navire sous la carrure de sa voile.*

ralliement des petits hérons blancs appelle les retardataires. Ils se forment en larges triangles et filent, en haletant des ailes, vers leur gîte de nuit. Alors commencent les batailles entre les divers occupants, et le noir attaque le blanc ; la colère croassante des corbeaux s'efforce de chasser les arrivants. Les deux groupes tourbillonnants semblent des lutteurs sans merci... Mais l'heure, comme chaque soir, impose le silence et la paix.

La chaleur est tombée avec le Soleil. Pois Chiche vient s'asseoir au bord du fleuve qu'un clapotis agite en écailles brillantes.

Il regarde glisser sans bruit l'*Atour* [1] qui vient de si loin, de l'inconnu, et va si loin vers l'inconnu...

— Si loin, si loin, qu'y a-t-il ? Les deux bouts du monde ?... Qu'est-ce que les deux bouts du monde ? Ce flot qui s'écoule sans cesse ne semble pas tourner en rond : alors il ne reviendra pas ? Ce n'est donc jamais la même eau ! Toute cette eau, d'où vient-elle ? Mesdjer a dit : des deux gouffres du ciel. Ma mère dit : des deux gouffres de la terre ; quelle est la vérité ?

« Comme il est frais, ce vent du Nord ! Il réveille la vie, il rend léger, il rend joyeux ! On voudrait se laisser emporter par cette eau : elle glisse vite, elle fuit le pays du vent chaud, et court au devant du vent frais... C'est un grand chemin ce beau fleuve, un grand chemin qui a deux rives, et ces deux rives ne sont point semblables : l'autre est plus chaude que celle-ci ; est-ce à cause de la montagne ou du sable brûlant ? Heureusement, il y a les palmiers et les cultures !

« Mon père a dit la vérité ; c'est le Nil qui donne la Terre Noire ; sans lui, la « Rouge » [2] tuerait les herbes et les bêtes. »

C'est l'heure du second crépuscule, l'heure magique de l'Égypte. Alors que la chauve-souris triomphe déjà dans la nuit, l'horizon s'illumine pour la deuxième fois ; tout le ciel d'Orient est dans l'obscurité, le zénith est d'un bleu ténébreux, la rive occidentale est une bande sombre, la montagne se découpe en silhouette noire ; mais dans la nuit montante, un flot d'or vert et rose irradie, embrasant à nouveau l'horizon du Couchant. Le fleuve, nappé de son reflet, a des miroitements d'opale ; on ne sait quel est ce mirage : les ténèbres enfermant la lumière... ou la couleur ressuscitant ?

***

Or voici que dans cette féerie une flotte fantôme glisse silencieusement. Venant du Sud obscur, les formes se

1. *Atour :* fleuve qui désigne en Égypte le Nil. A l'époque de l'inondation, il prend le nom de Hapi.

2 Le désert.

révèlent en approchant de la couleur et se dessinent en ombres fantastiques ; l'enfant retient son souffle, émerveillé...

Splendide est le plus grand navire sous la carrure de sa voile et l'éventail de ses cordages ! De la poupe à la proue fièrement relevée, la courbure de sa carène le cambre comme une belle coupe.

Les trente rameurs se tiennent disposés à suppléer à la brise. On amène la voile, et tous les avirons frappent l'eau en cadence ; c'est plus beau que tout à contempler ! Sur chaque bord, quinze marins, debout, manœuvrent de longues rames.

FIG. 9. — *De larges caisses à claire-voie enferment les animaux capturés.*

Le maître d'équipage leur donne la cadence ; le timonier se tient sur la dunette ; il dirige avec une corde l'immense godille à palette qui sert de gouvernail.

Moins luxueuse, mais aussi grande, est la barque suivante ; de larges caisses à claire-voie enferment les animaux capturés. Serviteurs et marins s'interpellent sur les deux felouques d'escorte, et Pois Chiche distingue les paroles des chants. La flottile approche, les détails se précisent. Quel dommage que file si rapidement cette rare merveille !

Mais voilà qu'une étrange manœuvre change la direction du bateau de tête : le timonier s'agite... le pilote, debout sur la cabine, hurle des ordres : — *Sta our !* fais face à l'Est !... Attention : près de terre ! Ce n'est pas la vraie eau, attention !... Le bateau s'approche de la rive, le sondeur manie sa gaffe... un choc fait vibrer le bateau : « Échoué ! » Le Nil baisse, et les bancs de sable se déplacent sans cesse.

Debout près du cordage, le maître du navire écoute le

rapport du chef. O bonheur ! Sur un ordre, la flottile vient se ranger autour du bateau des merveilles ; on descend les piquets d'amarrage, les marteaux et les cordes, et chaque barque assure sa stabilité pour la nuit.

L'enfant danse de joie et prépare aussi son campement. Certes, il ne perdra pas cette aubaine. Dans l'espoir d'attirer l'attention, il cherche des brindilles et prépare une flambée. Il court à la paillote pour prendre le feu du voisin ; le feu et l'eau sont deux choses qu'on ne peut jamais refuser. Le voisin saisit son archet, et le bois d'allumage virevolte et s'embrase. Pois Chiche emporte en courant son tison ; il allume son feu. Et voilà que du grand bateau l'on dispose une passerelle. Un marinier descend, il monte sur la berge ; Pois Chiche crie : « Bonne venue ! » Le marin lui répond :

— Notre équipage est sauf et nos chasseurs aussi. Enfant, peux-tu nous procurer du bois sec et du lait ?

— Sois en paix, voyageur, tu auras tout ce que tu désires. Permets-moi seulement de passer quelques heures sur ton navire.

Pois Chiche a mis l'âne au galop. — Hop ! compagnon, c'est le jour de faire vite !... Et plus vite encore il revient, chargé de fagots secs et de vases de lait.

A bord du grand bateau de charge, on lui fit fête. Les matelots et les chasseurs, assis autour du feu qui grillait le poisson, invitèrent l'enfant à partager leur nourriture. Et tandis qu'ils mangeaient, Pois Chiche scrutait avidement les rudes visages qui avaient dû connaître tant d'aventures.

Jamais explorateurs n'eurent d'auditeur plus enthousiaste. Questions et réponses s'entrecroisent :

— Vous avez vu le bout du Nil ?

— Du côté du Sud, personne ne l'a vu, si ce n'est le serpent qui boit son eau et qu'on rosse au matin du « jour de l'An ».

— C'est un vrai serpent ?

— Moi, je ne sais que ce qu'on en dit.

— Le Nil est-il toujours aussi large ?

— Quelquefois la montagne l'étouffe de ses deux flancs ; quelquefois il semble envahir la vallée. A Éléphantine, les rochers lui font un dos rond comme un troupeau d'hippopotames.

— C'est dangereux pour naviguer !

— Aussi le bateau ne s'y hasarde pas : l'eau cascade sur les roches ; alors nous avons passé sur le dos des crocodiles.

— N'écoute pas ce blagueur. Un chenal a été creusé pour éviter la cataracte.

— Et après le chenal ?

— Après nous avons continué, jusqu'au débarquement vers le terrain de chasse.

— Tu as toujours voyagé sur le Nil ?

— Moi, j'ai aussi traversé la mer.

— Qu'est cela, la mer ?

— C'est le « Grand Vert » ; il y a de l'eau, beaucoup, beaucoup ! C'est comme un Nil si large qu'on n'en voit jamais les deux rives. On peut naviguer durant toute une lune sans apercevoir aucune terre. Sur le Nil, les vagues sont hautes comme des goujons : sur la mer les vagues sont grandes comme des maisons !

— Alors les goujons y sont aussi grands que les vagues ?

— Moi, dit un marin, j'en ai vu d'aussi gros que ce bateau ; mais ils ne s'appelaient pas des goujons.

— Qu'y a-t-il de l'autre côté de la mer ?

— C'est le pays de Pount, le pays des résines, de l'encens, des parfums.

Un autre matelot dit :

— J'ai navigué sur l'autre mer, celle du Nord, où le Nil va se perdre ; nous avons abordé sur une île où l'on trouve des fruits merveilleux.

— Il y a donc beaucoup de mers ? Où est la fin du monde ?

— Je ne sais pas, il faut le demander aux scribes. Mais on dit ici que le centre du monde est sur notre Terre, là-bas au Nord, auprès du « Mur Blanc » de Memphis.

— Y a-t-il aussi d'autres Nils ?

— Il n'y en a qu'un en Égypte et c'est un *Neter,* car il nous fait vivre et lui seul est capable de vaincre le désert !

Pois Chiche ne répondit pas ; sous le clair de la Lune, les silhouettes des barques se profilaient sur un fleuve d'argent.

Du navire du maître un beau chant s'élevait, et les hommes, rêveurs, écoutaient en silence :

« Nous te saluons, ô Hapi, notre fleuve
Issu de notre Terre,
Auteur de tous les dons.

Nous te saluons, ô rénovateur,
Porteur de toute essence, puissance de toute sève ;
Tu es le désiré des produits de la terre.

Ô lumineux, issu du gouffre de ténèbres !
Ô magicien qui conduis vers la lumière
Tous les germes vivants que tu as apportés !

Conducteur des semences, nourricier des grains,
Multiplicateur des greniers,
Pourvoyeur de toutes mamelles !

Mâle fécond, tu t'engendres toi-même,
Et tu gestes comme une femme ;
Jeune et vieux, sans âge, immortel.

Fleuve de vie, nul être vivant ne t'ignore ;
Rosée du ciel, tu fertilises les déserts.
Ô Roi et Loi de ce que tu animes !

Le mouvement de ton flux régit, dans les Deux-Terres,
Le « devenir » et le destin des germes ;
Ton cours harmonieux met les rives en joie.
Ton trouble crée le trouble ; ta colère épouvante et provoque
[Typhon ;

Le rejet de ton flot pétrit la terre aride en un limon fertile ;
Par toi, Sobek — le crocodile — est fécondé.

La terre irradiée met au jour la verdure ;
Tout être terrestre est vêtu par la pleine mesure de tes dons.
Par toi, la barque flotte au-dessus des bas-fonds.

Tu sépares et tu assembles ;
Tu relies les deux rives inconciliables ;
Tu apportes et tu animes la terre noire.

Ta croissance est le signe de toute réjouissance ;
La terre tressaille jusque dans ses moelles,
Et ses os arides, mêmes, sont émus ;

Car tu désaltères le plus avide,
Et le plus dénué est comblé de tes dons ;
Mais celui qui est rassasié t'ignore.

Tu régis toutes les fêtes des *Neter*,
Et tous les sacrifices de leurs prémices,
Et la mesure de toutes leurs offrandes.

Ô toi qui ne peux être dénombré !
Ô mystérieux qui jaillis sans cesse de l'abîme
Sans pouvoir s'épuiser !

Nul homme ne connaît tes cavernes secrètes ;
Aucun écrit n'a jamais révélé ton nom,
Mais tout fruit de la terre porte ta signature.

Par toi il se nourrit et se transforme.
Et voici :

« Il arrive à son parfait accomplissement [1]. »

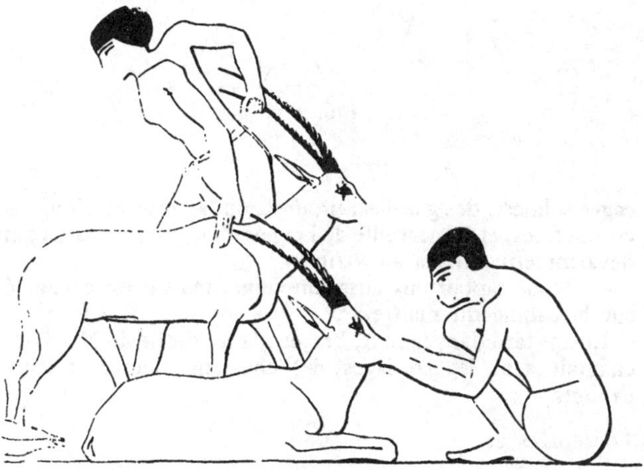

FIG. 10. — ... *les oryx aux longues cornes fines.*

La voix se tut ; un rugissement retentit ; des aboiements lui répondirent.

Pois Chiche se leva pour visiter les animaux ; un chasseur le suivit en hâte :

— N'y va pas seul, petit ! La nuit, les fauves sont mauvais.

Ils visitèrent les lévriers et les captures enfermées dans des

1. Il existe plusieurs versions égyptiennes de l'*Hymne au Nil.* L'auteur a traduit ces versions *dans leur sens réel,* et les a condensées en un seul poème, pour rassembler les divers éléments d'un thème dont les Sages — selon leur procédé habituel — ne donnaient pas la totalité aux mêmes temps et lieux.

Les autres poèmes de cet ouvrage — lorsqu'ils sont donnés sans référence — sont des compositions de l'auteur, écrites dans l'ambiance et la mentalité égyptiennes.

FIG. 11.

cages solides : des gazelles, un ibex, un bel oryx aux longues cornes fines, et la merveille de l'expédition, trois léopards qui devaient être offerts au vizir.

— Nous rapportons aussi un singe, mais il est enchaîné sur la cabine du maître !

Et très tard dans la nuit, bercés par le souffle du Nord qui chantait dans les cordages, les chasseurs contèrent leurs exploits.

IX

PÊCHEUR

— Et si j'étais pêcheur ?...

Depuis la visite des bateaux, Pois Chiche connaissait un sentiment nouveau : la nostalgie du voyage, du départ vers « l'ignoré », vers le « lointain » qui dépassait son horizon... Et voici qu'en créant et modelant son rêve, il commençait à percevoir les notions de distance et de temps ; la relation entre ces deux, c'était le moyen de transport ; et ce moyen, le seul connu de lui, c'était son âne.

Plus il réfléchissait, plus il prenait conscience de la disproportion entre le rêve et le moyen !

— Qu'en dis-tu, mon gaillard ? Serais-tu disposé à courir la grande aventure ? Pour aller où ? Droit devant nous ! Que verrons-nous ? Les bords du Nil et les champs ; tu pourras encore brouter de l'herbe et des épis, mais la récolte sera bientôt faite... D'ailleurs il ne faut point rester la nuit dans les cultures : il y a des loups, des chats sauvages. Qu'importe ? Nous passerons plus haut, en bordure ; il n'y aura guère de verdure, mais tu trouveras des chardons, des tamaris : pas très bon pour moi, cette nourriture-là ! Sans doute il y aurait des lièvres, mais quant à les chasser, je n'aime pas ce métier-là. Que faire ? Le désert ? Les vipères à cornes et les hyènes ne sont pas meilleures que les loups... Je ne croyais pas qu'il soit si difficile de vivre seul. Hé ! compagnon, je crois que le voyage ne serait pas très long : nous n'irions pas loin tous les deux. En bateau ce serait plus facile et plus rapide, mais voilà : je n'ai pas de bateau !

« Et si j'apprenais le métier de pêcheur ? Je pourrais devenir marinier sur le Nil ; et plus tard, je naviguerais aussi sur le Grand Vert... »

Des visions fantastiques se dessinent : le sable devient une eau mouvante où nagent des poissons gigantesques ; la montagne est une vague monstrueuse, les barques du Nil voguent sur une mer verte comme les prés, avec des chargements d'animaux inconnus, des montagnes de fruits et de pierres précieuses. Et, pour réaliser ce rêve, le point de départ est si simple, si accessible : être pêcheur !

Pois Chiche se lève, plein d'ardeur ; il va trouver son ami Grand-de-Fesse et lui expose son projet. Accroupi sur la terre, les genoux dans ses mains, Grand-de-Fesse le laisse parler, pesant chaque argument en garçon qui connaît le poids de son corps et de ses charges.

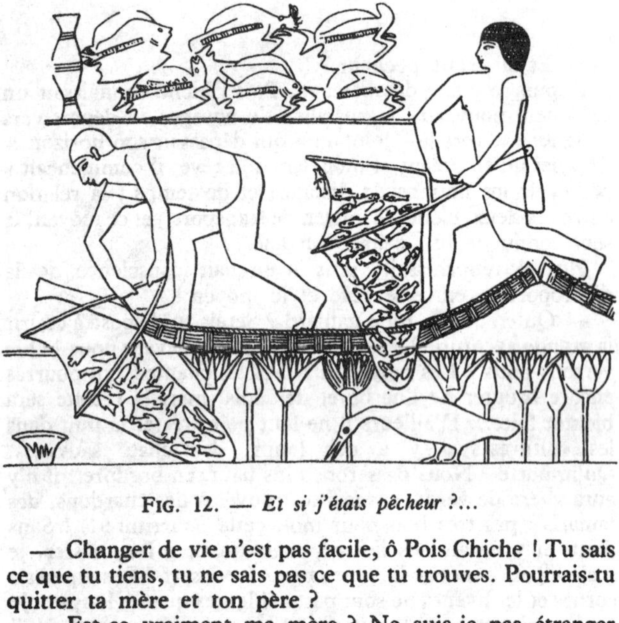

FIG. 12. — *Et si j'étais pêcheur ?...*

— Changer de vie n'est pas facile, ô Pois Chiche ! Tu sais ce que tu tiens, tu ne sais pas ce que tu trouves. Pourrais-tu quitter ta mère et ton père ?

— Est-ce vraiment ma mère ? Ne suis-je pas étranger pour elle et pour mon père ? Vois, Grand-de-Fesse, je ne pourrai point rester cultivateur ; le paysan est lié à sa terre : moi, je n'aime pas être attaché !

— Le chien non plus n'aime pas être enchaîné : pourtant la faim le ramène à la maison.

— Les oiseaux voyageurs trouvent partout leur nourriture.

— Tu rêves, ô Pois Chiche ; pour changer de pays, les oiseaux ont des ailes !

— Ne crois-tu pas que l'envie de voler peut faire pousser les ailes ?

— Ta tête s'égare, mon ami. C'est un insensé celui qui veut quitter le lieu qui le fait vivre pour risquer l'inconnu.

— Les hirondelles quittent l'Égypte !

— Mais elles reviennent.

— Les marins quittent leur pays !

— Mais ils reviennent.

— Quelle est donc cette force qui attache les gens et les bêtes à leur terre ? N'y a-t-il point partout du sable, des champs, un fleuve, une montagne ?

— Non, aucune autre terre n'est la leur ; la terre de l'étable où je couche est la mienne ; quand je m'éveille, je marche sur ma terre à moi ! Notre terre est de la boue, mais elle est *notre terre ;* celui qui l'abandonne y reviendra toujours.

Pois Chiche écouta ceci dans son cœur, puis il dit :

— Moi, je reviendrai au lieu qui m'apprendra ce que je veux connaître.

— Hé ! toi qui veux atteindre ce qui ne peut pas être atteint, plutôt que d'attaquer le ciel cherche donc sous tes pieds : ton pays peut t'instruire dans le métier qui te convient.

« Mais si tu veux travailler sans pain-bière, reste isolé ; si tu veux manger le pain des autres sans fatiguer tes membres, fais-toi scribe. Le plus heureux est le serviteur d'un bon maître ; sans doute il n'a point d'ailes, mais son ventre est rempli. »

— Ô Grand-de-Fesse, tous les garçons de mon pays parlent-ils comme toi ?

— Oui, par ma vie ! Tu es le seul fou de ton espèce.

— Alors, mon ami, je veux être marin.

— Tu oublies que tu es attaché au domaine.

— Qu'importe : pour commencer, je serai pêcheur du domaine.

Grand-de-Fesse considéra Pois Chiche, et il rit ; puis il secoua ses épaules et se leva :

— Hé debout ! Cœur hardi, assoiffé d'aventures, qu'il en soit donc selon ton gré ! Allons voir le père de Pipou : nous lui parlerons de ton affaire.

Non loin de la rive est la maison du pêcheur. Dans un petit enclos, des cordes sont tendues sur des piquets ; des poissons ouverts, aplatis, y sont suspendus pour sécher. Dans une chambre basse, une caisse à claire-voie contient les pièces déjà sèches. La mère se lève pour accueillir les deux amis et leur montre le chemin de la rive :

— Vous y trouverez Pipou, avec son père qui vient de rentrer de la pêche.

Sur la berge, auprès de la barque amarrée, deux hommes s'affairent à compter les poissons devant un scribe accroupi.

Au centre de la barque, la fillette, Pipou, est assise auprès du pêcheur au milieu des poissons vivants ou éventrés. Ses mains, ses bras, ses jambes, ruissellent de sang et d'eau gluante ; ses cheveux et son visage, dont elle chasse les mouches avec son bras mouillé, sont maculés d'écailles et d'eau poisseuse. Grand-de-Fesse empoigne les deux bras de Pois Chiche et le fait sauter dans la barque.

— Ô Rémy, grand pêcheur, je t'amène un garçon qui veut apprendre le métier.

Une odeur âcre prend l'enfant à la gorge, une odeur de poisson mélangée aux relents des viscères chauffés par le Soleil.

Le pêcheur était occupé à enlever l'épine dorsale d'un énorme *batensoda* [1].

Son regard mesura le nouvel apprenti ; il sourit, lui offrant son couteau.

— Bonne venue ! Le travail ne manque pas. Assieds-toi et montre que tu es gaillard !

Pois Chiche essaye d'éviter le couteau ; il demeure debout, au milieu des victimes pantelantes qui grouillent sous ses pieds.

— Grande est ton habileté, ô Rémy ! Il y a un beau tas varié dans ta barque !

Le pêcheur répond :

— Il est vrai : tel pêcheur, tel filet ! Mais pourquoi tardes-tu ? Prends le couteau, montre ton zèle. Éventre ces perches et vide-les ; fais vite pour avoir ma louange !

Grand-de-Fesse, voyant le trouble de Pois Chiche et son dégoût, le pousse d'un coup sec et l'assied au milieu des viscères gluants ; il met le coutelas dans sa main et lui présente un gros poisson vivant :

— Allons pêcheur, au travail !

Pois Chiche, raidi, s'efforce de lutter contre l'horreur qui l'écœure ; sa main serre machinalement le couteau. Grand-de-Fesse la saisit ; d'un coup bref, il l'oblige à fendre le

1. Les pêcheurs égyptiens désignaient ce Silure par le nom de « Schal *baten soda* » parce qu'il signifie « Schal à ventre noir ».

poisson qui se débattait sous ses doigts ; impitoyable, Grand-de-Fesse force la main crispée à vider les entrailles, à tirer les arêtes ; puis il présente le poisson à Rémy.

Celui-ci regardait la scène, goguenard.

— Alors, camarade, à quand l'engagement ?

Pois Chiche se leva, balbutia quelques mots et sortit de la barque en titubant.

Quand ils furent éloignés suffisamment, Pois Chiche redescendit au bord du fleuve et se lava.

Grand-de-Fesse l'imita en riant, puis il l'entraîna et le fit courir à travers les cultures. Quand ils furent las, ils s'arrêtèrent au bord d'une rigole ; mais Grand-de-Fesse ne réussit point à distraire son compagnon. Celui-ci, taciturne, contemplait obstinément le ciel où se condensaient des flocons dont il cherchait en vain la provenance.

Quel est ce nuage étrange qui s'avance, venant du Sud, comme un grand triangle ondulant ?... Le nuage obscurcit

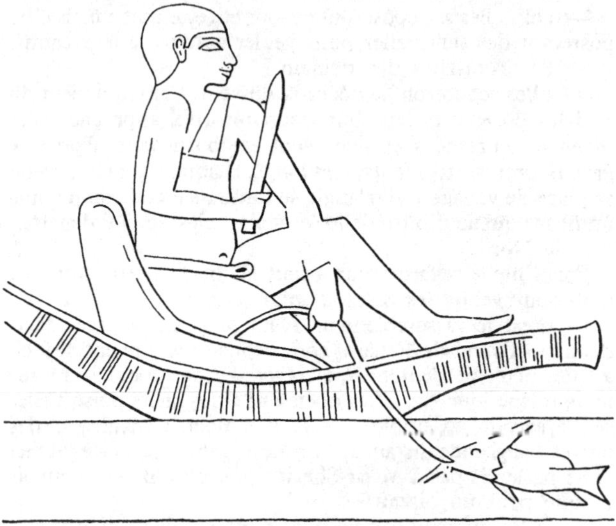

FIG. 13. — *Il sourit, lui offrant son couteau.*

un coin du firmament, et des formes d'oiseaux se précisent, blanches, pointées de noir. Grand-de-Fesse observe le vol et les couleurs : « Les cigognes ! » Elles approchent, et, dans un lent virage, se mettent à tourner en rond ; mais un détachement demeure en arrière comme un poste de guet. Un autre nuage vient de l'Ouest… un autre du Sud-Ouest. Ils se suivent, se groupent, tournent et tournent sur place, attendant on ne sait quel ordre pour prendre une décision. Et bientôt de nouvelles formations se dessinent, arrivant du Sud-Est… puis d'autres encore, venant du Sud.

Pois Chiche ne se lasse point d'observer cet exode. Deux longues heures passent. Grand-de-Fesse admire en connaisseur.

L'immense étendue d'oiseaux semble couvrir le ciel et chercher un lieu de repos. Quelques cigognes se détachent et descendent en éclaireurs ; mais la masse continue à tourner dans l'air bleu, lentement, sans fatigue apparente. Enfin voici le dernier nuage ! Alors, après quelques flottements, un déluge d'oiseaux s'abat sur le terrain choisi et s'y organise par groupements.

— Elles sont lasses, dit Pois Chiche.

— Oui, elles se reposeront ce jour et cette nuit ; mais elles posteront des sentinelles pour veiller autour de leur camp.

— Partiront-elles dès demain ?

— Elles écouteront la décision du vent. Celui qui vient du Sud les porte vers leur but ; aussitôt qu'il approche, elles secouent leurs ailes et s'envolent en tournoyant. Après de grands circuits, très lents, très longs, chaque cigogne reprend sa place de voyage ; le triangle se forme, s'étend comme une immense queue d'hirondelle, et voilà : c'est le vrai départ… vers le Nord.

Pois Chiche regarde tour à tour les trois quartiers du ciel d'où sont venus les oiseaux migrateurs :

— C'est le rassemblement avant le grand voyage. Mais dis-moi, Grand-de-Fesse : comprends-tu comment les cigognes peuvent s'entendre à travers l'espace pour se réunir ici le même jour ?… Elles obéissent à des chefs puisqu'elles se déplacent ensemble ; mais comment transmettre des ordres à si grande distance, à droite, à gauche, en face ? D'ici je ne parlerais pas à Mout-Sherit : pourquoi ne pas pouvoir ce que peut un oiseau ?

— Ô toi, tu veux comprendre l'impossible. Moi je sais ce qu'il faut savoir : lorsque les lentilles sont mûres, j'apprête en hâte mon filet, car les cailles ne tardent point ; et tandis qu'elles font ripaille, c'est par montagnes qu'on les ramasse.

— Ces cailles-là, d'où viennent-elles ?

— Je l'ignore ; mais si loin qu'elles puissent être, elles savent le temps des lentilles, et moi, je sais le temps des cailles ! Voici la bonne science : celle qui peut remplir le ventre !

Pois Chiche restait confondu devant cet opportunisme pratique, mais un souci constant le hantait :

— Tu le vois, Grand-de-Fesse : il existe des choses qui peuvent obliger l'animal à quitter le lieu où il vit.

Grand-de-Fesse éclata de rire :

— Voilà, j'étais sûr que tu ne songerais point à profiter de la leçon ! Toi, tu te nourris de questions et non de cailles...

Pois Chiche se hâta de quitter son ami, car Grand-de-Fesse disait la vérité : les questions étouffaient son cœur, et le harpiste, seul, pourrait peut-être y répondre.

⁂

Il parla longtemps à Mesdjer ; il raconta son rêve, l'apprentissage manqué, l'histoire des cigognes. Mesdjer, amusé, suivait le fil qui reliait les pensées.

— Ton sentiment est juste, petit : il existe une force qui pousse les oiseaux vers tel ou tel lieu. Quelquefois c'est l'instinct de leur conservation, la nécessité d'un climat ou d'une nourriture. Mais il est évident qu'ils éprouvent un attrait pour certaines saveurs et certaines odeurs.

« Chaque animal a ses passions personnelles, comme les hommes ; et toute passion a pour objet ce qui peut momentanément accroître ou exalter la vie. »

— Ce n'est pas la même chose pour tous les animaux.

— Non, chaque bête, chaque plante, a sa nature et ses propriétés particulières, qui donnent la couleur et la forme selon lesquelles s'exprime en eux l'appel de la vie par leurs divers instincts : avidité de nourriture, de chasse, ou d'amour. Plus cette avidité est grande, plus la vie est intense.

— Cependant ô Mesdjer, si mon âne mange trop, il devient lourd et abruti.

— *Parce qu'il a comblé le vide : il éteint son envie.* L'animal grossier ne se soucie point de cela et ne cherche qu'à se satisfaire : le porc est un exemple. L'animal le plus fort est celui qui cherche à décupler sa vie plutôt que de satisfaire ses besoins. Ainsi le chat trouve plus de plaisir dans le jeu de la chasse que dans le fait de manger la souris.

— Oh ! Mesdjer, on dirait que la souris elle-même ne peut pas s'empêcher de jouer avec le chat...

— Oui, Pois Chiche, le risque est un excitant que recherchent beaucoup d'animaux. Or les propriétés de chaque animal et de chaque plante créent un jeu d'exaltation ou d'atténuation des forces vitales qui sont causes de leurs sympathies ou de leurs antipathies. L'animal ne raisonne pas : il éprouve directement. Telle est sa supériorité sur l'âge intermédiaire de notre Humanité, cette phase où l'homme — trompé par le témoignage imparfait de ses sens et de sa raison — a laissé s'atrophier sa conscience instinctive sans avoir encore appris l'usage de ses facultés intuitives qui sont « l'Intelligence du cœur ».

— L'animal est donc un modèle pour l'homme ?

— Chaque animal résume un caractère qui est une perfection dans son genre, parce qu'il n'en dissimule pas ce que nous appelons les défauts ; il est ce qu'il paraît. Si tu observes chaque espèce, tu y découvriras quelque aspect des passions qui sont les mobiles de notre propre vie.

— Ô Mesdjer, l'animal ne pense pas comme les hommes : peut-il donc éprouver nos envies, nos chagrins, notre jalousie ?

— Tous les mouvements passionnels expriment des « poussées » vitales naturelles, et c'est l'animal, en nous, qui les suscite. L'homme sage en est conscient, il sait leur donner leur vrai nom et les utiliser comme tu diriges ton âne. Mais l'homme sage est rare, et l'égoïsme trouve mille raisons pour donner à ces impulsions des motifs légitimes et des noms très flatteurs. Les passions humaines sont des impulsions vitales perverties... et si habilement perverties qu'il est bien difficile de découvrir, sous leurs complications, la puissance presque divine qui en est l'origine... Aussi je ne dis pas cette parole pour les hommes « sérieux », mais pour l'enfant Pois Chiche qui saurait observer, sans critique ni jugement, les mouvements de la passion chez les bêtes... et en constater les reflets en lui-même. Pois Chiche a-t-il compris ?

Pois Chiche, en ce moment, se laissait fasciner par le manège des guêpiers qui happaient des bourdons en plein vol, les assommaient sur le tronc d'un palmier pour les avaler d'un seul coup, gloutonnement. Sa réponse fut une question :

— Les animaux sont donc obligés d'obéir à l'envie de se manger entre eux ?

— Ils sont obligés d'obéir aux exigences de la faim. Leur nature instinctive leur fait chercher les aliments qui conviennent à leur organisme. Toi-même tu te nourris, parfois, de viande et de poisson... Mais l'homme pervertit cette impulsion vitale en dépassant son but : la nécessité donne à la gourmandise une excuse, et au chasseur une occasion d'exercer sa cruauté.

— Si un homme et un chat tuent des oiseaux pour les manger, l'homme est-il plus coupable que le chat ?

— Homme ou bête, celui qui tue se trouve, par ce fait, soumis à la loi d'Osiris [1], qui est une balance impitoyable et réagit toujours en réciprocité. Tue et mange si tu le veux, mais constate ce que tu fais ; ne cherche pas d'excuse et accepte les conséquences : c'est pour l'homme le seul moyen d'acquérir peu à peu la conscience supérieure.

— Qui me donnera ce courage ?

— Le dégoût de ton impuissance, le désir de briser les chaînes de cette animalité.

1 Osiris, *Neter* de la Nature et Principe du perpétuel retour à l'existence. Voir n° 23, Pl VI et *Her-Bak Disciple,* Index : *Orisis.*

X

MOISSON

Le chef d'équipe éleva la voix pour se faire entendre de tous les moissonneurs :

— Eh ! Je vous dis, compagnons, hâtez-vous ! C'est le jour de l'orge, c'est sa fête ! Et toi, le musicien, ta flûte est triste ! Ô le fainéant, joues-tu pour bercer le sommeil ?

Ce dernier jour, les moissonneurs sont las, ils avancent lentement. L'un derrière l'autre à la distance de deux coudées, ils coupent l'orge à hauteur du genou ; leur main gauche empoigne les épis que la main droite fauche d'un coup sec. Les gerbes sont faites sans retard : les lieurs suivent de près, attachant les épis bottelés.

La faucille est lourde pour Pois Chiche, elle brûle sa main ; mais il ne veut rien montrer de sa fatigue, car il a dit au père : « Je travaillerai comme un homme ! » C'est par cette parole qu'il a obtenu sa faucille.

Or, voici qu'il entend le reproche du surveillant ; il court auprès du musicien, il se met à chanter, il cueille en sa mémoire des paroles, et son geste scande le rythme :

« Fauche ma faucille, fauche tout le champ !
L'orge chevelue, tu l'as abattue ;
Les épis levés, tu les as couchés ;
Fauchez compagnons, chantez avec moi !

Fauche ô ma faucille, fauche ô ma faucille !

Un bon artisan creusa ton bois dur
Semblable au croissant de la jeune lune.
Il y incrusta les dents de silex.

Fauche ô ma faucille, fauche ô ma faucille !

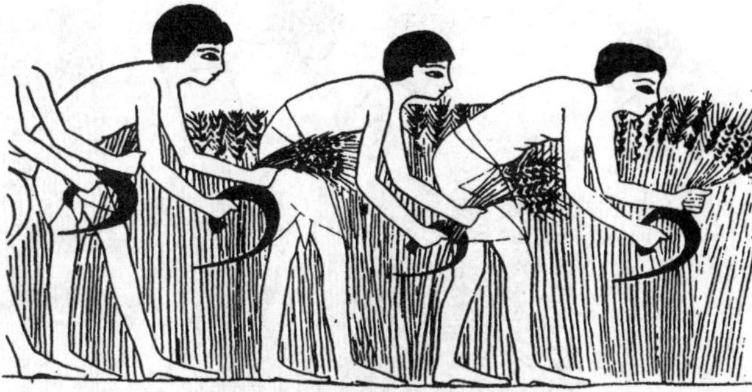

FIG. 14. — *Fauche ô ma faucille...*

Tu es belle à voir, faucille nouvelle ;
Tu passes en coupant, tranchant les épis,
Comme le bateau passe, fendant l'eau.

Fauche ô ma faucille, fauche ô ma faucille !

Puissant est l'épi : son grain me nourrit.
Plus forte est ma faux, plus forte que lui,
Car l'esprit du grain s'enfuit devant elle !

Fauche ô ma faucille, fauche ô ma faucille !

Que soit préservé le *Neter* Nepri [1] !
D'épis en épis, la faux le pourchasse
Au dernier abri : la gerbe finale.

Fauche ô ma faucille, fauche ô ma faucille !

Faucheurs, épargnons la gerbe sacrée !
Tressons ses épis. *Neter* du *neper* [2],
Nous te sauverons des mains du vanneur.

Fauche ô ma faucille, fauche ô ma faucille !

1. Nepri : le *Neter* du grain.
2. Le *Neter* du *neper* est « l'esprit du grain », pourchassé jusqu'en la dernière gerbe que, pour cette raison on garde religieusement comme protectrice des greniers.

FIG. 15. — *Eh ! Compagnons, remplissez les grands sacs...*

Nous te garderons au « double grenier » ;
Ranime nos grains, rappelle l'esprit
Qui s'est envolé au vent du vannage.

Fauche ô ma faucille, fauche ô ma faucille !

Parfaite sera la moisson prochaine,
Nombreuse en épis, féconde en semences ;
Gerbe de la fin, protège Nepri !

Fauche ô ma faucille, fauche ô ma faucille ! »

— C'est beau cela, dit l'un des moissonneurs, cela sera tel que tu l'as dit.

— Attention, les gaillards [1] arrivent ! Préparez tout pour enlever la moisson !

Trottinant et trottinant, les ânes entrent dans le champ...

— Eh ! compagnons, remplissez les grands sacs... pleins, jusqu'aux bords ! Chargez encore ! Mettez le bâton... Serrez ! Serrez !... Toi, presse avec ton genou. Voilà qui est bon !... Chargez vos ânes sans tarder. Et toi, tiens ton âne : cette montagne pour lui ! Ajuste bien !

1. Les gaillards : les ânes.

Tant est abondante la récolte que les ânes ne suffisent pas !

— Qu'on remplisse les filets des palanches !... Faites vite compagnons, rassemblez les ânes !... Par ma vie, voilà une belle procession !

Tac et tac, et tac et tac, tac et tac et tac et tac, trottinant et trottinant, les ânes sortent du champ ; trottinant et trottinant... « Voici un récalcitrant ! » Trottinant et trottinant, l'ânesse suit son ânon ; trottinant et trottinant, l'ânon est

Fig. 16. — . . *L'ânesse suit son ânon.*

resté derrière ; trottinant et trottinant. « Je marche seul, je suis grand ! » Trottinant et trottinant « Voilà de l'herbe ! Un caillou ! » Galopant et galopant « Où est maman ? Où est maman ?... » Trottinant et trottinant, ils arrivent près de l'aire, trottinant et trottinant...

— Holà, déposez à terre. Hâtez-vous, pour finir avec le Soleil ! Prenez l'orge à brassée pour édifier les meules. Entassez !... Entassez !

Jamais Pois Chiche ne fit si grand labeur aux champs.

Jamais il ne dormit d'un si profond sommeil.

***

Ce fut le mugissement du veau qui le réveilla.

— Hé le « sous-le-doigt », finis ta chanson ! C'est le jour d'aller manger la paille dans les champs !

Sita lui-même surveillait la mise en route du troupeau ; il se réjouissait du nombre des bêtes et de leur belle

FIG. 17. — *Trottinant et trottinant, voici un récalcitrant !*

apparence ; les gardiens s'efforçaient de les diriger en bon ordre : — Allons, ce veau, suis ta nourrice !... Hé, toi la mère, marche donc : il n'a plus soif !

Et sur le chemin, tandis que le troupeau passait devant les meules édifiées la veille, Pois Chiche dit à son père :

— Ces meules sont belles, mais il y en aurait davantage si nous avions coupé les tiges jusqu'à terre !

Le père répondit :

— Il y a peu d'intelligence dans ce que tu dis : s'il en était ainsi, comment le troupeau pourrait-il s'y nourrir pendant les jours qui viennent ?

— Eh quoi ! N'y a-t-il pas d'autres pâtures au lieu de gaspiller la paille de réserve ?

Ayant ainsi parlé, Pois Chiche se trouva fort satisfait de son conseil avisé ; mais son père le regarda, et rit :

— En vérité, ce grand malain ignore le commencement des choses ! Comment la terre pourrait-elle nourrir la semence, si le bétail ne lui donnait pas son fumier ?

FIG. 18. — *Prenez l'orge à brassée pour édifier les meules.*

FIG. 19 a. — *Hé le « sous-le-doigt », finis ta chanson !*

Pois Chiche, confus, baissa le nez ; puis il s'étonna qu'on ne pût agir de même pour le lin :

— Si les tiges du lin sont arrachées, dit-il à son père, le bétail ne pourra point paître ce champ.

Et Sita répondit :

— Tu dis vrai ; c'est pourquoi j'y cultiverai l'herbe qui convient aux moutons, car leur fumier est plus froid, et tout autre fumier brûlerait les semences du lin.

— Ô mon père, ne m'as-tu pas dit que notre fleuve était la nourriture de la terre ?

— Certes il est sa nourriture, et la verdure est intense après son passage ; mais la terre a besoin d'un feu chaud pour ses semences.

Pois Chiche demeura perplexe un instant :

— Dans le fumier, quel est ce feu ? dit-il à mi-voix sans oser s'adresser à son père.

Sita l'entendit cependant et resta sans savoir que répondre. Ayant marché quelque temps en silence, il murmura :

— Que ferai-je si le fils qui cultive mes terres laboure ses pensées avant de labourer mes champs ? Les oiseaux auront bientôt pillé le grain, et la ruine sera sur ma maison !

FIG. 19 b. — *Hé toi la mère, il n'a plus soif !*

FIG. 20. — ... *il s'amusa à les verser de haut avec les deux écopes.*

Pois Chiche devint triste en son cœur à cause de ces paroles ; puis, ayant réfléchi, il prit son père par la main :

— N'as-tu pas dit aussi : « Tu dois connaître le commencement ? » Et de qui l'apprendrai-je si ce n'est de mon père ?

Et pour la deuxième fois, le père dit en lui-même :

— Est-ce bien moi qui suis son maître ?

A partir de ce jour, Sita se mit à instruire son cadet de tout ce qui concernait les cultures. Il lui dit ce qu'il en était de l'arpentage des champs au début de la récolte. Il lui montra la manœuvre du dépiquage des épis sur l'aire par le troupeau des bœufs, puis par les ânes circulant en rangs serrés.

Il lui fit pratiquer le nettoyage des grains ; Pois Chiche en sépara la balle avec l'éventoir ; il les battit ; il s'amusa beaucoup à les verser de haut avec les deux écopes afin que le vent pût emporter les glumes ; puis il aida les femmes à les passer au crible. Il vit hacher la paille par les bovidés ; il aida les ouvriers à l'entasser avec les fourches pour en faire des meules solides ; il planta lui-même au centre de la meule la grande ombelle de papyrus qui la consolidait.

Et tandis qu'il travaillait, il observait les scribes qui contrôlaient les meules, les scribes qui mesuraient les grains au boisseau, les scribes qui surveillaient l'engrangement, les scribes sachant compter milliers et dizaines de mille millions, et les multiplier par tous les grains de la récolte ! Car tous les registres de tous les bureaux devaient témoigner des quantités amassées, pour légitimer les impôts et les dîmes.

XI

LES DIEUX

Or quand les travaux de la moisson furent achevés, il y eut un jour heureux pour tous les travailleurs, car le maître du domaine avait dit :

— Qu'on donne à tous pain-bière en abondance et toutes bonnes choses car la récolte a été belle ! Et qu'on fasse les offrandes à Renenoutet selon l'usage !

Et l'on fit ainsi que le maître avait ordonné.

Pois Chiche sortit avec son ami, Grand-de-Fesse ; il suivit le peuple qui se dirigeait vers la chapelle de Renenoutet. Il était trop petit : la foule lui cachait toute vue. Grand-de-Fesse lui dit :

— Toi qui vivais dans les champs éloignés, tu n'as jamais contemplé pareille chose : monte sur mes épaules, et regarde à ton gré.

Pois Chiche fit ainsi qu'il était proposé. Il réjouit ses yeux du spectacle nouveau.

Sous un dais sculpté dans la pierre, Renenoutet [1] était représentée sous la forme d'une femme à tête de serpent ; assise sur un trône, elle tenait sur ses genoux le petit Nepri, *Neter* du grain, qu'elle allaitait. Un prêtre présentait une petite gerbe plate d'épis tressés ; un autre offrait deux cailles ; quelques prêtres portaient de hauts bouquets, habilement montés en forme de cornets superposés.

Les sistres et les cymbales résonnaient en cadence. Les résines répandaient des fumées odorantes. Les gestes rituels accomplis, les fidèles s'approchaient à leur tour, apportant des touffes de blé, des oiseaux, des pains blancs, afin d'obtenir la protection de la déesse pour leurs greniers et

1. Renenoutet, déesse des moissons. Pour son principe métaphysique et ses importantes fonctions, voir *Her-Bak Disciple,* Index : *Renenoutet.*

leurs semences. Ayant déposé leurs offrandes, ils s'éloignaient et se mêlaient aux spectateurs des danses et des jeux.

Grand-de-Fesse était las de servir d'escabeau.

— Hé toi, descends ! Les offrandes, c'est toujours la même chose ; viens rire et manger avec les autres.

Les places, les chemins, étaient remplis par la foule en liesse ; partout on distribuait la bière, et toutes bonnes choses offertes par le Seigneur.

Des groupes se forment autour des acrobates et des jongleurs ; deux hommes dansent face à face, faisant virevolter leurs bâtons avec adresse ; un singe fait des sauts périlleux et joue des tours aux spectateurs.

Pois Chiche n'a jamais été à pareille fête. Il subit la gaieté facile et l'excitation des instincts libérés ; il danse avec les danseurs, il rit avec les rieurs. Tandis que Grand-de-Fesse se gave de viande et de gâteaux, il s'assied avec les buveurs, écoutant les chansons des guitaristes et des conteurs.

***

Sur le chemin du retour, Pois Chiche — éberlué de ces réjouissances nouvelles — marche en silence, traînant à sa remorque Grand-de-Fesse gonflé comme un poisson-vessie. Au bord d'un champ, une niche de pierre abrite un énorme serpent de granit. Pois Chiche s'approche ; il contemple les résidus de victuailles, les épis tressés, les bouquets... Offrandes, beuveries, danses, chansons, tourbillonnent en sarabande dans des volutes de fumée ; où est-il ?... Il cherche son ami... Grand-de-Fesse a déjà cédé au tourbillon !

— Grand-de-Fesse, debout ! Viens, rentrons !

C'est un ronflement qui répond... Et Pois Chiche à son tour, pris dans la sarabande, glisse au pied de la niche et s'endort lourdement, sous le regard de Renenoutet.

***

Quand la terre s'éclaira, le lendemain matin, le premier regard de Pois Chiche s'éleva vers l'image de pierre qui se dressait, impassible, au-dessus des bouquets d'offrande ternis.

— Ici, Renenoutet serpent, là-bas Renenoutet femme nourrice... Est-ce caprice de prêtres, ou conte pour les petits enfants ? J'aime les contes mais ces images sont muettes !

Pois Chiche ne tarda point ; il revint à la maison afin de

FIG. 21. — *Renenoutet, maîtresse des greniers.*

questionner son père. Il le rencontra près de l'étable, il lui dit :

— Ô mon père, cette Renenoutet, qui est-elle ? A quoi servent ces offrandes faites à un serpent de pierre ?

— Puisque tel est l'usage, lui répondit Sita, est-il nécessaire de comprendre ?

— Ô père, si tu ne comprends pas, pourquoi fais-tu l'offrande ?

— Ce que les autres font, ne le ferai-je pas ? Il n'est pas bon d'agir contre l'ordre des prêtres. Moi, je n'en sais pas plus long sur ce sujet ; le père de ta mère était « horaire » dans un temple : elle pourrait peut-être t'en dire davantage. Mais un homme des champs n'a nul besoin de connaître ces choses.

Pois Chiche n'était point satisfait de la réponse ; il suivit le conseil de Sita, il alla vers Hemit sa mère, et son cœur s'étonnait extrêmement qu'elle ne lui eût jamais rien dit.

Or, voici qu'elle était occupée à préparer la bière. Pois Chiche retint sa langue jusqu'à ce qu'elle eût terminé son travail, et se mit en devoir de l'aider. Ce n'était pas chose nouvelle pour lui ; il savait faire gonfler l'orge jusqu'au matin, la broyer, la pétrir avec du levain. Cette pâte, Hemit l'avait préparée dès l'aube ; elle était gonflée suffisamment, c'était le moment de la cuire. Pois Chiche aida sa mère à l'introduire dans le vase de terre chauffé au rouge ; il recouvrit avec le couvercle brûlant ; il posa le pot dans le sable préparé, puis il fut attentif au moment de retirer du vase, car la pâte devait demeurer crue à l'intérieur.

Lors donc que la croûte extérieure fut saisie, il enleva le pain sans se brûler les doigts ; l'ayant fait, il alla le porter à sa mère. Mais Hemit faisait un autre travail : elle broyait des pains déjà cuits avec un jus sirupeux, et les filtrait dans les treillis d'une corbeille. Lorsque cette préparation fut terminée, elle versa tout ce jus dans une jarre.

Pois Chiche s'écria :

— Qu'est ceci ? Ce n'est pas le travail de chaque jour [1]...

— Je fais la bière douce avec le jus de dattes, puisqu'aujourd'hui encore est fête pour Renenoutet.

Disant cela, elle prit quelques gouttes dans la jarre et les répandit sur le sol.

— Ô mère, que fais-tu ?

Elle prononça la formule :

— « Libation pour Heqit. Que Renenoutet protège nos greniers, et fasse prospérer la maison ! »

Elle s'accroupit sur le sol ; Pois Chiche s'assit devant elle.

— Toi, Pois Chiche, tu vis comme un singe ignorant de ces choses. Il est bon de connaître les gestes qui rendent les *Neter* favorables.

L'enfant s'approche de sa mère. Une chaleur soudaine baigne ses membres ainsi qu'un rayon de soleil... Cet instant,

1. Pour la bière ordinaire, les pains brisés étaient macérés dans de l'eau ; puis la préparation était fermentée, brassée et filtrée

n'est-ce pas un rêve qui prend corps, un monde inconnu qui se dévoile ?

Que ne l'a-t-il cherché plus tôt ?...

Ses yeux s'animent, son cœur s'ouvre, il questionne :

— Ô ma mère, conte-moi ce que tu sais des *Neter*.

Fig. 22. — ... *ces petits balais faits avec des épis.*

Homit regarda son fils avec surprise ; et voici ce qu'elle répondit :

— Le *Neter*, c'est le dieu qui protège une chose ; Renenoutet est la maîtresse des moissons et des greniers ; c'est pourquoi on lui offre les prémices de la récolte avec les fruits de la saison.

Pois Chiche s'écria :

— Ce sont ces petits balais faits avec des épis ? Ils sont moins jolis que le croissant tressé avec la dernière gerbe. Connais-tu d'autres *Neter ?* Tu as nommé Heqit : qui est-elle ?

— Heqit est *Neter* de la bière ; Khnoum est *Neter* du mariage, comme Thot est *Neter* des scribes, et Sechat *Neter* de l'écriture.

— Mais qu'est-ce que le *Neter ?* Parle encore !

— Les *Neter* ont des statues qu'on promène parmi le peuple aux jours de fête ; quelquefois, ils rendent des oracles. Ils ont des prêtres qui sont puissants. Ils sont riches en or, en argent, en pierres précieuses de toutes sortes.

— Toi, ma mère, comprends-tu ce que c'est, le *Neter ?*

— Ne t'ai-je point dit ce qu'on m'a dit ? Qu'as-tu besoin de savoir davantage ?

— Si les *Neter* sont puissants, pourquoi donc ont-ils besoin de statues ?

Hemit contempla son fils avec stupeur... elle répondit :

— Cela doit être pour qu'ils puissent recevoir des offrandes : si je place une coupe de lait près de ma porte, le cobra nous sera bienveillant ; les prêtres disent : « Craignez les dieux ; apportez-leur vos dons pour qu'ils ne vous soient pas défavorables. »

Et l'enfant, parlant à son cœur, murmura :

— Les dieux seraient-ils aussi méchants que les hommes ?...

Il comprit qu'il n'obtiendrait point d'autre réponse. Il quitta sa mère tristement, car il se sentait comme étranger dans la maison. Il erra longtemps dans les cultures. Et voici qu'approchant du jardin, il entendit les accords de la harpe ; alors, il courut à la recherche de l'aveugle.

Celui-ci écouta sans l'interrompre le récit de la fête, les paroles du père, les réponses de la mère. Il hocha gravement la tête :

— Qu'y a-t-il, petit, qu'y a-t-il ? Un doute est entré dans ton cœur, l'amertume le contracte : ne te laisse pas envahir par la crainte, car elle s'oppose à la lumière.

— Ô Mesdjer, ma mère n'a parlé que de la *crainte* des *Neter !*

— Je sais cela, mon enfant : c'est ainsi que les prêtres ont pouvoir sur les hommes ; mais combien d'hommes cherchent la vérité ? Combien se laissent gouverner par amour de l'équité, sans menace du châtiment ?

— Qui donc donne le châtiment ? Les prêtres ou les *Neter ?*

— Le *Neter* est la loi de *Nature ;* les prêtres l'interprètent selon leur intelligence ; mais un homme a-t-il le pouvoir de modifier la Loi ?... Enfant, tu es trop jeune pour juger ; suis l'appel de ton cœur : il te conduit vers le plus vrai.

— Ô Mesdjer, parle encore. On dit que le *Neter* descend dans sa statue : où est-il ce *Neter*, quand il n'est pas dans son image ?

— Ce que tu nommes image, on le nomme, au Temple, « *la forme du Neter* » ; dis-moi : si le Soleil n'échauffait pas la terre, le palmier pourrait-il pousser ? Les dattes pourraient-elles mûrir ?

— Non, c'est l'été brûlant qui les rougit.

— Il est vrai ; mais si tu exposes sous le Soleil ardent le grain d'orge qui est à germer, l'œuf qui est à couver, qu'arrivera-t-il ? L'orge donnera-t-elle un épi ? L'œuf donnera-t-il un poussin ?

— Non, ils mourront : le Soleil les aura brûlés.

— Et cependant, ce Soleil créateur, ce Soleil vivifiant, ce Soleil destructeur, n'est-il pas toujours le Soleil ?

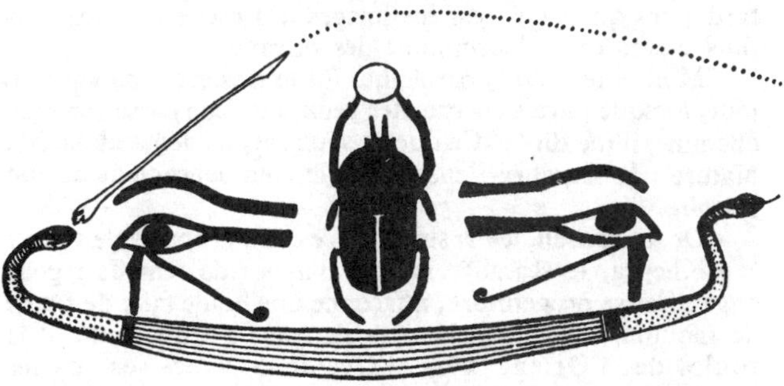

Fig. 23. — Le soleil est Khepri *dans la forme du scarabée.*

— Certainement ! il n'y en a qu'un.

— Pour nous, en effet, il est unique. Or les Sages lui ont donné différents noms selon ses formes : s'il engendre le monde, il est Khepri dans la forme du scarabée ; comme roi vivifiant il est Râ, mais on y ajoute la forme de la vipère dont le venin peut être mortel ; à la fin du jour il est las, ainsi qu'un vieillard, et son nom devient Toum.

« Comprends-tu les formes du *Neter ?* »

— Ô Mesdjer, tout ce dont tu me parles est vivant : pourquoi les prêtres font-ils des statues qui sont mortes ?

— Et moi je te dis : s'ils n'avaient pas sculpté Renenoutet dans la pierre, aurais-tu cherché à la connaître ?

Pois Chiche écouta cette parole avec attention, puis il prit la main de l'aveugle dans les siennes.

— Alors tu me diras ce que tu sais de Renenoutet ?

L'aveugle répondit :

— Ce qui fait pousser les graines au sommet de l'épi, ce qui va nourrir les dattes, là-haut, dans le palmier : ceci est le secret de Renenoutet. Mais tu ignores encore le secret de ce qui fait naître : comment comprendrais-tu celui de la nourrice ?

Le soupir de Pois Chiche amena un sourire sur la face du harpiste ; mais l'enfant, insatiable, questionnait :

— Y a-t-il longtemps que les hommes ont sculpté les premiers dieux de pierre ?

— Écoute : le père du père de mon père a dit au père de mon père :

« Nul ne se souvient du nom du premier homme qui sculpta l'image de Khnoum, le divin potier qui modela l'œuf du monde... » Mais un plus savant que moi répondra plus tard à tes questions, car les images des dieux ont des buts plus élevés que d'accumuler des offrandes !

« Moi, je te dirai la parole qui fut le trésor de ma vie ; un jour, lorsque j'avais encore mes yeux, un Sage passa sur mon chemin ; il me dit : “ Ce que tu veux savoir, demande-le à la Nature ; le scarabée t'enseignera le commencement de ton histoire. ”

« Or, ce conseil, je l'ai suivi ; et ce que j'ai appris, le voici :

« Khepra, le scarabée *sacré* [1], n'a pas de femelle ; pour engendrer sa progéniture, il façonne une boule faite de fiente de mouton ; en elle gestera sa semence ; cette boule, il la roule de l'Orient vers l'Occident avec ses pattes postérieures ; ainsi ne se détourne-t-il point de l'Orient.

« De la même manière, la Terre se meut à l'inverse du cours apparent des astres ; car, autre est l'apparence, autre est le mouvement réel.

« Le scarabée enterre sa boule pendant la durée exacte d'une lune ; et, couvée par la terre maternelle, sa progéniture prend forme vivante au sein de ce fumier. Alors, sans perdre un jour, il déterre la boule et la jette dans l'eau ; quand elle s'ouvre dans cette eau, sa progéniture en sort, comme Râ, le matin, surgit hors du *nou*, eau primordiale de *Nout*, la *nuit* céleste.

« Or ce scarabée est noir, comme les ténèbres qui sont au commencement de toutes choses ; il a sur ses pattes autant de doigts que les trente jours du mois solaire. »

Pois Chiche l'interrompit :

1. Voir *Her-Bak Disciple*, Commentaire III, § 13.

— C'est drôle : il compte les jours sur ses doigts !...

— *Tel que tu le dis,* ceci est vrai. Quant à son nom, il signifie *devenir,* et *transformation.*

Assis sur un tronc d'arbre, et le doigt dans sa bouche, l'enfant écoutait le vieillard. Il murmura :

— Oui, j'avais vu, mais je ne savais pas !

Et Mesdjer répondit :

— Or sache que tu ne *sais* pas encore !

XII

INONDATION

Accablement ! Sécheresse ! Aridité !

Hapi a délaissé sa terre. Ses eaux lentes et basses découvrent des crêtes sablonneuses ; est-ce toi, ô Hapi, ou serait-ce le crocodile de Seth au souffle dévorant, qui contracte et dessèche toute vie sur la terre altérée ?... Ton épouse, belle et féconde en sa noirceur, a pris la couleur du « Mauvais [1] » : roux comme lui sont ses champs rasés, roux sont ses prés brûlés, roux sont les arbres poussiéreux dont le vent du Sud a desséché les feuilles.

Les bêtes et les hommes sont accablés ; ils languissent et t'attendent, ô Hapi, comme le sauveur... On décompte les jours ; Râ parviendra bientôt au sommet de sa course : prépare ton réveil, ô Hapi ! Nous sommes las... Nous sommes las ! Notre langue est sèche dans notre bouche ; notre souffle est brûlant et nos membres défaillent. Attire à toi le vent du Nord dans tes cavernes : qu'il se lève et qu'il te ramène ! Nos forces s'épuisent sans toi. Nous sommes las... Nous sommes las !

***

Le grand jour approche : les préposés aux canaux et aux rigoles en surveillent le nettoyage par les riverains.

— Qu'on retrace les escaliers des berges ! Qu'on prépare pelles et corbeilles.

Par files serrées, tous les hommes valides descendent jusqu'au fond des canaux, prennent leur charge, et remontent pour déverser la terre de l'autre côté du talus.

1. Seth, principe du feu brûlant, stérilisant. Pour le rôle de ce *Neter*, voir *Her-Bak Disciple*, Index : *Seth*.

— Le labeur est pénible, et la chaleur est grande… La sécheresse nous dévore. Nous sommes las, nous sommes las !

— Hâtez-vous : c'est le lit de Hapi qu'on prépare ! Hâtez-vous, l'heure presse.

Au nilomètre d'Éléphantine, les préposés ont annoncé une légère hausse de niveau. Le Nil monte ! Le Nil monte ! Une tension avide fait tressaillir bêtes et gens ; la terre craquelée semble se fendre encore pour mieux aspirer l'eau divine. Le

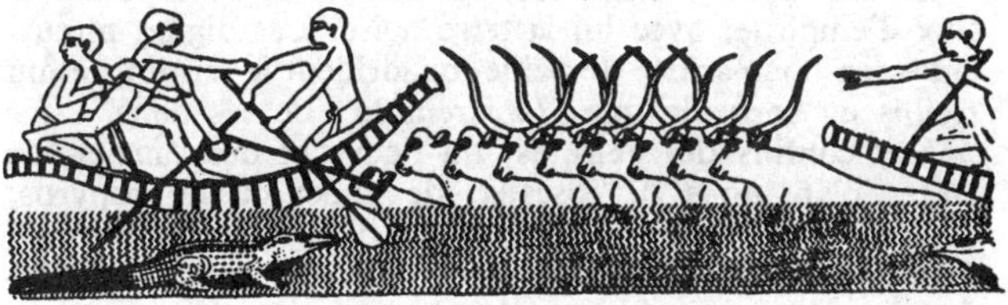

FIG. 24. — *Passage du gué.*

Nil monte : un souffle frais du Nord est son premier présage. Le Temple annonce aux chefs des scribes la prochaine arrivée de l'eau nouvelle…

Le Nil monte ! Une écume verdâtre englue ses eaux basses : c'est le Nil vert, le précurseur ; c'est l'eau fétide des premiers jours [1] ! Le Nil monte… la verdure malsaine est passée. Le peuple se réjouit, car l'offrande du *Neter* est tombée sur l'Égypte.

Le Nil monte ! Isis a versé cette larme divine qui rend aux flots leur libre cours.

« Elle vient, l'eau de la Vie qui est dans le ciel ; elle vient, l'eau de la vie qui est dans la terre ! Le ciel brûle pour toi, la terre tremble pour toi devant la naissance du *Neter !* Les deux montagnes s'ouvrent, le *Neter* se manifeste, le *Neter* s'empare de son corps. »

Les prêtres immolent les taureaux noirs et répandent des lotus sur les eaux.

Le Nil monte ! Il remplit les canaux et les rigoles, et pénètre dans les deux rives… Les hommes et les bêtes se raniment ; les palmes et les feuilles reprennent vie.

Le Nil monte ! Les chefs des scribes des domaines transmettent aux cultivateurs les pronostics fiévreusement

1 La fétidité de l'eau est intense pendant quatre jours et continue environ quarante jours. Pendant ce temps, l'eau et le poisson ne sont pas comestibles.

attendus : « La crue sera fort abondante ; si Amon nous protège, elle ne sera point dévastatrice. »

Le Nil monte ! Et voici le flot rouge ; le Nil couleur de sang roule ses ondes lourdes. Les dattes obéissent à ce signal, et leurs grappes pesantes rougissent dans les palmiers.

Le Nil monte ! Sa crue, de plus en plus rapide, fait rouler ses lourds flots limoneux ; aux abords de ses rives, leurs remous tourbillonnants semblent des entonnoirs de boue fluide.

Le Nil monte... Mais tout est disposé pour empêcher le flux d'emporter avec lui la terre noire. Les digues minuscules, en boue armée de paille, quadrillent le terrain, tel un treillis de corbeille que Hapi remplira de ses dons.

Aux confins des cultures, du fleuve et des canaux, de larges plantations de roseaux, de millet ou de papyrus, dressent leurs hautes tiges comme un filtre serré qui retient le dépôt du limon précieux. Ainsi s'élargit peu à peu tel domaine ; ainsi se forme tel îlot.

Le Nil monte... Son flot débordant s'élargit sur les rives ; l'eau s'infiltre, et les canards trouvent des mares à leur gré. Les rats circulent sur les chemins ; les scorpions et les tarentules émigrent vers les sables secs.

Le Nil monte... Ses eaux envahissent les champs ; les animaux reculent devant lui ; ils reculent, chassés des paillotes ; les petits fauves refluent vers le désert, les serpents s'approchent des hommes.

Le Nil monte... il submerge bientôt la vallée. Le sable est sa limite ; çà et là les buttes *(ia.t)* émergent comme des dos allongés *(ia.t)* [1], hérissées de palmiers, couvertes de maisons et de huttes ; là sont les demeures des hommes et le refuge du bétail.

Le Nil monte... d'innombrables oiseaux l'accompagnent ; les grues de Numidie dansent de joie au bord des eaux, car les reptiles et les insectes délogés sont leur pâture !

Le Nil monte encore... et l'angoisse apparaît sur la face des hommes. Les ânes et les bœufs se serrent autour des huttes où s'amoncellent les réserves de fourrage ; l'eau s'infiltre dans les maisons ; chaque village est isolé ; chaque butte est un îlot autour duquel circulent les habitants sur des radeaux de papyrus ou de roseaux.

Sous le clair de la Lune, c'est un monde nouveau : ce n'est plus « notre terre », c'est un lac argenté qui couvre la vallée ;

1. Voir *Her-Bak Disciple*, Index : *iat*.

il est parsemé d'îlots sombres avec leurs bouquets de palmes noires.

Des serpents verdâtres sillonnent les pentes pour se désaltérer au bord des eaux ; les scorpions s'éjouissent de la lueur blafarde ; dans les maisons de boue et les paillotes, la chaleur est humide et lourde, le sommeil des hommes est anxieux.

Leur réveil est pour mesurer le niveau. Les îlots sont petits... Si le Nil monte encore, où vont se réfugier les vivants refoulés ?...

« Ô Hapi ! veux-tu donc détruire ce que tu venais vivifier ? » Hommes, femmes, enfants, tous surveillent le flot...

Et voici, l'aube apporte enfin l'apaisement : *le Nil n'a pas monté !*

— Haï ! Haï ! Réjouissons-nous : les messagers du Temple ont annoncé que la crue est à son équilibre ; dans une demi-journée les eaux commenceront à baisser !

Un long cri de joie dilate les poitrines, et chacun vient bénir celui qu'on avait redouté. L'immense nappe d'eau reçoit l'hommage des humains ; les bras levés, ils poussent des acclamations, des cris de louange pour Hapi « bienfaiteur », Hapi qui a daigné ne pas être « le destructeur ».

XIII

ÉLEVAGE

Le temps des eaux « étales » devient un temps joyeux ; les hommes réparent les charrues, vérifient l'état des greniers. Les enfants, délivrés de l'oppression d'angoisse, voguent sur des radeaux vers des pêches fructueuses ; l'immense lac est sillonné d'esquifs fragiles et de simples flotteurs de roseaux.

Pois Chiche est en joie ! Au bord de l'eau, il passe des heures à jouer avec les grues de Numidie au plumage cendré ; leurs hautes jambes fines aux pattes noires sont souples et habiles comme des jambes de danseuses ; leur long bec vert, rouge et noir, est beau comme une pierre jaspée. Aux heures fraîches du matin et du soir, elles se groupent en cercle ou en vis-à-vis et dansent, dansent, avec l'élégance des ballerines ! Elles sautent, gambadent, tournent en rond ; elles avancent, reculent, se saluent, s'étirent, font des bonds.

Quand la danse est finie, Pois Chiche invente d'autres gestes, les grues l'observent et l'imitent, et le jeu recommence.

— Hé ! beau danseur, tu n'as pas vu « les miennes » grues ?

Pois Chiche se retourne, et voilà qu'un radeau s'avance vers la rive ; Grand-de-Fesse le manœuvre avec habileté.

— Il y a place pour toi : viens voir les oiseaux que j'ai pris au filet !

C'est une joie de voguer sur ces eaux comme sur une mer inconnue. Les enfants manœuvrent sans bruit ; leurs mouvements sont lents et doux pour maintenir l'esquif en équilibre ; on glisse en ondulant au milieu des îlots, des canards et des oiseaux d'eau. Voici une maison presque submergée ; voici des mimosas qui semblent des touffes d'herbe... ce palmier a son bouquet sur l'eau !

— Attention vers la droite, pour éviter ces animaux ! Des vaches et des bœufs nagent pour atteindre la rive ; ils ont été surpris par le flot sur le dernier îlot inondé ; deux canots portent les bergers qui dirigent le troupeau. A la barque de tête, le petit veau est attaché par un licou et vagit avec inquiétude.

— Hé ! devant toi, vois nager ce serpent... Tu reconnais ma maison ? Ce n'est plus le même paysage... Nous sommes arrivés : tire le canot à terre.

Grand-de-Fesse conduit son ami dans l'enclos où des grues magnifiques les accueillent sans frayeur.

FIG. 25. — *Viens voir les oiseaux que j'ai pris au filet.*

— Ô toi, Pois Chiche, regarde : que dis-tu de ma capture ? N'est-ce pas un beau coup de filet ? Vois, elles sont déjà apprivoisées.

Pois Chiche admire ; il reçoit en riant les saluts courtois d'une grue qui fait des révérences, bat des ailes, saute et danse comme une courtisane coquette ; les autres s'approchent et l'imitent. Leur captivité ne semble point une gêne. Mais Grand-de-Fesse intervient :

— C'est assez pour aujourd'hui, tu vas les fatiguer. Je dois les engraisser pour notre maître, et c'est l'heure de manger : allons !

Et, les ayant parquées dans un réduit étroit, il se met à les gaver avec les boulettes préparées. Ensuite, ce fut le tour des oies et des canards ; et lorsque les bêtes furent nourries, Grand-de-Fesse se mit à les faire tourner en rond pour faciliter leur digestion.

Pois Chiche ne prenait point plaisir à ce spectacle. Il aperçut sous un palmier un vieux chasseur qui avait travaillé pour l'ancien domaine, comme son père. Il vint s'asseoir auprès de lui. Le vieil homme lui dit :

— Grand-de-Fesse est un garçon intelligent. C'est un bel élevage que le sien.

— Grand-de-Fesse n'élève pas ses oiseaux, il les engraisse. C'est un métier que je ne pratique point !

— Ton père n'en fait-il pas autant ?

— Mon père gave des oies pour le maître et pour les offrandes. C'est cruel. Je ne m'en occupe jamais.

FIG. 26. — *On glisse au milieu des îlots, des canards et des oiseaux d'eau.*

— La Nature n'agit-elle pas de même ? Telle fourmi nourrit tel puceron parce qu'il secrète un suc dont elle raffole. La Nature n'est jamais pitoyable ; l'animal mange tel animal qui lui convient, mais il protège celui qui peut lui être utile.

— C'est égoïste !

— C'est animal : chacun suit son instinct.

— L'homme doit-il agir comme la bête ?

— Regarde cet enfant qui pêche à l'épuisette : n'as-tu point pêché comme lui ?

— Certes, j'ai pris des goujons en fin d'inondation.

— Et tu as mangé tes poissons ?

— Ma sœur les a fait cuire, j'en ai mangé ; ils étaient bons.

— Alors tu as recommencé ?

— Oui, mais je n'aime plus torturer les poissons.

— Mais tu mangeras ceux que ton frère aura pêchés ?

— C'est vrai.

— Ne fais donc pas le prétentieux. Tu n'étais pas si stupide l'an dernier quand tu m'accompagnais dans mes chasses, aux ouadis ! Nous avons passé de beaux jours et de belles nuits. Tu ne t'ennuyais point, avoue-le.

— Certes, j'étais heureux ; j'ai vu tant de bêtes curieuses ! Cependant mon plaisir n'était pas de tuer, mais d'observer leurs coutumes, leurs ruses...

— Les aurais-tu connues sans les chasser ?

Fig. 27. — *Il se mit à les gaver avec des boulettes préparées.*

Pois Chiche restait songeur ; le problème, déjà effleuré par Mesdjer [1], lui causait une gêne, et le chasseur ne l'entendait pas comme lui. L'enfant scella son cœur. Il se laissa charmer par les souvenirs évoqués.

Aussi longtemps que la Lune brilla, ils revécurent les épisodes de leurs aventures, les préparatifs minutieux pour s'adapter aux rythmes du gibier, l'étude de ses traces et de ses excréments ; les poursuites où l'œil et l'oreille de l'homme doivent rivaliser avec ceux de la bête ; les longues heures d'affût, les instants de danger où le cœur bat comme une cloche...

Mais ces récits étaient faits à voix basse, comme si le souvenir était aussi farouche que le gibier traqué... Et il ne convient pas de dévier de notre chemin pour les écouter en cette heure. Peut-être un autre temps viendra-t-il pour ces « histoires d'à-côté »...

1. Voir chapitre IX.

XIV

PROCESSION

— Père, quand donc ferons-nous ces travaux ?
— Après les fêtes de la procession.
— Mère, pourquoi ces costumes nouveaux ?
— Pour les fêtes de la procession.
— Pourquoi toutes ces oies ?
— Pour l'offrande d'Amon, pour la procession.
— L'offrande est pour le dieu, mais qui mangera les oies ?
— Ce n'est pas notre affaire.
— Père, iras-tu aux fêtes de la procession ?
— Le Seigneur n'est point satisfait si l'on ne témoigne pas son zèle.
— Moi, verrai-je la procession ?
— Pour toi, Pois Chiche, ce n'est pas nécessaire. Le chemin est long pour s'y rendre ; la terre est détrempée. Fais à ton gré.
— Qu'est-ce que la procession ?...

⁂

Tel est le but, et tel est le chemin : lourd pour les uns, et léger pour les autres ; le but désiré est le harpon du voyageur. Et le rythme du chant met des ailes aux talons du marcheur.

« Un cabaret est préparé,
Sa tente est tendue vers le Sud.
Un cabaret est préparé,
Sa tente est tendue vers le Nord.

« Un cabaret est préparé,
Sa tente est tendue vers le Sud.
Un cabaret est préparé...

— Hé ! Pois Chiche, es-tu sourd ?

« ... Sa tente est tendue vers le Nord.
Un cabaret est préparé,
Sa tente est tendue vers le Sud.

— Pois Chiche, tu es fou ! Quatre heures de marche sans arrêt !

« Un cabaret est préparé,
Sa tente est tendue vers le Nord !
Buvez, matelots de Pharaon ! »

FIG. 28. — *Un cabaret est préparé...*

— Ô heureux matelots !... Jamais je n'arriverai à ce cabaret : ma langue est sèche, mon ventre est vide... les pieds s'engluent dans le limon ! Moi, je m'arrête ici pour manger mes oignons.

— Mange tes oignons, ô Grand-de-Fesse, moi je veux voir la procession.

— Tu la verras, ta procession ! Si ce n'est pas à l'aller, ce sera à son retour ; arrête, je suis mort.

Pois Chiche ne s'arrête point : il court. Il ne marche pas : il vole ! Il répond sans tourner la tête :

— N'est-ce pas toi qui as choisi ce long chemin ?

— C'est le plus court : pour rencontrer les barques, il faut rejoindre le fleuve entre les deux grands temples.

— Si tu ne marches pas, nous serons en retard ; moi, je veux voir la procession !

— Ô tête d'âne sauvage !...

« Un cabaret est préparé,
Sa tente est tendue vers le Sud !
Un cabaret est préparé,
Sa tente est tendue vers le Nord !
Un cabaret est préparé... »

— Grand-de-Fesse, c'est le voyage d'Amon vers le Sud ?

« Un cabaret est préparé... »

— Le fleuve scintille vers le Nord !

« Buvez matelots de Pharaon... »

— Viens, je veux voir la procession !

« Un cabaret est préparé... »

— Je veux voir la procession !

« Un cabaret... un cabaret... »

— Je veux voir la procession !

« Un cabaret... »

Le hurlement de joie d'une foule en délire réveille les marcheurs hallucinés.

***

Agenouillé près d'une jarre, Grand-de-Fesse boit à longs traits la bière douce. Pois Chiche a grimpé sur un arbre, et la surprise le rend muet : une flotte de rêve, comme il n'en a point vu !

Une galère merveilleuse s'avance, encadrée par l'envol des rames miroitantes : le navire du Roi ! Pourpre, bois sculptés rutilants d'ornements précieux, nattes aux couleurs éclatantes... Sa coque effilée glisse, majestueuse, obéissant au rythme régulier des soixante rameurs. Toutes les bouches s'ouvrent pour crier... puis se taisent, muettes de respect. Tous les yeux sont fixés sur le Roi V. S. F. le Pharaon lui-même, debout à la poupe de son navire.

« Il est infatigable, Pharaon, alors qu'il tient la rame-gouvernail, en chef d'équipe de soixante ! Certes, la vigueur de Sa Majesté est belle à voir lorsqu'Elle remorque son Père Amon vers son Apet du Sud... Car il faut un effort puissant pour haler le temple flottant du roi des dieux ! »

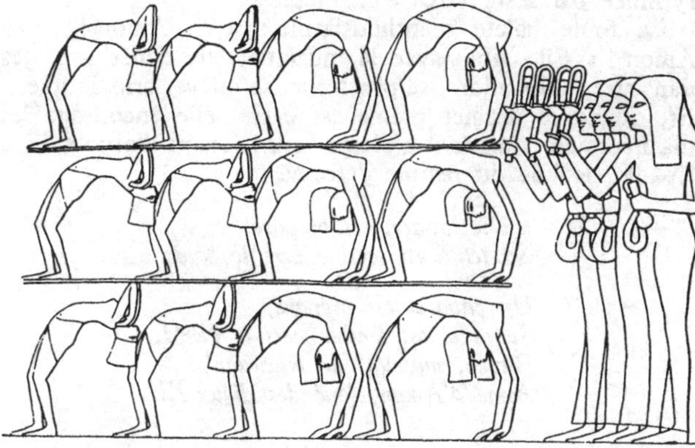

FIG. 29. — *De belles musiciennes agitent sistres et menates.*

Ô prodige ! Ô merveille qui aveugle les yeux de splendeur, qui soulève les poitrines de ferveur ! « Amon !... ya Amon ! »

Éclaboussement d'or et d'argent ! Tout est argent et or dans Ouserhat[1] ; sa coque est ornée d'or en sa totalité, le naos d'Amon est en or, les mâts de sapin, ouvragés d'or, se dressent devant lui, séparés par deux obélisques. Sur un haut perchoir d'or, un grand faucon d'or couronné. Sur la proue, sur la poupe, la tête du bélier d'Amon est en or, coiffée de l'*atef*, et des uraeus d'or, et fait étinceler le *mou*[2], nappe liquide, comme le lever du Soleil dans le ciel.

« Ya Amon !... ya Amon ! »

Les haleurs empressés, fiers de leur rôle, s'excitent par le chant religieux, la musique et les cris de la foule.

1. *Ouserhat :* nom de la barque d'Amon.
2. *Mou :* eau.

« Amon !... ya Amon ! »

Pois Chiche est ébloui. Sous ses yeux, les escorteurs des barques défilent sur la rive... Un prêtre chante un hymne triomphal ; des soldats marchent fièrement, armés de lances et de haches ; des chevaux emplumés, au harnais somptueux, tirent les deux chars vides du Pharaon ; des nègres dansent et tambourinent. De belles musiciennes agitent sistres et menates...

Et voici les porteurs d'enseignes ; des guitaristes et des joueurs de castagnettes scandent la marche processionnelle, rythmée par les prêtres « claqueurs ».

La foule halète d'enthousiasme : « Ya Amon !... Ya Amon ! » Elle vibre avec la musique, elle danse avec les danseurs... elle adore, se prosterne, se relève, crie de joie... Et, quand le dernier prêtre est passé, elle encourage les mariniers en entonnant à pleine voix le chant d'espoir de la ripaille, la joie du peuple défreiné :

« Un cabaret est préparé,
Sa tente est tendue vers le Sud.

Un cabaret est préparé,
Sa tente est tendue vers le Nord.
Buvez, matelots de Pharaon,
Aimé d'Amon, loué des dieux ! »

FIG. 30. — *Des guitaristes et des joueurs de castagnettes scandent la marche processionnelle.*

XV

PROPHÉTIE

La procession des barques était depuis fort longtemps disparue ; les assistants s'étaient dispersés, les uns vers le temple, les autres vers leurs demeures.

Assis sur un tertre au bord du chemin, Pois Chiche rêvait en contemplant le fleuve qui dépassait encore largement ses deux rives.

— Alors, mon disciple a contemplé la belle fête ?

L'enfant sursauta au son de cette voix ; une main s'était posée sur sa tête, son « grand ami » du Temple se tenait auprès de lui ; un prêtre, inconnu de Pois Chiche, l'accompagnait.

Dans son émotion, l'enfant avait glissé sur ses genoux, et ses mains s'agrippaient au vêtement du Sage.

Celui-ci s'assit auprès de Pois Chiche et sourit :

— Es-tu devenu muet ? Je ne te reconnais plus.

— Non, je suis... je suis si content !

L'homme scrutait le visage de l'enfant.

— Que dis-tu de ce que tu viens de voir ?

— Je ne sais pas ! C'est comme un rêve... Mais d'où viennent toutes ces choses merveilleuses, ces barques dorées, ces beaux costumes ? Tous ces hommes, qui sont peut-être des rois... ou comme des dieux... ils marchent, ils parlent comme des hommes : je ne comprends pas ! Où étaient-ils avant ? Où vont-ils après ?...

Le Sage regarda le prêtre en souriant ; il caressa le front de l'enfant :

— Tu demandes beaucoup de choses à la fois ! Cependant, au fond de toi-même une seule question t'intéresse : pose-la !

Pois Chiche soutint le clair regard ; puis, après un instant, il dit :

— Tout cela, est-ce vrai ?

L'homme inclina la tête, satisfait.

— Voilà : tu as dit ce qui te préoccupe. Alors je vais te répondre, écoute :

« Quant au roi, un seul est pour toi *le Roi*.

« Quant aux personnages et aux merveilles de la procession, tout vient du Temple, et tout y retourne. Mais tu ne sais pas encore ce qu'est « le Temple ».

« Quant à ta question : « Est-ce vrai ? » elle est douce à mon cœur ; mais toi, réponds d'abord : depuis que tu m'as quitté, qu'as-tu appris ? »

— J'ai moissonné, j'ai coupé la dernière gerbe, et je sais que l'âme du grain dort jusqu'au moment où elle se réveille dans la terre. J'ai vu pourrir le lin qui donnera les beaux tissus blancs.

« J'ai conduit le bétail aux champs pour fumer la terre ; je sais que le Soleil peut mûrir les plantes et qu'il peut les brûler. J'ai vu partir les cigognes vers le Nord où il fait froid ! »

Le prêtre, impatient, interrompit le discours de l'enfant.

— Maître, permets que je réveille ta mémoire : tu es attendu au Temple.

— Le Temple m'attendra. Continue petit, qu'as-tu encore appris ?

— J'ai appris que les plantes et les animaux s'attirent ou se repoussent, comme les hommes. Mais ce que je ne sais pas, c'est pourquoi les cigognes changent de pays ensemble, toutes au même moment, sans jamais se tromper. Pourquoi ? Et les grues font de même à un autre moment : pourquoi ? Qui leur apprend ce qu'elles doivent faire ?

— La Nature, les *Neter* dont on te montre aujourd'hui des images. Nous répondrons plus tard à tes autres questions. Aujourd'hui je résoudrai celle-ci : « Est-ce vrai ? » Enfant, tu es sur le chemin le plus juste et le plus court pour connaître la vérité : la Nature. Continue à l'interroger, sans te laisser rebuter par les raisonnements des hommes. Et lorsque les *Neter* des oiseaux et des plantes seront devenus tes amis, et t'auront livré leurs secrets *qu'ils ne révèlent qu'aux enfants*, alors tu pourras lever les yeux sur leurs images ; mais en ce temps-là, *garde-toi d'oublier, étant homme, ce qu'ils t'auront appris étant enfant*.

Il se leva, et Pois Chiche attristé voulait le retenir...

— Aie confiance enfant, continue ! Aujourd'hui les *Neter* ne m'ont-ils pas ramené sur ton chemin ?

*
**

Pois Chiche le regardait s'éloigner dans le nimbe d'or du Couchant, comme on regarde s'estomper, au réveil, l'image d'un rêve regretté. Cependant, ce soir il savait que le rêve prenait corps ; il sentait le lien s'affermir avec celui qui était déjà plus qu'un passant, et l'on eût dit que sa « présence » demeurait, malgré la distance.

Le Sage, en cheminant, répondait aux questions étonnées de son compagnon :

— Tu ne comprends pas l'intérêt que je porte à ce bavardage enfantin ? Ô toi Paschedou, qui es le chef des écoles, tu dois apprendre à discerner la pépite d'or entre les cailloux bruts !

Le Maître s'arrête aux bords des eaux ; il se laisse baigner en silence par la pourpre impériale de cet instant. Le ciel, noyé d'or rouge, est vibrant de lumière ; maintenant cet or éclate en poussière impalpable, poussière de soleil, poussière rayonnante ; elle s'infiltre en la montagne, et la montagne, vaincue, s'efface en elle ; elle transmue l'ordure en lumière. Toute la terre se dissout en cette gloire, et toutes les formes se résolvent en la matière du monde : c'est le confondement en l'Origine dans laquelle l'ultime futur est contenu... Et le cœur du Sage y perçoit une certitude, sans nom, sans image : *la certitude*.

— Il sera grand !... Ô Paschedou, regarde les hommes : tous, ils ont sous leurs yeux les phénomènes de la vie et de la Nature ; mais dans leur égoïsme, ils ne voient de cela que ce qui se rapporte à leur utilité. Très rares sont ceux qui cherchent la Cause pour elle-même ; très rares sont les vivants qui se laissent émouvoir par ces phénomènes de périodicité, d'attraction et de répulsion qui sont les manifestations des *Neter*. Combien sont-ils, ceux qui cherchent avec leur cœur à percer ce mystère qui fait monter les eaux vers le ciel, qui les fait redescendre, par Hapi, sur notre Terre ?... Combien sont-ils, ceux qui cherchent, sans arrogance, le moteur et la loi de tout cela ?

— Ô Maître, ta parole est juste, mais que penses-tu donc de cet enfant ?

Le Maître contemple en silence le Soleil qui descendait vers l'horizon et il dit :

— Depuis combien de millénaires notre Maître solaire descend-il dans cette montagne ? Combien de fois a-t-il empourpré nos marécages après la grande inondation ? Combien de morts va-t-il visiter dans la vallée de l'Amenti ? Combien d'entre eux a-t-il ressuscités ? Peux-tu le savoir, mon ami ?...

« Si tu ne le peux pas, tu peux et dois apprendre à discerner la fleur précieuse qui surnage parfois sur le marécage... Cet enfant est un être rare, dont il faudra guider l'éclosion avec amour : son cœur est généreux et ne connaît point l'avarice ; sa curiosité n'est pas futile, aucune vanité ne fausse sa recherche ; aucune crainte ne le contracte ; c'est pourquoi il s'élèvera jusqu'aux plus hauts sommets. Ne méprise pas cet avertissement ; garde-le dans ton cœur, car il est bienheureux celui-là qui peut aider l'éclosion d'un héritier de la Sagesse. »

Le prêtre fut ému en entendant ces mots ; il baisa le vêtement de celui qui prophétisait ainsi, car il savait que sa parole n'était point vaine :

— Est-ce là, ô mon Maître, demanda-t-il, ce que le regard de ton cœur vient de contempler ?

— Non, lui répondit l'Inspiré, car ce que j'ai vu ne se décrit point ; mais je t'explique ce que tu dois savoir. Maintenant tu devras veiller sur cet enfant : son nom est Pois Chiche, fils de Sita, l'un des chefs de culture de Menkh ; observe sa vie de chaque jour sans qu'il le sache, et rapporte-moi tout ce qui peut lui advenir.

— Par Amon et par ma vie, dit Paschedou, j'agirai pour l'enfant selon ta volonté.

XVI

LE JARDIN

— Combien beau est le jardin de Menkh ! Point de bonne chose qui ne s'y trouve : des couleurs pour réjouir les yeux, des chants d'oiseaux pour les oreilles et des parfums pour les narines ! Son bassin est grand, beaucoup, beaucoup. Ce serait une joie d'y plonger parmi les grenouilles au milieu des jolis lotus bleus... si le Maître n'était pas là. Mais il est là, et mon cœur est plus joyeux encore. Le Maître est fort, il est grand : son front touche les feuilles de la treille sous laquelle il se tient assis.

Comme il fait bon prendre le frais sans travailler !

Le Soleil, avant son coucher, verse de l'or sur tous les fruits. Les oiseaux cherchent leur perchoir pour la nuit et dépensent leur énergie en assauts d'éloquence et d'agilité pour la possession d'une branche.

— Que ne suis-je celui qui cultive ce jardin ! Ce doit être un bon jardinier : les arbres sont si bien rangés ! Je peux les compter sur mes doigts :

un rang de caroubiers : 5 caroubiers ;

un rang de sycomores : 5 sycomores ;

6 palmiers doum, 6 dattiers, 2 figuiers, et autant de l'autre côté. Et, tous, ils sont chargés de fruits lorsque vient leur saison.

« Que ne suis-je le singe de mon Maître ! Il grimpe et n'a qu'à étendre le bras pour goûter toutes ces bonnes choses : tantôt une figue, tantôt une gousse de caroubes... Le singe est-il plus heureux que Pois Chiche ? Grand-de-Fesse dirait : « Certes, c'est un roi qui peut manger ce qui lui plaît ! » Quant à ses amis et à mes compagnons, ils penseraient ainsi, tous semblablement. Pas un ne manquera de remplir ses deux mains si les noix du voisin restent sans surveillance ! Au temps des cailles ils en gonflent leurs ventres comme des outres ; ils sont heureux comme le singe... Moi, Pois Chiche, serais-je donc un singe ?

« ... Voici : *je puis laisser la figue*, même si j'en ai envie ; c'est cela que le singe ne peut pas faire ! »

Pois Chiche aurait pu rêver jusqu'à la nuit, mais la harpe le réveilla.

Or voici que Menkh dit à l'aveugle :

— Ô Mesdjer, tu excelles en ton art, mais je désire que ton chant se mesure avec celui du guitariste ; un talent diffère d'un autre talent ; je veux que votre virtuosité rivalise pour le

FIG. 31. — *Que ne suis-je le singe de mon Maître !*

plus grand plaisir de mes oreilles. Qu'on aille donc chercher le musicien.

Et Menkh se réjouit de la paix de cette heure, et il se complut à jouer avec son singe familier.

***

Telle fut l'occasion choisie par le destin pour présenter Pois Chiche à son Seigneur Menkh, Maître des Techniciens.

Échappant à la poursuite des gardiens, un scribe furieux a

pénétré dans le jardin ; il est blême de rage ; ses regards fouillent les bosquets tandis qu'il marche vers le Maître qui montre un visage courroucé. Il se jette à ses pieds ; Menkh dit :

— Ne suis-je pas ici pour prendre mon repos ? Qui t'a permis de le troubler ?

— Ô noble Maître, répond le scribe, celui que je cherche insulte ta justice !

— Qu'a-t-il fait ?

— Un homme était bâtonné pour n'avoir pas payé la dîme. Le criminel, qui se cache dans ton jardin, s'est révolté contre ce geste mérité ; il est intervenu, il s'est emparé du

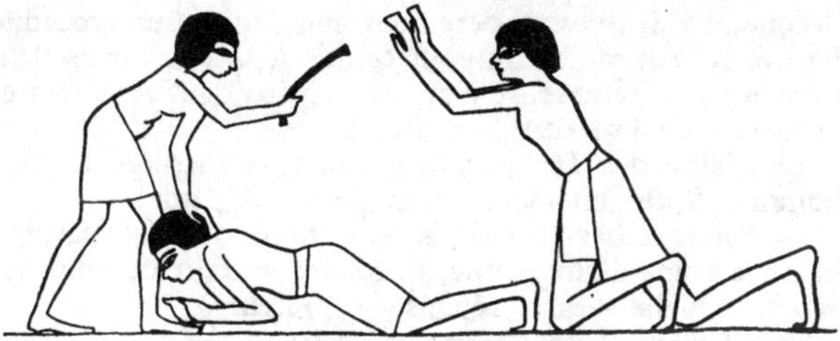

FIG. 32. — *Un homme était bâtonné pour n'avoir pas payé la dîme.*

bâton, il l'a levé sur le bras qui frappait, et s'est enfui pour échapper à mon courroux !

— Cet homme, dit Menkh, le connais-tu ?

— Oui, Seigneur, Pois Chiche, c'est là son nom.

— Ce n'est pas l'heure de la justice, réglons promptement cette affaire : ce Pois Chiche, quel est-il ?

Une voix qui voulait être forte dit : « C'est moi ! »

Menkh regarde le petit qui se dresse devant lui ; il reste muet d'étonnement ; il ne voit pas de crainte sur son visage, aucun trouble en ses yeux. Le scribe se jette sur lui, le gourdin levé, en criant :

— Qui donc se tient debout avec cette insolence ? Flaire la terre devant ton Seigneur !

Menkh lève la main :

— Toi, laisse-le !

Alors Pois Chiche parle, il dit à son Seigneur :

— Ô mon Maître, l'homme qu'on bâtonnait ne pouvait pas verser la dîme : la tempête avait ravagé sa récolte !

— Qu'en sais-tu ? dit Menkh. Raconte ce que tu connais.

Or, tandis que l'enfant s'explique, le singe s'est approché

en sautillant ; il tourne autour du scribe, il empoigne son gourdin, il l'emporte en fuyant par bonds précipités pour se cacher derrière le sycomore. Le scribe le poursuit, mais sa colère est grande. Se croyant à l'abri des regards, il assène un grand coup dans les jambes du singe qui se hisse dans l'arbre avec des cris perçants.

Les yeux à demi clos, le Seigneur observe en silence le scribe, le singe et l'enfant.

Et Pois Chiche s'inquiète ; il baise le genou du Maître, il supplie :

— Écoute, ô Maître sage, aie pitié de cet homme qui a perdu son grain. Un scribe aurait-il le pouvoir d'être injuste en ton nom ? Ce scribe est un renard : saliras-tu ton cœur en l'écoutant ? Si tu es un père pour nous, lui est un crocodile féroce. Il peut me battre pour ce que je te dis... mais si tu prends notre défense, il y aura des pains dans les jarres et beaucoup de joie dans nos cœurs.

Le Maître des Techniciens écoutait, et mesurait le petit homme. Après un moment de silence il parla :

— Serais-tu bavard ? Il y a deux choses qu'il faut savoir : peser le poids d'une parole, et sonder le cœur de celui qui écoute. Quelle sera ta réponse, ô orateur ?

Pois Chiche baissa le nez et déclara :

— Je me tais en disant : « J'ai dit ! »

Menkh prit l'enfant par la main, il le plaça debout à son côté, quant au scribe qui se tenait au pied du sycomore, Menkh l'interpella :

— Toi, reste en cette place et fais ton rapport, hâte-toi !

Le scribe, satisfait, s'inclina ; il prit dans sa ceinture un rouleau, et fit précéder son récit d'une explication compliquée. Mais tandis que Menkh ouvre une oreille attentive, ses yeux suivent les mouvements du singe. Celui-ci a grimpé dans l'arbre, il cherche une position favorable sur la branche qui surplombe le scribe. Menkh voit cela, et il dit :

— Ô scribe diligent, détaille les comptes de ce jour-là ; lis tout *sans t'arrêter !*

Le fonctionnaire est gonflé d'importance ; il déploie alors son rouleau et commence la lecture. Alors le singe, tranquillement, comme un cynocéphale de clepsydre, arrose le lecteur de tout ce dont la Nature lui permet de disposer... Le scribe suffoque et se tait ; mais la voix du Maître se fait dure :

— Qui t'a permis de t'interrompre ? N'ai-je pas dit : « Fais vite » ?

Pois Chiche étouffe de rire sous un air grave. Oh ! Certes,

il y a de beaux instants dans la vie ! Mais combien il était plus facile de se défendre sous l'injure que de se taire dans la joie !

La lecture achevée, Menkh contemple l'homme au visage ruisselant et honteux, puis il dit :

— Toi, va-t'en ; j'aviserai. Quant au criminel, qu'il reste et qu'il introduise les chanteurs.

⁂

Le guitariste s'avança ; il flaira la terre devant son Seigneur. Et Menkh dit :

— Que chacun de vous chante sur l'amour ce qu'il conçoit de plus beau. Que le guitariste commence, Mesdjer terminera ; chacun pourra répondre à l'autre selon son gré [1].

Le musicien s'assit en face de l'aveugle, puis il prit sa guitare et chanta :

— Qu'elle vienne à l'étang des lotus
Ma belle aimée,
Dans sa chemise transparente
De fin lin.
Qu'elle se baigne en ma présence
Parmi les fleurs,
Que je la contemple en ses membres
Sortant des eaux.

La voix de l'aveugle répondit à travers les accords de la harpe [2] :

— J'ai déjà entendu la chanson
Sur d'autres lèvres !
Il est vrai que l'amour est, partout,
Toujours le même.

— Non, depuis que la terre existe,
Nul n'a connu
Un amour tel que mon amour
Pour sa beauté.

— Pauvres petits hommes sur terre,
Quelle pitié !

1 Le guitariste plagie un chant d'amour égyptien, modifié à sa fantaisie.
2 Les réponses du harpiste sont en italiques.

— Je chanterai sous tes sarcasmes
Outrecuidants !

Je dirai l'amour de ma belle
Malgré les sots,
Les envieux, les vents, la foudre,
Malgré les dieux !

— Fais vite par pitié pour nous :
Mieux vaut affronter le péril
Que la menace.

— Si je l'embrasse elle s'enflamme,
Elle m'enivre !
Je suis un homme heureux sans bière
Et sans vin doux.

— Sauf le vin doux,
Un autre a dit cette parole ;
Trouve plus fort.

— Si je la vois je suis en vie ;
Quand elle ouvre son œil mes membres rajeunissent,
Loin d'elle, hélas ! mes forces dépérissent
Je ne reconnais plus mon propre corps.

— Hé ! beau chanteur, si tu plagies,
Fais donc que la copie
Soit meilleure que l'original !

— Point n'est besoin du chant des autres :
Je dirai mes propres paroles.
Jamais vous n'aurez entendu
Tel chant d'amour :
Quand elle baigne son beau corps,
La couleur de ses membres
Fait pâlir le lotus ;
Nul poisson ne s'ébat avec la même grâce
Que son bras s'agitant
Comme une aile d'oiseau.

— Oh ! choisis pour ta bien-aimée
Écaille ou plume...
L'amour n'est point si exigeant !

Menkh s'esclaffait de rire, mais le chanteur ne se laissa point déconcerter.

— Qui n'a pas vu ma bien-aimée
Ne connaît point la Lune
En sa splendeur.
Sa lumière brûle mes yeux,
Et la chaleur de son étreinte
Est charbon ardent pour mon cœur.

— *Lune brûlante, ô Lune ardente,*
Ô cataclysme insoupçonné !

— Que le récit de ses beautés
Ne te hante jamais
Pour la voler à mon amour !
Point de torture
Assez grande pour ton châtiment !
En son absence
Il n'est point de souffle à mon nez,
Pas de remède à mes membres tremblants.
Mais elle ne veut point, mon aimée,
D'autre ivresse que mon ardeur,
D'autre lien que mes bras amoureux.

Menkh leva la main vers le guitariste :

— Que tes bras amoureux finissent leur musique, c'est assez ! Sois sans crainte, nous ne risquerons pas la torture !

« Mais je veux entendre le chant de Mesdjer pour calmer nos sens affolés : toi, prends un repos bien mérité. »

Dans le silence qui succède au coucher des oiseaux, les arpèges du harpiste préludent légèrement.

— Le chant d'amour du jeune amant
Est fièvre d'attente et soupirs,
Désir d'étreintes,
Triomphe de possession,
Communion des corps, *lui* et *elle*.

Le chant d'amour de la vieillesse
Évoque souvenirs et regrets,
Impuissance, désillusion.

Moi je chante l'Amour
Sans mensonge et sans leurre,

Qui connaît en toute saison
La passion et sa maîtrise ;

L'Amour, appel et réponse
En lui-même ;
L'Amour qui ne dédouble pas.
Ô Nature, partout tu divises !
Ton amour est combat et mort.

Je chante l'autre Amour.
Qui ne cherche ni *lui* ni *elle*,
Qui donne sans exiger
Aucun échange.

Ainsi, *Lui* possède en lui-même
Son univers,
Elle n'est plus séparatrice :
Elle est en *Lui ;* son univers
Est rempli d'*Elle !*

Tel un soleil
Qui se nourrit de sa propre chaleur,
Tel Il rayonne au-delà de l'objet.
Et sa propre substance
Devient Lumière et passion.

Menkh attendit que s'éteignissent les dernières harmoniques de la harpe, puis il interpella le guitariste :

— Ne trouves-tu rien à répondre à ce chant ?

L'homme cracha son mépris :

— Divagation de vieillard impotent !

Menkh sourit :

— C'est ce que dit le scorpion devant le divin scarabée. Va, qu'on te donne de la bière : c'est la récompense qui convient. Quant à Mesdjer, qu'il reste auprès de moi.

XVII

SEMAILLES

Or, beaucoup de jours ayant passé, un grand mouvement se fit chez les cultivateurs du domaine et chacun se mit à vérifier les charrues pour les travaux des semailles. Et Sita dit à Pois Chiche :

— Hâte-toi de peser les semences, car les eaux se retirent et la terre commence à paraître ; demain elle sera molle à souhait, nous nous mettrons à semer dès l'aube.

— Ne faut-il pas préparer l'attelage ? dit Pois Chiche.

— Ce ne sera pas utile sans doute, pour ce limon très mou ; le piétinement du troupeau suffira pour enfoncer les grains. Mais si tu le regrettes console-toi : lorsque la terre sera plus sèche tu pourras exercer ta force pour briser les mottes à la charrue ou à la houe. Alors, on verra si tu es un viril.

— Mais notre champ, ô père, ton champ, le tien, qu'en feras-tu ?

— Nous l'ensemencerons dès le premier jour où les eaux l'auront quitté, afin d'en faire un bon pâturage pour notre âne, car l'âne, en le broutant, l'enrichira de son fumier. Après cela, je retournerai la terre à la charrue, je lui donnerai les meilleures semences du grenier,... et nous aurons le plus beau champ d'orge des Deux-Terres !

Le programme plaisait à Pois Chiche, car c'étaient choses nouvelles pour lui ; il exécuta en leur honneur quelques cabrioles, puis il obéit aux ordres de son père.

Or, lorsque vint le jour où les berges du fleuve commencent à se découvrir, Sita partit dès l'aube pour visiter son champ avec Pois Chiche. Il trouva son voisin Sabou, et Penou fils de Sabou, qui mesuraient leur terre abandonnée par l'eau ; une discussion s'éleva, créant une querelle entre les deux voisins, car l'inondation avait déplacé les bornes des champs et déformé les berges, modifiant toutes les limites.

Après qu'ils eurent longuement argumenté sans se mettre d'accord, et comme ils commençaient à élever la voix plus qu'il n'était utile, Pois Chiche s'interposa :

— N'ai-je pas entendu parler d'un scribe chargé de mesurer les terrains à la corde ?

Alors Sita fut le premier à calmer sa colère, et il dit à Sabou :

FIG. 33. — *Nous l'ensemencerons dès le premier jour...*

— Ce ne m'est rien, les discours que tu me tiens ! Allons avertir le Cadastre que l'inondation a déplacé nos bornes, afin qu'il les rétablisse en toute justice.

Le préposé aux champs fut chargé de régler cette affaire selon les ordres du Vizir.

Le père de Pois Chiche et le père de Penou furent appelés par lui, pour que soient entendues leurs contestations avant de réviser les actes de propriété. Puis le préposé ordonna d'envoyer, dès le jour suivant, l'arpenteur chargé de calculer le déplacement des bornes ; il serait accompagné de l'aveugle attitré, dont l'instinct décidait en cas d'incertitude.

Et voilà qu'au retour, Pois Chiche entendit Sabou qui parlait en secret à son fils :

— Demain, lui disait-il, tu préviendras l'aveugle qu'il recevra un cruchon de vin et une jarre de bière douce après son témoignage.

Mais, dans sa candeur, Pois Chiche ne comprit pas la valeur de cette parole et ne la répéta point à son père.

Au matin du lendemain, les deux voisins virent arriver les employés du Cadastre et l'aveugle. L'arpenteur, ayant disposé le rouleau de cordes avec ses aides, commença ses recherches. Ce fut un travail long et fort difficile, tant la berge était déformée et tout vestige de limite effacé ; les scribes s'affairaient, notant les arguments, sans pouvoir parvenir à régler le conflit.

Quant à Penou, il paraissait indifférent dans cette affaire ; mais il témoignait d'une filiale bonté pour l'aveugle, qui, assis à l'écart, attendait le moment de donner son témoignage. Or Pois Chiche, non loin de là, écoutait et observait tout ce qui pouvait entrer dans ses oreilles et dans ses yeux.

Voici donc qu'après de longs calculs, le chef du bureau décida qu'il faudrait s'en remettre à l'instinct de l'aveugle pour la délimitation des frontières. Penou conduisit le vieil homme au bord du champ, puis il se détourna pour le laisser opérer en silence.

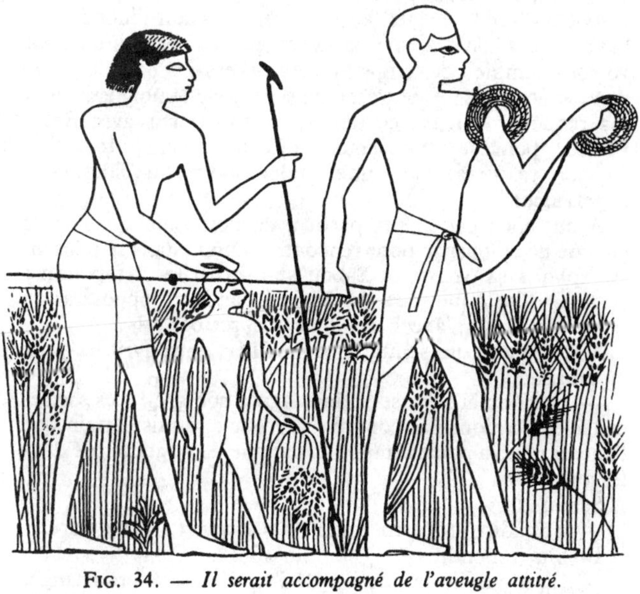

FIG. 34. — *Il serait accompagné de l'aveugle attitré.*

Et lorsque son bâton tâtonnant eut décidé les points des bornes limitrophes, Sabou et Penou firent semblant de n'être point contents, et le père de Pois Chiche eut un visage sombre ; mais il n'osa pas réclamer contre les employés du maître. Il retourna dans sa maison avec son fils, disant :

— Sache qu'il n'est pas bon de se plaindre sans preuves. Ne perdons point de temps ; demain nous ensemencerons le champ sans attendre que le Vizir ait scellé le jugement ; ensuite nous verrons ce qu'il convient de faire, selon le rendement de l'herbage.

Et il en fut ainsi que Sita l'avait dit.

⁂

L'herbe pousse vite dans le limon fertile ; en peu de temps la terre noire fut cachée sous une pâture grasse, aussi verte que la malachite. Alors Sita considéra son champ, et l'ayant comparé à celui du voisin, il s'assura que sa propriété avait été fort diminuée au profit de Sabou. Il réunit ses enfants et leur dit :

— Le partage est injuste pour nous, et notre champ est amoindri, beaucoup, beaucoup ! Mais avant d'en appeler à la justice du Vizir, je veux faire la preuve : avant l'inondation, l'âne broutait la dixième partie du pré en dix jours ; nous verrons combien de temps lui sera nécessaire pour le paître dans sa nouvelle forme ; ceci me servira de témoignage pour ma requête. Pendant ce temps, je dois partir avec Beau-Parleur pour le recensement des troupeaux ; toi, Pois Chiche, tu vivras dans une paillote pour surveiller cette expérience.

Ayant ainsi parlé, Sita partit avec Pois Chiche à l'heure chaude de la journée pour rencontrer Sabou dans sa maison. Il expliqua sa décision ; Sabou se mit à rire et répondit :

— Ô Sita, que dira le Vizir quand tu opposeras le témoignage d'un âne à celui de ses scribes ?

Mais Penou, qui semblait sommeiller, entrouvrit les yeux et murmura :

— Ô mon père, laisse-le donc agir à son gré ! Les scribes et l'aveugle n'ont pas commis d'erreur : je suis certain que l'âne ne pourra point brouter le dixième de ce grand pré dans les dix jours.

Sabou dit :

— Toi, Sita, réfléchis quant à ce que tu veux faire !

Et Sita répondit :

— C'est parfait ce que j'ai décidé, rien n'y sera changé.

Le père de Penou dit :

— Si tel est ton désir de te rendre ridicule devant le tribunal du Vizir, agis comme il te plaît. Tu préviendras Penou, afin que lui aussi puisse compter les jours.

***

Dès l'aube du lendemain, Pois Chiche vint au champ avec son âne qui portait la palissade de roseaux pour la paillote ; il se mit à construire son abri. Dès que le Soleil parut à l'horizon, il appela Penou qui travaillait dans l'autre champ et il dit :

— Vois, je mets l'âne au pré ; ceci est le premier jour.

Chacun d'eux se mit à l'ouvrage pour aménager sa paillote, et l'un vint aider l'autre, et ce fut chose bientôt faite. Un serviteur, Kikou, vivait avec Penou et surveillait le champ lorsque son maître était absent.

Vers le milieu du jour, Pois Chiche regarda ce qu'avait brouté l'âne et il rit.

— Hé ! compagnon, à cette mesure il n'y aura point tant de jours de pâture en ce champ-là !

Puis il voulut dormir, car la chaleur était trop lourde. Mais son sommeil était troublé. Il s'éveilla soudain ; il aperçut Kikou, serviteur de Penou, qui faisait absorber à l'animal une bouillie semblable à du jus de caroubes. Il s'étonna, mais un instinct scella sa bouche : il demeura comme endormi. Une heure ayant passé, l'âne se mit à braire ; il manifesta de si fortes douleurs que Pois Chiche fut torturé par une grande inquiétude. Il appela Penou et lui dit :

— Toi, sauras-tu guérir mon âne ? Si tu ne le peux pas, je préviendrai le médecin du bétail, et certes il comprendra la cause de son mal...

Penou se trouva fort inquiet ; il envoya Kikou chercher certains remèdes, puis il se mit à soigner la pauvre bête. Lorsque l'âne parut calmé, Penou se moqua de Pois Chiche :

— Sans doute tu l'as forcé à manger plus que de coutume, il sera moins vorace désormais, ne te fais nul souci !

***

Alors Pois Chiche connut, pour la première fois, la souffrance. Blotti dans sa paillote, les poings sous le menton, il méditait, saisi d'une horreur insoutenable ; ainsi il avait vu le *mal* en action... Pour un petit profit, on pouvait devenir criminel !

— Blesser mon âne, c'est me blesser aussi puisque je l'aime ; et c'est voler mon père et le domaine... Tout cela pour gagner un morceau de terrain ! Penou avait grand peur que nous découvrions sa faute, mais il n'avait point de regret et il mentait encore en m'accusant !... N'y a-t-il point de honte dans son cœur ?

Pois Chiche fait un grand effort pour résister à son chagrin ; il étouffe un sanglot, il mord ses poings pour ne pas crier de détresse :

— Voilà ! Je suis trop petit et trop bête pour lutter contre l'homme, même contre Penou : il osera ce que je n'oserai !... Qui me défendra contre lui ?

Ses larmes n'ont pas coulé, sa colère est calmée ; mais un grand désarroi subsiste devant le voile déchiré : l'homme est capable d'infâmie pour posséder ce qu'il convoite ! Il l'avait ignoré jusqu'alors.

Il se sent impuissant, il voudrait renoncer à la lutte. Mais son père est absent et l'a établi responsable... Que faire ? Il n'a point l'habitude de la ruse : il ne pourra jamais déjouer celle du « rat » Penou [1]...

Sous cet aspect, la situation lui paraît moins tragique (le drame n'est pas supportable pour un enfant !). Il fait un grand effort pour comprendre Penou... Et soudain, l'idée d'un jeu sans laideur le décide ; longtemps encore, il mûrit son projet en soupesant les conséquences et les hasards inquiétants.

— Sans doute, ce n'était point la mort de l'âne qu'il voulait, ce Penou ; encore moins l'essaierait-il désormais : il aurait peur... Cependant tu devras t'armer de courage, ô Pois Chiche, pour aller jusqu'au bout ! Dormons.

***

Lorsque l'aube du second jour l'éveilla, Pois Chiche se leva, alerte et décidé. Il prit son âne, il appela Penou et il dit :

— Je vais chercher des bottes de roseaux pour en faire un radeau, car ces jours seront longs à passer. Je ne tarderai point.

Penou lui dit :

— Fais à ton gré !

Quand il revint, il déchargea son âne, puis il le mit à paître sur le pré. Mais voici qu'il le vit se détourner de l'herbe avec dégoût. Il parcourut le champ et trouva la cause de cette

1. *Penou,* en égyptien, signifie « rat ».

répugnance : des fientes de pourceaux avaient été parsemées dans l'herbage. Pois Chiche ne dit rien, il observa. Lorsque vint l'heure de midi, l'âne avait brouté quelques touffes en bordure du pré. Son maître, pris de pitié, lui donna un peu d'orge en cachette. Mais voici qu'après la sieste il trouva l'âne furieux, lançant d'énergiques ruades en s'éloignant du champ voisin : un groupe de pourceaux était la cause de sa rage. Pois Chiche appela Penou et lui dit :

— Tes porcs ont dû venir dans mon pré pendant ton sommeil, envoie ton serviteur pour enlever leurs ordures.

Ainsi fut fait, et ainsi s'accomplit le second jour.

Au matin du troisième jour, une abondante rosée luisait sur l'herbe, et Pois Chiche attendit, pour y amener l'animal, qu'elle fut absorbée par le Soleil. L'âne, conduit sur le pré, se mit à brouter avec ardeur... Mais voilà qu'il s'arrête soudain et qu'il commence à braire, faisant des cabrioles vers la frontière des deux champs. Une ânesse, surveillée par Penou, était l'objet de son exaltation... Certes l'animal galant ne songea guère à manger ce jour-là.

Le quatrième jour fut un jour de colère, car un autre âne accompagnait l'ânesse, et ce fut un si grand tapage de jalousie que Pois Chiche dut attacher le sien dans la paillote, sous les regards moqueurs de son voisin. Au soir de ce jour-là, Penou vint lui rendre visite et lui dit :

— Votre champ est plus grand que ne disait ton père, il faudrait, pour le paître, un plus long temps qu'il ne pensait ! (Et voyant l'air stupide de Pois Chiche, il se mit à rire et ajouta :) Il est vrai que vous pourriez être deux pour le brouter !

Et le cinquième jour parut. L'âne se mit à manger avec grand appétit. Mais tandis que Pois Chiche semblait dormir dans la paillote, Penou s'approcha sans bruit, offrant à l'animal un cruchon de liquide que celui-ci dégusta goulûment. Pois Chiche voyait tout... et ronflait pour cacher son inquiétude. Après une heure d'incertitude, il était rassuré : l'âne, ivre et fatigué d'avoir gambadé comme un fou, s'était couché et endormi.

Quand l'aube du sixième jour se leva, Pois Chiche caressa son âne avec pitié : « Pauvre ami ! Quelle sera la nouvelle aventure aujourd'hui ? » Qu'importe ! décidé à tenir fermement sa consigne, il reprit son travail à l'abri de la hutte.

Et l'aventure s'approcha sous la forme d'un pot de miel dont Kikou enduisit la peau de l'animal, tandis que Penou admirait la fabrication du radeau. Pois Chiche voulait rester fidèle à son programme : il devait être aveugle et sourd...

Certes, il souffrit plus que son âne quand il vit les mouches gourmandes le harceler. Avant la fin du jour il ne résista plus à sa pitié, il vint à lui et se lamenta fortement :

— Ô maladroit, je comprends ta colère : dans quelle ordure as-tu pu te rouler ? Et le menant au bord de l'eau, il lui fit sa toilette.

Ce soir-là, Pois Chiche compta sur ses doigts pour se remémorer les ruses des six premières journées.

— Il reste quatre jours ; que peut-il encore inventer ? Que ferait l'ennemi s'il me croyait malade et inconscient ? Il n'aurait pas besoin de malices aussi méchantes...

L'aube du septième jour trouva Pois Chiche dolent, gémissant sur sa natte. Ne le voyant point paraître, Penou vint le visiter et lui dit :

— Reste immobile, je t'apporterai de l'eau fraîche.

Quand vint le soir, le malade semblait guéri et visitait son champ. « Pourquoi si peu d'herbe broutée ? » Il chercha son âne et comprit... L'animal, obsédé, cherchait à se débarrasser d'une peinture blanche qui recouvrait son nez et son sabot... L'enfant ne retint pas son rire : aujourd'hui l'idée était drôle ! Il appela Penou :

— Vois donc où cet idiot a pu se barbouiller !

Penou montra un pot gisant dans l'herbe :

— C'est donc lui qui a renversé ma peinture ?

Et Pois Chiche, gravement, répondit :

— Puisque c'est lui, je la remplacerai.

Penou lui décocha un regard de pitié !

Debout dès le matin du huitième jour, Pois Chiche se montra fort occupé par son radeau ; il vit accourir son voisin qui s'informa de sa santé ; alors il le pria fort aimablement de l'aider pour finir ce travail.

— Certes, dit Penou, je viendrai lorsque j'aurai cherché mes provisions.

Mais Pois Chiche guetta son retour ; caché dans la paillote, il le vit caressant l'animal pour lui faire absorber une nouvelle boisson. « L'enivre-t-il encore ? » se dit-il.

Non, son âne ne fut point ivre, mais si bien purgé qu'il ne se souciait plus d'aucune nourriture. Et tandis qu'à l'heure du couchant il promenait la pauvre bête, il lui murmura dans l'oreille :

— Sois en paix, compagnon, nous arrivons à la fin du supplice !

Ce fut l'aube d'un jour heureux qui se leva pour l'âne au neuvième matin. Son maître, qui l'observait en secret, fut surpris de le voir retourner sans cesse à la frontière du champ voisin ; ayant mieux regardé, il aperçut Penou qui le gavait avec des pelures de melons. Quel âne aurait pu résister à ce festin ? Le nôtre ne s'en privait point ! Il se consolait, en melons, du jeûne des huit jours passés.

Pois Chiche considérait le pré avec une grande inquiétude : lorsque son père viendrait le lendemain, que dirait-il ? Si peu d'herbe avait été broutée !... « Pois Chiche, oseras-tu poursuivre le jeu jusqu'à la fin ? »

Quand la terre s'éclaira de nouveau et que le dixième jour fut, Pois Chiche eut fort envie de rester près de l'âne pour qu'il puisse enfin se nourrir sans être inquiété. Cependant il retourna dans sa maison de paille et simula un lourd sommeil.

Mais peu de temps après, son âne, éternuant et toussant, revenait tristement auprès de la paillote. Pourtant Pois Chiche patienta jusqu'à ce que Penou prît le chemin du village ; puis il inspecta le coin de pâturage abandonné par l'animal. Ayant flairé cette herbe, une odeur irritante le fit éternuer et tousser. Alors il rit, joyeusement.

***

Or, tandis qu'il se relevait, il aperçut son père qui marchait dans le champ et calculait avec surprise la petite surface broutée. Ce fut une grande colère, en vérité !

— Ô le fils que j'ai élevé, il a ruiné mon espoir en ce pré ! La pâture, il ne l'a point surveillée ; notre intérêt, il ne s'en est pas occupé ! Le voisin prétendra que mon champ est plus grand qu'avant l'inondation. Par ta faute nous serons lésés dans ce partage !

Pois Chiche laissa calmer cette fureur, puis il parla :

— Daigne mon père écouter le récit de ce qui est arrivé...

Il fit le conte exact des aventures de ces dix jours. Il ajouta :

— Si je n'avais pas laissé agir Penou, comme eût fait un aveugle, il aurait pu blesser — ou même tuer — notre âne, et je n'aurais pas eu de preuve contre lui.

Le père dit :

— Peux-tu l'accuser de quelque fait précis ?

— S'il te plaît, flaire cette herbe, dit Pois Chiche, et tu comprendras la malice.

Sita, l'ayant fait, se releva, essayant d'expulser le feu qui dévorait sa gorge et ses narines. Il n'eut pas grand peine à admettre la fourberie de son voisin, et se félicita de la preuve flagrante. Il regarda son fils sans amertume et lui dicta sa volonté :

— Toi, Pois Chiche, reste en cette place. Si tu vois Penou ce bandit, ou son serviteur Kikou, ne parle pas de mon retour ; je vais chercher un scribe pour demander son témoignage.

Peu de temps après il était de retour et deux scribes de justice l'accompagnaient. Il les pria de respirer quelques poignées d'herbe du champ ; il montra la peinture blanche répandue et raconta les ruses employées chaque jour ; puis il fit rédiger une plainte en erreur de partage, pour le tribunal du Vizir.

Et lorsqu'il arriva dans sa maison avec Pois Chiche, il offrit à l'enfant de la bière des jours de fête en disant :

— Sois traité comme un ami, car tu as agi mieux qu'un serviteur fidèle en cette affaire. Mais tu devras sans doute affronter le tribunal car j'ai porté plainte contre quelqu'un. Sauras-tu garder ton courage jusqu'au terme ?

La plainte parvenant au Vizir, celui-ci ordonna de suite

FIG. 35. — *Deux scribes de justice l'accompagnaient.*

une enquête. Et le Directeur des champs, avec ses conseillers, fit son rapport ; et les deux scribes témoignèrent devant les enquêteurs sur ce qu'ils avaient constaté.

Le Vizir, flairant une affaire curieuse, s'informa directement des plaignants auprès du maître du domaine. Lorsque Menkh apprit que Pois Chiche en était le héros principal, il s'y intéressa grandement, donnant au Vizir le conseil de l'interroger personnellement.

Le jour où Pois Chiche s'entendit convoquer pour le jugement du lendemain fut un jour de terreur ; il sentit son courage défaillir devant l'obligation d'affronter la justice des hommes !... Alors il alla consulter le harpiste.

Et Mesdjer répondit :

— Le Vizir est le représentant du Pharaon V. S. F., comme celui-ci est représentant du *Neter*. Il est la justice du Roi ; il est équitable et ne laisse point spolier le faible par le fort. Fréquemment il se promène avant l'audience, pour entendre parler les pauvres et les gens du peuple ; il est dur pour les fonctionnaires qui outrepassent leurs droits, et les châtie sans pitié. Si ta cause est bonne et si tu l'exposes en vérité, tu n'auras rien à redouter du représentant de Maât.

Mais l'enfant ne pouvait se résoudre à accuser. Mesdjer dit :

— N'as-tu pas accepté d'être responsable de l'épreuve ? Alors tu dois défendre ce qu'on t'a confié.

Et Pois Chiche se retrouva seul devant le problème.

— Certes, j'ai dû obéir à mon père, car je lui appartiens comme j'appartiens au domaine. N'y a-t-il point d'hommes qui n'appartiennent à personne ?

« Pourquoi suis-je lié au domaine ?... Le domaine me nourrit. Y a-t-il en moi quelque chose qui ne soit pas nourri par le domaine ? Mon cœur n'est pas nourri par le domaine : alors mon cœur est libre, mon cœur n'est nourri par personne ! »

Le souvenir du Sage démentit sa parole. Pois Chiche murmura :

— Mon cœur appartient à celui qui le nourrit. Pourquoi, Lui, n'est-il pas ici pour me conseiller aujourd'hui ?

« Demain, j'accuserai un camarade et un aveugle !... Il est vrai, si la ruse l'enrichit, Penou commettra d'autres méfaits plus graves. L'aveugle a trahi la confiance du Cadastre, mais c'est un malheureux ; si je prouve sa faute, il perdra sa fonction. Peut-être n'a-t-il jamais trahi avant ce jour ?... Je ne voudrais pas être Vizir !

« Et c'est *moi*, Pois Chiche, qui accuse !... Cependant je ne puis mentir à la justice du Pharaon. Pauvre Pois Chiche, que vas-tu faire ? »

Pendant le jour entier, blotti dans sa paillote, il se remémora tous les détails de cette affaire, apprenant à peser la valeur d'une parole et les conséquences d'un geste, comme peu d'hommes l'ont fait à leur maturité. Or, comme le Soleil baissait sur l'horizon, une idée soudaine le réveilla de sa torpeur : c'était la solution du problème et la délivrance d'un cauchemar ! Il se mit à danser de joie dans les reflets d'or du couchant ; puis, sans réfléchir davantage, il courut chercher les objets nécessaires et revint guetter le moment où Penou serait endormi.

Alors, il entreprit quelque mystérieux travail dont la Lune seule fut témoin. Lorsqu'il l'eut terminé, il s'endormit en paix jusqu'à l'aube du lendemain.

XVIII

JUGEMENT

Il est arrivé, le jour du Jugement !

Il est venu, le Maître d'équité, le Vizir, le redouté des malfaiteurs, le désiré des opprimés. Oh ! combien est parfaite sa noblesse quand il trône dans la salle de « la double Maât » [1], dont il représente le principe devant les hommes.

Son siège est sous le dais comme la Terre sous le ciel, comme la loi humaine est sous la Loi céleste. En son sceptre *kherp* s'assemblent et s'accordent ces deux lois dont la concordance fait l'harmonie du Monde humain. C'est pourquoi il s'assied sur une peau de bête, avec une peau sous ses pieds, car la force animale est dominée par la conscience humaine du « Viril » (Vizir).

Nombreux sont les assesseurs et les membres du Conseil ; nombreux sont les scribes assis sous sa main. Nombreux sont les introducteurs chargés d'assurer l'ordre des plaignants et de convaincre les récalcitrants : leur bâton est souple, mais saurait être vigoureux !

Pois Chiche tremble et trépigne en attendant son tour ; et les foudres des cieux, de la Terre et de la Douat, lui paraissent moins effroyables que ces préliminaires de la justice humaine... Que n'a-t-il un trou comme la souris, un nid comme le corbeau, un terrier comme le chacal, pour n'être point obligé de subir...

— Silence !

Une main s'abat sur son épaule, on le pousse vers l'audience. Avec lui sont introduits son père, et Sabou, et Penou, Kikou le serviteur, l'aveugle attitré du Cadastre et

1. Maât, dont le nom équivaut à Vérité-Équité, est *Neter* de la justice. Voir *Her-Bak Disciple*, Index : *Maât*.

tous les témoins de l'affaire. Or, voici que parmi les assesseurs il reconnaît Menkh, le maître du domaine ; et soudain, devant lui, il se sent responsable : une flambée de courage monte à son cœur...

Quant au Vizir il n'en voit que les pieds, car une poigne ferme l'a prosterné le nez contre terre, devant lui. Alors qu'il se redresse, il doit encore lever la tête pour rencontrer les yeux du Vizir qui le regarde avec curiosité.

FIG. 36.

Or, tandis qu'il flairait la terre, un personnage était entré sans bruit. Menkh, l'apercevant, s'étonna ; il ébaucha un geste d'appel respectueux : « Lui ! » Il ne pouvait rester parmi la foule... Mais le Sage mit un doigt sur ses lèvres et se dissimula dans l'assistance.

Alors le Vizir dit à Sita :

— Expose ta requête et donne le serment.

Et Sita déclara :

— Par la vie de mon Maître, je parlerai selon la vérité. Ô Juge sage, après la rectification des bornes, craignant d'abuser de ta justice, je dis à mon fils Pois Chiche : « Voyons si notre âne pourrait brouter ce champ dans le même temps qu'avant la crue ; s'il le peut, la mesure est juste ; s'il doit y mettre moins de temps, j'ai été spolié ; alors j'oserai demander la révision. »

Le Vizir dit :

— Que ton fils parle lui-même, qu'il donne le serment.

Pois Chiche regarda le Vizir dans les yeux.

— Par ma vie, dit-il, je conterai ce que j'ai vu. Mais je demande une grâce à mon Seigneur : permets que je ne cite point de nom, et que le coupable soit pardonné s'il se désigne lui-même.

Le Vizir regarda Menkh qui dissimulait un sourire, puis il dit :

— Cette requête, pourquoi la fais-tu ?

Pois Chiche répondit :

— Seigneur, je dois aider mon père à recouvrer son bien ; mais si le truqueur reconnaît ses malices, mon âne et moi nous dirons : « C'était un jeu. »

Le Vizir fut surpris ; il ordonna :

— Parle sans rien omettre.

Pois Chiche commença son récit :

— Le premier jour mon âne fut malade, beaucoup, beaucoup, après qu'on lui eut fait avaler une bouillie d'herbe brune qui le rendit fou de douleurs. Le second jour, il ne mangea point, à cause des fientes de pourceaux qu'on avait parsemées dans le champ. Le troisième jour, on a tenté mon âne par une ânesse : ô Seigneur, à sa place, qu'auriez-vous fait ?

Dans l'assistance, tous les dos furent secoués de rire. Un bâton menaça Pois Chiche ; la voix du Vizir s'éleva :

— Laissez-le ! Continue : que fit-on le quatrième jour ?

Pois Chiche était troublé par son succès, il balbutia :

— Le quatrième jour... le quatrième jour... que mon Seigneur me pardonne, ce fut la même chose... avec un âne ! C'était plus grave.

Le rire devint une tempête. Le Vizir leva la main :

— Continue, que fit-on le cinquième jour ?

— Oh ! en ce jour, l'âne but mais ne mangea point, car il fut enivré et dormit. Le sixième jour fut un grand supplice pour moi comme pour lui : on avait barbouillé du miel sur son dos, et les mouches l'ont dévoré ! Quant à moi, j'étais fou de rage.

— Ne pouvais-tu rien dire ?

— J'ai pensé que les ruses seraient moins méchantes devant un idiot ; aussi le septième jour je feignis de rester malade. Quant vint le soir, mon âne n'avait guère mangé, obsédé qu'il était par de la peinture blanche dont on avait couvert son nez et son sabot.

Le Vizir observait Penou, qui regardait Pois Chiche avec les yeux d'un homme qui contemple un « affrit ». Il reprit l'interrogatoire :

— Le huitième jour, que fit-on ?

— Ô noble Juge, on le purgea !... Mais le neuvième jour fut un jour faste ; ô Seigneur, si tu as un âne, offre-lui des pelures de melons : il abandonnera toute autre nourriture tant il en raffole. C'est ce qu'on fit ce jour-là ! Le dixième jour donna la preuve, car lorsque mon père arriva, il put lui-même constater qu'on avait parsemé sur l'herbe un terrible produit qui apportait le feu dans la gorge et dans les narines.

Le Vizir dit à Pois Chiche :

— Es-tu certain de ce que tu as vu ? Donne le serment.

Pois Chiche affirma :

— Tout ce que j'ai dit est vrai.

Et le Vizir dit à Penou :

— Tu surveillais le champ avec ton domestique ; lequel de vous deux a fait ce dont on vous accuse ?

Penou déclara sans s'émouvoir :

— Personne ne m'accuse, je n'ai rien fait.

Le Vizir répliqua :

— Le plaignant s'est montré plus généreux que toi ! Dis la vérité.

Penou cria dans sa colère :

— Si je ne dis pas la vérité, que je sois envoyé en Éthiopie !

Le Vizir l'arrêta du geste :

— Toi, modère ta voix ! Si ce n'est toi, c'est ton serviteur qui l'a fait sur ton ordre.

Penou s'obstina :

— Par ma vie ! je n'ai point donné d'ordres, je n'ai rien fait !

Le Vizir s'adressa aux assesseurs :

— Qu'on fasse parler le serviteur.

Kikou fut amené entre deux bâtons, il flaira la terre en tremblant, puis il éleva les mains et se lamenta en disant :

— Ô toi le plus grand des grands, le plus riche de tes riches, que t'importe la parole d'un pauvre homme qui ne peut rien faire de lui-même et n'a le droit que d'obéir ?...

Le Vizir n'accepta pas le subterfuge :

— Obéis donc à ma parole en disant la vérité : qui a donné à l'âne la bouillie empoisonnée ?

— Comment le saurai-je si mon maître l'ignore ? N'est-il pas écrit : le serviteur ne doit avoir d'autres yeux que les yeux de son maître ?

— Ne joue pas avec les paroles, ou le policier jouera de son bâton. Réponds sans balbutier : ton maître a-t-il donné cet ordre ?

— Quel ordre, ô grand Vizir ? N'est-il pas dit : ton maître changera d'avis quand le temps de sa mauvaise humeur sera passée ?

— Tu avoues donc qu'il te donna cet ordre ?

— Ai-je dit cela ? La parole que j'ai citée n'est-elle point sur les lèvres de tous les écoliers ?

— Et ma parole à moi est qu'on fasse parler ce menteur : allez !

Deux bâtons s'abattirent sur le dos de Kikou... il cria :

— Arrêtez ! Je vais parler... Ô Puissant des puissants, ta justice est sans détour mais le bras qui frappe est aveugle : un homme est-il moins qu'un âne ? Un âne eut des coliques et tu fais battre un homme... aïe...

Sur un geste les bâtons se firent persuasifs.

— Arrêtez ! Arrêtez !... Je dis tout... la bouillie... il est vrai... fut mangée par cet âne... mais nul n'a dit le nom de qui la lui donna...

— C'est donc toi qui a mis le poison ?

— Quel poison, mon Seigneur ?... aïe !... aïe !... je dirai tout, mais arrêtez ! un homme mort peut-il parler ?

— Parle maintenant, sinon il n'est plus de grâce pour ton dos : c'est toi qui porteras la faute de ton maître.

Kikou regarda Penou avec terreur, mais celui-ci détourna son visage. Alors il y eut une grande colère dans les yeux de Kikou, il cria :

— Si le maître renie le serviteur obéissant, celui-ci reste-t-il son esclave ? Mon premier maître, c'est la justice, n'est-il point vrai ?

Le Vizir répondit :

— Il est temps pour toi que tu le reconnaisses. Qui a mis le poison ?

— Ô Seigneur, ce n'est point le serviteur-ici-présent... Or nous n'étions que deux dans le champ.

— C'est donc Penou, ton maître ?

— Qui le fut, hélas ! oui Seigneur... Mais devrai-je rester sous sa vengeance ?

— Dis-moi d'abord ce que tu sais.

Alors Kikou détailla l'exécution des gestes ordonnés par Penou, et la part que chacun prit à cette besogne. Lorsque

Penou entendit ces paroles, il ne sut plus l'endroit du monde où il était. Il voulut crier au mensonge, mais les bâtons levés lui rendirent la mémoire ; et quand il eut avoué, le Vizir se tourna vers l'aveugle et demanda son témoignage pour la fixation des frontières.

— Cette histoire met en doute l'exactitude des nouvelles bornes ; peux-tu expliquer ton erreur ?

L'aveugle se mit à trembler si fortement qu'on dut le soutenir lorsqu'il voulut se présenter devant le Tribunal. Il leva la main pour prêter le serment, mais sa bouche pouvait à peine prononcer les mots. Le Vizir parla d'une voix forte :

— L'homme intègre ne tremble point devant le juge : si tu mens, tu sais que tu seras maudit de Maât et dépouillé de ta fonction. Peux-tu parler en vérité ?

Pois Chiche vint saisir la main de l'aveugle, et lui dit :

— Ô père sans lumière, permets-moi de répondre pour toi, moi qui ai vu des choses que tes yeux ne pouvaient constater. Regarde bien dans ta mémoire pour y lire un petit détail ; dis-moi, n'est-il pas vrai que ton bâton croyant trouver la borne, *a glissé sur une jarre et un cruchon déposés par mégarde ?* N'est-il point vrai que cette jarre et ce cruchon ont troublé la vision de ton cœur, et fait errer ton jugement ?

L'aveugle, saisi de terreur, hésitait, mais Pois Chiche reprit :

— Il n'y a point à balbutier ; si le mensonge est dans ma bouche, je dois être châtié ; mais si la chose est vraie, ce n'est ni toi ni moi qui devrons recevoir la correction : il faut battre les pots qui ont troublé ton cœur !

Un moment de surprise passe dans l'assemblée. Le Vizir impassible interroge l'aveugle, disant :

— Parle : que réponds-tu ?

L'aveugle se prosterne et déclare :

— Maât m'est témoin que l'enfant dit la vérité quant à la jarre et au cruchon.

Alors le Vizir dit à Pois Chiche en scrutant son visage :

— Si ceci pouvait être prouvé, l'aveugle serait justifié... mais il n'est point de preuve !

Pois Chiche trépignait d'aise :

— Mais la preuve existe, Seigneur !...

La voix sévère du juge déclara :

— Je ne croirai point sans la voir ; où est-elle ?

— Ô Seigneur, on trouvera la jarre et le cruchon...

Il s'interrompit brusquement. Un regard rapide fut échangé entre Menkh et le Vizir :

— Oh ! je vois... je vois !

Pois Chiche aussi voyait soudain... qu'il avait démasqué sa ruse ! La terre sembla s'amollir sous ses pieds... La jarre et le cruchon dansaient une sarabande narquoise devant ses yeux troublés, embrouillant devant sa conscience tous les fils de cette histoire.

Un lourd silence attendait le verdict du grand juge, qui se taisait... Enfin la voix puissante s'adressa au plus éminent des conseillers :

— Quel serait ton jugement pour cette affaire ?

Le conseiller répondit :

— Si ta Seigneurie le demande, je dirai qu'il faut bâtonner celui qui a placé la jarre et le cruchon...

Pois Chiche est submergé de doute et de frayeur. Criminel !... serait-il criminel ? Peut-être... il ne sait plus ! L'apparition d'une panthère serait moins effrayante que le regard glacé du grand Vizir ! « Qu'on me chasse, qu'on m'enferme, mais que je sache enfin où est la faute ! » Pois Chiche n'y tient plus, il s'effondre :

— Maître juste, dis-moi... dis-moi ce que j'aurais dû faire. faire.

Un silence... Puis la voix du Vizir s'élève de nouveau :

— Moi je dis qu'on devra bâtonner celui qui a troublé la vision de l'aveugle : qu'on tienne Penou sous bonne garde ! Toi, Pois Chiche, relève-toi. N'as-tu pas honte de trembler comme une femme ? Quand on a pris en main le fil d'un écheveau, on doit le dévider jusqu'au bout, d'un cœur ferme. Si ta conscience est claire, termine la requête : que demandes-tu ?

En entendant ces mots Sita voulut parler, disant :

— J'estime que mon pré a été diminué au profit du voisin ; je demande...

Mais le Vizir l'interrompit :

— Qu'il se taise ; l'enfant seul doit donner la réponse.

Alors Pois Chiche dit au Vizir :

— Ô grand Juge, saurai-je m'expliquer, moi qui suis bête et ignorant ? J'avais cru que l'homme pouvait jouer, comme un chat, comme un âne... Or j'ai compris que si un homme griffe et rue, c'est pour blesser, non pour jouer : faut-il apprendre ce jeu-là ? Et que pourrais-je demander ? Je sais compter jusqu'à dix sur mes doigts : comment pourrais-je mesurer le terrain de mon père ? Mais toi, grand Juge, tu sais ce que nous ignorons, ou tu ne serais pas en cette place ! N'écoute pas Sabou, n'écoute pas Penou, n'écoute pas mon père : ce que le fleuve a déformé, ils ne peuvent point le calculer : mais toi qui es savant, tu le peux ! Tu es juste, et si tu le fais, mon père retrouvera son bien.

Le Vizir ne cherchait plus à cacher son plaisir ; il sourit à Pois Chiche, il lui dit :

— Mon fils, ta parole est équitable. Il sera fait selon ton désir.

Puis il commanda que les géomètres soient convoqués pour le lendemain et il se retira avec Menkh, qu'il désirait questionner sur l'enfant.

*
**

Tandis qu'ils s'émerveillaient de son étonnante lucidité, le Sage fut introduit auprès d'eux ; il interrogea Menkh sur la famille de Pois Chiche, puis il dit :

— La terre lui a donné les leçons suffisantes, il devrait maintenant s'instruire en d'autres matières. Libère cet enfant du servage de sa caste : il est d'une autre lignée spirituelle.

Menkh répondit :

— Il est fils cadet : la fureur de l'aîné sera grande, sa voix s'élèvera contre l'injustice.

— Tu lui diras que la voix du Temple a parlé : sa décision est sans appel.

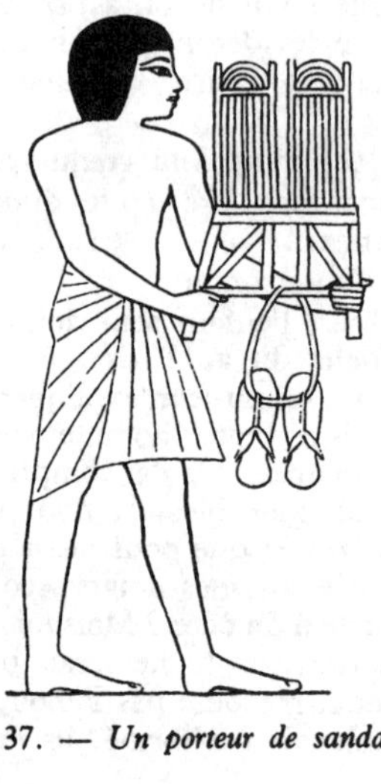

Fig. 37. — *Un porteur de sandales*

Menkh s'inclina et dit :

— Maître, tu es « Celui-qui-sait », tu seras obéi. Mais que devrai-je faire de l'enfant ?

— Ô Menkh, prends-le sous ta garde : tu es le chef des Techniciens, il aura l'occasion d'observer les transformations de la matière. Qu'il fréquente aussi une école ; mais je donnerai des ordres à l'instructeur pour qu'on ne trouble pas sa candeur merveilleuse. Il s'agit ici d'un cas d'exception, de la naissance d'un bourgeon sur la tige de Sagesse qui porte la moelle vivante des Deux-Terres.

« Si l'enfant accomplit son destin, il continuera la lignée spirituelle qui permet à notre pays de rester le dépositaire de la sublime Connaissance, à travers tous les troubles, les décadences et les invasions.

« Puissions-nous guider sagement son éclosion ! »

Le Vizir et Menkh s'inclinèrent avec respect, et le Sage se retira.

Alors Menkh fit appeler Sita ; il l'avertit de la décision extraordinaire qui libérait son cadet du servage traditionnel pour qu'il pût recevoir une éducation supérieure. Et Sita, comprenant l'honneur et les troubles qui en résulteraient pour sa maison, ne savait s'il devait se réjouir ou se lamenter. Mais le Seigneur fit amener Pois Chiche et lui dit :

— Le ciel semble t'avoir doté d'une langue aiguisée et d'un esprit subtil ; ces dons peuvent engendrer le désordre ou la paix, selon l'usage qu'on en fait. Tu dois apprendre à discerner... A chaque âge convient son « maître » et son « bâton » [1]. Heureux l'homme qui peut un jour devenir son propre maître et son propre bâton ! Pour commencer, je puis être ton maître... si tu acceptes aussi mon bâton ! Vois, je mets en ta main ton destin, je te traite en homme libre de son choix : Pois Chiche, fils de Sita, veux-tu quitter ton champ et devenir mon porte-sandales ?

Pois Chiche se mit à trembler d'émotion : libre ! Il était libre dans sa décision ! L'entrave quotidienne se brisait devant le « nouveau », l'inconnu, l'inespéré. Mais voilà que sa liberté nouvelle, éveillant sa conscience, le troublait...

Menkh l'interrogea :

— Le « oui » est dans ton cœur et l'hésitation dans tes yeux : dis ce qui te retient.

— Ô Seigneur, il y a « Lui » et il y a mon âne ! Lui, le grand Maître, m'avait dit : « Va cultiver les champs. »

1. *Medou* signifie *parole* et aussi *bâton*.

Menkh sourit :

— Sois en paix : aujourd'hui il désire que tu quittes la terre.

En écoutant cette parole, l'enfant apprit que toute joie s'achète ; il l'accepta, il soupira, et refoulant son émotion il répondit :

— Alors, je quitterai aussi mon âne.

DEUXIÈME PARTIE

L'APPRENTI

XIX

L'ÉCOLE

La demeure de Menkh semble flamboyer sous la lumière crue ; les busards tournoyants signalent le milieu du jour.

Accablant est le Soleil ; somnolent est le portier affalé sur le seuil. Une galopade de pieds nus le réveille en sursaut :

— C'est toi, Pois Chiche ?

— Moi-même en vérité ! Salut portier, fils de portier, qui engendreras des portiers jusqu'aux portes de l'éternité !

— Salut voyou, fils de voyou, qui engendreras des voyous aussi mal lavés que leur père.

— Répète ce que tu as dit !

— C'est ton maître qui le répétera. Va donc le voir dans cette tenue, barbouillé !... Va, cours, il a déjà demandé ses sandales.

— Une blague trop répétée perd son sel. Laisse-moi passer, je suis en retard.

FIG. 38.

— Ce n'est pas nouveau. Qu'as-tu fait encore ?

— Ce que tu n'as, toi, jamais fait : j'ai travaillé.

— Tu ressembles au vadrouilleur plus qu'au travailleur ! D'où viens tu ?

— D'un monde qui est loin du tien... Jette ce bâton, laisse-moi passer !

— Va te laver ! Tu as l'air d'un cochon pie, rouge et noir.

— Tu me dois le respect, je viens de l'école.

— J'aurais dû le deviner à ton insolence. Barbouilleur qui ne sait pas tenir son calame !

— Ça ne regarde pas les ânes de ton espèce !

Ôôôh !... Le bâton n'a pas le temps de retomber : c'est un chat enragé qui saute sur le bras levé ; les deux adversaires, roulés à terre, se débattent furieusement...

— Comme des bêtes !

La voix dure de Menkh douche soudain les combattants...

— Non, ne bouge pas, jeune pédant. Continue à te rouler comme un chien, futur scribe... Beau spectacle pour mes serviteurs ! Debout ! Ramasse tes œuvres, écrivain !

Pois Chiche, blême de honte, récupère les tessons tombés du chiffon déchiré.

— Suis-moi.

Sur les pas de Menkh, il pénètre dans la haute salle où des serviteurs s'empressent, portant des aiguières et des coupes de fruits. Mais le Seigneur est grave ; son geste les congédie ; il contemple l'enfant d'un air moqueur :

— C'est cela le fruit de l'école ? Celui qu'on instruit insulte l'ignorant ? Celui qu'on a gavé méprise le dénué ? Qu'avais-tu fait pour mériter ce que tu as reçu ? Ne sais-tu pas que si le don du Ciel est gratuit, l'homme qui s'en vante avec arrogance prendra bientôt la place de celui qu'il a méprisé ?

Pois Chiche baisse la tête. Menkh arpente la pièce en silence. Pois Chiche ne sait plus en quel lieu il se trouve. La pénombre rend menaçantes les figures colorées des panneaux ; le fauteuil bas du Maître lui semble un tribunal. Pour calmer sa frayeur, il s'efforce de compter les losanges rouges et jaunes des tentures qui décorent les murailles.

Que fait Menkh ?... Il s'approche d'un coffre de cèdre, il en sort un miroir de cuivre, il revient s'asseoir sans mot dire. Percé près du plafond, un étroit soupirail verse sur le miroir un faisceau de lumière, qui met aux mains du Maître une lance de feu. Pois Chiche ouvre de grands yeux fascinés, la lumière l'aveugle ; de ses doigts salis d'encre, il essuie sa sueur et ses larmes : le tableau devient pittoresque...

— Approche.

Menkh présente le miroir devant la face tachetée :

— Admire ton visage, ô Her-Bak ! Thot enseignera-t-il son singe maladroit, qui ne sait même pas maîtriser son calame ?

Devant son image grotesque, la honte de Pois Chiche se change en décision soudaine :

— Ô Menkh, que ta justice châtie ces doigts coupables, mais que ton mépris n'écrase pas ton serviteur : il n'avait pas compris !

— L'ignorance n'est pas une excuse, Pois Chiche. Si les premières leçons ne m'avaient point appris l'importance du geste parfait, jamais on ne m'eût introduit dans les secrets des Techniciens dont je suis le chef aujourd'hui. Ces douze mois d'école, que t'ont-ils appris ?

— Je connais les hiéroglyphes et je sais les transposer en cursive.

— Montre-moi ton travail.

Pois Chiche fouille dans le chiffon noué, hésitant sur le choix des tessons barbouillés ; d'un geste sec, Menkh les répand sur la natte :

— Le travail vaut les mains de l'ouvrier. Le scribe, ton maître, est-il satisfait de ces chefs-d'œuvre ?

— Sans doute : il ne m'a fait aucun reproche.

— Quelle place te donne-t-il à l'école ?

— Dès le premier jour il me fit asseoir à ses pieds ; il ne m'a jamais enlevé cette faveur.

— N'as-tu point honte d'usurper la place d'un bon élève ? Tu étais parti comme un jeune lion en chasse... prendrais-tu l'allure d'un courtisan ? Ton cœur serait-il souillé comme tes doigts ?

Les yeux de Pois Chiche sont pleins de larmes ; il tombe aux pieds de Menkh, vaincu :

— Seigneur, je ne veux pas être vil !

Menkh se penche, il prend les tessons un à un, il en déchiffre les textes :

— Le noble scribe royal, Pois Chiche... Le scribe aux doigts habiles, Pois Chiche... Celui dont on apprécie tout ce qui sort de sa bouche, Pois Chiche... Celui qui remplit à lui seul le cœur de son Maître, Pois Chiche... Pois Chiche, surnommé « Bon conseil »... Celui qui connaît tous les secrets du Ciel et de la Terre, Pois Chiche...

Repoussant les tessons, Menkh contemple l'expression confuse de l'écolier :

— Qui t'a dicté ces textes admirables ?

Pois Chiche enfouit sa tête dans ses mains.

— C'est toi-même, cela se voit ! Je garde ces merveilles comme ta signature, jusqu'à ce qu'une autre signature vienne effacer celle-ci.

— Seigneur, je prouverai bientôt que j'ai compris.

— Qu'une nouvelle vantardise ne sorte pas de ta bouche ! Celui qui t'a instruit put commettre une erreur, mais l'écolier gâté ne saurait la réparer. Tu connaîtras demain ma décision.

*
**

Le Soleil est obscur pour les yeux voilés de remords ; le pain est amer à la bouche de l'ingrat, il n'est point de repos pour son cœur. Sur le chemin de l'école, Pois Chiche, accablé, rumine pour son compte les préceptes et les textes connus : « Mets en pratique la Sagesse, et tout le mal sera chassé de toi... Comment trouver la Sagesse, Pois Chiche ? Je crois qu'il te faudra changer de moyen... »

Et voici que ses pas l'ont conduit sur le tertre, témoin de son dernier entretien avec le Sage ; un frisson le secoue, une angoisse étreint son cœur : quelle sera demain la décision du Maître ? Pourvu qu'il ne soit pas trop tard !

*
**

Dans la salle d'école qui bourdonne de murmures rythmés, Menkh est entré sans bruit. Les écoliers accroupis s'appliquent à transcrire le texte dicté par leur professeur ; les sentences d'une « Sagesse » classique sont inlassablement répétées par les élèves, et scandées par leur instructeur pour préciser chaque phrase et l'orthographe des mots. Celui-ci ne voit pas le Seigneur du domaine qui écoute et observe ; Menkh cherche Pois Chiche. La leçon a porté : là-bas, au dernier rang, c'est lui ; point de morgue sur son visage, mais une attention grave, un effort anxieux... Alors Menkh toucha l'épaule de l'instructeur, et dit :

— Renvoie tes élèves, et m'écoute.

Puis il compara les tessons laissés par tous les étudiants, et il dit :

— Le Sage t'a confié Pois Chiche, fils de Sita, qu'en as-tu fait ?

Le scribe se troubla, il balbutia :

— Seigneur, je l'ai traité comme un élève de choix, digne de l'intérêt qu'il inspire au Maître de Sagesse.

— Ne réponds pas avec astuce. Tu l'as traité comme un vil favori : tu es responsable de sa chute. Tu lui as épargné les reproches, tu as encensé sa vanité ; je doute que le Maître te sache gré de cette flatterie, et l'élève, devenu grand, n'aura point de respect pour toi.

Le scribe s'étant jeté à plat ventre, se lamenta :

— Comment se peut-il qu'une pareille chose soit reprochée au serviteur-ici-présent [1], que son cœur a conduit à déplaire alors qu'il voulait satisfaire.

Menkh le regarda avec mépris :

— Moi, dit-il, je bénis le maître dont le bâton m'inculqua, lorsque j'étais écolier, la nécessité de l'effort ! L'homme paie de ses larmes le prix de la conscience, si l'animal n'a pas été dominé chez l'enfant !

— Seigneur, Pois Chiche connaît déjà suffisamment de lettres, de chiffres et de formules pour pouvoir être employé par un prêtre.

— Aussi bien faudra-t-il maintenant qu'il les oublie, pour se purifier de ce venin. Mais il n'a pas appris un seul geste correct, ni le respect de ses outils, ni la proportion ni le sens des signes divins qu'il transcrit.

— Seigneur, il est dit : « Le sein de l'homme est plus

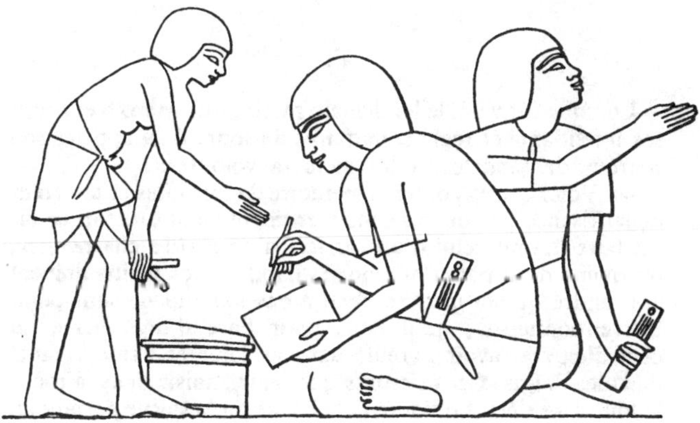

FIG. 39. — *Les écoliers accroupis...*

1. Formule respectueuse pour remplacer le pronom *je* ou *moi* en parlant à un supérieur.

spacieux qu'une grange, il est plein de possibilités diverses... Choisis les bonnes et laisse les mauvaises... »

— Sans doute as-tu choisi la culture du courtisan ?... Race d'esclaves ! S'il n'y avait chez nous d'autre enseignement que celui de vos classes bornées, ô scribes formalistes et prêtres profiteurs, il faudrait ensevelir la Sagesse de nos pères comme un trésor caché pour les profanateurs !

La crainte fit trembler les mains de l'instructeur, car il craignait de perdre son emploi.

— Seigneur, sous tes paroles mon cœur n'est plus dans ma poitrine, mais vois-moi devant toi : je guiderai l'enfant selon tes instructions !

Menkh se leva et déclara :

— Il est un temps pour chaque chose : un temps pour l'harmonie, un temps pour l'anarchie, et nul ne peut changer la marche des étoiles. C'est notre sagesse que de le savoir. Pour toi, fais ton métier... Mais nous sauverons le bon grain pour l'avenir !

Le scribe retrouva son souffle ; il éleva ses mains et s'écria :

— Grande est la justice de mon Seigneur ! Et quant à mon élève chéri, Pois Chiche...

— Laisse l'élève chéri : il sera désormais conduit par d'autres mains.

***

Lorsque fut venu le lendemain matin, que Menkh eût reçu ses intendants et réglé ses affaires du jour, il fit appeler son porteur de sandales et lui dicta sa volonté :

— Voici : tu as gonflé ta mémoire de formules et ton cœur de suffisance ; tu devras constater maintenant que ton savoir est faux devant celui d'un carrier, d'un maître charpentier, ou même d'un potier aux doigts habiles ; tes mains doivent apprendre que la matière obéit à des lois qui ne sont point conventionnelles ; qu'il faut, pour faire d'une pierre un chef-d'œuvre, avoir l'oreille dans le cœur et l'âme vivante dans les doigts. Car tu sauras que pour choisir dans la roche le bloc sans défaut qui fera l'obélisque ou la statue parfaite, il faut au Maître d'œuvre un instinct aussi sûr que celui qui indique à l'animal sauvage le danger imperceptible ou la plante qui le guérira.

« Ainsi donc tu laisseras ta robe de scribe et me remettras ta palette. On te donnera un pagne neuf et un devanteau de cuir, tel qu'en portent les techniciens. Dès demain tu entreras en atelier. J'ai dit ! »

Pois Chiche resta sans voix... Il eût voulu supplier, mais un geste impérieux le congédia ; il s'inclina jusqu'à terre, puis il se releva et parla respectueusement :

— Seigneur, que ta justice règle toutes choses comme il lui plaît. Mais le serviteur-ici-présent vit de l'air que tu lui donnes : ne sera-t-il plus ton porteur de sandales ?

Menkh adoucit sa voix et répondit :

— S'il en est digne, il gardera ce poste en ses heures de loisirs ; va !

Pois Chiche se retira ; il sortit dans les champs, errant à l'aventure. Au bord du Nil, un pré, semblable à celui de son père, verdoyait ; il y entra, et sur la berge il se laissa tomber, effondré.

Dans l'eau couleur du ciel se reflète son rêve, comme autrefois s'y reflétait le mirage de pays inconnus... le voyage. Aujourd'hui ce sont les hiéroglyphes, les images des temples, que le flot emporte vers le Nord, vers d'autres palais, d'autres temples, vers d'autres villes fabuleuses bien gardées derrière leurs murailles, dont l'enceinte intérieure est encore restée close pour lui...

— Quels mystères cachent-elles aux profanes ? Les scribes de l'école paraissent les ignorer. Le Sage connaissait tout cela, j'en suis certain. Il a des yeux qui « savent »... qui savent quoi ? Pois Chiche, voilà ce dont tu n'es pas sûr. Y a-t-il quelque chose à savoir ? Si le scribe dit vrai, si, hormis le scribe et le prêtre, tout homme est ignorant, mon beau rêve est fini : on m'enlève ma robe... Adieu calame ! Adieu godets ! Adieu tessons et papyrus ! Adieu surtout, ma belle robe plissée dans laquelle j'avais si bonne mine ! C'était ma gloire, ma suprématie sur les autres enfants... Les jours de fête, n'étais-je pas au milieu d'eux comme un héron blanc parmi les moineaux ?

Pois Chiche réfléchit, élabore un nouveau programme d'études très chargé, qui pourrait peut-être émerveiller Menkh...

— Mais si Menkh reste inflexible, ne pourrait-il pas me choisir un métier au costume plus reluisant ? Ô le devanteau des techniciens ! C'est laid, c'est triste. Technicien... Si du moins je pouvais devenir leur chef, comme Menkh ! Il est grand et puissant dans son costume d'apparat, avec son bâton de « pouvoir », son pectoral en pierres de couleurs et son beau collier d'or qu'il a reçu du Roi. Et combien il est chef dans sa robe ! Sa robe est parfaite, comme lui-même est parfait. Sa robe semble savoir le geste qu'il va faire, et ce qu'il dit paraît être écrit dans sa robe... En fait de robe, laquelle portait le Sage ? Elle était blanche et simple, et je ne lui ai point vu de bijoux...

Pois Chiche réfléchit encore ; il soupire :

— J'ai porté la robe de scribe : qu'en ai-je fait ? Je l'ai salie... Ô écolier, je crois que tu te trompes encore de sentier !

« Quant au costume, si j'avais été boucher et que Menkh m'eût enlevé mon couteau et mon tablier, je me serais senti aussi diminué ; c'est donc le métier qui « habille » le costume ?... Ô Pois Chiche, tu étais moins stupide quand tu parlais avec ton âne ! Vraiment, il faudra rebrousser chemin. »

Sur l'eau glissante, de nouvelles images se reflètent ; un cordonnier habile décore des sandales, un chantier de maçons bourdonne comme une ruche : « Attrape, cette brique, hop ! Attrape ! » Vie, rythme, chant... Une confiance nouvelle s'éveille chez l'enfant :

— Chaque métier donne une puissance à l'artisan ; le pagne du technicien est aussi beau pour lui que l'est, pour le scribe, sa robe à plis... Et si mes anciens compagnons viennent pour se moquer de moi, je saurai ce qu'ils sont, mais eux ne sauront point ce que je sais !

Dans sa nouvelle ardeur, il revient en hâte vers Menkh :

— Seigneur, je serai le meilleur de tes techniciens : j'ai compris qu'il n'y avait pas de sot métier. Si, par ta décision, je dois un jour quitter les ateliers, ce ne sera qu'après avoir vaincu toutes les difficultés qu'un technicien aux doigts habiles peut y rencontrer.

Menkh hocha la tête :

— Pourras-tu commencer par être un apprenti ?

Pois Chiche, confus, regarda ses mains et répondit :

— Je pourrai !... Et les taches de mes doigts ne seront plus de l'encre : ce seront les signatures d'un métier ; pourront-elles effacer celles de mes tessons ?

Et Menkh, en souriant, lui répondit :

— Agis.

XX

POTIER. VASES

Or, pour inaugurer sa vie d'atelier, le devanteau ne fut point le symbole de Pois Chiche, Menkh ayant voulu que son premier travail fût celui du potier. Pour matériau, la terre et l'eau ; pour outils, les mains et la sueur de l'apprenti. Car il faut, pour préparer la terre grise, la malaxer, la battre afin d'en chasser les bulles, et la pétrir en pâte lisse, assez molle pour l'assouplir, assez ferme pour la tenir. Et ce fut le premier travail.

Ce soir-là, l'enfant harassé, affalé dans le seul coin vide de l'atelier, contemplait les pots innombrables qui attendaient, en séchant, la cuisson. Dans un autre coin de l'enclos abrité par les palmes, le tour du potier et ceux des apprentis : tous couverts de glaise, et partout de la glaise, sur Pois Chiche de la glaise. Le nouvel ouvrier regarda ses mains... et rit.

Sur une grande jarre contenant des projets de formes commandées, un dessin avec sa légende représentait Khnoum, le divin potier, façonnant l'œuf du monde. Pois Chiche en fut fort intrigué :

— Si c'est un dieu, dit-il, je comprends qu'il puisse modeler le monde, mais où donc a-t-il pris la terre ?

***

Voici l'aube, et déjà Pois Chiche est réveillé. Il vient en hâte à l'atelier, avant l'heure où arrivent les apprentis ; car il a projeté d'essayer la manœuvre du tour qui lui avait été interdite la veille. Comme il l'avait vu faire, il pose une boule de glaise sur la plaque, et tourne en creusant la masse avec ses doigts ; après plusieurs échecs il réussit à en élever les bords, comme une coupe : quel triomphe ! Une corolle s'épanouit, s'élargit en montant, tourne, tourne... et voici qu'elle prend une forme bizarre, évase d'un côté sa panse cabossée, virevolte en soubresauts étranges, et vient s'affaler sur le bord comme une fleur fanée !

Désolé, l'apprenti recommence ; une nouvelle boule se creuse et virevolte... nouvelle danse, nouvelle chute !

Sur le seuil, le maître d'atelier le contemple. Pois Chiche ne voit rien que le pot bossué qui semble le narguer. Il entre en rage. Il tourne, il tourne... Hélas ! l'un après l'autre, chaque vase ébauché se déforme et s'effondre.

Le rire narquois du vieux potier l'arrête, redouble son dépit.

— Qui t'a permis, novice ? qui t'a permis ? Crois-tu pouvoir tourner un pot comme une phrase ? Si le scribe peut être maître du calame, c'est le tour qui est le maître du potier. La loi d'équilibre est rigide : point ne pardonne à l'à-peu-près. Tu es fou de vouloir tourner un pot sans le centrer : ne sais-tu pas que l'*axe* est le *Neter,* le dieu du tour ? Si tu ne le respectes point, il te façonne un monstre ; si tu le situes en son lieu, il te sert et donne la stabilité à ton ouvrage. Regarde.

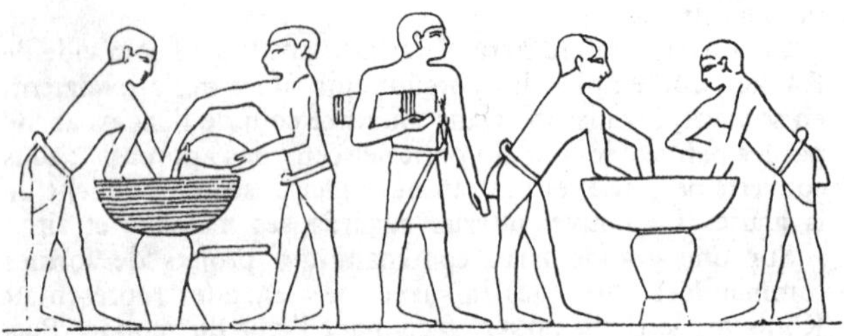

FIG. 40 a. — *Pour matériaux, la terre et l'eau.*

Le plateau a repris son envol ; d'un geste de virtuose, la glaise est projetée ; la masse bien centrée se creuse, s'étire, s'élève en panse régulière autour d'un centre vide ; le mouvement circulaire du tour fait le travail. Les doigts bougent à peine : sous leur touche magique, la terre obéissante s'élève en couche mince, épouse dans l'espace la courbe harmonieuse rêvée par les mains du potier ; et leur douce pression, invisible, immobile, vers le centre *ou* vers l'extérieur, dessine un col étroit *ou* un ventre gonflé.

— Tu vois : il suffit de situer son axe en plein milieu.

Pois Chiche reste perplexe :

— Mais le milieu est vide, je n'y vois rien !

C'est le vieil artisan qui regarde l'enfant avec stupeur :

— Ah ! vraiment ? Et qui donc, dans les Temps des Temps aura vu l'axe ?

Pois Chiche rêva de l'axe cette nuit-là...

⁂

La nuit porte conseil : le jour suivant, l'apprenti s'était enrichi d'une nouvelle idée.

— Pourquoi tourner toujours des formes monotones ? Petits ou grands, tous les vases sont ronds : c'est fastidieux,

Ses voisins ahuris le voient disposer sa glaise, non plus en boule, mais en carré ! Le tour se met en marche... et voici que la masse refuse cette forme, arrache sous les doigts la terre superflue, jusqu'au retour à la rondeur... inévitable !

FIG. 40 b. — *Le tour se met en marche...*

Sous le rire et les quolibets, Pois Chiche fait de nouveaux essais ; ni cubes ni ovales ne maintiennent leurs formes : le tour est inflexible. L'inventeur, dépité, se résigne à tourner en silence la forme ronde... comme tout le monde.

Il n'eut pas de nouvelles idées ce jour-là.

Mais après le travail, il s'attarda auprès du vieux potier qui choisissait les vases pour la cuisson du lendemain.

— Chef, ces pots ne peuvent-ils point servir sans être cuits ?

— Non, car ils seraient désagrégés par les liquides.

— Mais cette cruche cuite laisse suinter l'eau ?

— La cuisson l'a rendue poreuse : il faudrait la vernir pour en boucher les pores.

— Comment fait-on cela ?

— Fais-la tremper longtemps dans l'eau salée, puis la repasse au feu : tu auras le plus naturel des vernis.

— C'est ainsi que tu as verni ce vase bleu ?

— Non, ce vernis-là est un secret : il faut avoir fait son chef-d'œuvre pour le connaître.

— Qu'est cela, un chef-d'œuvre ?

Le vieux potier rentra en lui-même, puis il dit :

— Le chef-d'œuvre, c'est l'ouvrage qu'on a créé avec son âme, qu'on a conçu avec son cœur, qu'on a gesté avec son corps, depuis la peau jusqu'aux entrailles... qu'on a vécu, qu'on a porté jusqu'au temps où, comme un fruit mûr, il est mis au jour par les doigts.

Pois Chiche est rêveur.

— C'est très long à faire, un chef-d'œuvre ?

— Des générations entières le préparent ; un homme, leur héritier, le produit.

— Que faut-il pour être cet homme ?

— Écouter la voix muette des Anciens, observer la Nature, et se taire.

Le crépuscule ajouta son silence au silence ; puis l'enfant soupira et dit :

— Alors, si j'avais réussi mon pot carré, ce ne serait pas encore un chef-d'œuvre ?

La vieille figure plissée se dérida :

— Le chef-d'œuvre, c'est d'avoir eu cette idée-là ! Car le tour, en arrachant la terre qui dépassait sa forme, t'a montré la puissance cachée du *Neter,* en lutte avec le mouvement. Ainsi, ce tour t'a enseigné la loi des choses rondes, que tu n'aurais point *connue* à l'école.

— C'est toi qui me l'expliques !

— Non point : l'explication n'entre que dans la tête ; mais ton *dépit* est entré dans tes doigts, impuissants à imposer une autre forme : c'est cela qui te restera.

— Bien ! Mais pourquoi le « *Neter* de l'axe » a-t-il refusé cette forme ? J'ai pourtant bien centré mon cube...

— L'axe n'était pas seul en jeu : une autre loi intervenait.

— Mais un *Neter* n'est-il pas tout-puissant ?

— Dans la loi qu'il régit, certes, mais jamais au-delà.

— Qu'est-ce donc, un *Neter ?*

— Petit, tu vas plus loin que mon savoir... Drôle de gosse ! A ton âge, je n'avais pas de tels soucis ; fauconneau, qui t'a donné tes ailes ?

— Tu ne veux plus parler, mais tu sais tant de choses !

— Tu te trompes : je t'ai dit presque tout mon savoir ; il

m'a fallu tourner des pots toute une vie pour comprendre ce petit peu ; cependant j'aime mieux rentrer en terre avec mes pots, riche de ce savoir limité, qu'avec l'arrogance stérile des scribes.

— N'y a-t-il que de mauvais scribes ?

— Ce ne sont pas leurs lettres qui sont fausses : les hiéroglyphes sont les divins symboles, légués par la Sagesse des Anciens. Mais l'esprit du scribe est tordu. Les Sages de nos temples ont dû passer par ce chemin, mais ton Maître a agi pour toi comme ils l'ont fait : il a transporté l'arbrisseau en terre saine, avant qu'il fût pourri.

— Mais toi, qui t'a donné ce que tu sais ?

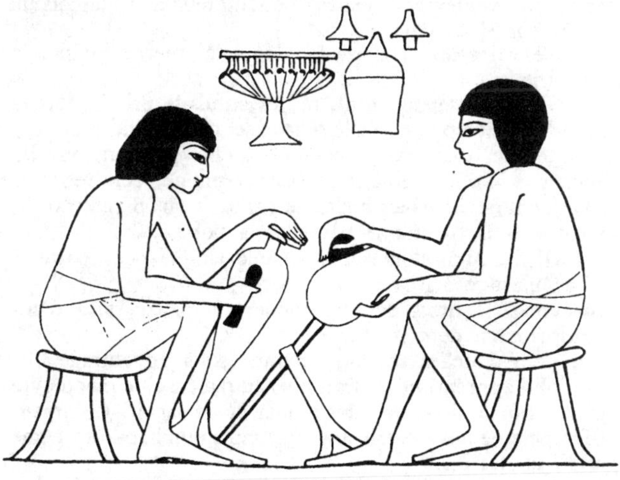

FIG. 41. — *Polissage des vases.*

— Les vieilles traditions des potiers d'autrefois, le *nom des pots,* selon leurs formes et ce qu'ils peuvent contenir ; les rites de la confrérie, les paroles du chef des Techniciens qui nous inspecte. Le reste, c'est la terre, l'eau, le feu et le tour, qui me l'ont enseigné.

— J'apprendrai beaucoup avec toi.

— Tu n'y resteras pas longtemps, petit ; le rythme de ton tour est plus vaste et plus vif que le mien.

— Faut-il donc toujours quitter ce que l'on aime ?

— Tout ce qui bat d'un cœur unique ne se quitte jamais… Pour le reste, qu'importe ?

***

Le vieux potier avait raison : son nouvel apprenti fut bientôt envoyé chez son voisin, le perceur et sculpteur de vases.

Jamais Pois Chiche ne vit autant de vases, de formes variées et de toutes grandeurs, en schiste, en diorite, en albâtre, en granit ; les uns polis comme un miroir, les autres sculptés ou gravés ; d'autres s'évasaient comme la corolle d'une fleur, quelques-uns figuraient un symbole animal.

Mais Pois Chiche restait en extase devant les merveilleux dessins des veines de l'albâtre. Le sculpteur n'eut jamais un admirateur si curieux.

— Ces dessins étaient-ils dans la pierre, dans la montagne ?

— S'ils n'y étaient point, où les aurais-je pris ? Mais la difficulté est de pressentir le sens exact de la veine avant d'y découper le vase. Vois celui-ci, taillé par un ouvrier négligent : le fil de l'albâtre est brisé, plein de hachures et de taches comme une chair malsaine ; si tu faisais pareil travail, tu connaîtrais bientôt le bâton et la porte.

— Bien ! Mais l'ouvrier a-t-il une langue pour parler ?

— Qu'est-ce à dire ?

— A-t-il le droit de questionner le maître, afin d'apprendre *avant* de travailler ?

Le chef d'atelier se cabra comme sous un outrage :

— Nul apprenti ne croirait plus au maître si le manœuvre ignare avait le droit de questionner et de savoir. Comment différencier le novice arrogant du compagnon habile enseigné par le maître ?

— N'as-tu pas commencé toi-même par apprendre ?

— J'ai fait ainsi que tu vas faire : en observant avec mes yeux, en essayant avec mes doigts ; et si mes doigts étaient rétifs, mon dos s'est souvenu et les a rendus diligents. Ton dos aussi se souviendra, et pour commencer, il va t'apprendre la distance qui te sépare de ton maître ; approche !

Il leva sa férule et, sur le dos courbé, il administra quelques coups énergiques.

Pois Chiche endossa le bâton avec les poings serrés, mais sans broncher. Puis il se redressa et dit :

— Combien de coups y aura-t-il pour chaque essai mauvais ?

— Autant que de doigts sur tes mains.

— Ajoutes-y ceux des pieds, donne-les-moi tout de suite et qu'on n'en parle plus !

Le sculpteur regarda l'enfant comme s'il eût vu surgir un lionceau d'un fourré.

— Me diras-tu pourquoi ?

Pois Chiche dit :

— Je crois que je travaillerai mieux sans la menace. Il ajouta entre ses dents serrées : — Surtout c'est *moi* qui les aurai voulus !

L'homme entendit, réprima un sourire ; il leva de nouveau le bâton, administra trois coups et dit :

— Voilà pour l'insolence. Quant à ceux du mauvais travail, je t'en ferai crédit pendant toute une lune.

Le premier emploi du novice fut de tenir un œuf d'albâtre qu'il fallait évider en vase. La forme extérieure achevée était si belle, qu'il était douloureux pour Pois Chiche de voir le foret fourchu attaquer l'intérieur.

***

Quand vers le soir Menkh fit appeler son porteur de sandales, celui-ci raconta sa journée sans rien omettre, puis il dit :

— Seigneur, j'ai deux questions à te poser, dois-je le faire ?

— Je t'y autorise, dit Menkh, mais je puis déjà répondre à l'une d'elles : la leçon du bâton t'a été profitable, elle a mis du respect dans ta requête et dans ton attitude.

Pois Chiche se troubla :

— Seigneur, tu lis ma pensée dans mes yeux ! Alors, je n'ai pas à te demander... si les hommes ne peuvent être dressés sans le bâton ?

Menkh montra un visage attristé :

— Si tu deviens un jour chef des travaux, et si tu as du cœur, tu comprendras la tragédie de ta question. Dis-moi : tous les ânes obéissent-ils sans le bâton ?

— Oh ! Seigneur, beaucoup d'ânes sont meilleurs que leurs maîtres ! Mais il y a des paresseux et des rosses.

— Ceci déjà donne la réponse ; mais je veux t'apprendre à réfléchir. À peine es-tu né, et tu poses des problèmes essentiels : tu dois donc aussi chercher la solution essentielle. Écoute : le lion peut se dompter par le regard, le serpent par le son, le chat par le confort et par le jeu, l'oiseau par la douceur, le chien noble par la voix et par la louange, le chien vulgaire par le fouet. L'humanité porte en elle toute animalité : ton cœur tient du lion, ton poumon de l'oiseau ; mais chaque homme, en son corps animal, a quelque ressemblance et quelque affinité particulière ; la connaître, c'est savoir diriger les hommes. Or, pour cela, le moindre surveillant de travaux devrait être « un-qui-sait ». Il n'est point de peuple qui possède autant de Sages ! La sélection se fait cependant, mais le choix vient d'en haut ; or, pour ce choix, autre chose que l'animal doit s'éveiller en l'homme : cette autre chose, c'est toujours l'animal qui l'étouffe.

— Alors il faut étouffer l'animal ?

— Pas plus que tu n'étouffes ton âne, mais il faut le dompter. La vie de l'homme est courte pour l'escalier qu'il doit gravir ; son cerveau est le plus obstiné des singes ! Si son cœur domine, sa conscience remplacera bientôt le bâton ; sinon il faut sévir pour secouer son inertie ; il faut sévir pour l'honneur des corporations et pour sauver la qualité de leurs techniques.

Pois Chiche hochait la tête :

— Je commence à comprendre : ce n'est pas aussi simple qu'un âne pourrait le croire. Mais pour l'homme qui fait chaque jour des progrès, que devient-il ?

— Il est bientôt reconnu, puis enseigné dans la branche qui lui convient.

— Même dans les secrets du Temple ?

— Il n'est pas de porte qui soit fermée pour celui qui s'en montre digne.

Pois Chiche se réveilla, il étouffait de joie.

— Alors, le plus petit apprenti peut espérer ?

« Mais pourquoi donc un homme aussi sage que le potier n'a-t-il pas reçu d'emploi important ? »

— Il ne s'était pas « éveillé » dans sa jeunesse ; ce qu'il a compris est le fruit d'un long travail silencieux. A force de perfectionner sans cesse sa technique, il arracha au « centre vide » son secret : ce rayon de lumière suffit à glorifier sa vieillesse. Il découvrit alors quelques admirables vernis [1], il reçut des récompenses importantes ; mais jamais il ne voulut quitter l'atelier qui lui révéla ce secret. Il y cherche l'Accomplissement ; il est le Potier des potiers ; il est la « pierre de touche » des nouveaux apprentis : nombreux sont ceux dont il éveilla la conscience. Ces hommes-là sont les vrais pères de nos techniques.

1. Les termes exacts, pour la poterie, seraient : glaçure, ou lustre, ou émail.

« Ce titre de noblesse n'en vaut-il pas un autre ? Certains grands titulaires ne peuvent, comme lui, me dire : « Mon ami. »

L'enfant restait perplexe...

— Mais pour s'approcher du Temple, que faut-il faire ?

— Ne parle donc pas de ce que tu ignores. Crois-tu que le Temple soit limité par des murailles ?

— Alors, c'est toujours un peu du Temple qui nous surveille ! Qui donc fait partie du Temple ?

Une gifle magistrale donna subitement à Pois Chiche la notion de son outrecuidance : il se tint coi.

— Si tu n'as que des questions de cette sorte, tu peux remporter mes sandales !

Pois Chiche, timidement, balbutia :

— Mais voici... j'en avais une autre, Seigneur !

Menkh fut désarmé ; il reprit son siège et attendit.

— Seigneur, pourrai-je apprendre pourquoi tu m'as placé chez ce sculpteur de vases ?

— Si tu étais moins ignorant, tu saurais qu'il n'y a plus d'autre atelier qui travaille selon les anciens procédés : l'or et l'argent ont détrôné la pierre. Or tu devais connaître ce métier.

— Il est moins amusant que celui du potier : le pot de terre monte et s'ouvre à volonté sous mes doigts ; la pierre est dure, c'est l'outil qui fait le travail.

— Lorsque ce gamin curieux aura calmé son impatience, il pourra réfléchir au lieu d'interroger ; alors il connaîtra la valeur des symboles ; alors il comprendra l'importance du *vase.* En attendant, qu'il retienne ceci : le potier peut élargir une petite masse en une vaste forme ; le sculpteur ne peut creuser son vase plus large que son bloc ; le vase du potier *contient l'espace qu'on lui donne,* le vase du sculpteur *contient ce qu'on lui a enlevé.*

Pois Chiche fait un grand effort pour comprendre... Et Menkh dit :

— Vois ces trois aiguières semblables ; mets l'une auprès de l'autre ; regarde l'espace qui les sépare : cet espace n'a-t-il pas une forme aussi ? une forme délimitée par les vases ? Laquelle de ces formes est *le vase ?*... Quant à moi, c'est leur nom qui me l'a enseigné : *khent,* c'est-à-dire le rapport entre le dedans et le dehors, ce qui était dedans, et *« qui en est issu »*... Regarde encore, regarde ces colonnes, elles ont une double forme aussi : l'une est dedans, l'autre est dehors, et l'une sans l'autre ne serait point.

« Ceci est assez ardu pour ton âge ; cependant c'est en

habituant ainsi tes yeux à « regarder » que tu pourras apprendre à déchiffrer la leçon réelle de nos hiéroglyphes ; alors seulement, leur nom te révèlera notre science.

« Va regarder les vases : l'aiguière, le pot « *nou* » — rond comme un ciel de Nout — la cruche poreuse, le pot verni, le vase qui contient, le vase qui déverse et le vase scellé... Va façonner des vases, petit enfant ! »

*
**

Beaucoup de jours après cela, le sculpteur se plaignit à Menkh, disant :

— Ton apprenti épargne sa peine et son dos. Un ouvrier qui pousse la prudence jusqu'à laisser son travail au voisin sera-t-il digne de ta louange ?

Menkh répéta le blâme à Pois Chiche ; celui-ci répondit par une plainte :

— Ce métier n'est pas amusant ! La pierre est dure, et l'outil est brutal ; on peine tout le jour pour peu de chose.

— Ce n'est pas ce qu'on fait qui importe mais ce que l'on apprend. Tu ne quitteras ce métier que lorsque tu auras vaincu ta couardise.

L'enfant bondit :

— Her-Bak ne pourra jamais être un lâche !

— Tu le dis. Mais qu'as-tu fait de tes promesses ? N'as-tu point faibli dès la première difficulté ? N'as-tu pas préféré perdre un temps précieux plutôt que d'être corrigé ?

— Mais qu'arrivera-t-il si je deviens gaga avant de devenir sage ?

— Alors Her-Bak devra changer de nom.

— Ô mon Seigneur...

— Tais-toi ! tu as assez parlé. Quitte à devenir gaga, tu resteras dans ce métier autant que sa technique n'aura pas pénétré dans ta peau, à force d'accidents, d'erreurs et même de bâton.

Pois Chiche se leva, tout frémissant ; il éleva la main et s'écria :

— Qu'il ne soit jamais dit qu'on m'accuse à nouveau de lâcheté !

A quelques jours de là, quand au moment du soir il revint vers Menkh, il déclara :

— J'ai creusé mon vase de travers.

— Et tu as été corrigé ?

Il répondit :

— C'était justice.

Un autre jour il avait du sang sur les doigts :

— Mon foret a transpercé le vase par accident.

Un autre jour encore il dit :

— Mon bloc était mal équarri : pour réparer ma faute on a dû tailler le vase plus étroit.

Un nouveau temps ayant passé, il revint un soir tout attristé :

— Je me suis trompé sur le sens de la veine : le beau vase d'albâtre sera gâché !

Enfin le moment arriva où Pois Chiche présenta chaque soir un visage serein. Alors Menkh lui dit :

— Je crois qu'il serait bon de changer de métier.

— Selon ce que tu décideras, Seigneur, ce sera bien.

Le jour suivant, il prit congé de son chef d'atelier. Il n'y avait que de la gratitude en son adieu. Sur le seuil il se retourna, regarda ses outils et les vases, et murmura :

— Il n'y a pas de sot métier.

XXI

LES DEUX ÂNES

Lorsque Pois Chiche revint à la maison de son Seigneur, celui-ci le fit appeler et lui dit :

— Maintenant que vas-tu faire ? Un long temps ne s'est-il pas écoulé sans que tu aies revu tes parents ? Je te donne trois jours de loisirs ; va revoir la demeure que tu avais quittée. Mais il n'arrivera point que tu retournes là-bas les mains vides ; j'ai fait charger un âne avec deux jarres : l'une de vin de dattes, l'autre de vin de figues pour ton père ; pour ta mère et ta sœur, deux colliers porte-bonheur.

Arrêtant les remerciements de Pois Chiche, il ajouta :

— Fais que ton nom soit bon dans ta maison. Va car il est utile, quelquefois, de serrer soi-même la boucle du destin...

L'enfant flaira la terre aux pieds de son Maître, puis il se retira, joyeux de ce voyage inattendu. Il était impatient d'aller chercher cet âne en souvenir de son vieux compagnon. Il le trouva chargé de toutes bonnes choses, et, se hissant lui-même au sommet des couffins, il aiguillonna sa monture et retourna vers son passé.

C'était encore le temps où les orges mûrissent, un jour semblable au « premier jour » où il rentrait joyeux d'avoir connu le Sage. Le fleuve déroulait doucement ses eaux calmes, son miroir reflétait la montagne mauve et le ciel bleu. Sur la berge opposée, ses eaux basses livraient au dernier ensemencement [1] un large bandeau de terre nue.

L'âne trottait, longeant la berge limoneuse où les pluviers mettaient leurs taches noires et blanches. Pois Chiche s'arrêta, se laissant fasciner par un fétu de paille que des

1. Dernières semailles avant la crue, lorsque le niveau du Nil est très bas, alors que la dernière récolte finit de mûrir.

tourbillons s'arrachaient, le projetant de l'un à l'autre jusqu'à ce qu'un courant plus fort l'entraînât. Il quitta le fleuve à regret et dirigea son âne sur une étroite digue en bordure des rigoles, à travers champs.

Là-bas, des bouquets de palmiers et quelques maisons basses en terre brune. Pois Chiche regardait et riait, et disait :

— Ma sœur ne va-t-elle point paraître dans le champ, comme autrefois ?

Et voici ! un grand cri de surprise s'éleva, et Mout-Sherit courut dans les épis, les bras levés, en appelant sa mère :

— Cet âne qui vient, tout chargé, c'est Pois Chiche qui l'amène !

En se retrouvant sur le seuil avec Hemit qui s'étonnait, il lui sembla que le temps écoulé depuis cette « autre fois » faisait une boucle qui se fermait sur elle-même aujourd'hui ; en souriant il dessina un grand *chen* [1], sur le sol. Comme il déchargeait l'âne, Mout-Sherit accourut, ramenant son père et son frère, et tous se réjouirent.

Le père dit :

— Entre dans ta maison, mange et bois, nous entendrons ce que tu as à dire.

Pois Chiche répondit :

— Faisons trois jours heureux, car le Seigneur vous envoie ses largesses, et moi je suis pour trois jours avec vous.

— Est-il vrai, dit le père, que tu n'es plus un scribe ?

— C'est exact ; le Seigneur a choisi pour moi d'autres travaux.

Le père s'exclama :

— Quitter la robe de scribe est une déchéance. Qu'as-tu fait ?

Pois Chiche, transportant une jarre de vin, lui répondit tranquillement :

— Tu sauras tout ce que tu désires, mais recevez d'abord ce que j'apporte.

Il remit à chacun son cadeau. Quant au frère, Beau-Parleur, qui n'avait rien reçu, il se leva, ayant du venin dans son cœur, et s'éloigna.

Mout-Sherit dansait de joie devant son collier ; elle s'approcha de Pois Chiche :

— Pose-le toi-même puisque tu l'as donné.

Mais la fillette avait grandi plus que son frère ; elle dut se

1. *Chen,* boucle dessinée par une corde, signifiant un cycle, un circuit, etc. Voir signe 32, Pl I

pencher pour qu'il put fixer le collier ; sa poitrine, devenue celle d'une femme, frôla Pois Chiche quand elle se releva. Alors, il regarda sa sœur avec surprise : il était étonné de sentir une onde chaude courir comme un frisson sous sa peau... Elle, ne comprenait point son silence ; elle secoua son frère :

— Que dis-tu, ne suis-je pas belle ainsi ?

Il l'éloigna doucement :

— Ô certes, Mout-Sherit, tu es belle... mais tu es différente ! Tu n'es plus la « petite » !

Elle éclata de rire :

— Crois-tu que tu seras seul à changer ?

Le père observait ses enfants.

— Hé, Pois Chiche, raconte ce que tu as fait.

FIG. 42. — *« O certes, Mout-Sherit, tu es belle... »*

Mout-Sherit servit le pain-bière, et l'on goûta les « nourritures » du Seigneur. Puis Sita écouta le récit de son fils. Il s'étonna :

— Certes, le Maître est un « prudent-dans-ses-desseins », mais quel est cet état dans lequel je te vois ? Sans école, sans métier, sans projet d'avenir ? Qu'y a-t-il ? Se serait-il produit des choses que tu me caches ?

Pois Chiche répondit :

— Ô mon père, il n'est pas de faute grave que je te cache ; si je fus parfois négligent à l'école, j'ai cependant appris ce qu'un scribe doit savoir ; et si le Seigneur me garde en sa demeure, c'est qu'il ne m'a point enlevé sa confiance.

Sita ne savait plus que dire, car il n'aurait jamais osé blâmer le Maître du domaine ; or il était fort humilié de cet état de choses anormal.

— Qu'en sera-t-il ? Ni mon père, ni le père de mon père n'ont agi ainsi pour leur fils !

Accroupi sur le sol, Pois Chiche pesait ces paroles en lui-même. Il songeait que Menkh ne lui avait pas donné de conseils sur ce qu'il devait expliquer... Et voici qu'obligé de préciser la situation il commence à connaître un sentiment nouveau : il se sent *responsable* de ses paroles, responsable d'une *réponse* sur des choses qu'il ignorait ! Quels étaient les projets de Menkh à son égard ? N'était-il pas contraire aux traditions de changer constamment de métier ? Son frère, ses camarades avaient leur travail assuré ; lui, que semblait-il être ? Un incapable ? Un indécis ? En fait de décision, il n'avait fait cependant que d'obéir et jamais il n'avait regretté ni douté...

Et voici que dans son ancien milieu il se trouve inquiet, troublé : que faire ? Il ne peut se résoudre à discuter les ordres de son Maître... Il hésite, son cœur se serre, il pense : « de *mes* Maîtres ».

Une angoisse alors le saisit : se pourrait-il que son père eût le droit de modifier sa vie, de l'arracher à ses guides actuels et l'obliger à subir les soucis médiocres de sa caste ?

Pois Chiche entrevoit alors la valeur de ce qu'il possède ; le danger de le perdre lui en donne conscience : il va répondre... Mais un groupe de garçons envahit la maison, Beau-Parleur introduit les anciens compagnons d'école de son frère ; tout ce monde parle à la fois :

— Le voilà ! C'est Pois Chiche, le scribe raté, le chéri de son Maître... — Qu'as-tu fait de ta robe ? — Montre ton nouveau pagne ! — De quel métier es-tu ? — Le maître de l'école ne veut plus prononcer ton nom : quelle faute as-tu commise ?... Il n'a pas expliqué ton départ ! — De combien d'ateliers t'a-t-on jeté dehors ?

Pois Chiche étouffe. Il ferme ses yeux, il bouche ses oreilles pour résister au désir de riposte. Il revoit le fétu de paille...

Soudain, l'adieu de Menkh revient en sa mémoire : « Il est bon quelquefois de serrer soi-même la boucle du destin »... Oui, comme un *chen* qui se referme et continue vers la boucle suivante, il est revenu vers sa famille : placé devant le choix inévitable, il « boucle » le passé, et, délibérément, commence quelque chose de nouveau.

Sita se lève et le dévisage :

— Par ma vie, tu dois répondre, parle !

Pois Chiche se lève aussi ; ses yeux sont clairs, sa voix est ferme. Il déclare :

— Je n'expliquerai rien ! Les décisions de mes Maîtres sont équitables ; je crois en leur parole. C'est leur chemin que je suivrai !

Puis, ayant ainsi répondu, il sort, les laissant tous déconcertés.

***

Il se mit à la recherche de son âne, de l'ancien, celui auquel il avait « renoncé ». Il le trouva dans son étable, avec le nouvel âne qui l'avait amené. Il se mit à le caresser, et lui donna de l'orge à manger. Puis il partagea la pitance de l'autre.

— Alors, vous deux, vous faites bon ménage ? Vous n'êtes pas jaloux ? Vous êtes bien plus sages que les hommes : il n'y a pas de haine dans vos yeux ! Ce jour est heureux pour moi ; s'ils le savent il y aura de la rage dans leur cœur ; dis, vieux copain, tu me comprends ? Mais oui ! Hi-han ! Quel dommage qu'on ne puisse pas se parler toi et moi !... Maintenant je suis las, ne faites pas de bruit : je veux reposer une heure entre vous deux.

Il se coucha et s'endormit...

***

Et voici qu'il entendit les ânes qui discutaient l'un avec l'autre.

L'Ancien dit au Nouveau :

— Ne frappe pas de ton sabot, il faut laisser dormir Pois Chiche !

Le Nouveau dit :

— Qui est Pois Chiche ?

— Celui qui dort, là, entre nous.

Le Nouveau dit :

— Non, c'est Her-Bak !

— Non, c'est Pois Chiche.

Le Nouveau souffla très fort et dit :

— C'est assez ! Nous n'allons pas nous battre comme les hommes !

L'Ancien dit :

— Non ! C'est déjà trop qu'il ait pensé que nous puissions être jaloux !

Le Nouveau souffla trois fois comme pour rire :

— Jaloux ! Il faut être deux pour être jaloux !

— Mais l'enfant croit que nous sommes deux.

— Oui, il regarde en homme qui compte son troupeau ; il dit : des ânes, des vaches, des chiens.

— Le plus drôle c'est qu'ils disent : *des* fourmis, *des* abeilles !

L'Ancien secoua la tête.

— C'est comme si nous disions « deux hommes » pour leurs yeux, « deux hommes » pour leurs oreilles, et le reste.

— Oui, ne continue pas, c'est trop bête. Tant qu'ils se verront séparés en petits hommes, ils se battront, c'est évident. Ils se croient indépendants les uns des autres !

L'Ancien reprit :

— Pour nous, il n'y a qu'une chose qui puisse nous diviser, c'est...

— Tais-toi... ne la nomme pas !

L'Ancien secoua très fort ses oreilles :

— Point ne la nommerai, c'est imprudent ! Elle n'aurait qu'à entendre et à venir, et alors...

— Tais-toi donc. Tu ne veux pas la nommer, et tu ne parles que d'elle ! Il ne faut pas troubler le sommeil de l'enfant : il ne la connaît pas encore.

— Tu te trompes : l'enfant a commencé à sentir son appel.

— Qu'en sais-tu ?

L'Ancien répondit :

— Je le connais depuis longtemps : son sang est plus chaud aujourd'hui.

— Alors il faudrait le prévenir... pour qu'il ne devienne pas comme l'un de nous.

L'Ancien secoua ses grandes oreilles :

— Oui, je connais des hommes qui, sur ce point, sont moins esclaves que nous.

— Moi, dit le Nouveau, j'en connais aussi, et Her-Bak est entre leurs mains.

L'Ancien piétina du sabot.

— Pourquoi l'appelles-tu Her-Bak ?

— Parce que c'est le nom qu'on lui donne là-bas.

— Moi, j'aime mieux Pois Chiche.

— C'est presque le même mot.

— Mais il paraît que cela veut dire deux choses différentes.

— Qu'importe, puisque ni l'un ni l'autre n'est son vrai nom.

L'Ancien répondit :

— C'est juste ; mais le vrai nom, les hommes ne le connaissent pas.

— Prononce-le, toi, pour l'éveiller : il a suffisamment dormi.

Et l'Ancien refusa :

— Non, il ne m'entendrait pas.

Pois Chiche s'éveilla en criant :

— Dis-le, prononce-le !

Une voix douce chuchota :

— Pois Chiche... est-ce toi ?

Alors il hésita... Mais il reconnut la voix, il soupira et répondit :

— C'est moi.

Mout-Sherit restait sur le seuil, brandissant un piège à oiseaux ; Pois Chiche lui dit :

— Pourquoi n'entres-tu pas ?

Elle parla à voix étouffée :

— Viens, toi : mon père m'a défendu de te chercher, alors j'ai pris mon piège pour prétexte ; je vais dans le champ près du fleuve, retrouve-moi.

Elle sortit ; on entendait s'élever la voix claire, elle chantait une chanson connue :

— « Bien aimé frère, mon cœur aspire à ton amour.
Vois ce que je fais...
Je suis venue avec mon piège dans la main,
Ah ! Quel bonheur ce serait si tu étais avec moi lorsque je poserai mon piège [1] ! »

FIG. 43. — *Des jarres... des jarres...*

1. Chanson d'amour égyptienne.

Pois Chiche la suivit de loin ; quand il la retrouva, elle riait et répétait à pleine voix sa chanson. Il lui saisit les mains et dit :

— Tais-toi, laisse-moi regarder ton visage : je ne te reconnais pas !

Elle rit de nouveau :

— Tu me connais depuis que tu es né.

— Mout-Sherit, tu ne peux pas comprendre... mais les ânes ont raison.

Elle le regarda avec effroi :

— Es-tu fou ?

Elle vit des larmes dans ses yeux :

— Pourquoi pleures-tu ? Beau-Parleur t'a blessé avec ses méchants garçons ? Laisse-les parler, moi je sais que tu as raison.

Pois Chiche voila ses yeux avec ses mains, il dit :

— Tu n'es pas comme les autres ; ce sera plus dur de te quitter ! Pourtant, il le faut ; je n'ai pas tout compris, mais je sais que je dois devenir plus qu'un âne...

Mout-Sherit prit peur ; elle arracha les mains qui cachaient le visage, et scruta les yeux de son frère :

— Dis-moi que tu n'es point fou ni malade.

— Non je ne suis pas fou, mais je m'éveille après un long rêve... et je te vois, toi, *Elle*, la Sœur, la Femme, ma Mère...

A son tour, il dominait ; debout, immobile, il se tenait devant elle, et contemplait ; elle, troublée, n'osait ni s'éloigner ni questionner.

Tout à coup il se mit à rire joyeusement :

— Viens, je te montrerai que je ne suis pas fou !

Ils partirent en courant, comme deux enfants ; ils se dirigèrent vers la maison d'un vieux scribe, ami de leur père. Pois Chiche lui emprunta deux calames et une palette. Sur le chemin, ayant trouvé une cruche brisée, il s'arrêta ; il dessina sur sa panse, pour Mout-Sherit, les pots et les vases qu'il avait tournés et fabriqués. Il parlait, fier de sa nouvelle science, décrivait les difficultés des techniques, disant le nom et l'emploi de chaque vase. Alors Mout-Sherit, rassurée, le quitta pour qu'il puisse être de retour avant elle.

Arrivé dans la salle basse, Pois Chiche n'y trouva ni son père ni sa mère qui n'étaient pas revenus des champs. Il regarda le mobilier : une table, deux tabourets, des jarres. Jarre pour la bière, jarre pour l'eau, jarre pour le blé, jarre pour l'orge, jarre pour les pains, jarre pour les pagnes, jarres pour les vêtements ; il s'assit tour à tour devant chacune d'elles avec sa palette et ses calames, puis il inscrivit sur chaque panse le nom de son contenu, en images hiéroglyphiques.

Jamais il n'avait travaillé si parfaitement, s'appliquant aux proportions et aux détails de chaque signe... Il était fier du résultat :

— Je n'ai rien oublié, dit-il, rien, sauf les taches !

Tandis qu'il vérifiait la dernière jarre, le père et la mère entrèrent avec Mout-Sherit : ils restèrent muets de surprise !

Pois Chiche, tranquillement, expliquait chaque texte. Le père murmura :

— Il a donc appris tout de même quelque chose ?...

XXII

SOLITUDE

Pois Chiche revint seul vers la demeure seigneuriale, seul avec son âne. Il s'y retrouva seul, dans une maison vide ; le portier somnolent ne daigna même pas répondre à ses questions. Inquiet, il conduisit son âne vers l'étable ; il aperçut alors l'intendant de Menkh, et il courut vers lui :

— Qu'est-il donc arrivé pour que la maison soit si triste et qu'on ne voie aucun mouvement dans les cours ?

L'intendant se montra de fort méchante humeur :

— Quand le Maître est absent, la valetaille repose et le bâton n'a plus de force ! Menkh est parti pour inspecter les mines ; à l'heure que voici il remonte le fleuve avec ses inspecteurs et ses comptables.

La déception serra la gorge de Pois Chiche.

— Que ferai-je ? N'a-t-il point laissé d'ordres pour moi ?

L'intendant, qui s'éloignait en hâte, se retourna :

— Nous aurons le temps d'en parler. Le Maître te laisse libre de choisir un métier : vit-on jamais telle faveur ? Tu pourras à ton gré te racornir les doigts avec le forgeron, t'empuantir les mains avec le teinturier, te poisser les dents avec le cordonnier, étouffer sous un toit avec le tisserand : la faveur de ton Maître t'offre un choix d'esclavages ! Beaucoup plus lucrative était l'écritoire du scribe. Maintenant, interroge à loisir ton cœur et ton nez et tes doigts, et je t'introduirai dans l'atelier choisi.

L'enfant resta sur place, stupéfait. Tout était si différent de ce qu'il attendait : point d'oreille attentive au récit de son aventure, point de Maître pour enregistrer ses décisions ; il faudrait refouler les confidences espérées... Point de reproches, point de conseils !

Sa liberté soudaine le déconcerta. Il chercha le harpiste et ne le trouva point, car l'aveugle s'était embarqué avec Menkh pour charmer les heures longues du voyage. Seul, il erra sans but dans le domaine. Il marcha vers le Nil, il s'assit au bord d'un sentier.

Là-bas, au-delà des cultures, la montagne d'Occident se colore comme le dos d'un flamant rose. Une fluidité de plume adoucit la rigueur de la masse rocheuse qui s'élève en étages vers le ciel et cache, dans les plis lourds de ses cañons [1], les mystères de ses cavernes et les secrets de ses tombeaux. C'est la Montagne, nue et muette, qui domine la vallée fertile de toute l'inertie de sa stérilité. Aucune vie ne germe sur ses flancs. Sèche comme l'haleine de Seth, imputrescible comme un squelette, vierge par son aridité, couveuse d'ossements, elle attend.

A ses pieds, le limon nourrit les herbages ; des fourrés pullulent de vies ; la verdure impudente la provoque ; portées par le vent d'Est, des semences la sollicitent... et s'éteignent dans sa poussière. Inexorable, elle s'oppose ; mais son refus n'est pas hostile : c'est le sceau de l'Inévitable, apaisant comme une harmonie.

Il n'est pas de tristesse en sa stérilité ; la brise douce l'effleure en vain, mais, avec ses buées transpercées des rayons de Râ, elle tisse, matin et soir, des voiles d'or rosé qui la couronnent d'une gloire.

Et la terre des morts semble irradier de la lumière, comme si le Soleil, qu'elle étreint chaque soir, y avait enclos ses rayons... Et n'est-ce pas la moisissure grouillante des cultures qui semble ténébreuse à côté d'elle ?

Jusqu'à ce jour, Pois Chiche n'a connu que cette moisissure : n'est-ce point elle qui nourrit ses semblables ? De quoi donc eût-il vécu dans la montagne ? Mais voici que sa solitude est attirée par ce désert ; et Pois Chiche s'étonne de découvrir un charme au silence qui l'oppressait...

— Hé ! toi, Pois Chiche, serait-ce Mersegert qui te fascinerait ?

Le rêveur lève les yeux vers le scribe qui l'interpelle :

— Bonne venue sur notre rive, ô Pa-Bak ! Mersegert, qui est-elle ?

Pa-Bak regarde Pois Chiche et il rit :

— Tu as étudié les écritures, et tu ne connais pas Mersegert ? Écoute donc, car je suis seul peut-être à pouvoir répéter les paroles entendues d'un Sage : « Mersegert, c'est le cobra puissant qui vit dans les cavernes, c'est le serpent

1. Anfractuosités profondes de la roche formées par ses replis parallèles.

dont les replis s'entrelacent dans la montagne ; c'est la *déesse du silence ;* mais si son front parvient à atteindre le ciel, son nom de perfection est « la Cime »... » Voyons si Mersegert t'expliquera cette énigme !

Et Pois Chiche répondit :

— Je ne la connaissais pas jusqu'à cette heure.

Le scribe rit encore, et poursuivit son chemin.

Pois Chiche, impressionné, contemple avec respect la Cime, comme si le passant lui en eût transmis le message.

— Il y a donc un *Neter du* silence ?... Est-ce lui qui fait la montagne si radieuse ? La montagne ! Comment peut-elle être si vivante, elle qui renferme tant de morts ? Vraiment il faut que je connaisse la montagne !

Pois Chiche fait le bilan de son savoir :

— J'ai connu le fleuve, j'ai cultivé la terre, j'ai observé quelques bêtes... pas assez ! J'ai travaillé la pierre...

Et soudain, Pois Chiche comprend l'intention de son Maître :

— Sans doute il ne s'agit point de *choisir* un métier, mais

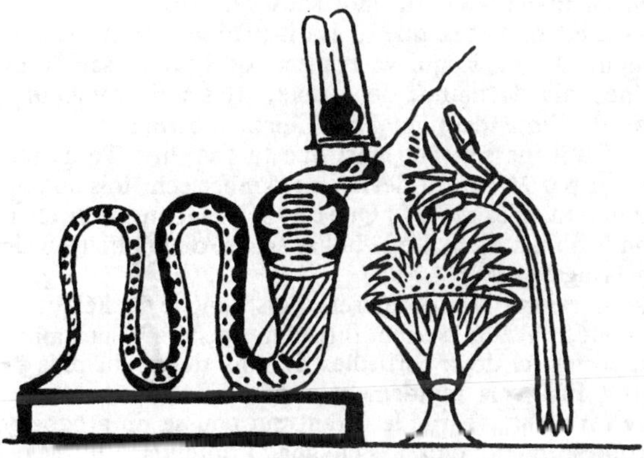

FIG. 44. — *Mersegert.*

d'apprendre, avec chaque technique, les lois de la Nature qu'elle peut enseigner ! Voilà qui me plaît davantage ! Allons, il n'y a pas de temps à perdre !

Or, ayant aperçu l'intendant qui dormait sous un palmier doum, il le réveilla et lui dit :

— Je désire apprendre à travailler le bois ; conduis-moi.

Sans se déranger, l'intendant demanda :

— Quel bois : les cannes ? les charpentes ? les vantaux de portes ? les meubles ? Par lequel de ces spécialistes le « Chéri-de-son-Maître » préfère-t-il être rossé ?

— Je ne sais pas encore ; que chacun d'eux me montre son travail : ensuite je choisirai.

L'intendant fut sur ses pieds d'un seul bond ; mais Pois Chiche n'attendit pas l'effet de sa réponse : plus agile, il grimpait déjà dans le palmier, narguant le scribe qui le poursuivait de ses malédictions :

— Puissent ces artisans t'allonger les oreilles à la mesure de ton arrogance !

— S'ils avaient libre choix, es-tu sûr que ce soient les miennes qui pâtiraient, ô toi qu'ils redoutent comme les sauterelles ?

— Par ma vie, descends sur l'heure, ou je te fais chercher par le singe !

— Fort bien : grimpe donc.

Le scribe du domaine devint comme un guépard du Midi ; il cria :

— Par la vie de Maât, que te soit rendu cent fois de ma main ce que tu fais de moi sous cet arbre !

— C'est parfait ce que tu as dit ; j'ai justement trouvé un grimoire de magie qui va réaliser ton souhait sans retard.

Une noix de doum, deux noix, trois noix tombent aux pieds de l'intendant, et Pois Chiche s'écrie :

— Qu'il me soit fait ainsi que tu l'as dit ! Tu as fait le serment par Maât ; tu devras me donner cent fois autant de noix que tu en as reçues ! Que ceci soit exécuté sur le champ, sinon je dirai à Menkh que tu l'as accusé de m'offrir un choix d'esclavages.

Un serviteur vint à passer, Pois Chiche le héla :

— Hé, toi ! le scribe Intendant général t'ordonne de m'apporter ici deux corbeilles de noix doum du plus beau choix ! Fais cela rapidement.

Le serviteur regarda le gérant qui poussa un grognement d'acquiescement, puis il s'éloigna. L'intendant n'osa point encourir le blâme de Menkh ; il alla donc, selon ses ordres, prévenir les chefs d'atelier de cannes et de menuiserie qu'ils recevraient la visite de Pois Chiche ; mais il leur dit :

— Certes, il n'y a point lieu de se féliciter d'une telle recrue qui n'a pu demeurer dans aucun atelier ! Traitez sans indulgence cette peste de Pois Chiche, dont le Maître s'est empoisonné pour son malheur.

Le scribe, fut-il comptable en chef ou intendant, n'est point l'ami des artisans : quant à celui-là, le venin de sa bouche se retourna contre lui-même. Or donc lorsque Pois Chiche, porteur des deux couffins de noix, se présenta au chef des menuisiers, Nadjar, celui-ci l'accueillit sans malveillance. Et Pois Chiche lui dit :

— Voici : mon Maître veut que je devienne habile en un métier ; le grand renom de ta maîtrise a si bien enchanté mes oreilles, que mon plus vif désir est d'essayer le tien. Mais je ne puis t'imposer ma maladresse : permets que j'apprenne à connaître le bois chez ton voisin, le fabricant de cannes ; ensuite je reviendrai.

Le Maître menuisier toisa l'enfant :

— En vérité ! Est-ce donc si peu de choses, une canne ?

Pois Chiche déposa un couffin à ses pieds :

— Permets au serviteur-ici-présent de t'offrir ce cadeau en échange.

— En échange de quoi ? Achète-t-on un maître avec des noix ?

Pois Chiche se troubla :

— Je suis pauvre, ô Nadjar, mais mon Seigneur est riche... et je travaillerai.

Le regard aigu de Nadjar pénétrait jusqu'aux moelles de l'enfant comme dans un bois jeune qu'on éprouve. Sans doute la fibre parut saine, car le Maître menuisier sourit, et il dit :

— Porte tes noix chez mon voisin ; s'il est content de ton travail je verrai ce qu'on peut t'apprendre. Prouve ta valeur, ouvrier !

XXIII

LES BÂTONS

Le voisin ne refusa ni les noix ni l'apprenti.

— Par ma vie, ô mon fils, tu arrives fort bien ; mon redresseur de branches est seul pour quelques jours. Voyons si tu peux remplacer l'aide malade. Tu devras apprendre à écorcer la tige sans la blesser, à la chauffer sans la brûler, à la fixer dans cette fourche, à placer le levier au bon endroit pour la courber selon ta volonté ; cela, c'est pour l'ouvrier aux doigts habiles. Ton travail d'aujourd'hui, c'est de t'asseoir sur l'autre extrémité pour peser sur la branche, afin qu'en se refroidissant elle garde la forme donnée.

« Voilà ! c'est le moment : prends ta place, cavalier ! »

Pois Chiche s'installe ; en équilibre instable sur la longue tige, il a tout le loisir d'observer l'atelier. Il s'émerveille de voir toutes ces cannes, de formes si diverses, sortir de simples branches d'arbres ; danc un coin on affine une pointe à l'herminette ; dans un autre on ajuste un pommeau ; ici, des mains actives polissent de l'ébène ; ailleurs on enduit le bois de couleurs vives. Un artiste sculpte des hiéroglyphes ; un autre y incruste des ornements de pierre et de métal. Abit, leur chef et leur moelle, — bâton long et maigre lui-même, — vérifie la ligne et la mesure, corrige les moindres détails. La parole est brève, le geste suggestif. Son verbe nasillard impose, pour chaque bâton, le destin de sa forme... Il crée l'image par le geste, il conforme son corps à l'image, et l'ouvrier docile y conforme son œuvre.

De son perchoir, Pois Chiche observe et apprécie ; il brûle de crier son admiration ; et quand il voit le maître tailler d'un seul geste une courbe, il hurle d'enthousiasme :

— Ô Abit, tu es le Maître du bâton !

Il veut frapper des mains, il perd son équilibre et bascule, le nez dans la poussière...

Un juron attire le chef d'atelier ; l'ouvrier vérifie la branche relâchée : déjà froide, elle avait résisté à la secousse. Abit jette un regard narquois sur le novice :

— Très jeune bois ! Très vert, trop plein de sève, en vérité !

Mais il s'enquiert du motif d'enthousiasme... Et voici que naît en son cœur une amitié.

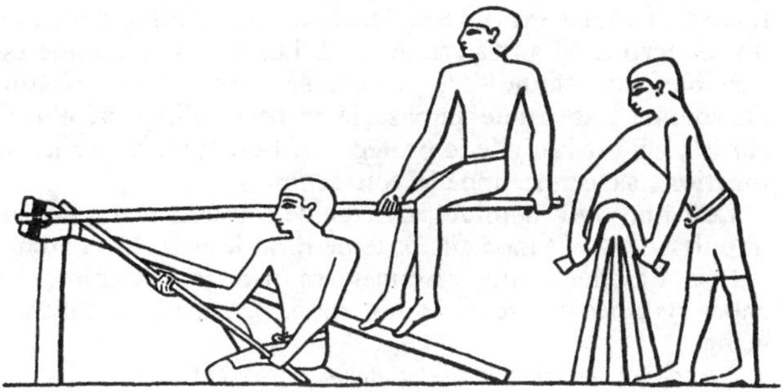

FIG. 45. — *Le redresseur de branches.*

Il y eut beaucoup plus de paroles *(medou)* que de bâtons *(medou)* ébauchés ce jour-là.

Le Maître fait à l'apprenti les honneurs de son atelier :

— Tu as quelque raison, ô mon fils, d'admirer. Ce n'est point un métier vulgaire. Il faut adapter le bâton à l'emploi : autre est le bâton de campagne, simple et droit, autre est le bâton très haut, fait pour les marécages ; autre est la canne de repos ; celui-ci est l'ancien *menkh* à la fourche arrondie ; ici l'antique *abit,* sa fourche est excellente pour fixer les serpents en terre. Et voici un râtelier de bâtons de marais.

— Pourquoi inscris-tu sur ceux-ci le Nord, le Sud, l'Est et l'Ouest ?

— On ne me l'a point dit : c'est une commande pour le Temple. Tu connais donc les hiéroglyphes ?

— Ne sais-tu point que j'étais scribe ?

— Vraiment ? Il est surprenant que tu t'intéresses au travail ! Tu as raison, ta route est bonne ; le calame du comptable est moins intelligent que la canne à crochet du berger. Le scribe qui compte des milliers est un bois dont je n'envie point la science.

Pois Chiche écoutait... Il demanda :

— Ô toi, qu'as-tu appris dans ton métier ?

L'artisan caressait un bâton, progressivement renflé vers sa base ; il s'appuya sur lui et répondit :

— J'ai appris le *sens du bâton*. Le verbe d'un animal, c'est son cri ; mais pour l'homme qui a compliqué la « parole », le porteur le plus primitif de son « Verbe », c'est le bâton. Par lui, il exprime son geste et sa nature ; avec lui il démontre, il menace, il châtie ; par lui il se mesure ; sur lui, il se repose ; et dans l'obscurité son bâton le dirige. Son bâton exprime sa force ; sa canne exprime sa fonction. Un homme peut être nu, pourvu qu'il ait sa canne !... L'humeur de l'homme est variable, sa canne est immuable ; sa canne rétablit l'harmonie ; sa canne impose le respect. S'il dort, elle le garde ; s'il est las, elle le protège ; s'il est tenté d'oublier sa fonction, sa canne appelle son action.

Le bâton d'un homme participe de son énergie ou de son impuissance... Ô mon fils, que ne dirai-je point du bâton !

Pois Chiche écoute résonner les paroles... Comme les chocs rythmés du cœur, le mot *medou* se répercute dans ses veines.

« medou » — parole — *« medou »* — bâton — ...

⁂

Le jour s'efface lentement ; la nuit annule les images, mais celle d'*Abit-medou* s'imprime pour toujours dans le cœur de l'enfant.

Pois Chiche ne veut pas quitter l'atelier. Pendant l'absence de Menkh, il obtient de dormir avec les cannes : paresse ? ou zèle intempestif ? Qui le sait, si ce n'est le djinn exubérant qui harcèle le cœur de Pois Chiche ?

Pois Chiche ne dort guère, car Pois Chiche travaille. Il a repéré dans un coin une canne extraordinaire dont Abit n'avait point parlé : c'était la plus belle, sans doute ? Chaque nuit, à la lueur d'une mèche fumeuse, les yeux fixés sur son modèle, il élague, il taille, il conforme la branche neuve, s'appliquant au moindre détail... Puis il enfouit son œuvre jusqu'au soir.

Enfin se leva le jour glorieux. Ce fut un jour de marché ; de bon matin Pois Chiche sortit la merveille : un superbe *ouas* [1] dont la tête aux longues oreilles dépassait d'une coudée sa propre tête.

1. *Ouas :* sceptre-canne à haute tige, avec tête d'animal sethien, et qu'on mettait dans la main d'un *Neter* ou (en certaines représentations) du Pharaon. (Voir signe n° 95, Pl II.)

— Voilà qui est parfait, dit-il, je suis un *homme* aujourd'hui : un homme qui possède *sa* propre canne !

Au marché, les passants regardaient la canne fantastique avec surprise ; deux scribes s'esclaffèrent ; de jeunes paysans vinrent la toucher avec envie... Soudain, le scandale éclata ; un prêtre qui passait se frottait les yeux, croyant rêver : un gamin se promenait gravement avec un *ouas*, tel un *Neter* descendu d'une stèle.

S'étant assuré de ce fait incroyable, le prêtre se jette sur le profanateur et lui arrache le grand *ouas ;* mais Pois Chiche s'indigne :

— Ô brigand ! C'est ma canne, je ne l'ai pas volée : c'est moi qui l'ai taillée !

Des curieux se sont assemblés : le prêtre gesticule :

— Ce misérable usurpe un symbole sacré !... Qui es-tu ?

Quelqu'un dit :

— C'est Pois Chiche, de l'atelier d'Abit.

Le prêtre saisit le coupable par l'oreille et le ramène en hâte à son patron. Il lui met en main son *ouas* et le présente en cette pose à l'artisan :

— Ô Abit, contemple ce spectacle ! C'est ainsi que ce chenapan se promenait dans le marché !

Abit, abasourdi, regarde son novice qui n'a point l'air d'être conscient de son forfait. Il demande :

— Où as-tu pris ceci ?

Pois Chiche serre le *ouas* sur son cœur :

— C'est *ma* canne, c'est moi qui l'ai taillée, *moi-même.*

L'artisan dit au prêtre :

— Par ma vie, l'enfant ne savait pas ce qu'il faisait. Qu'il n'y ait aucune colère en ton cœur : moi, je me charge de le punir.

La promesse d'une correction calma le prêtre ; il s'éloigna.

Alors Abit regarda Pois Chiche, il éclata d'un rire typhonien :

— Ainsi tu t'es promené avec un *ouas* dans le marché ! Certes, ceci mérite un châtiment : pour qu'un pareil scandale ne se produise plus, je vais t'enfermer une heure dans mon trésor.

Il tira le verrou secret d'une porte ; il poussa le coupable dans la chambre ; il ferma la porte sur lui, puis il revint rire à son aise dans l'atelier.

Alors il prit en main l'objet du scandale et s'étonna de l'ouvrage accompli ; certes, quelques maladresses révélaient le novice, mais les détails et les mesures étaient corrects, et le travail était minutieux. Il hocha la tête avec satisfaction :

— Que me soit donné tous les jours semblable prisonnier !

Puis il tira le verrou, et il entra. Or le prisonnier était fort à l'aise dans sa geôle ; c'était un avant-goût des mystères du Temple. Sur les murs, des sceptres dessinaient des symboles étranges ; une canne ouvragée voisinait avec une massue d'albâtre au manche souple ; le pommeau de cette autre avait l'air d'un oignon ; là, des « chasse-mouches » précieux, de courtes cannes à crochet, striées d'or et de bleu. Oh ! les jolis fouets à trois lanières, en porcelaine blanche et perles de couleur !... Mais Pois Chiche reste sans voix devant *sa* canne : quelle merveille ! Quel beau choix de *ouas* en terre vernissée, verte ou bleue ; quelques-unes en bois peint, rouge ou noir.

Abit interrompt son extase :

— Tu admires *ta* canne, petit voyou ?

Pois Chiche prend un air innocent :

— Pourquoi n'ai-je pas le droit de la porter ?

— A moins de devenir *Neter* ou Pharaon, tu feras bien de t'en abstenir désormais ! Les symboles divins ne sont pas des joujoux.

— Mais le Roi n'est pas un *Neter ?*

L'artisan réfléchit et dit :

— Pharaon V.S.F. est le *Neter* des Deux-Terres et leur représentant devant les *Neter* du ciel ; quand il remplit ce rôle dans le temple, il porte l'un ou l'autre de ces sceptres.

Pois Chiche montre une courte tige d'où sort une longue branche qui se divise :

— Ô Abit, cette canne fourchue, pourquoi l'as-tu dorée ? C'est une simple branche d'arbre qui n'est même point redressée !

Abit hésita pour répondre :

— Le Sage l'a voulue telle que tu la vois ; il dit : « C'est le plus beau des symboles » [1].

— Ah !... Et ce joli fouet, quel est son nom ?

— Ce n'est pas un fouet, c'est l'un des deux insignes de royauté : le *nekhekha ;* ne dirait-on pas un flot de gouttes qui semble sourdre du bâton ? L'autre symbole, c'est ce crochet [2] : *heq* est son nom ; il doit te rappeler la crosse du berger ? Il peut agripper les moutons par leur laine, retenir l'agneau qui s'égare... c'est du moins ce que j'ai compris : mais il est d'autres sens qu'on ne m'a point donnés.

1. Voir *Her-Bak Disciple,* chap. XI. Voir signe 142, Pl III.
2. Voir signe 53, Pl. II.

Pois Chiche s'indigna :

— Eh quoi ! Tu les fais et tu ne les connais pas ?

L'artisan soupira :

— Il y a beaucoup de marches dans l'escalier du Temple !

— Ô mon Maître, tu fais partie du Temple ?

Un énergique coup de pied envoya rouler l'indiscret. Il se releva en grognant :

— C'est la deuxième fois pour le même sujet. Je ne suis pas certain que ce soit la dernière.

Abit considérait l'enfant avec surprise :

— Qui t'a donné ce goût des symboles ? Il n'y avait point de prêtres en ta famille...

Pois Chiche répondit :

— Je ne sais pas ce que c'est, un symbole.

L'artisan dit :

— A cela, je peux te répondre : c'est la forme vivante d'une loi.

Pois Chiche réfléchit quelque temps, et il dit :

— Alors le Roi devrait porter tous les symboles ?

L'artisan s'inclina :

— Quant à notre monde, c'est vrai !... Petit, qui t'a instruit ?

— Moi, je ne sais rien, je questionne.

— Alors, continue à me questionner : ce que je sais, je te le dirai ; mais pour le reste, sache attendre. Et souviens-toi *qu'il vaut mieux ignorer en sachant qu'on ignore*, que d'attribuer, par outrecuidance, un sens de hasard aux symboles. C'est assez pour aujourd'hui.

L'enfant eut un regard déçu :

— Tu ne m'as pas montré tous les bâtons !

— Tu les connaîtras peu à peu ; qu'il te suffise de savoir que chaque fonction a son insigne, et chaque puissance son symbole. Je te dirai même un secret : ce long bâton qui semble emmanché dans un autre par un cornet, c'est le *makes*, avec lequel le Roi pénètre dans le temple ; or il est le principe de la férule, dont la moelle conserve et transporte le feu. Si tu le peux, conserve la leçon du *makes* en ta moelle... Sinon, que Ptah [1] me pardonne d'avoir parlé !

1. Principe du Feu créateur, forgeron de toutes choses. Voir *Her-Bak Disciple*, Index : *Ptah* et n° 25, Pl. VI.

XXIV

MENUISIER

Quelque temps après cela, Nadjar vint s'enquérir des progrès de Pois Chiche. Il se fit rapporter par Abit tout ce que celui-ci connaissait de son apprenti ; puis il dit :

— La nature de cet enfant n'est point vulgaire ; ses progrès sont si rapides qu'il faut le distinguer de l'ouvrier. Il est temps de lui enseigner les premiers éléments capables d'orienter sa conscience. Ne tarde pas à me le confier, c'est un devoir.

Abit s'affligea de ces paroles, car il aimait son apprenti. Cependant, il agit selon le désir de Nadjar et consola les regrets de Pois Chiche.

— Je ne puis refuser telle demande du Menuisier des menuisiers, dit-il. Nadjar est un Maître en son métier : sois heureux qu'il t'enseigne, ne gâche point ces heures précieuses !

Pois Chiche s'attristait ; il dit :

— Ô Abit, j'espérais travailler un jour pour ton trésor.

— Tu retrouveras ailleurs les bâtons symboliques ; mon métier est celui de fabricant de cannes ; je n'ai œuvré les autres que par amour de l'art. Laisse Nadjar te guider à son gré, il est bon juge.

Pois Chiche débuta dans la sciure et les copeaux, sans voir ni sceptres ni chefs-d'œuvre. Nadjar semblait ignorer l'apprenti.

Le surveillant fut sans pitié. Les doigts du novice payèrent la rançon des maladresses.

Lorsqu'il sut équarrir les troncs avec la hache, dégrossir les planches avec la scie et l'herminette, il apprit à manœuvrer l'archet sur son foret afin de percer des trous pour les chevilles ; il apprit à creuser les mortaises au ciseau. Mais il y avait peu de joie dans ce labeur, car Pois Chiche regrettait son ami.

Un soir, il était las d'essayer sans succès d'ajuster un tenon à la mortaise ; il voulut réussir, et malgré le départ des autres, il ne quitta point son travail. A petits coups précis, il entreprit de parfaire l'ajustage ; et, dans l'atelier vide, il rythma son geste avec son chant :

« Lorsque j'étais petit enfant,
Un mur s'est ouvert devant moi ;
Par sa fente j'ai entrevu
Le faucon d'or ;
Mais voici : une heure a passé...
Le grand mur s'était refermé !

« J'ai compté les jours par centaines ;
Une grande voix a parlé...
Moi, petit enfant, j'ai joué !
En jouant, ai-je effarouché
La grande voix ?
Qui saura me guider vers elle ?

« Beaucoup de lunes ont passé,
Et la montagne du silence
A versé son or sur mes doigts.
Mon cœur a gardé le trésor
De ce silence,
Et mes doigts se sont refermés.

FIG. 46. — ... *dégrossir les planches avec la scie et l'herminette.*

« Plusieurs décades ont passé,
Un ami m'a tendu la main...
Un ami, est-ce trop encore ?
Qui donc a dit :
Laisse tout et suis ton chemin ?
Le chemin est dur sans ami ! »

Une main se posa sur l'épaule du chanteur :

— Petit, te croirais-tu abandonné ?

La surprise fit porter le ciseau à faux ; un morceau de tenon éclata. L'enfant, honteux d'avoir livré son cœur, se cabra :

— Ai-je l'air d'une femmelette ? Et voici : mon tenon ne s'ajustera plus !

Nadjar lui enleva le ciseau des mains ; il le conduisit à la réserve des bois — à peine équarris — de caroubier, d'ébène et de genévrier. Il lui dit :

— Ouvrier, sois attentif à mes questions ; si tu es mûr pour une autre culture, tu dois pouvoir résoudre ce problème. Tu as percé des trous dans un bois tendre : quel bois devras-tu choisir pour les chevilles, afin que l'ajustage soit durable et solide ?

Pois Chiche touchait et regardait les troncs, comme s'il en attendait la réponse. Il dit enfin :

— N'est-il pas vrai que si la cheville en bois dur entre dans un bois tendre, elle peut le fatiguer et le faire éclater ?

— C'est juste ; mais lorsqu'elle joue librement, comme dans les charnières, donc étant sujette à usure, que feras-tu ?

— Alors, je crois qu'il faudra choisir le bois dur.

Nadjar posa sa main sur la tête anxieuse :

— Ne sois pas inquiet, mon fils, tu as bien répondu ; la violence n'est pas un moyen de concorde : c'est pourquoi nous ajustons le bois avec du bois, jamais avec du métal. On peut coudre des planches avec un fil de cuivre quand on veut laisser quelque souplesse à l'assemblage ; mais on ne doit cheviller du bois qu'avec du bois. Il faut toujours chercher *dans la même nature* le moyen de faire ou défaire une chose. Mais tu devais montrer si ton esprit était simple et ouvert à la loi de vérité. Or donc, regarde la coupe de ce tronc : tu sais lire les *medou-Neter* [1] ? Sais-tu lire l'âge de cet arbre dans ses anneaux concentriques ?

Pois Chiche s'émerveilla !

1. *Medou-Neter :* les hiéroglyphes (paroles divines)

— Sais-tu pourquoi la côte d'une palme est le hiéroglyphe de l'année ?... Sais-tu qu'à chaque nouvelle lune le dattier pousse une palme ?

Pois Chiche trépignait :

— Alors, nos hiéroglyphes, nos métiers, et la Nature, c'est toujours une même science ?

Le visage de Nadjar s'éclaira :

— Voilà, mon fils, ce qu'il fallait comprendre : mais ceci n'est ouvert qu'à celui qui sait déchiffrer, et transposer l'un dans l'autre, ces trois livres. Demain nous commencerons à travailler.

***

Au matin du lendemain, le Maître menuisier fit appeler Pois Chiche dans son propre atelier ; il le fit asseoir à ses pieds, et il lui dit :

— Si tu dois approfondir nos techniques, il est temps de te donner quelques paroles de vérité : l'usage que tu en feras sera ton épreuve. Jusqu'à ce jour, tu as été un ouvrier exécutant les gestes imposés. L'artisan se distingue de l'ouvrier par la conscience du *geste,* de l'*instrument,* et de la *matière* qu'il travaille. Le technicien parfait va plus loin ; il connaît les lois de la Matière et cherche à en pénétrer les causes ; il connaît le nom des choses et leur sens symbolique. Ceci est le *chemin.*

— Ce chemin conduit-il au Temple ? demanda Pois Chiche.

Nadjar lui répondit par une question :

— Qui donc a composé et œuvré tous nos temples, nos statues, nos objets symboliques, si ce ne sont les techniciens ? Et celui qui connaît les Causes et les lois, celui-là n'est-il pas un des piliers du Temple ?

— Ô mon Maître, s'écria l'apprenti, je veux devenir un technicien !

— Ta route est bonne, dit Nadjar, si tu comprends ceci : ce qu'on reçoit dépend de ce qu'on donne ; il y a ce qu'on donne au métier, il y a ce que le métier vous donne. Quant à l'*ouvrier,* il donne le travail de son bras, son énergie, son geste exact ou inexact ; le métier lui donne en échange la notion de la résistance de la matière et de sa façon de réagir.

« Quant à l'*artisan,* il donne au métier son amour ; et le métier lui répond par un confondement de l'artisan avec son œuvre.

« Quant au *technicien,* il donne au métier sa recherche

passionnée des lois de Nature qui le régissent ; et le métier lui enseigne la Sagesse ! »

La joie rayonnait dans les yeux de Pois Chiche, comme la lumière libérée d'un nuage. Il n'osait crier son désir.

Nadjar posa la main sur sa tête :

— Parle sans crainte, que veux-tu ?

— Oh, que me soit donné ton enseignement *(sba)* !

— Soit, nous entrerons donc par la porte *(sba)*.

Pois Chiche répéta les mots comme s'il les entendait pour la première fois :

— *Sba... sba* : pourquoi ces deux choses portent-elles le même nom ?

— Ô menuisier mon fils, le métier te répondra. Toi, que sais-tu de la porte ?

— C'est par elle qu'on entre dans la maison.

— Dis plutôt : dans un lieu clos.

— Oui mon Maître, mais c'est aussi ce qui le ferme.

Nadjar plaça l'élève devant la porte :

— En vérité, est-ce la porte qui ferme ce lieu ?

Pois Chiche regarda l'entrée vide, et il dit :

— Non, c'est le vantail de la porte.

— Mesure tes paroles, mon fils : le vantail est ce qui comble le vide entre les montants de l'huisserie ; cherche plutôt ce qui assure la fermeture du vantail.

Pois Chiche s'écria :

— Suis-je aveugle ? C'est le verrou qui ouvre et ferme.

Nadjar acquiesça :

— C'est pourquoi le secret d'une porte est dans son verrou. Ne sois pas négligent dans l'emploi du mot juste : la chose mal nommée ne révélera pas sa nature. Thot ne répond jamais aux *medou* inexacts.

— Que mon Maître pardonne à l'ignorant : est-ce donc nécessaire de mêler le nom d'un *Neter* aux choses de métier ?

— Il est vrai, dit Nadjar : l'ouvrier ne s'en soucie point !

Pois Chiche baissa la tête ; il comprit la leçon. Nadjar reprit :

— La porte suppose le lieu clos dont elle est l'ouverture, la porte ne peut être sans l'enclos, ni la maison sans porte ; or le lieu clos, ouvert par une porte, c'est *per-t*. Si tu veux établir une porte parfaite, proportionne ses mesures à ce qu'elle doit laisser passer, et la solidité des gonds au poids de son vantail. Garde-toi de négliger le sens du bois ; tel un homme, mon fils, le bois (ayant été vivant) est orienté. Il a son « haut », il a son « bas ». Et, lorsqu'on la travaille, la planche n'est pas semblable à la dalle de pierre. L'art de joindre les pièces du même bois, mais diversement orientées, est un des secrets du métier.

Pois Chiche écoutait passionnément :

— Ô Nadjar, tu es menuisier jusque dans ton nom !

— Il faut être précis, Pois Chiche : mon nom est plutôt celui du charpentier.

— Quelle est la différence ?

— Le charpentier assemble les pièces de bois pour construire l'ossature de l'édifice *selon les limites (n djer)* [1] imposées par le plan établi. Le grand secret du Maître charpentier, c'est un assemblage si ingénieux que, seul, celui qui l'a imaginé puisse le défaire.

— Est-ce donc un si grand secret ?

— Certes, car ceci met en jeu la conception de la construction géométrique, et l'imagination préalable de la forme définie.

— Ô mon Maître, me diras-tu le secret du menuisier ?

— Le menuisier accompli connaît la nature des bois selon leur essence, leur résistance et leur poids. Il sait ajuster les pièces en accord si parfait que le temps les allie au lieu de les disjoindre. C'est ce que signifie le nom de ton Seigneur : Menkh !

— Mais mon Seigneur n'est pas un menuisier.

— Il est Maître des Techniciens ; or toutes les techniques demandent une pareille science des concordances et des causes de discordances, donc d'instabilité.

Nadjar congédia son élève :

— Va maintenant, et travaille ! Si tu sais entendre, je t'ai suffisamment parlé. Je vais te confier à mon chef d'atelier, qui t'enseignera les lois d'assemblage et la composition des dessins.

***

A quelque temps de là, un grand mouvement se fit dans le domaine : les gardiens du port signalaient l'arrivée du bateau de Menkh. La gazelle serait moins rapide que Pois Chiche accourant sur le quai !

De nombreux bateaux, alignés côte à côte, dessinaient sur le ciel le réseau de leurs mâts et de leurs cordages. Des marchands de gâteaux, de dattes et de viande séchée, se disputaient les meilleures places pour tenter la convoitise des arrivants. On distinguait déjà l'avertissement nasillard du

1. *Nedjer* = charpentier. En arabe *nadjar* = charpentier. En hébreu = *ngr*.

sondeur et les ordres criés au pilote. Pois Chiche saute dans un canot léger, et se glisse entre les carènes immobiles. A force de rames, il rejoint le navire ; il hèle un matelot, se saisit de sa rame, se hisse comme un singe et enjambe le bastingage. Menkh, debout, observait la manœuvre pour aborder la rive ; et voici qu'un paquet roule en boule à ses pieds, lui saisit les genoux et les embrasse éperdument.

— Hé, celui-là, est-ce Pois Chiche ou mon singe ?

Une tête émergea des genoux emprisonnés. Menkh éclata de rire :

— Laisse-moi surveiller l'atterrissage ; va m'attendre sur le quai, et fais place nette pour mon arrivée !

Pois Chiche, muet de joie, se relève ; il part, il voit un grand bâton posé contre le mât : il le prend, il saute dans l'esquif et revient avec le courant vers la rive. La foule s'amasse bruyamment ; les marchands se disputent et protègent leur étalage.

— Place, place, au nom du Seigneur Menkh !

Pois Chiche brandit son bâton ; il essaye de dégager le quai autour du poteau d'amarrage... Une voix coléreuse s'écrie :

— Arrêtez celui-là : il a pris la grande canne du Seigneur ! Ô voleur, fils de chien !... Place ! Laissez passer le gérant de Menkh !

Pois Chiche entend cette parole : il bondit et fait face au gérant furieux, il élève la canne au-dessus de sa tête pour la défendre. Les marchands en profitent pour envahir le quai ; la bagarre fait rage... L'intendant s'agrippe en vain au bras tendu : Pois Chiche fait un bond, s'esquive en laissant tomber l'assaillant, qui se relève en hurlant :

— Tu seras battu, chassé ! Tu as pris la canne au nom magique, la grande *« àmes nefer »* [1].

Une voix sévère s'élève :

— Qui se permet de prononcer le nom de cette canne ?

Le gérant a tourné la tête : deux mains solides l'empoignent et le précipitent dans le fleuve.

Quelqu'un rit... on se tait devant l'air grave de Pois Chiche. Un remous fait le vide autour de lui... la foule murmure : « La canne !... »

Une longue acclamation retentit : l'amarre vient d'être implantée, on a salué le *Neter*. La foule crie : « Bonne venue ! » Pois Chiche s'avance gravement, portant la canne devant lui avec un saint respect ; on s'écarte sur son passage,

1 *Ames* est le nom d'une canne ; *nefer* signifie « parfaite », « accomplie ».

on chuchote : « C'est la canne magique... elle a châtié l'impudent ! Elle a donné puissance à l'enfant ! »

Pois Chiche approche de Menkh qui débarque au milieu d'un silence religieux. L'enfant s'agenouille et présente le bâton :

— Maître, j'ai rempli ma mission... Quant au *medou*, fais crédit à ton serviteur...

Menkh le relève et lui dit :

— Viens, et tais-toi !

Le cortège se met en marche ; à quelques pas derrière, un homme sort de l'eau ; ruisselant et honteux, il suit la foule sous les quolibets des marchands.

***

Ce jour-là il y eut grande liesse dans le domaine, et double ration de pain-bière pour tous les serviteurs du Maître. Mais aucun pain-bière ne valait pour Pois Chiche la joie des confidences enfin permises.

Menkh laissa couler le flot de ses récits ; sa bouche ne s'ouvrit ni pour le blâme ni pour la louange. Quand il eut tout entendu, il dit :

— Les paroles de l'homme sont un témoignage incomplet, l'œuvre est la signature de l'artisan : attendons.

Alors l'enfant craignit que son Maître ne lui gardât rancune au sujet de la canne ; il supplia Menkh :

— Que le cœur de mon Maître n'éprouve point de courroux, car il n'y eut pas d'insolence en mon geste ! Ce bâton me parut comme un autre bâton, et je ne savais pas qu'il eût un nom.

— Sache donc que toute chose a son nom.

— En quoi donc était-il magique ?

— Il ne l'était point si tu ne le savais pas.

— Mais la foule a dit qu'il l'était.

— Aussi a-t-il agi sur elle.

— Pour toi, est-il magique ?

— Pour moi il est sacré, car c'est mon *bâton de mesures*.

— Pourquoi son nom est-il sacré ?

— Parce que c'est son nom de Vérité : *« âmes nefer »*. Attention : maintenant que tu le sais, tu ne dois plus le profaner.

— Ô mon Maître, ta parole est dans mon cœur. Mais y a-t-il vraiment des choses magiques ?

— Certes ! Mais je ne t'en dirai pas davantage en ce moment. Jusqu'à ce temps, ton attention n'était point attirée sur ce sujet. Puisque telle curiosité t'est venue, regarde, écoute, observe... Nous reviendrons plus tard sur ta question.

***

Pois Chiche avait repris son travail ; le chef d'atelier hâtait l'apprentissage selon le désir de son Maître. L'enthousiasme et la candeur de l'enfant rafraîchissaient le cœur du vieil artisan ; il lui montra les tours de main de l'ouvrier aux doigts habiles ; il lui révéla les traditions de son métier, y ajoutant le fruit de sa propre expérience.

— Sache sentir le bois, mon fils, en poussant ton outil ; car le bois a ses exigences : toute vie n'est pas absolument éteinte en lui, — quoi qu'en pensent les ignorants, — à moins qu'on n'ait commis quelque faute en l'abattant.

La curiosité de Pois Chiche s'enflamma :

— Oh ! dis-moi quelles fautes on devrait éviter !

— Si tu coupes un arbre au moment où la montée de la sève est arrêtée, les fibres seront vides, mortes, et risqueront de s'altérer ou de se déformer par le temps, par la chaleur ou par la sécheresse.

— Sait-on ce qui peut arrêter la montée de la sève ?

— Certaines influences, Temps et circonstances : ce sont les secrets de l'artisan observateur et « conscient » ; n'en parle point, mon fils, car les scribes ignares pourraient en rire !

L'apprenti ne perdait aucune des paroles, et le vieillard ne se lassait point de l'instruire.

— Vois ce lit, ô Pois Chiche : un regard doit t'apprendre, sans l'essayer, s'il est équilibré ou boiteux. Le bon menuisier a l'œil sûr ; il remarquera l'ornement dont la place fut mal choisie : un ornement de tradition doit souligner la résistance de la matière ; il est sage de ne pas sculpter un endroit trop fragile. N'évide que le point fort, car ton œuvre doit résister. Le poids du noble prince le plus gras ne doit pas faire jouer le fauteuil bien ajusté ! Tenons et mortaises qui gémissent sous l'effort, insultent celui qui les a mal jointoyés.

« Un meuble est beau s'il est utile ; il est utile s'il est solide. Suis sagement le chemin de « l'utile », ô mon fils : c'est le chemin assuré du succès. »

Pois Chiche écouta ces conseils, mais il les répéta le soir à Menkh, et celui-ci lui répliqua :

— Ce vieillard s'exprime selon sa conscience, c'est un honnête artisan. L'artiste Nadjar n'aurait point parlé comme lui : l'utile correspond à la vie matérielle ; il est vrai que les proportions justes donnent stabilité et beauté ; cependant cette beauté ne dépend pas de leur utilité, mais de l'harmonie cosmique avec laquelle ces proportions sont en rapport. Si tu veux élargir ta conscience au-delà de celle de l'artisan, observe ceci : l'utile dépend toujours de relations matérielles et de qualité d'ordre *médiocre,* car la *Qualité absolue* ne correspond pas aux besoins physiques. Ceci est tellement vrai, que toute chose réellement parfaite n'a point d'emploi utile, mais superflu : le bois, la pierre, le bronze, sont utiles. L'or n'est pas *utile :* c'est un luxe. Un ornement utile n'est pas de l'art : l'Art pur commence avec l'Inutile. La recherche de perfection n'est pas *nécessaire* à la vie terrestre : c'est un luxe inutile et *divin.* C'est pourquoi le sens de l'Inutile est le sens de l'Élite.

— L'ouvrier peut-il faire partie de l'Élite ?

— S'il a ce sens, il l'exprimera selon sa nature : alors il sera remarqué, puis éduqué en conséquence. C'est ce qui explique la multitude de nos chefs-d'œuvre ; car pour ce faire, il n'eût pas suffi de quelques Maîtres pour les concevoir, si l'on n'avait pas suscité, en grand nombre, des artistes compréhensifs pour les exécuter.

XXV

LA LOGE

Or il advint, après que Nadjar eut longtemps observé Pois Chiche, qu'il le fit appeler et lui dit :

— Ton apprentissage approche de sa fin. Tu dois maintenant passer l'épreuve. Voici : tu exécuteras de tes mains un tabouret sculpté pour les pieds de ton maître, et tu composeras le dessin d'un beau lit, tout cela pour toi-même, sans aucune aide ni aucun conseil.

L'apprenti demanda :

— Dois-je copier des modèles de décoration ?

Nadjar dit :

— Tu dois imaginer la forme et les détails de ces objets, et les y conformer selon leur usage. Tu présenteras ton œuvre dès la prochaine lune.

Pendant trois jours et trois nuits, Pois Chiche s'exalta dans l'espoir de réaliser son « chef-d'œuvre ». Il accumula dessins sur dessins, ébauches sur ébauches. Le quatrième jour, ayant arrêté son choix comme excellent, il se mit à l'ouvrage. Il vécut et travailla seul, à l'écart de tous.

⁂

Lorsque le temps fut accompli, la Lune s'étant renouvelée, Nadjar envoya un ordre à Pois Chiche disant : « Demain tu devras présenter ton travail. Mon envoyé te conduira. »

Le postulant passa la nuit à parfaire son ouvrage ; et dès le matin du lendemain il se tint prêt, attendant fiévreusement d'être appelé. Enfin quelqu'un entra. Pois Chiche se chargea de ses œuvres et suivit l'inconnu.

On le conduisit en silence ; on lui fit traverser le fleuve ; on le mena sur l'autre rive jusqu'à la base de la montagne ; il descendit dans un caveau qu'il aurait cru être une tombe.

Mais il eut la surprise d'y trouver un cercle d'hommes graves, siégeant ainsi qu'un tribunal. Une lumière reflétée éclairait les visages et le centre de la pièce, laissant dans la pénombre les fresques et les hiéroglyphes des murs. Il se sentit perdu dans un monde mystérieux.

Le messager qui l'avait amené le plaça dans le centre du groupe. Alors il reconnut Menkh, et Nadjar auprès de lui ; autour d'eux des visages inconnus et, dans l'ombre, Abit qui souriait. Il respira pour fortifier son cœur ; puis il toucha la terre du front devant Menkh. Alors Nadjar l'appela par son nom :

— Toi, Pois Chiche, apprenti menuisier, viens présenter ton ouvrage.

Pois Chiche se leva, il prit son tabouret, il l'offrit à Menkh en disant :

— Voici : que ceci soit trouvé digne d'être posé sous tes sandales ; je l'ai composé, dessiné, menuisé, sans aide ni conseil, selon l'ordre que j'ai reçu.

Menkh dit :

— Que le Supérieur des menuisiers voie et juge.

Nadjar examina l'objet avec curiosité, puis il le fit passer aux mains des assistants. C'était un tabouret simple et sobre quant à sa forme : un plateau rectangulaire, supporté — sur les grands côtés — par deux bandeaux sculptés de même longueur, et d'une hauteur de six doigts.

Les bois contre-plaqués étaient assemblés de manière à dessiner trois rectangles sur le plateau ; dans chacun des rectangles croissait un plant de lotus, avec sa fleur, ses boutons et ses feuilles. Sur chaque bandeau-support, un disque solaire étendait ses deux ailes.

Les Maîtres menuisiers examinèrent les moindres détails de l'ouvrage ; chacun d'eux apprécia l'exactitude de l'ajustage et la bonne disposition des bois, car il n'y avait point de faute dans ce travail ; et l'un dit à l'autre ce qu'il pensait, et nul ne formula de reproches quant à la connaissance du métier.

Quant au choix du dessin, l'un comme l'autre hocha la tête et resta muet.

Le messager avait conduit Pois Chiche à l'écart, près de la porte. Nadjar le rappela et lui dit :

— Que nous soit montré, maintenant, le dessin du lit commandé.

Le postulant déroula le papyrus et l'exposa pour être vu de tous. Alors un immense éclat de rire secoua les juges… car voici : la couche tressée était soutenue par les corps élongés de deux ânes ; les deux têtes dressaient leurs oreilles à droite et à gauche du bandeau d'appui pour les pieds ; les quatre pattes arrière, cambrées pour soulever les croupes sous la tête du dormeur, semblaient disposées à ruer. L'œil regardait de coin vers la couche, accentuant l'effet de ruade. Oh ! la minute de stupeur quand l'artiste vit l'étrange succès de son œuvre ! Lorsque le rire des juges s'éteignit enfin, le dépit contractait son visage.

Alors Nadjar, ayant délibéré avec Menkh, fit asseoir le postulant devant l'assemblée, et voici ce qu'il dit :

— Quant à l'épreuve du travail, ô menuisier tu mérites ce nom, car tu as témoigné de ton savoir et tes doigts sont devenus habiles. Mais quel étrange choix quant au dessin ! Des lotus sur un tabouret !

Pois Chiche dit :

— Est-ce une faute ? J'ai voulu faire marcher mon Maître sur des fleurs.

— Dis plutôt « sur de l'eau » : où croissent les lotus, si ce n'est dans l'étang ? Les autres erreurs sont plus graves : n'as-tu point deux pieds, et non trois ? Pourquoi donc les poser sur un triple bouquet ?

— Le dessin de trois fleurs était plus beau !

— Ce qui est faux n'est jamais beau. Double est la jambe, double doit être ton dessin. Le Roi met les *Deux-Terres* sous ses sandales, ou les *deux* groupes d'ennemis. Triplicité est Unité, et ne peut pas se situer sous la dualité des pieds !

« Autre erreur : es-tu fou de marcher sur le Soleil ailé ?... Est-ce en bas sur le sol, ou là-haut dans le ciel, que le scarabée d'or étend ses ailes ? »

Pois Chiche se cabra comme un âne rétif :

— Eh quoi ! l'artiste doit-il obéir au symbole pour les objets les plus vulgaires ? Ne peut-on jouer avec l'idée comme la montagne avec la lumière ? C'est la variation des couleurs qui fait la beauté de la montagne ! Ce qui ne change jamais est ennuyeux : c'est la mort.

Nadjar dit :

— Les jeux de lumière changent l'*apparence* de la montagne ; les couleurs varient selon l'état de l'atmosphère, et ceci n'est qu'une *apparence ;* rien n'empêche l'artiste de jouer avec l'apparence quand il traite des apparences. Mais les jeux d'ombre et de lumière suivent la marche du Soleil : la lumière d'Orient éclaire la montagne d'Occident, et la lumière d'Occident éclaire la montagne d'Orient, et l'ombre obéit pas à pas au déplacement du Seigneur de lumière : ceci est une *réalité* quant à la Terre. De la même manière, les nombres et les symboles imposent leurs lois à l'artiste.

Pois Chiche écoutait, songeur :

— Dois-je devenir *artiste* ou *copiste ?* S'il en est ainsi, je ne vois pas la différence !

Menkh leva la main, et la réponse de Nadjar s'arrêta sur ses lèvres. Menkh dit :

— Je répondrai moi-même à ta question. Écoute d'abord le jugement de ton maître.

Alors Nadjar reprit :

— Quant au projet de lit que tu nous as montré, je te permets de défendre ton choix ; puisque tu veux jouer, jouons : pourquoi donc as-tu pris l'âne comme support ?

Pois Chiche se leva ; il répondit à toute l'assemblée :

— Puisqu'on m'ordonne de parler, je parlerai... mais que dirai-je ? Un chien ne parle pas le langage du maître : j'ai peur de ne pas connaître le vôtre !... On m'a dit : « Prends soin que le symbole demeure véridique. » Or il arrive que le lion supporte vos lits ; laquelle des deux images est véridique : le lion, ou l'âne, portant le corps d'un homme ?

Nadjar sourit :

— Soit ! nous jouons ; encore faut-il savoir quel est l'enjeu : si l'enjeu est l'intelligence de la vie journalière, tu as gagné ; mais si l'enjeu est la *conscience de l'Indestructible,* tu es perdant, car nos symboles révèlent l'invisible par le visible et donnent la notion de leurs rapports ; mais ceci ne se fait point si leur emploi est inexact. D'ailleurs tu as confondu *image* avec *symbole ;* mais ce n'est pas mon heure d'en parler.

Menkh témoigna de sa satisfaction :

— Sois loué, ô Nadjar, tu as fort bien parlé.

Nadjar s'inclina devant le chef des Techniciens et reprit l'interrogatoire :

— Peux-tu maintenant expliquer pourquoi tu mets les pieds de l'homme vers la tête de l'animal ? Ceci n'est point l'usage.

— Ô mon Maître, cet âne emporte l'homme vers le pays des rêves : si mon âne me conduit au marché, suis-je tourné vers les oreilles, ou vers la queue ?

— Écoute donc ce que tu ignores : ce que tu regardes dans un sens pendant la veille, tu le vois dans le sens inverse dans le sommeil. Ce sont deux mondes différents, dont l'un reflète l'autre comme dans un miroir. Mais nous avons encore une raison de placer le dormeur sur un dos d'animal, la tête du côté de sa tête : quand l'âme est emportée par le sommeil, le corps inerte repose, identifié avec celui de l'animal, donc il n'est plus *porté* par lui ; c'est pourquoi nous le posons sur quatre pattes, comme si elles étaient son propre support. Ainsi Pois Chiche, dans ce lit, s'identifie avec le corps de l'âne.

— Ne suis-je pas plus proche de l'âne que du lion ?

Menkh rit, toute l'assemblée rit. Nadjar répondit :

— Je n'en suis pas juge. Mais le lion est un animal royal, l'âne est un serviteur ; or on ne donne pas ces lits aux serviteurs, mais à l'homme qui a qualité de chef.

Menkh ajouta :

— D'ailleurs le lion est le quadrupède *solaire* de la terre ; il vit aux confins de notre Terre Rouge et de notre Terre Noire, il va et vient de l'une à l'autre ; il est juste qu'il soit gardien du corps humain pendant les pérégrinations de l'âme d'un monde à l'autre. Ces paroles ne sont pas pour toi, mais pour les autres qui m'écoutent ; et toi, petit enfant, tu peux en conserver les miettes dans ton cœur...

« Et pour toi je dirai : l'âne *engendre* et se perpétue, *perpétuellement ;* il est l'anneau sans fin de cette Terre, et sa punition est de porter le faix, *perpétuellement*... Mais il est sans orgueil et docile à la voix ; il connaît le secret du son, et ses grandes oreilles sont sa récompense. Que désires-tu encore ? »

La fatigue et l'émotion crispaient le visage de l'enfant ; il soupira :

— Je crois que je suis chargé comme mon âne !

Un geste de Menkh arrêta les rires qui fusaient :

— Il faut voir si tu peux dépasser l'animal : je t'offre de répondre sans mystère si tu as le courage de surmonter ta lassitude pour formuler clairement tes questions.

Pois Chiche ferma les yeux, faisant un effort violent pour réfléchir. Quelqu'un le fit asseoir. Le silence devint profond comme un abîme, et l'enfant eut l'impression d'y sombrer... Puis son trouble se dissipa ; un lien fraternel s'établit entre le candidat et ses juges, et, sans lever les yeux, il parla :

— Ô mes Maîtres, quelque chose en mon cœur vous entend, mais quelque chose se révolte et crie : « Esclavage !... » Je demande : « Quelle est la différence entre un simple copiste, et l'artiste esclave des mesures et des symboles ? »

Menkh répondit :

— Le copiste reproduit des modèles sans les comprendre. L'artiste doit *connaître* les divers sens des symboles ; il a donc le choix entre des expressions équivalentes.

— Ô Seigneur, l'artiste qui n'a pas le droit d'inventer étouffe certainement la vie dans son cœur !

Menkh protesta :

— Chacun peut inventer ce qui lui plaît : les tessons humoristiques en sont la preuve. Mais ce qui doit *demeurer* pour les Temps futurs ne peut enseigner des erreurs ; aussi détruisons-nous sans pitié les textes imparfaits.

— Alors, ceux qui travaillent dans le but d'enseigner sont condamnés à n'avoir point d'initiative ? Où est le plaisir du « nouveau » ? Où donc est la joie d'exprimer son rêve dans son œuvre ?

Menkh dit :

— Nadjar a fort bien répondu sur ce sujet. Chacun trouve la chose qu'il appelle ; si tu cherches la *fantaisie*, tu y trouveras ton *plaisir ;* si tu cherches les *lois d'Harmonie*, tu trouveras la *Connaissance*.

« L'artiste, tel que tu l'entends, se regarde lui-même à travers la Nature ; celui qui écoute nos Maîtres, cherche les *Neter* dans la Nature... et il les rencontre en lui-même. »

— Ne peut-on enseigner *ensemble* la fantaisie et l'Harmonie ?

— Ô enfant insatiable ! La vie de l'homme est limitée, et chaque peuple a son destin. Nous devons enseigner selon le nôtre, et selon notre Temps. D'autres Temps viendront, où l'homme aura perdu l'Intelligence du cœur ; alors il cherchera la fantaisie, pour s'évader du domaine glacé de l'argumentation.

« Pour nos Sages, le monde est *transparent*. Nos symboles laissent transparaître les Causes à travers les faits les plus concrets. Le chercheur silencieux les y perçoit, et la durée de sa vie ne suffit pas pour en épuiser les richesses ; mais ce trésor est caché pour le bavard comme pour le scribe prétentieux. »

— Oui, Seigneur, ce que tu dis est excellent pour l'élève des Maîtres ; mais quant à l'artisan confiné dans son métier, répétant chaque jour son travail réglé d'avance, quelle est sa joie ? Qu'a-t-il gagné ? Quel est son rôle dans ce programme ?

Les assistants écoutaient Pois Chiche avec une grande sympathie.

Menkh dit :

— Regarde les tableaux de ce mur ; que vois-tu ?

Pois Chiche s'étonna :

— Oh ! ce sont des images très ordinaires : des scieurs de bois, des dresseurs de branches, des menuisiers qui ajustent un lit, des ouvriers comme j'en vois chaque jour.

— Oui, c'est ce que diront ceux qui n'ont pas été

introduits « au cœur de la Maison du bois » (Remarque que le mot *khet* signifie également bois et chose.) Mais ces petits personnages dont on peut admirer la perfection du geste et l'adresse de la technique opératoire, dont chaque détail, chaque parole, sont un enseignement : ces petits personnages, demande à l'un de nous ce qu'ils expriment sur ce mur.

Menkh regarda le plus jeune des Maîtres menuisiers. Celui-ci se leva ; il s'approcha du postulant, il le prit par la main, il l'amena près du mur, et lui fit remarquer la taille minuscule des travailleurs devant l'énormité de l'image du Maître.

— Écoute ce qu'ils disent, petit frère :

« Vois, nous travaillons pour notre Maître, nous sommes très petits, notre Maître est très grand. Notre Maître *sait ;* il est suprêmement intelligent ; et nous, ses serviteurs, nous le sommes à notre manière, car nous sommes pratiques, absolument pratiques ; il n'y a pas d'erreurs dans notre technique, notre compréhension est parfaite quant aux ordres qui nous sont donnés. Nous savons la valeur du geste juste, c'est notre gloire. Et voyez : la matière qui nous est confiée, nous ne la gâchons point !

« Vous qui nous regardez, ne croyez pas que notre servage nous abaisse : nous sommes les notes basses d'une mélodie. Les plus hautes notes parlent de choses que nous ignorons ; cela ne nous soucie point, car nous participons de toute la mélodie. L'intelligence des Sages a construit des instruments *simples ;* un jour l'un de nous a voulu faire mieux, mais on nous a dit : “ N'y touchez point, car ce sont des symboles éternels qui ont aidé vos Maîtres à composer ces outils, parce que les plus hautes abstractions avaient guidé ces Maîtres pour trouver vos meilleurs outils. ” Certes, ils étaient intelligents, ceux qui nous ont donné la forme de nos meubles, la forme de nos vases ; ceux qui ont fixé pour nous le *donné* par le *construit*... Car *nous vivons dans le construit.*

« Ne t'étonne pas de nous entendre dire ces choses : nous ne le pouvions point quand nous étions sur terre, mais depuis que nous sommes « sur le mur » nous somme l'*Ame* du métier ; nous savons ce qui donne à l'artisan sa joie, sa joie qu'il ne raisonne point, mais qui lui fait scander son travail en chantant, et rythmer les coups de la hache et les chocs du marteau. Petit frère, petit frère, il n'y a point de tristesse en nos labeurs ! Le rythme des outils fait partie de la symphonie où le sang de chaque ouvrier prend conscience d'un mouvement de la vie de l'Univers. »

Pois Chiche demanda :

— Est-il vrai qu'ils ont pensé tout cela ?

Un Maître répondit :

— Il n'importe pas qu'on le *pense*, mais qu'on le subisse et qu'on en vive.

— Quelle bonne parole ! dit Menkh ; l'homme se laisse faire volontiers si l'emprise qu'on lui impose lui donne, en même temps qu'un labeur, une passion. Ceux qui *savent* entraînent les autres dans la passion de perfection. Puis il y a la magie des chansons, l'humour de l'artisan, l'orgueil des fraternités, l'enseignement passif de leurs rites.

Pois Chiche murmura :

— Il est certain que l'atelier n'est jamais triste !

Curieux, il essayait de s'approcher des autres murs. Menkh le réprimanda :

— Que cherches-tu encore, chat fureteur ? Rien ne te guérira de ta curiosité ! Il se fait tard : as-tu quelque autre question à poser ?

L'enfant hésitait :

— Que dirai-je maintenant ? Je n'ose plus...

Menkh dit :

— Parle, toute ombre doit être dissipée ce soir.

Pois Chiche balbutia :

— Voici, j'ai honte de la pauvreté du peuple ; l'artisan fabrique de si beaux objets : pourquoi n'en fait-il jamais pour lui-même ?

Menkh se tourna vers l'assemblée :

— Cette question est un signe des Temps... Ô mes amis, on ne peut pas marcher contre l'horaire du ciel !

« Entends ces paroles, petit : c'est volontairement que nos Sages ont réduit les besoins de la vie quotidienne au strict minimum. Le luxe et le confort superflu seraient bientôt devenus nécessaires ; ils auraient compliqué l'existence, augmenté le souci matériel, multiplié les métiers.

« Notre société fut parfaitement ordonnée par nos Maîtres, imposant une discipline aux passions de la foule humaine sur notre Terre Noire féconde. Terre trop féconde, vie trop facile, envoûtement du Soleil !

« On y vient même à oublier son âme et à tout ignorer, par suite de l'inutilité de l'effort ; on y tend, plus que partout ailleurs, vers l'animalité par inertie...

« C'est pour sauver les hommes de cette inertie que nos Maîtres ont ordonné notre société pour l'étude, poussée en perfection, de la nature humaine. Division des métiers, tant qu'il en faut, mais point trop. Rassemblement sur chaque métier de toutes les « causes », et chacune selon son importance propre. Aucune improvisation déréglée ; chaque homme a son métier; par lequel il pourra comprendre l'ordre extérieur, ce qui lui serait difficile en partant seulement de l'ordre humain. Esthétique du métier où chacun peut arriver à la pensée propre par la pensée commune ; mais aucune esthétique de satisfaction sensuelle : *on ne s'en soucie point.* Il y a les *lois de proportions :* quand elles sont strictement appliquées, la Beauté en résulte. Dans ce sens, l'imitation « réglée » est nécessaire.

« Mais la sympathie de l'homme et du métier développe, malgré tout, l'ingéniosité dans l'emploi du symbole. Il y a la fierté du métier, il y a l'ivresse du métier ; il y a la politesse du métier ; et, s'il suscite la « recherche », ce métier conduit l'homme au-delà du travail, vers la noblesse. Ce thème du « métier » est gravé sur la pierre, ou décrit sur la fresque, *immuablement.* Le tracé est le geste fixé. Il signifie le Geste et l'Homme. Signe magique et descriptif, simultanément.

« Plus tard, si tu persévères en ce chemin, te seront expliquées les lois rigides du canon. Aujourd'hui tu as passé le premier seuil ; ce que tu as reçu est très lourd pour ton âge. Mais tu peux désormais revenir en ce lieu, mon enfant : tu y retrouveras les Paroles oubliées, car ces murs en sont imprégnés.

« Maintenant, va saluer tes Maîtres et tes frères, et que ta joie soit parfaite ce soir. »

Pois Chiche tremblait de lassitude et d'émotion. Il s'approcha des assistants, et chacun l'embrassa, puis on lui enseigna les gestes de fraternité ; il se trouva au milieu d'eux comme un jeune frère bien-aimé. Et, alors que les Maîtres formaient le cercle autour de lui pour accomplir le rite de l'adieu, il tomba lourdement, vaincu par la fatigue, et s'endormit tandis que dans la roche obscure résonnait l'appel à Ouser [1]...

1. Ouser : un des noms d'Osiris.

XXVI

LA CIME

Il arrivait fréquemment que le chef des Techniciens, visitant quelque atelier, se fît accompagner par Pois Chiche.

Or donc, ayant à commander un tissu de grande valeur, il se rendit chez l'artisan le plus habile. Ils pénétrèrent dans une salle basse, où leurs yeux remplis de soleil furent aveuglés d'obscurité. De larges métiers étendaient au-dessus du sol le plan incliné de leurs fils coloriés ; des femmes courbées manœuvraient la navette, surveillant attentivement l'exactitude du tissage.

Menkh ne s'y arrêta point, il passa, il entra dans la chambre voisine. Ici, deux hauts métiers tendaient, comme des voiles blanches, leurs tissus de lin fin aux bordures ouvragées. Ces merveilles étaient l'œuvre du chef d'atelier lui-même et de son fils. Après que Menkh leur eut donné des ordres, il fit admirer à Pois Chiche la texture compliquée des pièces en travail ; puis il obtint du tisserand qu'il gardât jusqu'au soir son porteur de sandales, afin que celui-ci pût observer sa technique.

Mais le père et le fils étaient avares de paroles. Lorsque Pois Chiche revint auprès de son Seigneur, il tenta d'obtenir de lui la leçon qu'il n'avait pas reçue des artisans silencieux.

Or Menkh ne répondit pas, il questionna :

— Peut-être n'avait-on rien à te dire ; crois-tu trouver un tisserand qui puisse t'expliquer ses symboles ? Celui qui connaîtrait ces mystères ne tarderait point à quitter sa navette.

— Alors, moi, le serviteur-ici-présent, de quel droit pourrais-je les connaître ?

Menkh n'ouvrit point la bouche pour répondre. Après un long temps de silence il lui dit :

— Le travail a été fait devant toi ; qu'as-tu vu ?

— J'ai vu des fils tendus de haut en bas, tirés par des poids en terre cuite ; j'ai vu la navette qui allait et venait, vers la droite, puis vers la gauche, entre les fils tendus : alors un tissu se formait.

— C'est parfait, dit Menkh, que te faut-il de plus ?

— Que mon Maître me révèle la leçon du tissage comme il l'a fait pour d'autres métiers.

Menkh répondit :

— Ce que tu es capable de trouver, tu le sauras ; point davantage. Voici : tu quitteras l'atelier de Nadjar pour trois jours ; va, cours en liberté et cherche autour de toi. Nous verrons si tu sais rencontrer les *Neter* du tissage.

Pois Chiche s'éloigna, le cœur joyeux, les yeux enflammés d'enthousiasme. Certes, ce que Menkh lui avait dit, il le ferait : son Maître ne pouvait donner qu'un conseil excellent ! Mais c'était une parole étrange que celle-là : « Aller à la rencontre des *Neter*... » Si Menkh l'estimait capable d'une telle recherche, lui, Pois Chiche, devait-il douter de lui-même ? N'était-il point chéri des Maîtres menuisiers ? N'avait-il pas connu déjà plusieurs secrets ? Il ne tenait qu'à lui de prouver sa valeur en trouvant la clé d'un mystère !

Où chercher cette clé ?... Point de temps à perdre : chaque heure devait l'approcher du but !

Pois Chiche partit en conquérant. Il sortit dans les champs, il revit les paysages familiers ; il parvint au bord du fleuve et s'assit sur la berge, observant le mouvement des barques qui le sillonnaient. Elles allaient, d'autres venaient, montant et descendant ; leurs voiles s'approchaient, se croisaient, se séparaient... jusqu'à la prochaine rencontre.

Le va-et-vient de la navigation lui rappela celui de la navette à travers les fils de la chaîne ; mais ces navettes ne laissaient point de fil sur leur passage. Il éleva les yeux : quelques petits flocons nuageux, venus de l'Occident, couraient vers l'Orient sans laisser de sillage dans le ciel bleu. Il sentit sa recherche aussi flottante que les nuages.

— *Où* sont les *Neter ?* Que sont les *Neter ?*... Au temps de la moisson il avait aperçu Renenoutet et son image de pierre. De Thot, *Neter* de la science, il connaissait plusieurs symboles ; or, le potier disait que l'*axe* était *Neter* du tour : y a-t-il des *Neter* sans images ? Que dit Menkh ? « Va, cours en liberté pour chercher les *Neter* du tissage. » Je n'ai pas l'habitude des *Neter :* si je les rencontrais, saurais-je les reconnaître ? Dans les champs, sur le fleuve, je n'en ai jamais vu ; peut-être se cachent-ils dans la montagne ?... Est-ce là ce que disait Pabak le scribe quand il me parlait de la Cime ?

Bastion avancé de la chaîne thébaine, la « Cime » dominait la vallée funéraire, dressant le symbole de sa pyramide au-dessus des tombes royales. Pois Chiche contemplait sa forme régulière qui semblait taillée dans la roche par des géants. Auréolée de ses légendes, elle était fascinante, paraissant cacher dans ses flancs le mystère du Ciel dans la Terre et de la Terre dans le Ciel...

Quand il se leva pour chercher la barque de passage, son cœur était lourd de desseins.

Sur l'autre rive il marcha vers la demeure de Pabak. Le jeune scribe était fort occupé, car la « Fête de la Vallée » était proche ; or Pabak discutait avec ses camarades sur les meilleurs moyens de témoigner leur zèle. Pabak dit :

— Soyons diligents : cette fête est l'occasion de nombreuses nominations ; puisse-t-elle réaliser l'oracle d'Amon en ma faveur !

Pois Chiche était fort intrigué :

— Quel oracle ? Ô Pabak, raconte cette histoire !

Le scribe ambitieux ne se fit point prier :

— C'était à la dernière fête de la « Sortie du dieu » ; nous avions écrit des questions sur les tessons, selon l'usage ; nous les avions présentés, au passage de la procession. Quant à moi, j'avais demandé si je serais employé par le « chef Lecteur » à la prochaine promotion. Or Amon s'inclina, disant : « Oui. »

— Ô Pabak, une statue ne parle point !

— La statue s'incline d'un côté pour le « oui », de l'autre pour le « non ».

— Une statue n'est pas vivante !

— Le *Neter* anime sa statue.

— Vous croyez donc cela ?

— Ne croit-on pas ce qu'on voit arriver ? Un homme avait été volé par son voisin ; Amon a confirmé le nom de ce voleur écrit sur le tesson.

Pois Chiche était ignorant de ces choses ; il s'étonna :

— N'y a-t-il jamais une erreur ?

— Le *Neter* ne peut pas se tromper. Un jour il y eut bataille : l'accusé s'est dit innocent.

Pois Chiche, ayant délibéré avec lui-même, questionna son ami :

— Amon, que vous portez en procession, est-il votre plus grand *Neter ?*

Les scribes se récrièrent d'une seule voix contre cette ignorance, et chacun déclina un des titres d'Amon :

— le roi des *Neter*...

— ... le nourricier du Monde...

— ... le Taureau de sa mère...

— ... le *Neter* de *Ouast* (Thèbes) avec Mout et Khonsou [1]...

Pois Chiche, sans se troubler, insista :

— Y a-t-il d'autres grands *Neter* dans ce pays ?

Un des garçons se fâcha :

— Va te faire instruire à l'école, et laisse-nous terminer nos affaires !

— Faites ce qui vous plaît, répondit Pois Chiche en se disposant à partir, dites-moi seulement quel est le bon chemin pour monter à la Cime.

Pabak s'étonna :

— Tu es fou ! le Soleil entre dans sa montagne ; tu ne veux point passer la nuit chez Mersegert ?

— Et quand cela serait, n'en ai-je pas le droit ?

Les garçons regardaient Pois Chiche avec surprise.

— Ce n'est pas une petite prouesse ! On n'y va point sans espérer quelque prodige, mais malheur à celui qui n'est pas protégé par la déesse.

L'ignorant prenait soudain figure de héros ; il maintint son prestige :

— Ne vous faites aucun souci à ce sujet, indiquez-moi seulement le chemin.

On lui décrivit les deux sentiers possibles : celui qui serpentait sur le flanc oriental, et celui qui montait à l'Ouest dans la vallée, côtoyant les sombres cañons [2].

Or la mère de Pabak écoutait ces discours en préparant la bière douce pour les fêtes. Elle appela Pois Chiche et lui dit :

— Est-il vrai que tu veux risquer cette aventure ? Tu ne peux pas le faire sans être préparé. Tu dormiras ici ce soir ; demain tu réaliseras ton projet.

— Ô mère, que craindrai-je ?

— Il y a le chacal et la hyène qui rôdent ; il y a les KA [3] des défunts mal nourris qui peuvent sucer ta moelle ; tu risques d'être affolé par les spectres, émasculé par les harpies. Écoute-moi, mon fils : il te faut une protection contre tous ces ennemis. Ce soir, lorsque la Lune sera haute, je te

1. Amon, Mout son épouse, et Khonsou leur fils, sont la triade divine de Thèbes. Voir n°s 1 et 13, Pl. V et n° 17, Pl. VI.

2. Failles profondes de la roche, qui formaient une grotte.

3. Il s'agit ici des KA inférieurs qui, ne pouvant trouver leur délivrance, deviennent malfaisants.

conduirai chez un magicien excellent ; il a des charmes contre tous ces dangers : demain tu pourras affronter la Cime.

***

Une maison basse en terre brune, s'enfonçant à demi dans la roche. La chambre du fond forme caverne ; un vieil homme s'y tient assis devant un feu de bois ; un pot de cuivre chauffe sur les tisons.

Deux formes accroupies, immobiles... le feu rougeoie les visages crispés. Deux canards décapités gisent aux pieds de l'homme, dont le balancement rythme les incantations ; le sang des canards souille ses jambes. Il se penche, prend un morceau de toile, y dessine une figure ; il le dépose sur sa cuisse, et, les mains étendues, il reprend l'incantation :

— « La Terre est en flammes, le Ciel est en flammes, l'homme et les dieux sont en flammes. Si tu dis ces conjurations contre cela, *Ils* viendront en leur nom vrai, *Ils* te délivreront des flammes de l'horizon. »

Le sorcier jette une poudre dans le feu qui répand de grandes lueurs vertes ; les visages sont cadavériques...

— « Arrière, toi qui amènes ton visage, ton âme et ton cadavre, qui ensorcelez par vos faces, ô Esprits, ô Mort, ô Morte, ô ennemi, ô ennemie, pendant un tour de nuit ! »

La voix gutturale se perd en hurlement de loup... Sur son ordre, Pois Chiche s'approche de la flamme, s'accroupit auprès du sorcier qui dépose la toile sur les genoux de l'enfant.

— Ceci chassera les spectres de ton chemin... Mais que vois-je ? Tu veux provoquer un *Neter ?*... Penche la tête, jeune imprudent, et regarde le vase !

Divers ingrédients sont jetés dans le pot qui exhale une odeur suffocante...

— Respire la bile de crocodile, respire l'encens magique, respire la tête de grenouille... *Ils* viendront et *Ils* parleront.

La fumée âcre et la nausée soulèvent le cœur de Pois Chiche... Le sorcier saisit ses épaules avec ses mains noueuses ; un rire sinistre gargouille dans sa gorge :

— Cœur de chacal ! tu n'iras pas loin dans la nuit !

Pois Chiche se raidit :

— J'irai, quoi qu'il arrive !

— Alors, dit le vieil homme, prends ces quatre fils blancs, prends ces quatre fils verts, prends ces quatre fils bleus, prends ces quatre fils rouges ; fais un nœud, et les tiens en tes mains...

Il prend une huppe dans un panier, il lui tranche la gorge, il fait couler le sang sur les doigts qui tiennent les fils. Il prend un scarabée dans une jarre, il le noie dans un vase de lait, puis il force Pois Chiche à terminer l'opération :

— Tire le scarabée solaire du lait de la vache noire ; lie son corps avec les fils baignés de sang ; enveloppe-le dans la toile qui est sur tes genoux.

Une incantation monte encore de sa gorge, il enlève le paquet magique à l'enfant, le ficelle avec une cordelette à sept nœuds, et le suspend au cou de son client.

— Va, mes charmes sont tout-puissants ! Va dans la nuit ! Va dans la roche ! Va dans la terre ! Tu ne crains ni esprits, ni démons. Et garde bien l'incantation : *Ils* viendront et *Ils* parleront !

La mère de Pabak éleva timidement la voix :

— Plaise au Mage excellent d'écrire ma requête pour la confier au pèlerin ?

Le sorcier prit une large feuille ; il y inscrivit la demande, et la mit à cuire en un bouillon ; il en fit avaler la moitié par la femme et l'autre par l'enfant.

— Voici : maintenant, c'est lui-même qui sera ta prière.

La femme se leva et entraîna Pois Chiche qui titubait. Dehors, une brise fraîche le ranima ; et le pèlerin soupira en regardant la Cime.

***

Le matin du lendemain arriva. Pois Chiche quitta la maison de Pabak, muni de pains, d'oignons et de gâteaux.

Il erra tout le jour à travers les cultures, interrogeant les paysans sur les légendes de la Cime, partageant avec eux sa nourriture. Les vieux écoutaient en hochant la tête :

— Sais-tu seulement ce que tu demandes à Mersegert ? Il en coûte cher à celui qui se moque d'elle !

— Je sais ce que je veux obtenir.

L'air résolu de Pois Chiche les impressionna. Cependant l'un d'eux, voyant sa jeunesse, lui dit :

— Sois prudent : un scribe fut aveuglé pour avoir douté d'elle.

Un autre raconta la maladie étrange qui avait foudroyé un blasphémateur. Pois Chiche demanda :

— Quelqu'un a-t-il vu Mersegert ?

— Personne ne l'a vue ; mais on dit qu'un serpent est à l'intérieur de la Cime.

— On dit qu'elle frappe comme un lion...

— On dit qu'elle fascine l'impudent…

— On dit qu'elle donne à ses dévots le don de voyance et le regard fascinateur…

— On dit… On dit…

Pois Chiche écoutait chaque parole sans l'interrompre, l'une tombant sur l'autre et la contredisant ; et devant eux la montagne aussi, sans doute, écoutait… Crainte, ou respect ? Dieux, ou démons ? Sorcellerie, ou sagesse ?… Plus indécis encore et plus troublé, il se leva. Un ami de Pabak, Ipy le scribe, vint à passer :

— Eh ! toi, Pois Chiche, c'est pour ce soir ?

Alors il vit le sachet sur la poitrine :

— Excellent, excellent, tu portes même l'amulette ! Demain tu nous conteras ton aventure.

Pois Chiche ne répondit point et s'éloigna. Il marcha vers les sables, il attendit la fin du jour. Peu à peu les lueurs féeriques du couchant s'évanouirent ; la grisaille unifia le paysage ; mais le croissant d'argent éclairait à son tour la montagne, détachant nettement la ligne sinueuse du sentier.

Pois Chiche regarda s'éteindre les feux de bois, là-bas en bordure des cultures, et les lumignons des maisons ; un à un, tous ces yeux se fermaient pour la nuit, et le silence s'appesantissait. Enfin ce fut le grand isolement pour le pèlerin de la Montagne… *Elle* était devant lui, écrasante avec son mystère ; que lui réservait-elle en ce voyage ? La réponse, ou l'hostilité ?

Un calme absolu l'enveloppait ; point de fièvre, point de crainte ; il sourit en songeant à l'amulette : « Serait-elle efficace ? Si c'est ainsi, je suis muni : ma route est bonne ! » Il se mit à marcher joyeusement. A un détour du sentier il s'aperçut qu'il contournait le flanc de gauche au lieu de monter vers le col ; il revint sur ses pas, recherchant le chemin qui se perdait parmi les pierres. Il marchait lentement, s'asseyant pour contempler la plaine sous la lumière bleue. Il montait, s'arrêtait encore, comme pour garder un dernier contact avec les lieux habités… Tout proche était le col qui séparait de la vallée funèbre le monde des vivants ; ensuite commençait le mystère : à gauche le flanc escarpé de la Cime ; à droite, et tout autour de lui, un désert de mamelons caillouteux ; en face, l'ombre des failles menaçantes…

Tout à coup, un appel retentit ; on l'avait prévenu : le veilleur du poste de garde… Il se blottit contre une butte, il attendit longtemps. Alors il se glissa le long d'un mamelon, cherchant le sentier de la Cime. La Lune profilait son ombre sur les cailloux, il craignait d'être vu, rampant plutôt qu'il ne marchait ; les battements de son cœur semblaient assourdissants. Il se releva pour chercher le chemin ; rien qu'une solitude de pierres, aucun paysage connu ! De la Cime, la Lune déjà basse n'éclairait qu'une face ; sa lumière détaillait le cirque inquiétant des montagnes voisines ; entre leurs crêtes et lui, un gouffre se laisse deviner, mais quel gouffre ? Il n'ose s'approcher.

Pourquoi la Lune descend-elle si promptement ? Soudain, il mesure sa solitude. Il ferme les yeux pour reprendre des forces ; que cherchait-il donc dans les ténèbres ? Quel secret, quel *Neter ?* Un lion ? Un serpent ?... Un doute l'étreignit : si tout cela n'était qu'un conte ? La parole de Menkh lui revient en mémoire : une épreuve, sans doute ? Qu'en a-t-il fait ?

Un nuage s'étend sur le croissant, jetant un voile de ténèbres. Et, dans l'angoisse de la nuit, un cri effroyable, déchirant, cri de meurtre, cri d'un être qu'on égorge ! L'enfant, transi jusqu'aux moelles se met en boule... « Le meurtrier approche, le voici... » Dans un battement d'ailes, le rapace l'effleure en passant ! Le pèlerin, honteux, se relève. La Lune est sortie du nuage ; vite, Pois Chiche, trouve le bon chemin : en peu de temps elle va sombrer sans retour !

« Qu'est-ce encore, ce cri rauque, ce rire glapissant ?... Poltron, pourquoi cette terreur ? Ne connais-tu pas le chacal ?... Hyène ou chacal ?... » Instinctivement il touche l'amulette... Un rire sourd monte à sa gorge... « Oui, ris donc, imbécile ! Où est-il, ton pouvoir magique ? Où est-il ton courage ?... Tu cherches le mystère, et tu trembles pour un chacal !... » Il essaie d'avancer ; la lueur diminue : trop tard pour affronter la Cime ! Pas à pas il s'avance, face aux crêtes ; et voici que la ligne d'ombre s'élargit, le gouffre se révèle : à quelques pieds de lui, le précipice...

C'est fini, la montagne absorbe le croissant ; c'est la nuit complète, sans pitié. La détresse envahit le solitaire... le vertige l'empoigne ; il renonce, il se laisse choir, frissonnant, sur le sol.

***

Le silence était absolu, pas un cri de bête, pas un souffle, rien de vivant que lui seul... Où est-il ?... est-il bien sûr d'être vivant ? Ne plus rien voir, ne rien entendre que ses oreilles qui bourdonnent... Il sombre dans un vide total...

une peur effroyable monte et le paralyse, une peur de « rien », la peur vertigineuse, la *Peur*... Oh ! que quelque chose survienne qui le réveille... une bête, un esprit, n'importe : *quelque chose !*...

Un esprit ?... L'amulette... Elle crée un malaise étrange autour de lui. Il n'ose s'en servir, et non plus la jeter. Cette pensée précise arrête le vertige ; le « vide » prend consistance. Il touche le fond de sa peur, et de ce fond monte peu à peu une honte : la honte de son outrecuidance. Ce qu'il a *cru savoir*, ce qu'il *voulait vouloir*, son ambition, ses émotions, ses rêves, prennent forme et se meuvent en images vivantes. Les aspects successifs de Pois Chiche défilent comme une procession du même personnage avec une expression changeante. Il revoit l'enthousiasme de son « premier jour », son ardeur enfantine, sa confiance...

Mais d'où vient la transformation des derniers personnages ? Quelle ombre passe dans leurs yeux ? Des échecs les attristent, des succès les exaltent. Pourquoi montrent-ils cet aspect obstiné qui trouble leur lumière ? Pourquoi leurs regards expriment-ils le doute ?... Alors qu'on ne *sait* rien, n'est-il point absurde de *croire* ou de *douter ?*... Où donc est l'expression joyeuse du premier jour ?...

L'enfant se *retrouve*. Il se regarde, il sourit à cette ardeur sans tache, la compare au dernier visage : sa grimace vaniteuse le dégoûte... Et voici qu'une autre figure prend déjà consistance, avec un sourire éclairé par la candeur des premiers temps, avec un regard affermi dans une direction unique... Et Pois Chiche l'accepte et l'incorpore peu à peu, au fur et à mesure que s'effacent les dernières figures, honteuses d'elles-mêmes.

***

Et la peur s'est évanouie. Pois Chiche s'étire et se secoue , s'il osait, il chanterait sa joie ! Que n'oserait-il pas en cet instant ?

Mais voici qu'un murmure monte des profondeurs, un murmure qui devient un appel de plus en plus intense... C'est une voix humaine : d'où sort-elle ? Sans crainte, maintenant, Pois Chiche écoute ; il s'oriente, et il comprend : la voix monte du fond d'une faille dans la vallée des morts, toute proche de lui. Il rampe dans le noir, prudemment, tâtant le sol pour avancer ; et voici : à la distance d'une coudée, c'est le vide !

La lamentation s'amplifie, suppliante. Ses mains en cornet devant sa bouche, Pois Chiche appelle :

— Qui es-tu ?

Sa voix, dans cette faille, prend une profondeur sépulcrale, et l'écho, de roche en roche, répète : « Qui es-tu ?... » Il insiste :

— Parle, quel est ton nom ?

Et la réponse monte, vibre d'espoir :

— Ô Déesse, tu daignes m'entendre ! Je suis Pantha, le vendeur de parfums, et je viens t'implorer !

D'en haut, la voix résonne de nouveau :

— On te connaît, toi, Pantha, le voleur. Tu fausses ta balance et tu truques tes huiles : que peux-tu espérer ?

L'écho rend les paroles fantastiques. En bas, le pèlerin tremble d'émoi :

— Ô Déesse, si tu fais le miracle, je mettrai le bon poids : l'huile de *ben* sera l'huile de *ben*, et ma balance sera celle de Maât !

Le pèlerin d'en haut écoute le pèlerin d'en bas, et sa joie ne connaît plus de bornes. Il renforce le ton :

— Que demandes-tu ?

— Ô Déesse, exauce-moi : un malin esprit noue ma jambe depuis longtemps, et me fait boiter de douleur. Ô Déesse, guéris-moi !

Le pèlerin d'en haut est fort embarrassé ! Que risque-t-il avec un tel voleur ? La farce est innocente... Il ne résiste pas, il déclame l'oracle :

— Il ne tient qu'à toi de guérir : si ta promesse n'est point mensonge, tu courras comme la gazelle !...

Un silence...

Et voici qu'un hurlement de joie retentit ; la voix est enrouée d'émotion :

— Ô Déesse, ô Puissante, ma jambe est dénouée ! Tu as fait le miracle... Je marche... je marche !

Là-haut, le pèlerin, stupéfait, retient son souffle... Est-ce possible ? De nouveau, ceci confond tout ce qu'il peut comprendre. Un miracle ?... Et l'autre croit en la déesse ! Si jamais il apprend l'imposture...

Pois Chiche est pris de crainte : y a-t-il imposture ? Certes il ne l'a point *voulue !* Cependant il ne peut supporter ce mensonge ; il se penche, il va crier la vérité.

Alors, devant ses yeux, une image s'impose dans la nuit : le visage de « Celui-qui-sait » le regarde, et son doigt sur les lèvres ordonne le silence... « Est-ce un rêve ? »

L'enfant, immobile, laisse s'évanouir le mirage ; il ferme

les yeux, il écoute. Il obéit au rêve de Sagesse qui le conseille : « Qu'importe la cause du prodige, si ceci assainit le cœur et la jambe du voleur ? Il est trop petit pour comprendre...

D'ailleurs, quel prodige est plus grand : de guérir un boiteux, ou *d'éclairer la vanité d'une intelligence naissante, par la candeur devenue consciente ?* »

Le pèlerin d'en haut s'endort dans un sourire.

*
**

Et ce fut l'aurore radieuse qui l'éveilla. Debout, il demeura perplexe en contemplant la Cime ; puis il secoua la tête joyeusement :

— Qu'importe ! je comprendrai plus tard. Ce fut une très grande nuit !

Il se disposait à partir, quand il se souvint de la mère de Pabak : il avait oublié sa requête ! Il réfléchit un instant, puis il prononça gravement :

— Que lui soit fait le bien qu'elle voulait me faire.

Il descendit la pente en chantant.

Il évita les maisons du village. Il parvint aux cultures ; champs et palmiers crépitaient de pépiements d'oiseaux. Il courut vers le fleuve, il descendit la berge ; il retira son pagne, il dénoua son amulette et la lança dans le courant qui l'emporta ; puis il plongea lui-même avec délices.

Comme il sortait du bain, voici que le scribe Ipy vint à passer.

— Hé ! Pois Chiche, as-tu vu le miracle ? Pantha, le boiteux, est guéri par la Cime.

Le pèlerin ne bougea point :

— Je ne sais rien, j'ai passé la nuit loin de la Cime.

— Qu'as-tu fait, qu'as-tu vu ? Où est ton amulette ?

— L'amulette ? Un affrit l'a mangée.

— Un affrit ?... Par ma vie, quel aspect avait-il ?

— Il avait ta figure !

Le scribe s'éloigna en maugréant.

XXVII

LE DERNIER JOUR

Pois Chiche s'étira comme un chat qui s'éveille et se mit à compter sur ses doigts : « Mon dernier jour pour trouver ce *Neter !*... Debout Pois Chiche ! En chasse ! » Revenu sur l'autre rive, comme il approchait du jardin de Menkh, il entendit les arpèges qui remplissaient les airs d'harmonies merveilleuses. Certes, c'était plus beau que tout au monde, plus apaisant, plus joyeux, plus vibrant. Jamais chant d'amour ne fut plus émouvant, plus passionné, plus triomphal. Il courut, pénétra dans le jardin et chercha le harpiste... qui se tut.

— Ô Mesdjer, je n'ai jamais entendu pareille chose ! Que chantais-tu ?

— Je te le dirai tout à l'heure. Parle, Pois Chiche : tu es bien essoufflé ! Que me veux-tu ?

— Voici : je dois donner la réponse à Menkh, je ne l'ai point trouvée, et c'est mon dernier jour !

L'aveugle hocha la tête :

— Le dernier jour... Tâchons de le bien employer.

Pois Chiche raconta sa visite à Pabak, au sorcier, à la Cime. Il conclut :

— La Cime m'a donné plusieurs grandes leçons... mais elle ne m'a pas montré les *Neter !*

— Quels *Neter !*

— Les *Neter* du tissage dont je dois trouver le nom...

Le harpiste sourit :

— Évidemment, tu as cherché la fantasmagorie... Ne t'en afflige pas : tu répéteras, malgré toi, cette erreur. Tu repasseras souvent par le même chemin, mais avec les yeux de plus en plus ouverts.

— Que ferai-je ? Je devrai répondre à mon Seigneur, sinon il ne me dira rien.

L'aveugle promenait ses doigts sur la harpe en silence... Après quelques instants, il parla :

— Il serait bon pour toi de chercher seul, et je devrais me taire ; mais puisque c'est le « dernier jour », je vais mettre en ta main le bout de fil... *écoute :*

« Quand Pois Chiche était si petit qu'il était encore dans le nid *(sech)*, Pois Chiche, petit faucon, était sous la protection des déesses. Sa mère avait tissé son vêtement, — dessiné *(sech)* par *Sechat* [1], — avec la navette que *Neith* l'aidait à conduire *(sechem)*. C'est là le secret *(cheta)* de *Sechat ;* c'est aussi le secret de *Neith.* Et Her-Bak deviendra l'escorteur *(chemsou)* de celui dont il porte le nom (Horus *her*).

« ... Il suffit de trouver la navette ! »

Pois Chiche ouvrait ses yeux, sa bouche et ses oreilles :

— Ô Mesdjer, est-ce un jeu, tous ces mots qui se ressemblent ?

— Si tu veux : ce sera ce que tu en feras.

— Explique-moi...

— Rien de plus, mon enfant.

Pois Chiche essayait de répéter les paroles entendues... il demanda :

— Avec ces mots, pourrai-je trouver les *Neter* que je cherche ?

— Si tu cherches un *Neter,* observe la *Nature.*

Pois Chiche regardait l'aveugle avec admiration :

— Ô Mesdjer, mon Maître Menkh sait-il que tu connais toutes ces choses ?

Mesdjer eut un sourire heureux :

— Ne suis-je pas son « frère » ? N'ai-je pas mon image dans son tombeau ?

Pois Chiche bondit :

— Mais Menkh est vivant !

— La « Maison de perpétuité » doit se construire pendant la vie terrestre : *ce n'est pas toujours une tombe.*

— Je ne comprends pas... Mais en disant ces mots, Pois Chiche se souvint de la « Maison du bois » [2]... et il se tut.

— Oui, dit le harpiste, cela peut être ce que tu penses.

L'enfant saisit les mains de l'aveugle :

— Ô Mesdjer, tu lis dans mon cœur, tu entends sans paroles !

— Sans doute le voile de mon corps est-il déjà presque détruit...

1. Sechat, *Neter* de tout ce qui est écritures, dessins, etc. Voir n° 27, Pl. VI.
2. Voir chap. XXV.

— Oh ! Pourquoi parles-tu ainsi ?

— Il n'y a nulle tristesse en cela. L'horreur, quand vient le terme, c'est d'être agrippé à la terre avec des griffes de dragon ! Mais lorsqu'on a tissé ses ailes dans son corps de limon, on prend son vol avec bonheur.

« Je suis vieux, mon enfant ; la montagne m'appelle... Je veux te dédier ma dernière chanson. »

— Ô Mesdjer...

— Ne parle pas, mon fils, *écoute en paix !*

La harpe préluda, imprégnant l'atmosphère d'harmonies si sereines qu'elles apaisèrent le trouble de Pois Chiche ; puis la voix s'éleva :

« L'enfant qui monte à l'Orient
Porte sa joie exubérante
En auréole,
Mais à ses pieds des semelles de plomb.

Et la durée du jour,
La durée hargneuse, l'écartèle.
Vers le Ciel se tend sa couronne,
Et vers la terre sa lourdeur.
Il est dur de lutter
Contre ce qui divise !

Il monte, degré par degré,
Vers son zénith.
Heure de gloire ! Heure d'amour !
Il étend les bras pour l'étreindre,
La bien-aimée...
Ô terreur
D'être suspendu dans le vide !
Homme, ô pauvre crucifié !...

Ô crépuscule, ô grand espoir,
Rapprochement...
Parole de paix entrevue ;
Embrassement de Ciel et Terre ;
Confondement
Où s'éjouit
— Dans la paix de l'Amen divin —
L'exubérance de l'aurore !

Nuit féconde, nuit lumineuse ;
Nuit sans ombre
Où l'Apparence disparaît.

Ô sérénité de l'Amour
Enfin connu !

Ô Rédempteur, tu as vaincu
L'espérance vaine, et le Poids,
Et le Séparateur !

Je te retrouve enfin, ô mon jeune désir,
Candide enfant !
En ton joyeux commencement,
Ma fin radieuse s'annonce.
Tu m'emportes vers la Lumière
Où soir et matin sont unis ;
Anneau d'or
Sans brisure et sans fin !

Ô désir tu n'es plus ! Ô Amour, tu es moi !
En toi, Médiateur,
L'Horus vainqueur prend son vol triomphant ! »

Le chanteur se tut. Il posa sa main sur le front de l'enfant, puis il le pressa de poursuivre son but :

— Lève-toi maintenant, mon fils, et va !... Va, et *n'oublie pas de chercher la navette !*

XXVIII

TISSAGE

Il fallait obéir. Pois Chiche s'éloigna, emportant dans son cœur la chanson.

Que peut-il faire ?... Il choisit le silence et l'ombre. Une palmeraie abritait quelques huttes de boue ; la fraîcheur y était délicieuse. Il s'assit à l'écart des maisons. Il se mit à chercher le « bout du fil » dans la phrase mystérieuse de Mesdjer ; il retrouva les mots, sans parvenir à débrouiller l'écheveau. Au moment où il commençait à désespérer, des enfants passèrent en jouant ; quelque chose tomba de leurs mains, Pois Chiche le ramassa : c'était un nid d'oiseau, tressé de branches souples. Il s'émerveilla de l'adresse avec laquelle l'oiseau avait entrelacé les brindilles, sans outil autre que son bec ; il poussa un cri d'étonnement : le nom du nid *(sech)* ressemblait au nom de l'aiguille « conductrice » du fil *(sechem)*. Alors il ouvrit les yeux sur la *Nature ;* près de lui un jeune palmier développait ses feuilles en bouquet ; la base de chacune d'elle était cachée par un tissu fibreux qui contournait le tronc ; Pois Chiche crut y voir un travail naturel identique à celui du tisserand.

Il étudia la texture des palmes. Elles participaient de la texture du tronc : à leur base, elles s'effilaient sur leurs bords en fibres semblables à celles des enveloppes ; une seule et même « force » montait de terre, tendait ses fils : ceci, c'était la *chaîne*. Mais d'où venait le fil de la trame ? Quelle navette le conduisait ?

Longtemps après, lorsque le dernier rayon d'or se fut éteint dans les palmiers, Pois Chiche retourna vers la demeure seigneuriale. Menkh ne tarda point à le faire appeler.

Avant toute autre parole, Pois Chiche dit :

— Seigneur, tu m'avais accordé trois jours, et voici : je viens pour la réponse.

— Parle : cette réponse, donne-la.

— Ô mon Maître, je ne connais pas les *Neter* du tissage, car je ne sais point ce que c'est, un *Neter ;* mais j'ai trouvé dans la Nature plusieurs exemples de tissage. Voici un nid entrelacé de brindilles : qui instruisit l'oiseau pour ce travail ? Voici un tissu qui enveloppait la base d'une palme ; les fils qui le composent semblent disposés comme ceux d'une étoffe. Alors j'ai regardé d'autres plantes, et j'ai vu que les feuilles aussi pouvaient être tissées, puisqu'il y a beaucoup de fils qui s'entrecroisent.

Menkh prit le lambeau fibreux :

— Tes yeux ont vu ce que tu *crois savoir :* en agissant ainsi on ne trouve point de vérité. Comment se fait l'étoffe du tisserand ?

— Des fils sont tendus en longueur, c'est la chaîne ; un fil porté par la navette les entrelace, de la droite vers la gauche, puis de la gauche vers la droite : c'est la trame.

— Ce que tu expliques est correct ; or, regarde ton tissu de palmier : est-il fait ainsi que tu le dis ?

Pois Chiche, ayant mieux observé, s'étonna :

— Ô Maître, ta parole est exacte : c'est un autre travail ; ce sont les fils de chaîne qui s'élèvent en formant des angles, vers la droite puis vers la gauche, alternativement. Il n'y a pas de *trame.* Ce sont les couches superposées qui s'entrecroisent, et parfois s'entrelacent, donnant l'apparence du tissage.

Menkh l'approuva :

— Il n'y a plus d'erreur en ce que tes yeux ont vu ; mais, lors même que ces fils viendraient à s'entrelacer, ce ne serait pas du tissage, car le fil de trame n'y existe point : ce sont les fils de la chaîne qui, par leur direction alternée, produisent cet effet illusoire.

Pois Chiche regardait les fibres avec attention. Il leva les yeux vers son Maître :

— Alors, il n'y a pas de tissage dans la Nature ?

Menkh sourit :

— Sache au contraire que la navette de Neith ne s'arrête jamais. Cette erreur que tu as dite, elle n'est point dans le principe, mais dans l'application que tu en as faite. Le caractère du tissu, c'est l'entrecroisement du *Mobile*, le fil *(nou)*, à travers le *Fixé ;* sa fonction, c'est le va-et-vient de ce Mobile porté par la navette ; le *Motif* est ce qui fixe la chaîne et lui donne sa tension.

— Ô Seigneur, ce qui fixe les chaînes, ce sont les poids de terre *(ta)* qui pendent sous le métier !

— Il y a une grande vérité dans cette parole. Dis-moi donc ce qui, dans l'arbre, est la chose fixe ?

— Ce doit être... ce qui reste en terre : la racine.

— Bonne réponse, car c'est elle qui fait jaillir et s'élever les fibres et les vaisseaux qui sont la *chaîne* de la tige. La trame est la *substance*, œuvre mystérieuse de la navette, ou, si tu préfères, des deux flèches de Neith, *car c'est elle le véritable Neter du tissage*. Neith donne le fil *(nou)*, la navette le porte et le conduit *(sechem)*. Neith est la grande tisseuse du Monde. Deux choses sont remarquables en son œuvre : la substance et le mouvement. De même que ta poitrine se gonfle et se resserre, de même les deux flèches de Neith donnent le double principe de sa forme.

— Ô mon Maître, flèche et navette ne sont point même chose !

— Certes il y a une différence : la flèche se fixe dans la cible. La navette, au contraire, ne se fixe pas : elle imprime le mouvement ; elle passe *(sech)* à travers le tissu, va et vient, conduisant le fil, le dépose et se retire ayant fait son ouvrage ; mais sa signature subsiste par le dessin laissé dans le tissu, la plante ou l'animal.

« Mais ne t'arrête pas aujourd'hui sur des problèmes dont tu ne possèdes pas tous les éléments.

« L'étude de la composition des mots est effectivement la clé de notre enseignement. Notre langue est construite sur une connaissance profonde des Lois et des fonctions qui ont déterminé la structure de tout ce qui existe. Le nom attribué à chaque chose est sa définition, exprimée par la valeur des lettres qui composent ce nom, et des signes qui l'écrivent. C'est pourquoi nous pouvons d'un seul mot remplacer une description ou même exprimer une théorie. Ce n'est pas une langue de bavards ; c'est une langue de Sages qui *connaissent* les rapports analogiques du visible et de l'invisible et enseignent l'abstrait par le concret.

« Mais pour y accéder, il faut accepter une formation progressive qui est la « montée vers le Temple ». Ton étape actuelle est la constatation d'une parenté intentionnelle dans la composition et la signification d'un groupe de mots. Garde seulement en ta mémoire les exemples entrevus aujourd'hui, comme un signal pour éveiller ton attention.

« Conte-moi maintenant ce qui t'est advenu en ces trois jours ; parle sans rien omettre. »

Pois Chiche laissa courir sa langue ; le récit de ses aventures réjouit le cœur de Menkh.

Lorsque l'enfant se tut, son Maître le félicita :

— Le temps de ces trois jours ne fut point perdu, en vérité ! C'est une grande leçon que t'a donnée la Cime ; mais tu as commis une erreur : qui veut s'élever au sommet doit chercher la base en la caverne. Pèse avec grand soin ces paroles ; quand tu auras compris, ne tarde pas : retourne à la montagne, mais pour passer la nuit dans la profondeur de la roche. Cependant tu n'iras point sans m'avertir de ton départ.

Le cœur de Pois Chiche était lourd de questions ; Menkh ne voulut rien entendre.

— Ne dilapide pas ton trésor. L'exubérance est un bon stimulant pour l'action, mais la lumière intérieure s'accroît dans le silence et la concentration.

XXIX

LA FÊTE DE LA VALLÉE

Le fleuve est sillonné d'esquifs transportant les fidèles pour la belle « Fête de la vallée ».

Il y aura foule sur l'autre rive : paysans, scribes, marchands de victuailles, s'entassent, surchargeant la barque ; un vendeur de parfums ranime les charbons de sa cassolette pour tenter les acheteurs ; les fumées des résines se combinent aux relents des aulx et des oignons. Aucun souffle ne vient diluer l'atmosphère ; de lourds effluves montent du pays noir [1]. Mais la fièvre d'attente, l'espoir « d'on ne sait quoi » couvent dans tous les cœurs comme un feu sous la cendre.

Un scribe s'est hissé sur un tas de corbeilles pour préserver sa robe blanche. Pois Chiche se glisse auprès de lui, il questionne :

— J'ai vu la procession d'Amon vers son Apet du Sud : celle-ci sera-t-elle semblable ?

— Ce sont les mêmes barques, le but est différent : aujourd'hui, Amon rend visite aux *Neter* de l'Occident, aux rois et aux nobles défunts.

— Comment Amon peut-il les visiter ?

— Sa barque reposera tour à tour dans chacun de leurs temples funéraires ; puis elle montera, pour y passer la nuit, dans le sanctuaire d'Hathor, au sommet du grand temple Djeser Djeserou.

— Mais la barque d'Amon est immense, c'est une île flottante : on ne peut pas la transporter.

— On transporte la petite barque d'or qui est dans le naos de la grande.

1 Du Sud : la Nubie

— Pourquoi promener une barque parmi les tombeaux ?

— Parce que les *Neter* d'Occident, les rois et les nobles défunts attendent d'Amon l'eau de rajeunissement.

— Cependant, tous ces morts sont dans leurs caveaux ?

— Certes, mais on asperge leurs statues.

— Leurs statues ne sont pas vivantes !

— On dit que leurs esprits en profitent.

FIG. 47. — *On transporte la petite barque d'or qui est dans le naos de la grande.*

— Je ne comprends pas... Tu parles aussi des *Neter :* comment Amon peut-il les rajeunir ?

— Amon-Râ est le Roi des *Neter.*

— Ta réponse n'est point claire !

Une voix hargneuse cria :

— Elle ne l'est que trop pour un profane de ton espèce !

Pois Chiche regarda l'homme au crâne rasé, puis il dit :

— Si tu es prêtre, ne l'es-tu pas pour enseigner le peuple ?

— Il n'est pas utile pour le peuple de *savoir :* il suffit de verser la dîme et les offrandes.

— Je ne comprends pas. Vous avez tant de *Neter :* n'ai-je pas le droit de connaître et de choisir celui auquel je fais l'offrande ?

— L'ignorant qui discute n'obéit plus aux lois.

— Pour que je ne discute point, instruis-moi : pourquoi y

a-t-il tant de dieux, selon la rive, selon la ville, selon les Temps ?

— N'est-il pas juste que le clergé de chaque temple reçoive à son tour les honneurs et les bénéfices des offrandes apportées à ses propres *Neter ?*

— *Je ne comprends pas :* le *Neter* doit-il servir le prêtre, ou le prêtre est-il là pour servir le *Neter ?...*

Heureusement pour Pois Chiche, la barque abordait la rive. Le tumulte du débarquement sépara les interlocuteurs. Pois Chiche réussit à se glisser parmi la foule, mais le prêtre furieux ne le perdit point de vue.

Des groupes se formèrent, envahissant les quais, escaladant les tumulus, les arbres, les terrasses, pour jouir plus longtemps du spectacle des barques sur le fleuve, puis sur les canaux et jusqu'aux reposoirs.

Or voici qu'un autre cortège vient à leur rencontre : les statues des patrons royaux, protecteurs de la nécropole, s'avancent sur des traîneaux tirés avec des cordes ; on répand du lait sur leur passage pour faciliter le glissement.

Les confréries et le clergé de la rive d'Occident les accompagnent en chantant. Les deux cortèges se rejoignent ; la barque d'or d'Amon, soulevée par quarante porteurs, se réunit aux effigies royales qui attendaient ce jour dans leurs demeures de l'Amenti. Joie frénétique... acclamations ! Prières de toutes les familles au nom des occupants de tous les caveaux funéraires, des plus humbles comme des plus grands.

Alors va commencer la longue randonnée qui, d'étape en étape, va porter à chaque « dormeur » l'eau divine de rajeunissement. Et dans cette saison torride où la terre est en poudre comme des ossements, ce sont les tombes qui donnent l'espoir du printemps. Pour elles toutes les fleurs, cultivées et gardées pour ce jour, près des temples royaux comme aux pyramidions des particuliers ; leurs jardins, leurs bassins, sont égayés de bouquets et de colliers de fleurs. Les visiteurs s'empressent autour de leurs tables d'offrandes, et chacune d'elles attend la visite divine.

Les haltes aux temples fastueux se prolongent ; sur tout le long parcours se forment des rassemblements pour des agapes populaires. Des groupes circulent, échauffés par les libations généreuses. Une altercation se produit ; cris indignés... voix hargneuses... On s'attroupe autour de l'objet du désordre : la dispute ridicule d'un prêtre et d'un enfant. Tandis que les assistants commentent la cause du conflit, appuyant l'un ou l'autre des belligérants, un remous désagrège la foule : deux hommes forcent le passage... et voici que Pois Chiche apparaît, empoigné par des mains puissantes qui l'entraînent loin des curieux.

⁂

Assis devant des gâteaux et des fruits, le batailleur, confus, n'ose questionner ses deux compagnons car ceux-çi semblent l'observer avec une amicale ironie. Il les regarde avec la conviction d'avoir déjà vu leurs visages... Ne connaît-il point ces insignes ? Où donc les a-t-il rencontrés ? Il risque une question, mais on lui impose silence :

— Mange... et tais-toi !

⁂

Quelle étrange journée... Étrange fête ! Mort et vie, deuil et joie, culte funéraire qui est un chant vibrant de renouveau... Les hymnes alternent avec des chants à boire ; aucune tristesse : de la vie ! Mais une vie dont les éléments disparates se heurtent sans lien apparent...

Le plus âgé des hommes observe le front crispé de l'enfant. Il lui sourit, et sa parole pacifie l'atmosphère :

— Le KA des nourritures est pour le KA des morts, les victuailles pour les vivants ; et, par les nourritures, les vivants s'unissent aux morts.

XXX

LA CAVERNE

Au soir de ce jour-là, Menkh vit arriver Pois Chiche semblable au guépard du Midi.

— Seigneur, le serviteur-ici-présent te demande une faveur.

— C'est la première fois que tu fais telle requête : je ne la refuserai point.

— Voici : que mon Seigneur daigne répondre en *vérité* à mes questions !

Menkh regarda Pois Chiche avec surprise :

— Où est la faveur en cela ? Ne l'ai-je pas toujours fait ?

— Non point, ô mon Maître, quand il fut question du Temple : c'est mon derrière qui a reçu la réponse.

Menkh réprima un sourire :

— Tu me prends par la ruse ; soit j'ai promis, que veux-tu savoir ?

— Seigneur, qu'est-ce qu'un prêtre ?

— C'est un fonctionnaire d'un des temples.

— Il y a beaucoup de prêtres ; ils ne font pas tous la même chose ?

— Non point. Il existe autant de prêtres que de fonctions : certains s'occupent de recevoir et compter les offrandes, d'autres de l'entretien des temples, d'autres des objets du culte, d'autres des sacrifices d'animaux.

— Ce sont des hommes comme les autres ?

— Certes, ils ont souvent femme et enfants et ne vivent pas tous dans les temples : tels les prêtres horaires, qui font leur service selon le jour et l'heure et, quant aux autres jours, vivent ailleurs, exerçant un autre métier. Mais entre cette question et *le Temple,* quel est le rapport ?

— Le Temple n'enseigne-t-il point la connaissance des *Neter* ? Et les prêtres ne sont-ils pas leurs serviteurs ?

— Ô Pois Chiche, ne confonds pas *le Temple* avec les chapelles du culte, ni le culte avec la Connaissance, ni les prêtres avec « ceux-qui-savent » !

— Les prêtres, que savent-ils donc ?

— Ils savent ce qui concerne *l'exercice* de leur fonction. Ceux qui sont aptes à connaître davantage ne restent pas esclaves du culte et de la fonction. Me diras-tu pourquoi tu poses ces questions ?

Pois Chiche hésita, puis il laissa déborder sa rancœur :

— Ce jour de fête fut néfaste : je me suis battu avec un prêtre de la procession.

Menkh lui jeta un regard sévère :

— Je le sais : j'ai dû te défendre contre ceux qui t'accusaient, mais je ne le ferai plus. Ô toi, quel est ton âge ? Passeras-tu ta vie à te battre ? Aurais-tu bu comme les autres ?

— Eh quoi ! devais-je laisser maltraiter un « sans-défense » ? Ces prêtres et ces scribes se permettent toutes les violences à cause de leur robe et de leur nom : le peuple doit-il subir sans protester ?

— Si la robe et la fonction ne sont plus respectées pour ce qu'elles représentent, ce sera l'anarchie dans le pays. Je connais les abus : as-tu le droit de t'ériger en juge ?... Quel est ton but actuel : la correction des autres, ou ta propre culture ? Peut-il rectifier un faux poids, celui dont la balance est incertaine ?... Peux-tu éclairer ton voisin si tu n'as pas toi-même la lumière ?

Pois Chiche baissait la tête vers le sol. Menkh reprit :

— Ne te rebute pas pour ce que tu as vu : n'as-tu point déjà reçu large mesure ? Ne sois pas arrogant à cause de ces dons. Cette fête fut un trouble pour toi : sa version populaire ne te convient plus, et tu ignores encore tout son sens véritable... Ne dois-tu pas rendre visite à Mersegert ?

— Si tu le veux, j'irai demain.

— Non point si je le veux, mais si tu le désires. Fais à ton gré.

Pois Chiche délibéra longuement avec lui-même ; puis il se leva et déclara :

— Seigneur, j'irai demain vers la montagne.

Et Menkh dit :

— Si tu veux accomplir ce projet, ne te mêle pas à la foule et aux buveurs. Demeure en repos tout le jour à l'entrée de la vallée ; vers le soir tu y pénètreras ; tu porteras mon sceau afin que les gardes ne t'en refusent point l'accès, et tu chercheras l'abri de la caverne pour y passer la nuit.

Pois Chiche voulut flairer la terre devant son Seigneur, mais celui-ci le releva et l'embrassa :

— Va, et ne sois ni faible ni fanfaron !

— Seigneur, je ferai tout ainsi que tu m'as dit.

***

Pierres sèches de fin du monde...

Un chemin étouffé au fond de roches nues ; les deux flancs désertiques l'enserrent, le menacent, le relâchent, le replient en sinuosités sans fin. Pas un bruit, pas un souffle ; silence.

Sous la clarté blafarde, le pèlerin muet chemine à pas de loup... Où est la foule ? Où est la vie ?... Y a-t-il quelque part un monde sans silence, des gens qui parlent, vivent, luttent ?... Le rythme balancé de ses pas l'étourdit, comme l'ivresse du vin doux. Il se laisse bercer, emporter... Le silence l'emplit comme une nourriture ; il pourrait marcher sans fatigue et sans fin, sur la route de paix absolue, sur la terre poudreuse et légère, légère...

Soudain le chemin tourne court : en face, un cirque étroit de roches écrasantes ; sur la gauche, les replis épais de la muraille creusent de sombres failles ; de nombreux visiteurs ont marqué le sentier.

Le marcheur est sorti de sa béatitude par la nécessité du choix ; sans doute, c'est le but. Il approche des fentes caverneuses ; il hésite, il tâtonne. Celle-ci, plus profonde, a dû servir comme ermitage, car des briques y sont disposées en banquette.

Pois Chiche se décide à rester dans la roche qui l'enserre comme une prison. Il en touche les parois, il s'assure de son isolement. Il s'assied sur le lit de briques et s'efforce de préciser le but de son pèlerinage.

Ce n'est plus l'enchantement du silence : c'est le trouble violent de souvenirs désordonnés. Les scènes de la procession viennent peupler sa solitude ; il revoit l'enthousiasme des foules, le calme impressionnant des dignitaires. Tout se silhouette en contrastes : la splendeur des costumes et la pauvreté du peuple ; l'humble foi des adorateurs et l'arrogance des prêtres ; la dignité des Maîtres de corporations et la servilité des scribes. Il songe au récit de Pabak, aux questions, aux réponses de la statue ; oracle, ou supercherie ?

La pensée d'un abus de confiance le révolte : « Au nom de

quel pouvoir peut-on duper des ignorants ? Si l'oracle était véritable, comment le *Neter* laisserait-il ses servants oppresser les croyants ? »

Pois Chiche s'indigne, il s'accuse : alors que lui, il vit heureux et protégé, le peuple subit la tyrannie. N'est-il pas égoïste, profiteur comme les autres ?... Quels sont ces « autres » qu'il incrimine ? Il regarde ceux qui furent ses Maîtres :

— *Menkh :* quelle solidité pour diriger les hommes... Quelle certitude dans son chemin !

« *Abit :* quelle joie, quel amour du métier !

« *Nadjar :* quelle connaissance de la matière !

« *Mesdjer :* quelle sérénité !

« Pourquoi ceux-là n'interviennent-ils pas pour éduquer le peuple ?... En fait, ne l'ont-ils pas éduqué, lui, Pois Chiche ? Mais pourquoi ce favoritisme ? Pourquoi élever les uns et laisser choir les autres ? Pourquoi tolérer l'injustice et les rigueurs des scribes, l'hypocrisie des prêtres ? Pourquoi donner l'accès des temples à ceux qui achètent leurs charges par des vols et des corruptions ? »

Il se rappelle les récits de procès scandaleux, de spoliations, de vengeances. Sa rancœur s'accumule, il provoque les *Neter :*

— S'ils sont présents, qu'ils me répondent ! Si leurs images sont un leurre, à quoi bon vouloir les connaître ? A quoi bon les servir ? A quoi bon suivre leurs conseils, leur morale ? Autant vivre selon son plaisir, rire et boire avec l'insouciant !...

« Personne ! Personne ne répond ! »

Les poings sur les yeux pour arrêter ses larmes, Pois Chiche a crié son angoisse, et son appel résonne sous la roche...

— Pois Chiche ! me voici.

Suffoqué, il ouvre les yeux : à l'entrée de la grotte, la Lune découpe une haute silhouette. « Lui ! » Est-ce possible ? N'est-ce point encore un mirage ?

Mais le Sage s'approche, il pose la main sur son front :

— Sois en paix, mon enfant.

La secousse est trop forte, Pois Chiche s'effondre à ses pieds, tout en larmes :

— Oh ! tu es venu !

Le Sage le relève ; il s'assied sur le lit de briques ; il attire à ses pieds la petite chose sanglotante :

— Eh quoi ? La foule est en liesse, et toi, tu pleures ?

— Ceux qui sont en liesse sont des brutes, ils boivent, ils

chantent, ils subissent les prêtres qui les trompent, les grugent, les bousculent !... Et j'ai honte de leur lâcheté.

— Calme-toi, mon enfant, vois les choses sans parti pris : crois-tu que la joie du peuple soit factice alors qu'il honore ses dieux ?

— La plupart de ces paysans ignorent tout du Temple, tout... excepté la dîme à payer ! Ceux qui savent les noms des *Neter* n'en connaissent que les exigences ; par crainte de ces *Neter* ils font des offrandes, et aussi des sorcelleries !

— Toi, Pois Chiche, tu ne vois qu'un aspect de ces choses : garde-toi de juger sans savoir. Les prêtres, *ceux dont tu parles,* ont les mêmes passions que le peuple ; c'est pourquoi ils peuvent l'impressionner, le mâter sans scrupule, par la crainte et la superstition. C'est une caste décadente, souvent déchue parce qu'elle a gardé l'autorité sans la Sagesse.

« Cependant, d'autres prêtres, que tu ignores parce qu'ils ne se mêlent pas à la foule, poursuivent des travaux dignes de ton respect. Mais ceux-ci ne peuvent pas imposer au peuple leurs propres lois, trop austères pour lui, et de notions trop abstraites. »

— Pourquoi ceux qui sont sages n'interviennent-ils pas pour transformer les autres ?

— Ô enfant sans expérience ! On ne transforme point les hommes comme une pâte à pain : pour ce faire, il faudrait un nouveau levain... Le Temps n'est pas encore venu.

— Maître, que signifie cette parole ?

— L'époque en laquelle tu vis est la fin d'un Temps, donc déjà une *décadence ;* toi tu ne connaîtras du nouveau Temps que les signes précurseurs, car il faut une longue famine pour attirer la pluie du Ciel !

« Pour agir utilement en ces périodes difficiles de transition, il faut connaître les rythmes et les Lois des cycles. Mais ceci fait partie du Temple véritable, ce n'est point un jeu d'enfant. Il n'est pas opportun d'en parler davantage en ce moment. »

— En attendant, faut-il laisser le peuple sans secours ?

— Que sais-tu des besoins du peuple ? Les connais-tu ?... Pois Chiche, que veux-tu ? Vivre avec cette foule, partager ses plaisirs, souffrir de ses souffrances ?

— Comment le pourrai-je ? Ce qui les met en joie ne m'émeut point ; eux ne ressentent pas ce qui me fait souffrir...

— Alors, *pourquoi vouloir ce que tu nies, et nier ce que tu recherches ?*

— Parce que le doute est entré dans mon cœur quant aux choses que l'on dit sacrées : les oracles du dieu, dans la procession, sont-ils vérité ou supercherie ? On me parle de Mersegert : je n'ai rien aperçu de divin, ni serpent, ni *Neter !*

« On vénère la Cime : mais c'est un tas de pierres. »

— Oui, la Cime est le haut d'une montagne, mais il y a la *Cime* et il y la *Vallée :* donc il y a *ce qui cause ces deux*. De même, en toi, il y a ce qui veut *s'élever* malgré la révolte de tes instincts animaux, et ce qui veut *rester terrestre*, pour profiter de ces instincts.

« *Cime* et *Vallée* sont deux puissances manifestées ; s'il n'y avait point ces *deux* il n'y aurait qu'*Un :* le *Neter* absolu... Mais son nom ne serait plus « *Neter* ». Or, puisqu'il y a *deux* il y a tous les autres qui en découlent, les autres *Neter*. Mieux vaut les connaître que les ignorer... si c'est pour parvenir à la connaissance de l'Unique, l'Absolu, l'Éternel. »

L'enfant resta longtemps muet...

— Tu ne dis rien, Pois Chiche ; me comprends-tu ?

— Je ne sais pas : d'ailleurs, à quoi sert de « savoir » ?

— A rien, si le cœur n'est pas affamé de Lumière.

« Pois Chiche, ne joue plus ! Réponds en vérité ; *si tu peux renoncer à « savoir », dis-le : renonce.* »

Pois Chiche se mit à trembler ; une émotion violente crispait son visage... Il cria :

— Maître, je ne puis pas renoncer !

— Alors, enfant, sois sage, n'alimente plus ce volcan. La nuit est maintenant totale ; laisse l'angoisse, laisse la crainte... et que vienne la paix, jusqu'au retour de la lumière ! Dors, mon enfant.

Pois Chiche ne résista point davantage. Il se blottit contre les pieds du Maître, et, sous la main pacifiante, il s'endormit.

***

Alors, le Sage entra dans son propre silence, profondément.

Et la Sagesse, en lui-même, s'exprima :

— Que celui qui « conduit » se garde de l'erreur. L'enfant commence à sentir le « duel », mais il n'a pas touché le fond de sa révolte... Son expérience est trop jeune pour avoir posé la « question » de telle manière qu'elle nécessite la réponse définitive.

« Cependant le drame est évoqué... Si tu laisses la pensée sans frein devenir son maître avant qu'il ait appris le véritable

« entendement », l'intelligence raisonnable risque d'étouffer sa candeur.

« L'enfant qui a parlé incarne l'esprit de son Temps, avec ses éléments de contradiction qui vont causer la tragédie. Celui qui dort encore porte une conscience supérieure à ce Temps ; c'est pourquoi *il lui sera possible d'aider* les hommes de son Temps. »

— Mais si je l'éveille trop tôt à sa Réalité, gardera-t-il la notion de la souffrance de ses contemporains ?

— C'est le danger ; mais sa lucidité est si précoce que la vision des erreurs accréditées peut le scandaliser en blessure mortelle, s'il n'est pas guidé pour comprendre l'enchaînement des choses ; alors il peut devenir le Révolté, et, sans doute, conducteur de révoltés...

— N'est-ce pas une faute de hâter le temps de l'éveil ?

— Lui-même a répondu : il *veut savoir.* Quant à la suite du chemin, nul Maître, si grand soit-il, ne peut faire un pas pour son disciple ; car celui-ci doit éprouver en lui-même chaque étape de la conscience.

« Il ne *saura* donc rien qu'il ne soit mûr pour le connaître. »

Le Maître médita longtemps, confondu avec le disciple, mesurant les progrès accomplis, les troubles actuels, les luttes à venir, forgeant déjà les armes pour faciliter le chemin...

Mais avant les armes, l'épreuve ! Quel que soit son amour pour cet être prédestiné, il aiguiserait sa conscience sans pitié.

Or voici que la première lutte touche à sa fin : quelle en sera l'issue ? La nature instinctive voudra-t-elle triompher par l'œuvre personnelle, par l'action, la violence, en révolte contre les erreurs de l'époque ? Ou sera-t-elle vaincue par la « volonté de Lumière », dans l'œuvre impersonnelle qui ne sert plus la volonté mais obéit au rythme de Sagesse ?

Le Maître se leva, et sortit pour contempler la nuit sereine.

***

Dès que la première lueur parut, triomphant des ténèbres, il revint vers Pois Chiche :

— Her-Bak, éveille-toi ! Il est temps.

Celui qu'on sortait du sommeil ouvrit des yeux surpris ; il secoua sa torpeur et s'agenouilla aux pieds du Sage.

— Ô Maître, me voici !

— Oui, Her-Bak, mais tu dois me répondre. Écoute : la

lutte qui se passe dans le sein de la Terre, entre les deux Frères ennemis [1], est plus féconde que la béatitude pacifique des « illuminés » de la Cime... à condition que l'on connaisse le moyen de délivrer Horus des liens de Seth, en affaiblissant ses gardiens.

« Le faucon peut monter vers le Soleil ; il peut aussi être cruel et attaquer en révolté le cœur vivant des choses... »

— Maître, que veux-tu dire ?

— Tu l'apprendras bientôt. Je t'offre le choix : je puis t'instruire pour devenir un Chef qui tiendra dans ses mains la puissance, les armées pour maintenir les frontières, les lois pour châtier l'injustice *à son gré*. Ou bien je te mets à l'ombre du Temple, et tu cherches, dans le secret, à pénétrer les mystères des *Neter*... si ceux-ci le permettent. Alors il n'y aura ni action ni gloire, mais souvent le reproche et l'incompréhension des hommes... Choisis ! Ne parle point sans consulter la volonté profonde de ton cœur.

Le Sage s'éloigna, écartant même sa pensée de la décision de l'enfant.

Quand il revint, Her-Bak marcha vers lui et le regarda fermement :

— Maître, je veux trouver ce qui est véritable, même si c'est dans le silence... Mais toi, tu m'apprendras à dominer mon impatience !

Alors le Maître prit l'enfant par la main ; il l'entraîna, il lui fit gravir le sentier de montée.

Ils atteignirent le plateau dès les premiers rayons de l'aurore. Toute chose sortait du sommeil et retrouvait sa couleur : la Cime, les pierres des palais et des temples, la verdure des jardins. Les palmiers animaient la terre desséchée, abritaient les maisons de boue enrichies de lumière... Et l'or du matin irradiait sur toutes les misères.

Le Sage s'arrêta, il regarda son compagnon ; il l'embrassa et il lui dit :

Her-Bak, mon disciple, que ton choix soit donc accepté ! Cependant je veux, avant d'aller plus loin, que tu graves en tes yeux la *vision* de la *vallée*... Quand on chemine en pays inconnu, chaque bifurcation place le voyageur dans l'indécision et le trouble ; tout mirage, toute illusion risque de l'égarer ; mais lorsque son choix est sagement fixé, son regard doit mesurer son horizon pour ne plus confondre les chemins. Contemple la vallée ; du plus dénué au plus comblé, chaque homme y déroule ses jours avec ses passions,

1 Horus et Seth.

son avarice, ses haines, ses envies, *ses satisfactions à sa mesure.*

« Si tu veux quitter ce chemin, *je ne te dis pas « laisse ces plaisirs »*, mais je te dis : « Que ton exigence soit à la hauteur de ton but. » Si tu veux la joie surhumaine, accepte la lutte surhumaine dans un corps très humain, et sache que le gouffre avoisine toujours les sommets.

« Her-Bak, me comprends-tu ? »

— Ô certes, Maître, c'est le plus joyeux matin de ma vie !

— Soit ! Alors, partons sans retourner la tête.

— Mais ne dois-je pas avertir mon Seigneur ?

— Menkh connaît l'échelle des valeurs, il comprendra.

— Mais je dois remercier Nadjar...

— Crois-tu que Nadjar soit éloigné du Temple ?

— Mais il faudra dire à Mesdjer...

— Mesdjer repose, laisse-le en paix. Entends-moi ; je ne te dis point « *abandonne* ces devoirs », mais je te dis : « Entre dans ton chemin, car il ne faut jamais laisser passer l'instant. » Plus tard tu acquitteras ce que tu dois.

Her-Bak mit joyeusement sa main dans la puissante main.

— Maintenant, viens mon fils, vers le Temple !

XXXI

HER-BAK

Au pied de la montagne où Pois Chiche devenu Her-Bak, avait enfin trouvé son Maître, un âne attendait, sous la garde d'un serviteur. Et Her-Bak éprouva une émotion intense, car cet âne était identique à celui de Pois Chiche.

Et le Sage lui dit :

— Ne convient-il pas que le même « porteur » qui, le premier jour, conduisit vers son destin l'enfant inconscient [1], l'y ramène aujourd'hui après son libre choix ?... L'âne te portera jusqu'à la rive ; tu me retrouveras près de l'embarcadère.

***

La fougue contagieuse du cavalier a lancé la monture au galop, et les jambes nerveuses fouettent les flancs de l'âne, le guidant au bord des rigoles à travers les champs cultivés.

Mais si les gestes de Pois Chiche ont retrouvé le rythme familier, son cœur l'a beaucoup dépassé. Le choix d'une autre direction peut-il ainsi changer l'aspect des choses ? Le cavalier a l'impression que le cœur de Her-Bak observe le corps de Pois Chiche et son âne... D'instinct, il se cramponne aux flancs de l'animal ; mais son regard, sur la rive opposée, cherche les murs du Temple.

Le Temple, son désir, son but, sa conquête ! Le Temple, qui va le délivrer de la vie routinière ; le Temple avec son prestigieux mystère, monde de merveilles dans lequel il va pénétrer...

1. Voir chap. I.

Le Temple de son rêve ennoblit tout ce qui le touche et se peuple d'êtres divins, auréolés de toutes qualités...

La tentation d'une herbe verte ralentit la course de l'âne. Distrait par sa contemplation, le cavalier impatient le harcèle ; l'obstacle d'une pierre sert de prétexte à l'animal, qui trébuche, regimbe sous les talons qui martèlent ses flancs, et, d'une brusque ruade, rejette le cavalier comme un fardeau gênant.

Le rêveur se relève, dépité : jamais il n'a reçu pareil affront ! Et son dépit s'accroît d'entendre en lui l'éclat de rire narquois de « l'observateur »... Revenu malgré lui « sur terre », il enfourche à nouveau sa monture ; il s'efforce à rester présent en suivant la bataille d'une corneille et d'un busard.

Un faucon étend dans l'azur le croissant de ses ailes, immobile, à peine frémissant, maître de l'air qui le soutient comme un être sans poids... Un coup d'aile, et soudain, pesant « plus que son poids », il se laisse tomber comme une pierre ; il remonte, s'élève en ligne droite dans la lumière comme aspiré par le Soleil... Chasse, ou jeu ?... Cruauté, ou prière ?... Pois Chiche observe le symbole de son nouveau nom [1] ; quelle est, en vérité, sa signification ? Oiseau solaire, ou chasseur sans pitié qui égorge en plein vol le pigeon pour s'abreuver de son sang ?

Le programme établi par le Sage pour mériter l'entrée du Temple, n'a pas résolu ce problème... Pois Chiche a cultivé les champs et observé les animaux ; il a travaillé la « matière » à travers les diverses techniques ; ses aventures lui ont montré quelques tares humaines et ses propres faiblesses... Comment pourra-t-il s'adapter, sortant de ce monde imparfait, à la vie parfaite des Sages ?... Lui, l'ignorant, comment sera-t-il accepté par les doctes professeurs qu'il imagine détenteurs des secrets de la Nature, par ces êtres sublimes dominant les misères humaines ? Hier encore, n'était-il pas l'enfant sauvage, le Pois Chiche orgueilleux, impatient, curieux, fougueux et révolté ?... On dirait que le Sage a refoulé tout son passé et réveillé Her-Bak d'un long sommeil en prononçant son nouveau nom ; la nuit de la caverne a vaincu toutes ses résistances et l'a jeté aux pieds du Maître...

A cette évocation, l'image lumineuse reprend corps ; Her-Bak s'enivre de son nom : n'est-il pas le disciple adopté

1. *Her-Bak* = face de faucon

par le Sage ? Son enthousiasme s'amplifie, efface toute crainte, et c'est dans une allégresse triomphante qu'il parcourt la distance qui le sépare encore de l'embarcadère.

*
**

Et le Sage, porté dans sa chaise par ses serviteurs, s'avance vers la rive par un autre chemin.

Et sa méditation évoque les conséquences et les répercussions possibles de son geste : adopter, contre toutes les règles, un disciple non éprouvé par la préparation des degrés inférieurs ! Dans la balance du Destin, sa conscience fait équilibre aux rêveries du candidat...

Maître incontesté du Conseil de Sagesse, il a, certes, le droit d'imposer sans excuse sa volonté. Mais il sait que le passé comme l'avenir témoigneront pour ou contre son choix : car l'Esprit vivant de l'Égypte est une Présence

FIG. 48.

constante à travers tous les Temps. Et le nouveau disciple, s'il est « un chaînon de la chaîne », ne devra pas faillir à cette filiation ; celui qui l'a élu sera son répondant...

L'évidente prédestination de l'enfant peut justifier cette élection ; le regard expérimenté du Sage a fouillé la coque transparente de cet être d'élite et jaugé sa valeur. Her-Bak, fils d'un simple cultivateur, a tous les caractères de la race des Maîtres :

— œil perçant du faucon qui fixe avec sang-froid la lumière ;

— recherche effrénée du « plus vrai » ;

— sens aigu de la Qualité ;

— noblesse innée qui affirme ses torts et attaque « de front » ses erreurs ;

— altruisme et conscience des responsabilités ; il y a là, sans doute, un foyer de vie suffisant pour brûler les défauts de Pois Chiche ?...

Mais entre-temps, quelles seront ses réactions dans un milieu si différent de celui que son cœur imagine ?... Car, malheureusement, il faut passer par la complexité pour épuiser les diverses possibilités, avant que s'éveille la conscience qui conduit à la simplicité : saura-t-il supporter la phase intermédiaire entre son rêve et la réalité ?

TROISIÈME PARTIE

HER-BAK

Le Péristyle du Temple

XXXII

ENTRÉE

Le fleuve a été traversé. La barque est amarrée sur la rive orientale.

Comme la première fois [1], la main du candidat dans la main de son Maître, ils marchent vers le Temple. Ils longent le canal qui relie le fleuve au débarcadère des processions ; de grands sphinx bordent le chemin.

— Maître, pourquoi tant d'animaux de pierre, tous semblables ?

— Ils ne sont pas exactement les mêmes ; quelques détails différencient chacun, selon sa place, c'est-à-dire son nombre ; l'ensemble révèle une Loi.

— Tous les prêtres connaissent-ils cette Loi ?

— Chacun sait ce qu'il peut déchiffrer.

— Maître, les images et les statues de pierre sont-elles nécessaires pour apprendre ce qu'il faut savoir ?

Le Sage écoute la question dont les sphinx, en leur immuable symbolisme, étaient eux-mêmes la réponse.

— Écoute enfant : un jour viendra peut-être, où les hommes sauront adorer Dieu en esprit ; alors ils n'auront plus besoin de temples ; alors ils n'auront plus besoin de mythes pour symboliser l'œuvre de la pensée divine ; alors ils n'auront plus besoin de figures pour représenter les divers états de Sa puissance ; alors ils n'auront plus besoin

1. Voir chap I.

d'écritures mystérieuses pour traduire le sens secret de la Science divine à ceux qui ont des yeux pour voir et des oreilles pour entendre.

« Mais les hommes ne sont pas encore parvenus à ce stade, et toi, enfant des hommes, tu as besoin de tout cela. »

Her-Bak murmure dans un soupir de regret :

— « Tout cela » est beau !

Le Sage le laisse contempler le chemin grandiose ; puis il revient sur ses pas. Il contourne le mur de l'enceinte extérieure jusqu'à l'entrée d'un village d'artisans : ateliers pour les travaux du Temple, magasins de réserves, écoles de spécialistes, grouillement d'ouvriers et bourdonnement de ruche. Une porte s'ouvre dans la seconde enceinte. Dédale de ruelles où logent des prêtres et des scribes.

— Voici ta demeure, Her-Bak ; le scribe Pasab va prendre soin de toi pendant le premier stage.

Her-Bak reste muet ; son cœur le devance dans le chemin des découvertes : son imagination traverse les murailles, ouvre les portes closes, invente des mystères... Mais le Maître l'entraîne dans la réalité.

Après les ruelles, voici des portes, des cours, chapelles et statues, entre lesquelles scribes et fonctionnaires circulent affairés.

Des prêtres contrôlent l'arrivée des offrandes, d'autres surveillent la correction d'un texte sur la muraille ; des sculpteurs changent un nom dans les cartouches ; des peintres corrigent des coloris. Des étudiants méditent devant une statue ; quelques-uns copient le texte de son socle. Plus loin défile un groupe de musiciens ; d'un petit temple voisin parvient le bourdonnement d'une psalmodie.

Pouvait-on, du dehors, soupçonner cette vie intense ?

Mais la curiosité d'Her-Bak se heurte à un grand mur couvert de hiéroglyphes [1] et d'images sculptées ; une porte en bois ouvragé d'or resplendit au soleil. Hélas ! le Sage passe encore... Il contourne le mur par un couloir interminable qui débouche auprès d'une entrée moins fastueuse : une large porte en bois nu, encadrée de gardiens. Le Sage s'arrête enfin.

— Her-Bak, veux-tu franchir le seuil ? Ne réponds pas sans réfléchir ; c'est le premier pas dans un enseignement qui demande ton respect. Il est facile d'y entrer, plus difficile d'en sortir par l'étroite porte qui conduit dans le Temple

1 En égyptien : *medou-Neter*.

intérieur ; nombreux sont ceux qui y demeurent, pour avoir été satisfaits par l'apparence !

Le disciple du Sage proteste :

— Maître, je veux le plus difficile ! Je veux savoir tout ce qu'on peut savoir.

— Alors tu risques fort de ne point connaître d'autre porte : c'est le sort des bavards et des curieux.

Her-Bak s'inclina devant le Sage :

— Maître, je voudrai tout ce que tu voudras !

— Ne préjuge de rien : ce que tu veux, tu le sauras devant le fait ; nous ne jugeons pas les hommes sur des paroles. Entre, Her-Bak.

Le vantail s'ouvrit devant eux, donnant accès à une grande cour entourée de colonnades.

Dans l'ombre des galeries abritées par les architraves et les murailles, les robes blanches des scribes se détachent sur les couleurs vives des textes sculptés.

Les écoliers, prévenus de la visite extraordinaire du Sage, l'attendent en discourant avec leurs professeurs.

Lentement, le Maître et le disciple s'avancent dans la cour dallée, points de mire des regards curieux ; le Sage se dirige vers la colonnade, et déjà tous les fronts sont courbés devant lui. D'un geste il les relève ; il présente son candidat. La surprise et l'envie ferment toutes les bouches : favori du Maître des Maîtres ! Quelles haines jalouses, quelles courtisaneries naissent en cet instant... Mais « Celui-qui-lit-en-les-cœurs » coupe les racines malsaines :

— C'est le plus petit d'entre vous ; il ne sait rien ; il ne recevra rien qu'il n'ait gagné ; nulle faiblesse ne lui sera pardonnée. Toi, Pasab, prends-le sous ta garde et le conseille.

Les yeux profonds de Pasab dévisagèrent avec sympathie son nouvel élève.

Un très jeune écolier s'approcha du novice et lui tendit la main :

— Je suis Aouab ; puisque tu ne sais rien, je serai ton ami ; viens !

Le Sage le retint :

— Vous tous, écoutez-moi. Her-Bak ignore tout, quant aux dieux et à leurs sanctuaires : instruisez-le ; ma louange sera pour celui qui donnera la meilleure définition du Temple.

Aouab le fixa de son regard candide :

— Le Temple, c'est la Maison du Dieu.

Le Sage lui sourit, mais un scribe comptable l'écarta :

— Laisse parler ceux qui savent. Ô Maître, le Temple est le totalisateur des richesses des Deux-Terres [1] pour le Maître-tout-Puissant.

Le Sage regardait la panse bedonnante :

— ... et pour les ventres qu'il nourrit ! Pour toi, Remeny, que représente le Temple ?

Le professeur Remeny déclama :

— N'est-il pas le château du *Neter* où ce *Neter* porte, comme le Roi, ses couronnes et reçoit les impôts de ses fidèles ?

Le Sage dit :

— C'est une description réduite aux apparences ! Et toi, Smôn, parle aussi.

Les assistants s'écartèrent, poussant un grand corps efflanqué ; mais Smôn, rougissant, s'effaçait ; le cou maigre sortait des épaules resserrées, comme le cou d'un vautour.

— Smôn, donne ton opinion.

Un scribe chuchota :

— Il ne donnera rien : son avarice est telle qu'il met ses pensées en conserves !

Smôn entendit, et défia du regard l'insolent :

— Je parlerai.

Il fit un grand effort et prononça :

— Thèse : le Temple peut être l'expression d'une science astronomique, cosmique, numérique, analogique, anagogique, ou quelque autre de ce genre. Preuves à l'appui : les assertions de certains, qui se disent initiés et répandent cette hypothèse.

« Et voici l'antithèse : il est douteux que les temples relatent autre chose que des gestes rituels, des faits historiques et des actes royaux. Preuve de cela : la destruction systématique des monuments d'un règne précédent ou d'un culte antérieur, usurpation de cartouches royaux, modifications de formes et de dimensions, autant d'actes inadmissibles si les plans et symboles sont ordonnés par une science synthétique. »

Le Sage, impassible, demanda :

— De tout cela, que défends-tu ? Thèse, hypothèse, ou antithèse ?

Les assistants, gênés, réprimaient des sourires ; Smôn, les yeux vagues, mordillait son calame. Le Sage insista :

1. L'Égypte du Nord et du Sud.

— Crois-tu à cette science « numérique, analogique, anagogique, ou quelque chose de ce genre » ?

L'ironie libéra les rires. Les lèvres de Smôn remuèrent : « Oin... Oin... » Quelqu'un demanda :

— A-t-il dit oui ? A-t-il dit non ?

Le Sage lui tourna le dos ; sa voix cingla comme un fouet :

— Qui aura le courage de définir le Temple ?

Un remous se fit dans l'auditoire ; quelques professeurs s'avancèrent.

— Maître, dit Renf-ankh, il est écrit que Ptah, créant le monde, fit descendre les dieux sur terre en façonnant leurs corps en bois, en pierre, en métal de toute espèce, de manière à satisfaire leur cœur. Alors les dieux ont pénétré dans les statues ; et l'endroit où elles sont conservées est vraiment une réplique du ciel, ou — par allusion à la religion solaire — de l'horizon céleste.

Smôn gesticula :

— Je proteste ! Les Anciens n'avaient point les connaissances astronomiques suffisantes pour concevoir la notion de l'horizon !

Un grand éclat de rire lui répondit. Renf-ankh continua :

— Les portes du sanctuaire sont appelées « portes du ciel ». Or, le Roi, sur nos murs, est représenté en tant qu'homme vivant ; les dieux, cependant, sont de pierre... La seule explication satisfaisante, à mon avis, est que prêtres et prêtresses représentent, dans les fêtes, les personnages divins...

Le Sage l'interrompit :

— C'est une opinion, ce n'est pas une définition.

Renf-ankh s'expliqua :

— Je reprends donc. Qu'est-ce que le Temple ? Mais puisque le Temple est en rapport avec le ciel, disons d'abord : qu'est-ce que le ciel ?

« Au temps où les dieux régnaient sur la Terre, avant l'organisation du ciel d'En-Haut, lorsque les hommes étaient leurs sujets... »

Le Sage arrêta l'orateur :

— Ceci nous mène loin ! Ô Renf-ankh, tu as enregistré des notions qui s'approchent de la réalité, mais ton discours révèle une incertitude nébuleuse. Ose chercher le fil qui relie tous nos sanctuaires, et tu trouveras une harmonie apaisante.

Un prêtre demeuré en arrière du groupe éleva la voix :

— Moi, je définirai clairement le Temple.

— Qui a parlé ?

— Le professeur Hesy.

— Qu'il s'approche, nous l'écoutons.

Jovialité sympathique, sourire onctueux corrigeant des mâchoires puissantes, Hesy s'exprime avec cordialité :

— C'est bien simple : au fond vous avez tous raison ; mais je pense qu'il ne faut point ergoter sur des subtilités inexistantes ! Le Temple est le palais d'un dieu qui a ses domestiques, ses courtisans, ses intendants et les gérants de son domaine ; chacun y joue son rôle, comme dans la maison d'un noble personnage : réveil du dieu, toilette et petit déjeuner ; on le lave, on l'habille, on le pare de ses bijoux...

La voix grave l'interrompit :

— J'apprécie ton sens de l'humour et suis certain qu'il recouvre, par modestie, une compréhension plus profonde !

Le professeur Neni s'avança :

— Ma réponse, à moi, sera simple : les temples sont les maisons d'éternités du *Neter* [1].

— Parles-tu du Temple ou des temples ? Chaque temple eut un commencement : aucun d'eux n'est donc éternel.

— Cependant, ô Maître de Sagesse, le mot *hehe* signifie éternel !

— Non, *hehe* [2], ou plus exactement *nhehe*, signifie la durée pour les siècles des siècles. Mais ceci demande un développement qui serait inopportun en ce moment.

Le regard du Maître se fixa tour à tour sur tous ceux qui avaient répondu, puis il dit :

— Chacun a défini le Temple avec le souci évident d'affirmer une conception utilitaire et humaine. Chacun de vous est libre d'exprimer ses propres opinions, puisque nous ne les inscrivons pas pour la postérité. L'enseignement du Temple extérieur ne montre que l'extérieur du fruit. Il se rapporte aux « effets », non point à leurs « causes » profondes.

« La banalité de nos textes, étudiés sous cet angle, a trompé beaucoup d'entre vous. Il n'est pas humiliant de commettre une erreur par manque de bases essentielles. Vos observations personnelles accroissent les éléments d'étude pour les autres ; toute recherche consciencieuse dispose l'intellect à formuler clairement des problèmes qui méritent alors de recevoir une solution.

« Remarquez que cette solution ne serait pas comprise par ceux qui sont habitués à ne se fier qu'aux apparences, et qui

1. *Neter :* Dieu ; *les Neter :* les dieux.
2. Voir signe 1, Pl. I.

n'ont pas cultivé leur « Intelligence du cœur ». Ceci est un autre chemin, qui peut être offert mais jamais imposé, car il exige une mentalité adaptée à lui. Or la compréhension de nos textes en dépend.

« Vous ne pouvez pas nous en vouloir : cette discipline a été établie, dès les anciens Temps, par le mode d'expression de nos Maîtres dont nous continuons seulement la tradition. »

Pasab, le plus âgé des scribes professeurs, vint flairer la terre devant le Sage et lui dit :

— Il ne peut y avoir de rancune si cette connaissance est offerte par les anciens Maîtres eux-mêmes, et ceci proportionnellement à l'adaptation du chercheur !

« Mais te conviendrait-il, ô Maître, de nous donner une juste définition du Temple ? »

Le Sage répondit :

— La définition la plus simple a été donnée au début : « C'est la Maison du Dieu. » Elle est juste autant qu'est juste l'assertion : « Le corps de l'Homme est la Maison du Dieu. » C'est pourquoi il est dit : « Homme, cherche à te connaître toi-même. »

« La Connaissance est un vase sphérique de pur cristal, rempli de la Sagesse. Tout l'univers se reflète en cette lentille, et, réuni en un faisceau, est alors projeté en images sur les plans des murs. Or les proportions de ces plans, des colonnes, des salles, des enclos, ainsi que leur disposition et leur orientation, tout cela concourt à guider la pensée dans la lecture de ces images.

« Tel est le Temple, le Temple Royal qui enclôt les lieux d'enseignement du tout dans la partie, et de la particularité dans le tout.

« Ceci n'est qu'une préface à la définition du Temple, mais les oreilles de ceux qui m'écoutent aujourd'hui n'en sauraient recevoir davantage. »

Pasab remercia le Sage et lui dit :

— Maître, ta parole jette un rayon de lumière sur nos murs ; que cet enfant soit béni pour en avoir donné l'occasion !

« Les années ont blanchi mes cheveux sans m'avoir apporté la joie de franchir la porte intérieure. Je ne me plains pas de mon sort ; mais, ayant gravé dans mon cœur tous les aspects de nos lettres divines, il m'arrive d'en apercevoir les secrètes analogies : dois-je étouffer en moi cette vision pour ne pas sortir de mon domaine ? »

— Ô Pasab, l'étoile qui te protège est le Maître du

Temps [1] ; ceux qu'elle influence participent de sa lenteur, mais aussi de sa patience et de sa profondeur.

« L'enseignement véritable n'est pas une accumulation de savoir : c'est un éveil de conscience qui exige des étapes successives ; chaque étape consiste à découvrir la clé de la porte suivante ; tes qualités t'ont situé comme « Celui de la porte » ; tu as rempli ton rôle en perfection. *Sab,* le chacal qui te donne son nom, détient la première des clés ; il vit dans la pénombre et dans la nuit ; cependant il peut devenir « l'Ouvreur des chemins » [2] et même le « Gardien du secret ».

« Si tu as trouvé la première clé, retiens cette parole : " L'homme qui sait conduire un de ses frères vers ce qu'il a connu peut être sauvé un jour par celui-là. " Viens, laisse Her-Bak prendre contact avec ses condisciples. »

***

Le silence les accompagna ; mais quand la porte large se referma sur eux, un groupe bruyant se forma autour du nouveau candidat. Les professeurs, groupés à l'écart, se concertaient sur l'événement inattendu ; un scandale : aucun d'eux n'avait été consulté !

Her-Bak, déconcerté, se taisait sous le choc des questions entrecroisées ; Smôn, guettant du coin de l'oeil son attitude, conseilla la prudence :

— Attendons ! Écoutons d'abord ses réponses.

Un prêtre, qui jusqu'alors avait observé une méfiante réserve, sortit de l'ombre où, les yeux à demi clos, il réfléchissait. Sombre et maigre silhouette, pommettes saillantes accentuant le cerne des yeux scrutateurs, pli tombant de la lèvre au sourire désabusé, Seth-Mesy éleva la voix, approuvant l'opinion de Smôn :

— Je suis de cet avis, la circonspection est bonne conseillère ; qui sait ? Quelque haut personnage pourrait être son protecteur... serait-il un parent de la Maison Royale ?

Hesy s'approcha du groupe des élèves, les mains tendues, le sourire engageant :

— Mes enfants, vous l'effarouchez, asseyez-vous. Her-Bak, tu es le bienvenu ! Ton père est aimé du *Neter* puisque son fils a franchi cette porte. Est-ce sa main qui t'a conduit vers nous ?

1. Saturne.
2. *Oup-ouat.*

— Je ne sais pas.

— Ta langue est prudente comme le serpent ! Parle avec confiance, nous sommes tes amis.

Aouab se glissa près de Her-Bak et lui sourit :

— Tu ne sais pas d'où tu viens ? Qui t'a dirigé vers le Temple ?

— Mersegert [1].

Les savants esquissèrent une moue de pitié :

— C'est encore un voyant douteux !

— Ou un rusé compère... méfions-nous.

Hesy se pencha vers eux :

— Mystique sans danger. Rassurez-vous. Her-Bak, que veux-tu devenir : prêtre ? ou scribe ?

— Je ne sais pas.

Des quolibets fusèrent de toute part : — Il fait l'idiot ! — Non : son naos est vide ! — C'est un rebut d'école qu'on nous envoie !

Aouab protesta :

— Le Maître dit qu'il ne sait rien, il ne peut pas répondre !

Hesy leva la main :

— Pourquoi l'accablez-vous ? Il ne nous connaît pas.

Her-Bak répliqua :

— Maintenant je reconnais les scribes : ils sont semblables à ceux que j'ai quittés !

— Tu as été scribe ?

— Oui, mais je n'ai pas été prêtre : alors je ne sais pas.

Nouveaux éclats de rire. Aouab intervint :

— Un prêtre est un serviteur du *Neter*.

— Tous les hommes ne sont-ils pas serviteurs du *Neter ?*

Un silence étonné... Plusieurs professeurs s'indignèrent :

— Quelle insolence ! — Pourquoi le Maître a-t-il introduit ce révolté ? C'est un ferment de désordre dangereux ! — Son silence est bizarre. Serait-il apprenti-sorcier ?

Seth-Mesy les apaisa :

— Je m'en charge, laissez-moi faire.

Il isola Her-Bak ; il le fit asseoir devant lui :

— Mon enfant, le prêtre est un fonctionnaire du Temple. Le service du *Neter* comporte de multiples emplois : il y a les « préposés » à la réception des offrandes, au service des statues divines, à l'entretien de sa maison et des objets du culte ; il y a ceux qui règlent les cérémonies, les processions, les fêtes ; quelques-uns sont attachés uniquement aux

1. Voir chap. XXII.

services religieux ; beaucoup d'autres — et des plus importants — gèrent les revenus du temple, surveillent les travaux des scribes et des novices : tel est mon cas.

— Où sont les savants ?

— Quels savants ?

— Ceux qui connaissent les « Lois des choses ».

La réponse du prêtre fut étouffée par les exclamations des scribes :

— Quelle science cherches-tu si ce n'est la nôtre ? — Les scribes n'ont-ils pas en main les vieux textes ? — Ne vois-tu pas ici des maîtres en écriture, en calcul, en textes liturgiques ? — Et la médecine ? Et l'étude des astres ? — Et l'arpentage, la science des terrains qui nous donne tant d'avantages ?

Chacun exaltait ses talents :

— Moi, je peux citer 90 noms de villes des Deux-Terres ! — Moi, je suis étonnant dans la liste des noms crétois ! — Moi, je suis spécialiste des formules épistolaires ! — Le scribe a tout pouvoir : il est libéré de toutes corvées ! On ne lui fait subir aucune vexation ! — Nous dominons la foule inculte, tous les hommes dépendent de nous !

La voix aigre de Smôn perça dans le tumulte :

— Encore faut-il savoir ce que l'on veut ; peut-être ce génie veut-il tout à la fois ?

Seth-Mesy observait le novice.

— Il y a de l'ambition chez ce jeune homme ; mais ce n'est point pour me déplaire. Le prêtre qui s'instruit avec intelligence peut obtenir les plus hauts postes ; il n'est pas enfermé dans le temple ; il peut gérer un grand domaine, remplir des fonctions importantes dans la maison des Grands, ou même de Pharaon V. S. F.

— Les autres sont-ils enfermés dans le temple ?

— Quelques-uns ont un caractère strictement religieux, soumis à certains rites et pratiques quotidiennes : ce sont les serviteurs constants des sanctuaires et de leurs dieux ; d'autres partagent leur vie entre leurs emplois particuliers — aux jours et heures déterminés — et leurs fonctions sociales : tel prêtre est chef enregistreur d'un trésor ; tel autre est directeur d'atelier ; tel prophète d'Amon dirige la répartition des eaux.

Un jeune professeur soupira :

— Les plus heureux sont les titulaires d'une riche fondation de temple funéraire !

Seth-Mesy acquiesça :

— Sans doute, sans doute, ils sont à l'abri des soucis. En

tout cas, tous les prêtres sont gens de notoriété et d'autorité indiscutables ! Sans compter le bénéfice des offrandes du dieu, et beaucoup d'autres avantages.

Her-Bak enregistrait et soupesait chaque parole. Il demanda :

— A-t-on le droit de chercher la Science... sans avantages ?

Silence déconcerté de l'auditoire. Renf-ankh murmura :

— C'est un mystique ! Sinon, c'est un farceur. Ne le jugeons pas sans savoir.

Smôn rappela ses élèves :

— Laissez ce nouveau venu, et qu'il prenne son rang comme les autres.

Les groupes se reformèrent autour des professeurs ; Her-Bak fut retenu auprès de Seth-Mesy. Celui-ci ouvrit un papyrus qu'il tenait à la main ; il en lut le titre à haute voix :

— « La connaissance de tout ce qui existe, que Ptah a créé et que Thot a écrit ; le ciel avec ses étoiles, la Terre et ce qu'elle contient, ce que rejettent les montagnes, et ce qui est sorti de l'océan ; ce qui concerne toutes choses que le Soleil éclaire et qui poussent sur la terre. »

Ce titre prometteur fit bondir le cœur d'Her-Bak. Seth-Mesy lui présenta le papyrus :

— Voyons si tu sauras le déchiffrer.

Her-Bak, tremblant d'émotion, commença la lecture :

— « *pet* (ciel), *àtn* (disque), *iâh* (lune), *sah* (Orion), *meskhetyw* (Grande Ourse), *iân* (constellation du cynocéphale), *nekht* (constellation du vigoureux), *rrt* (constellation de la truie)... »

Her-Bak déchiffrait patiemment la longue liste fastidieuse. Enfin, désappointé, il interrompit sa lecture :

— C'est tout ?

— Que veux-tu de plus ? Avec cette énumération tu sauras écrire ce qui est nécessaire.

— J'espérais autre chose !

— Tu lis correctement, continue.

La voix boudeuse énuméra les appellations de fonctionnaires de la cour, d'occupations diverses, de classes et de types humains, de villes, de terrains et d'édifices. Enfin survint une énumération de boissons, et différentes sortes de viandes...

Le scribe surveillant arrêta la lecture, car l'heure du repas approchait. Cet avertissement fut le signal d'une bruyante relâche de la discipline imposée.

Hesy demanda le silence :

— Récitons la prière finale pour remercier Ptah de ses bienfaits.

Tablettes et tessons, palettes et calames, furent en hâte ramassés ; et les phrases scandées résonnèrent sous la colonnade, tandis que les cris des busards, planant dans la lumière éblouissante, proclamaient le milieu du jour...

***

La fin de la prière dispersa les élèves et les professeurs, laissant le novice désemparé. Un écolier qui avait conversé avec Smôn à voix basse, s'approcha d'Her-Bak :

— Tes réponses m'ont plu, tu n'es point courtisan, ni poltron ; je t'aiderai dans ton travail.

Her-Bak regarda le visage anguleux, les yeux intelligents et durs, les lèvres coupantes et serrées ; il hésita. Mais il fut séduit par le geste cordial :

— Quel est ton nom ?

— Asfet.

— Tu es venu lorsque tu m'as vu isolé : ô Asfet, je serai ton ami.

Alors, Pasab, dont le retour était resté inaperçu, sépara les deux étudiants :

— Vous vous retrouverez demain ; le Maître m'a chargé de toi, Her-Bak, viens ! Je t'introduirai dans ta nouvelle vie.

XXXIII

PROFESSEURS

Il y avait grande rumeur sous la colonnade ; élèves et instructeurs avaient déserté les chambres d'étude pour venir assister à la première leçon du novice. Et tous se réjouissaient de cette diversion à la tâche journalière, car Hesy, ayant consulté les autres professeurs, avait dit :

— Il n'est pas bon d'incorporer le nouveau venu sans être renseigné sur son savoir ; que tous les instructeurs le questionnent à leur gré, et que nos cœurs se rassasient de leurs doctes paroles.

Les écoliers se groupèrent devant les professeurs ; Pasab fit asseoir Her-Bak au milieu de ce cercle, puis il lui dit :

— Parle sans balbutier : quel est le premier devoir d'un écolier ?

Her-Bak regarda ses examinateurs puis répondit d'une voix ferme :

— C'est de savoir qu'il ne sait rien et de prendre l'avis de ses Maîtres. Qu'il me soit donc permis de demander quelques conseils au docte Hesy.

Le prêtre fut flatté dans son cœur ; il sourit au novice et lui adressa ces paroles onctueuses :

— C'est parfait ce que tu as dit ; si tu persévères dans cette manière, ta carrière sera prospère.

« Garde-toi du fol orgueil et des innovations dangereuses ; sois modéré en toutes choses ; ne sors pas des sentiers connus ! Répète à satiété les sentences dont nous sommes satisfaits nous-mêmes. Ne prononce pas de paroles irréfléchies. Que tes réponses soient prudentes ; les hommes se perdent par leur langue : garde-toi de causer ta perte ! Et souviens-toi de ce dernier conseil : sois habile et persévérant dans les écritures, et si tu te trouves un jour parmi les jolies filles, ne jure pas : « Ah ! les écrits savants ne sont rien du tout ! »

Un rire fut étouffé dans l'assistance et quelqu'un chuchota :

— Il est dit aussi : « Ne dis pas : je n'ai point de péché ! »

L'orateur entendit, mais il n'en fit rien paraître et se tourna vers Smôn en l'invitant à interroger le novice. Smôn dit à Her-bak :

— Je désire savoir si tu connais les principes de la disposition des lettres ; détaille un écrit de mes élèves pour appuyer ta démonstration.

Her-Bak prit au hasard un tesson et lut à haute voix : « Je suis un paresseux et un dissolu ; je m'envoie mille claques. » Smôn se fâcha :

— Qui a rédigé cette absurdité ?

Hesy demanda l'indulgence :

— Ne s'est-il pas puni lui-même ? Her-Bak, choisis un autre tesson !

Le novice obéit ; il déchiffra l'inscription :

— Les lettres de ce mot, dit-il, sont disposées comme si elles étaient encadrées dans un carré.

« Dans cet autre exemple la lettre *t* du mot Mout est placée curieusement devant l'oiseau au lieu d'être derrière. »

— N'en connais-tu pas la raison ? Ignores-tu que les lettres sont situées en quadrats [1], tantôt pour ne pas perdre de place, tantôt pour l'équilibre du dessin ?

Pasab intervint, disant :

— Qu'il me soit permis d'objecter que j'ai souvent trouvé dans la disposition des quadrats ou dans leur inversion (apparemment irrégulière [2]), l'intention de sous-entendre un autre sens qui modifie le sens apparent du texte.

Smôn riposta sans aménité :

— Est-ce là le langage d'instructeurs sérieux ? Je ne fausserai pas l'esprit de mes élèves avec ces fantaisies !

Hesy répliqua :

— J'ai déchiffré certaines écritures mystérieuses [3] et je reconnais que leur signification nous demeure parfois cachée. Mais je pense qu'à vouloir naviguer dans ces eaux incertaines, on risque le naufrage.

Smôn continua son interrogatoire :

1. Groupement de hiéroglyphes tendant à former un carré
2. Métathèse
3 Cryptographie

— Le novice peut-il parler de la première de nos lettres [1] ?

— Elle est double, répondit Her-Bak : sous sa forme oiseau elle se vocalise en *a ;* sous sa forme roseau elle se prononce parfois *a,* parfois *i* [2].

« Pasab m'a donné la raison pour laquelle l'oiseau « *a* » se prononce quelquefois *al,* ce qui en fait une lettre divine. »

— Que signifie ceci ? demanda Smôn d'une voix aigre.

Pasab expliqua sa pensée :

— Mes longues années d'étude m'ont conduit à cette conviction : la première lettre est double parce qu'elle exprime le principe du souffle d'origine ; sous sa forme oiseau elle est l'Aspiration, et, comme telle, serait imprononçable et divine ; c'est dans cette acception qu'elle est parfois prononcée *al ;* tandis que, dans sa forme roseau, elle est l'Expiration et le sens actif et concret de la première lettre, dont l'autre est l'aspect négatif ou abstrait. C'est pourquoi je suppose que la lettre roseau se prononce *a* quand elle se rapporte à l'Origine créatrice, et *i* quand elle prend un sens particulier.

Renf-ankh se montra fort étonné :

— Cette hypothèse peut être intéressante ; encore faut-il la confirmer ! Si ta pensée se justifiait quant au double mouvement du souffle, *aà* [3], il serait opportun de chercher s'il y avait aurait aussi quelque rapport entre la lettre *f* [4] et le souffle ? Amirenf, que sais-tu de la lettre *f ?*

Amirenf répondit sans hésiter :

— C'est l'animal représenté par ce signe.

— C'est une vipère, dit Asfet.

Le professeur naturaliste riposta :

— Vipère ? Quelle vipère ?

— N'est-ce pas la vipère à cornes [5] ? murmura Aouab.

Her-Bak émit une objection :

— Elle a l'air bien gluante... Pour montrer la vipère à cornes, l'eût on fait sortir de l'eau, comme je l'ai vue dans telle image, grimpant sur une tige de papyrus ?

— Serait-ce un limaçon sortant de sa coquille ?

Pasab crut devoir attirer l'attention des professeurs :

— Ne croyez-vous pas que nous sommes dans l'erreur en attribuant à ce signe un animal défini ? Ce n'est pas le seul

1. Voir *Her-Bak Disciple, Commentaire* I, § 2.
2. Voir les deux aspects de la lettre *a,* signe 2, Pl. I.
3. Voir signe 2, Pl. I.
4. Lettre *f,* Pl. IV.
5. Voir *Her-Bak Disciple, Commentaire* III, § 2.

cas où la forme ne correspond exactement à aucune espèce connue : est-il absurde de penser qu'un animal mythique fut composé avec les caractéristiques symbolisant les fonctions qu'il veut représenter [1] ?

La voix aigre de Smôn essaya de couper le débat :

— N'avez-vous point de honte à naviguer dans cette fantaisie ?

Pasab ignora la riposte et continua :

— Pour répondre à Renf-ankh, je dirai que l'animal de la lettre *f* semble exprimer le bruit du souffle, comme s'il était la manifestation de l'émission dont la double lettre *àa* [2] est l'origine. On pourrait dire encore : « C'est le souffle *porté* », et même : « *Ce qui porte* le souffle » — porteur et porté ne faisant qu'un en ce cas [3]. Car *f* n'est plus le souffle d'origine, indéterminé : il est le souffle *émis*, commandé par les lèvres ; il peut être chaud ou froid, selon son mode d'émission. C'est cette double qualité qui serait indiquée par les cornes de l'animal, cornes qui ressemblent parfois à des oreilles...

Le naturaliste émit un grognement :

— Oreilles ? Quelles oreilles ? Vit-on jamais les grandes oreilles d'une vipère ?

— C'est cette idée, précisément, qui attira mon attention sur leur but symbolique. J'étudiai la notion du souffle et j'en conclus ceci : le souffle émis par un être vivant n'a-t-il pas animé son sang avant d'être expiré ? Or ce sang animé est ce qui *fait* la chair, car la chair, sans le sang, ne pourrait ni se former ni vivre ; la chair est donc le souffle porté, et puisque cette chair est la première substance de tout être vivant, il est compréhensible que la lettre *f* — symbole du souffle porté — ait servi à composer aussi le nom de la chair, *àf :* ce qui est fait par *f* (le souffle), et qui porte ce souffle, *fa* (porter).

Neni s'adressa aux professeurs :

— Que pensez-vous de cette théorie ? A la rigueur pourrai-je encore admettre le choix d'un animal dont le souffle donne le son *f ;* quant au reste...

Pasab l'interrompit :

— Cela ne serait point absurde, car les Anciens ont nommé plusieurs animaux par leur cri : « *miou* » pour le chat, « *rou* » pour le lion. Mais ceci ne contredit pas le reste.

Khabes, doyen des professeurs, s'impatienta :

— Mon avis est que nous examinons un novice, non pas

1 Voir *Her-Bak Disciple, Commentaire* III, § 1.
2 Voir signe 3, Pl. I.
3. Voir *Her-Bak Disciple, Commentaire* III, § 2

un professeur. Parle, Her-Bak : qu'est-ce que les *medou-Neter*[3] ?

— Ce sont des signes divins qui servent à former des mots.

— Pourquoi dis-tu « divins » ?

— Parce qu'ils sont des « symboles » ayant pour origine une science divine.

Smôn refusa cette réponse :

— On ne demande pas de la philosophie, mais de la précision ! Asfet, donne-nous une bonne définition.

Asfet déclama :

— Ce sont des signes conventionnels qui servent à former des mots avec lesquels on exprime la pensée.

Pasab intervint de nouveau :

— N'est-ce que cela ? Ô Asfet, peux-tu dire pourquoi le signe *med*[2] est le nom du bâton ?

— Parce qu'il sert à prononcer les deux choses : mot et bâton.

— Que dis-tu, toi Her-Bak ?

Her-Bak, hésitant, répondit :

— Peut-être parce que la parole s'appuie sur ces signes comme l'homme sur le bâton ?

Smôn leva la main :

— Les professeurs du Temple ne peuvent pas entendre de tels enfantillages !

— Je pense, répliqua Pasab, que les Anciens se sont inspirés de la vie dans le choix de tous leurs symboles ; or le bâton est un bois à travers lequel a circulé la sève ; en tant que bâton il est sec, mais il conserve — à défaut de la sève — la forme du végétal. De même, le mot garde la forme, mais non la vie ; cette vie lui sera rendue par l'intonation, par la voix.

— Je ne dénie pas aux Anciens un sens aigu de l'observation, déclara Neni ; quant à leur accorder une philosophie abstraite, je m'y refuse ! La préoccupation de leurs biens matériels — qui s'exprime même dans leurs textes — leur enlevait certainement tout intérêt pour la spéculation philosophique.

Pasab essaya de leur démontrer l'évidence :

— Le fait que le mot *medou* soit suivi de *Neter* prouve cependant l'intention de donner à ce terme un sens plus élevé que le sens littéral.

1. Hiéroglyphes.
2. Voir signe 4, Pl. I.

Hesy le prit au mot :

— Comment l'interprètes-tu ?

— De même, répondit Pasab, qu'un bâton est le vaisseau de la sève, de même *med* peut être porteur d'une fonction de *Neter*.

Khabès, agitant sa barbe blanche, se fâcha :

— N'importe qui... n'importe qui, peut trouver n'importe quoi n'importe où !

Chacun des assistants émit son opinion ; Hesy éleva la voix :

— Mes amis, vous discutez comme des buveurs de bière ! Calmez-vous ! Je propose que chacun s'exprime en instructeur comme il se doit parmi nous. Toi, Smôn, tu n'as émis que des blâmes ; ne peux-tu définir les *medou-Neter ?*

Chacun se tut, attendant la réponse avec curiosité ; mais Smôn restait muet. Enfin il prononça sur un ton doctoral :

— Une lettre représente un son, et un sens conventionnel ; l'assemblage des lettres forme conventionnellement des mots.

— Qu'il me soit permis une question, dit Pasab ; une convention est chose arbitraire : Smôn prétend donc qu'il eût été possible d'attribuer à une lettre un autre sens que le sens adopté ?

— Il est évident, répliqua Smôn, que le signe *md* est un bâton !

— ... et que *smôn* est une oie [1] ! conclut Aouab d'un ton suave.

Des rires éclatèrent, aussitôt réprimés par un regard de Pasab ; Smôn cacha sa colère sous un sourire de pitié ; il continua :

— Quant à mettre en relation le mot *medou-Neter* et le nom du bâton, cela semble aussi excessif que de voir un rapport entre les mots *àb* (ib) cœur, et *àb* être assoiffé [2].

— Moi, Pasab, je crois que ce rapport existe : le cœur n'est-il pas ce qui boit sans arrêt le flot de sang, puis se vide sans arrêt pour se remplir encore ? N'est-il pas le plus parfait symbole de ce qui appelle insatiablement le liquide faute duquel il cesserait de battre... et de vivre ?

Un remous se fit parmi les auditeurs manifestant des impressions diverses.

Hesy termina le débat :

1. Le *smôn,* oie consacrée à Amon, est le plus méchant des volatiles aquatiques. Véritable tyran des rives limoneuses, il attaque les volatiles qui s'approchent de lui, et les empêche de voler en leur brisant les reins.

2 *àb,* soif, s'écrit par un chevreau Orthographe *àb :* Voir signe 5, Pl. I.

— Nous perdons notre temps ! Je propose que chaque professeur commence sa leçon selon la coutume journalière.

On obéit, on se leva ; les élèves se groupèrent autour des instructeurs ; quelques-uns les quittèrent et vinrent silencieusement s'asseoir près de Pasab ; Khabes les regarda en haussant les épaules : — Heu ! Heu ! Il se trouvera toujours des gens pour croire à une révélation !

Her-Bak l'entendit et son cœur s'indigna :

— Ô Pasab, pourquoi ne lui réponds-tu pas ?

— Demeure en paix mon fils, cette discussion n'a que trop duré ; il est excellent qu'il se trouve des incrédules.

Asfet hocha la tête :

— Pasab est un fou !

— Non, ce n'est pas un fou !...

Tous les regards cherchèrent l'auteur de la réplique ; les écoliers voyant le nouvel arrivant, s'écrièrent d'une seule voix :

— Abouched ! Que fait-il ici ? — On ne l'a pas revu depuis son passage dans le Temple intérieur ! — Abouched, qui t'envoie ? — Reviens-tu parmi nous ?

Abouched s'approcha de Pasab :

— Personne ne m'envoie ; je passais, j'ai entendu vos controverses ; la chose est assez rare pour me surprendre ! Ce que j'ai dit est vrai : le fou n'est pas celui qu'on pense.

La voix de Smôn domina le tumulte :

— Il n'a pas changé ; quelle insolence !

Abouched répliqua paisiblement :

— Pourquoi traiter de fou l'homme qui entrevoit une lumière ?

Les écoliers l'entourèrent, la bouche pleine de questions curieuses :

— Toi aussi tu rêves à ces billevesées ? — Toi le sceptique, toi le blagueur, tu t'es laissé circonvenir ?

Abouched leur permit d'épuiser leurs railleries ; puis il dit :

— Je ne rêve pas, je sais ; j'ai vu les preuves de mes anciennes erreurs. Pasab est heureux d'avoir cru sans avoir vu.

Un groupe hostile s'avança :

— Prétends-tu que nos Maîtres nous enseignent l'erreur ?

— Dans cette enceinte, chacun enseigne ce qu'il croit.

— S'il est ailleurs une autre vérité, pourquoi nous la cacher ?

— Jugez vous-mêmes comment vous accueillez ce qui dépasse vos routines !

— Qui donc t'ouvrit la porte d'un autre enseignement ?

— Mon insatisfaction.

Abouched profita des rumeurs croissantes pour s'éloigner avec Pasab ; il lui dit en riant :

— Qui l'aurait cru jadis ? L'enthousiasme a rendu bavard Pasab le circonspect !

— Aurais-je trop parlé ? Leur aveuglement provoque la réplique.

— Que t'importe ? Laisse dans l'erreur celui qui aime son erreur ; ne sais-tu pas qu'il est écrit : « Ô ceux qui seront sur la terre... ô tous les scribes sachant dénouer les difficultés graphiques, et habiles dans les hiéroglyphes, ô ceux qui s'élancent à la recherche des connaissances, ô ceux qui jouissent béatement des résultats acquis [1] »... C'est pour ceux-là que les textes des Sages furent écrits, et pour ceux qui savent avec noblesse renier l'erreur routinière pour trouver la vérité. Mais pour les autres, la vérité fut voilée sous des formes banales. C'est pourquoi il faut mesurer tes paroles.

1. Appel aux vivants, gravé à l'entrée de la chambre intérieure de la chapelle funéraire thébaine de Khaemhât.

XXXIV

LE CHACAL

Le soir du même jour, à l'heure qui ralentit l'activité des sèves, un lien mystérieux se noue entre deux êtres.

La lumière du jour est déjà dominée par l'envahissement de la nuit, et les lumières de Nout sont encore voilées par les derniers reflets d'améthyste de Râ. Le miroir du lac de Mout, auquel les Sages donnèrent la forme d'un croissant, reflète la barque lunaire [1]. Le novice et Pasab se taisent et contemplent.

La paix crépusculaire impose une trêve à l'activité fébrile des hommes ; tout ce qui s'est levé le matin, dans l'activité combative du jour, prépare son repos ; autour du lac, danse l'ombre fantomatique des premières chauves-souris ; un chacal longe le bassin, furtivement. A voix basse Pasab le signale à Her-Bak :

— Regarde ma forme animale qui sort des vieilles pierres. Ne l'effarouche pas, il va venir ; c'est son heure, comme c'est l'heure de ma naissance.

Le chacal s'était arrêté devant eux ; curieux, il les dévisageait. Her-Bak murmura :

— Pasab, tu es un homme : pourquoi parles-tu de ta forme animale ?

Le regard de Pasab s'attachait au chacal, qui s'attardait sans crainte en familier des lieux, rôdant le long des murs en quête d'une proie vivante ou morte, pour approvisionner son charnier [2].

1. Sous cette latitude, le croissant lunaire du premier quartier prend, pendant la période d'hiver, la forme d'une barque.

2. Le chacal débite sa proie dont il met la chair en terre pour l'y laisser pourrir.

Alors, l'homme parla, et sa voix assourdie se mit en harmonie avec la paix du soir :

— Cette heure est favorable entre toutes les heures pour la communion entre celui qui parle et celui qui écoute...

« Laisse tomber le jour, laisse monter la nuit. L'ombre plombée éteint toute couleur ; son voile de grisaille aplanit les montagnes ; car si la crudité du jour définit et sépare, la pénombre confond toutes choses ; l'âme des êtres se révèle, aussitôt que nos yeux ne délimitent plus leurs formes.

« Heureux celui qui ne refuse pas l'obscur confondement : le Maître de cette heure lui apprendra l'écriture des dieux. Écoute son enseignement :

« la nature est simple en sa cause, innombrable en ses produits. Ses produits d'en haut sont les astres de Nout ; ses produits d'en bas sont les hommes et animaux, plantes et minéraux ; tous portent une signature que Thot inscrit à leur naissance, et Sechat garde en ses registres tous ces noms, tous les caractères et qualités qu'ils représentent.

« Or, chaque signature coïncide avec une *fonction* qui révèle sa nature essentielle, c'est-à-dire un des *Neter*. »

Her-Bak ouvrait des yeux étonnés :

— Alors, tout être porte une signature des *Neter ?*

— La Sagesse l'enseigna dès les plus anciens temps. Quant à l'homme, il est un résumé de l'Univers ; mais les conditions causales de sa naissance [1] impriment en lui un caractère de même signature que celle de telle plante et de tel animal ; ceci crée une parenté de tendances : d'invisibles courants sympathiques s'établissent entre eux...

Her-Bak l'interrompit :

— Alors, pourquoi cet animal ne recherche-t-il pas cet homme ?

— Parce que l'ignorant s'oppose à ce lien ; ceux qui *savent* cultivent cette sympathie en protégeant cette espèce animale ; et, réciproquement, la *conscience de l'Espèce* protégera son protecteur [2].

— Ton ami le chacal t'a donné sa protection ?

— Il m'a donné davantage : la conscience de ma nature par la conscience de mon nom.

— Ton nom n'est donc pas un hasard ?

— Ce nom, qui est le mien et celui de cet animal [3], devient

1. Voir *Her-Bak Disciple,* chap. XI.

2. Principe du totem, voir le chap. XXXVIII et *Her-Bak Disciple, Commentaire* V, § 2.

3. *Pa-sab* signifie « le chacal ».

l'expression d'un symbole ; les lettres qui le composent doivent expliquer sa nature : on peut donc aussi deviner par cette nature le sens des lettres de son nom.

— Ô Pasab, quelle merveille !

— C'est ainsi que j'ai commencé à chercher le chemin.

— As-tu trouvé seul le moyen ?

— Non : le Maître, voyant mes efforts, dirigea ma recherche.

— Cependant, ayant connu cela, il devait être facile de comprendre le reste ?

— Ce n'est pas possible sans guide : la pensée humaine se fourvoie ; elle juge les choses d'après leurs apparences, sans tenir compte des *invisibles Neter*. Or, Nature et *Neter* ne sont point l'un sans l'autre, et leurs rapports sont le tissu de l'Univers. Celui qui les ignore va dans la nuit sans guide.

— Ne peut-on pas les connaître par sa propre recherche ?

FIG. 49.

— L'existence des hommes est courte, et cette science leur est cachée par leurs erreurs mentales et morales.

— Ô Pasab, apprends-moi comment je dois chercher !

L'instructeur mesurait en silence la compréhension de l'élève pour y adapter sa réponse.

La dernière lueur s'éteignait dans l'*Amenti* [1] ; la lune victorieuse argentait l'eau du lac, sa lumière oblique projetait sur le sol des ombres allongées ; les lumignons des hommes parsemaient la pénombre de petits feux rougeâtres. Le chacal

1. Occident.

reparut, inquiet ; quelque bruit suspect l'effraya... Il bondit et reprit sa course, silhouette fine prolongée de son panache.

Il disparut enfin et le scribe expliqua :

— C'est en observant mon « symbole [1] » que j'ai compris le premier pas ; le chacal est un dévoreur.

— C'est une bête cruelle !

— Il obéit à la loi de Nature où la mort de l'un cause la vie de l'autre ; il dévore la chair devenue putride, il purifie les chemins. La *fonction* du chacal est une digestion qui transforme une chair pourrie en nourriture vivifiante ; ce qui, pour d'autres êtres, serait un infect venin, devient en son corps élément de vie ayant transformé l'élément destructeur.

— Le vautour aussi dévore les cadavres ?

— Oui, mais le vautour est un grand volatile, tandis que le chacal vit sur terre et en terrier.

— Pourquoi son nom est-il aussi celui d'un juge [2] ?

— N'ai-je pas joué ce rôle dans la tourbe des étudiants qui restent dans le Péristyle [3] ? Car c'est moi qui sélectionnais les éléments évoluables, les séparant de ceux qui, dans la masse, étaient intransformables. Ce n'est point un rôle facile ! Car ce discernement n'est pas l'œuvre de la *pensée,* mais d'une *épreuve vitale :* est pur, pour le chacal, ce qui est transmuable en sa propre nature ; heureux le chercheur qui a compris cela !

« Mais il ne faut jamais confondre sa *nature véritable* avec les tendances étrangères apportées par l'hérédité et les influences extérieures. »

— Quelle est ma « nature véritable » ?

— Celle qui a *causé* ta naissance en tel moment et tel lieu ; d'autres t'instruiront quant à cela. Ce soir, apprends le sens du mot *ouâb* (pur [4]) :

« *Ouâb,* c'est l'expansion de la nature individuelle libérée de tout apport étranger ; d'où le nom des « prêtres-*ouâb* » qui ont réalisé leur « nature » de telle sorte que chacun d'eux se trouve en harmonie parfaite avec la fonction qui lui est confiée en connaissance de cause, quelle que soit l'importance — grave ou infime — de cette fonction. »

— Chaque prêtre-*ouâb* est donc une perfection ?

— Jamais ! L'œuvre humaine est toujours imparfaite ; d'ailleurs, nul ne supprimera les tendances innées à sa nature

1. Voir *Her-Bak Disciple, Commentaire* II, § 3.
2. *Sab* = juge, et aussi « chacal ».
3. Temple extérieur. Voir chap. XXXII et Appendice IV, § 8.
4. Voir signe 8, Pl. I.

particulière : il s'agit de changer leur force destructive en puissance de vie.

— Dis-moi quelles sont mes vraies tendances ?

— Tu le sauras au moment favorable ; ne peux-tu étudier un principe sans le rapporter à ta personne ?

— Sois en paix, ô mon Maître, je transformerai cette personne en *ouâb !*

La nuit étouffa le rire de Pasab :

— Puisse Thot y mettre la main ! conclut-il. Cette transformation ne se fait point sans combats : c'est pourquoi la corne qui signifie l'attaque est introduite dans le mot *ouâb* [1].

« Peu d'élèves ont le courage d'accepter la destruction de leurs éléments corruptibles ; car tout homme est riche en excuses pour sauvegarder *ses* préjugés, *ses* instincts et *ses* opinions. »

— Ô Pasab, pourquoi parles-tu de morale au lieu de parler de science ?

— Parce que la science n'est pas la Connaissance. Savoir, c'est inscrire dans sa mémoire ; connaître, c'est se confondre avec la chose et se l'assimiler, comme le pain que tu manges s'assimile à ton corps ; or les *préjugés* s'interposent comme un écran entre la *chose* et l'homme, et ce que le « chercheur » parvient à percevoir est déformé par cet écran :

« Telle intelligence astucieuse est aveugle devant les *évidences naturelles ;* telle mentalité de critique spécieuse ferme la porte à l'intuition naïve ; telles vertus médiocres demeurent pétrifiées dans leur équilibre mortel.

« Le rôle d'un juge *« sab »* est donc de discerner le réel du factice, et de sélectionner pour la Maison-du-Dieu les éléments qui deviendront incorruptibles. »

— Serai-je de ceux-là ?

— Cela dépendra de ton choix : réalités ? ou apparences ?

« Il y a deux chemins d'erreurs : la *crédulité aveugle,* et la *critique anatomique.* Ne *crois* jamais sans éprouver la vérité d'une parole ; le discernement ne se cultive pas dans la paresse ; or cette faculté de discernement est indispensable au chercheur.

« Le scepticisme sain est la condition nécessaire au bon discernement ; cependant *la critique anatomique est une erreur.* J'entends par ce mot : la dissection d'une parole ou d'une chose, pour scruter chaque détail *séparément,* en en détruisant l'harmonie.

1. Voir signe 9, Pl. I et *Her-Bak Disciple, Commentaire* VII, § 13.

« La Sagesse de nos Maîtres est une synthèse, et chacun de ses éléments (fût-ce une simple lettre) est en soi une synthèse vivante : tu ne peux pas connaître le sens d'un hiéroglyphe si tu ne considères pas *simultanément* sa forme symbolique, la *nature* de la chose représentée, son nombre et sa sonorité ; tout leur enseignement est tel.

« Si tu dissèques un animal, tu ne connaîtras pas le rapport *vital* des organes ; si tu sépares les matières en état de digestion, tu ne les rendras point assimilables ; il en est ainsi pour la recherche des grandes Lois.

« L'anatomie (analyse) est cause de déchéance de la pensée [1] : c'est la *mauvaise application du principe de digestion.* »

— Ô Pasab, ne m'as-tu point dit : « Ne crois jamais sans discuter ? »

— Il faut premièrement *écouter,* écouter dans son cœur pour entendre *le sens voulu par l'instructeur.* Ensuite il faut évoquer les arguments contradictoires, à condition que cette discussion s'attaque à la *pensée totale,* non point à ses éléments séparés ; car c'est le sens vital qui donne leur valeur aux divers éléments. Me comprends-tu, Her-Bak ?

— C'est difficile... Je crois que tu me conseilles de ne pas découper en morceaux la parole vivante d'un Maître ? Mais que faire lorsqu'une leçon n'est elle-même composée que de ces petits morceaux ?

— Dans ce cas, son enseignement est faux car le sens vital n'y est point.

Une flamme de malice anima les yeux de l'élève :

— Sans doute je ne risque pas d'entendre dans le Temple telle abomination ?

Le Maître laissa tomber l'ironie :

— Si cela t'arrivait, qu'adviendrait-il ?

— Alors je devrais être juge et chacal pour discerner les bons et les mauvais professeurs.

Le scribe hocha la tête :

— Tu es prompt à saisir la leçon ! Cependant garde-toi de créer la haine autour de toi. Ne sois pas arrogant à cause de tes dons. Je t'en prie, sache ceci : ceux qui t'enseigneront n'ont pas, tous, le même horizon ; prends le conseil de l'ignorant comme celui du savant, jusqu'à ce que ton jugement soit aiguisé.

« S'il t'est donné de pénétrer un jour dans le Temple intérieur, tu ne dois pas laisser d'ennemis derrière toi. »

1. Voir *Her-Bak Disciple, Commentaire* VII, § 6, 7.

Cette parole troubla profondément Her-Bak ; il se jeta aux genoux de l'Instructeur :

— Ô Pasab, tu as parlé comme le Maître ; maintenant je sais que tu le représentes : j'obéirai.

XXXV

LES TROIS

Sur les eaux d'un grand bassin, fleuri de lotus roses, canards et canetons s'écartent prudemment du bord où six jambes pendantes s'agitent nerveusement.

Et ceux de l'eau coincouinent... et ceux du bord discutent... sous les rayons de Râ indifférent. Ceux de l'eau ne font qu'un : âme-groupe de volatiles liés par un même appétit. Mais ceux du bord sont séparés par un antagonisme : celui-là « veut », celui-ci « ne veut point », et celui du milieu oscille entre les deux. Her-Bak, souviens-toi du chacal !

Her-Bak est excédé ; il soupire :

— La vie du Temple est-elle chaque jour comme hier et comme aujourd'hui ?

Asfet riposte avec aigreur :

— Hé toi, te plaindrais-tu d'un trouble dont tu es la cause ? Qui d'entre nous t'aurait appelé ? Ce que l'on nous apprit en tâche quotidienne, qui donc le contestait ?

Aouab défend son ami :

— C'est Pasab qui a discuté, ce n'est pas celui-ci !

Her-Bak refuse l'excuse :

— Non, Asfet a raison : c'est moi, car je ne me sépare point de mon Maître.

— Moi, dit Asfet, je défendrai les miens : que vaut ton opinion ? De quel droit l'ignorant corrige-t-il ses instructeurs ?

— N'est-il pas dans vos plans de rechercher la vérité ?

— La vérité a-t-elle attendu ta bouche pour parler ?

— Ce que Pasab a dit, affirme Aouab, c'est de l'air pour mon nez ; pour vous, les mots sont morts ; lui, il les fait vivre.

Asfet rit avec mépris.

— Tu crois sans réfléchir, comme un chien gobe une mouche !

— Réfléchit-on pour savoir si l'on aime ou si l'on n'aime pas ?

— Autre chose est aimer, autre chose est savoir ! Il te plaît de comparer le cœur au chevreau qui a soif ? Moi, je recherche tous les cas où ces mots ont été employés, les diverses manières dont on les a écrits ; je suppose les fantaisies, les oublis, les erreurs des scribes qui causent leurs différences ; mon raisonnement subtil décide le plus juste ; je fais la part de nos progrès quant à l'intelligence.

— Ainsi tu juges les erreurs de tes prédécesseurs ?

— Non pas moi, mais nos professeurs. Ne faut-il pas expliquer les divergences d'écriture ? La raison seule en vient à bout.

— Êtes-vous tellement intelligents que vous soyez certains de ne rien oublier ?

Her-Bak écoutait le débat ; il profite du silence d'Asfet, il lui dit :

— Je prends tes arguments ; les divergences des écritures viennent de la négligence ou de la fantaisie des scribes : comment alors advient-il que les prêtres du Temple intérieur — si sévères, dit-on, pour les copies des textes — n'aient point corrigé ces erreurs ? Tu ne sais pas ? Et que penses-tu des mots et des racines qui ont la même orthographe avec sens différent [1] ?

— C'est une pauvreté de langage.

— Sans doute aurais-tu fait mieux ! Mais dis-moi par quel hasard l'image qui détermine le mot *àb*, soif, est un chevreau qui saute... comme le cœur [2] ? D'ailleurs ce même mot exprime aussi danser, sauter.

— Oui, ceci fut remarqué.

— Tes professeurs et toi, Asfet, vous acceptez ce que vous comprenez, vous refusez ce que vous ignorez ; de quel droit l'ignorant corrige-t-il les constructeurs ?

— Ces constructeurs sont gens de tous les Temps et de tous caractères ; tu ne prétendras pas qu'ils ont toujours suivi une direction unique, obéi à des lois qu'ils ont tenues cachées ?

Aouab dit à Asfet :

— Pasab m'a enseigné qu'il y a eu dans notre histoire, entre les époques de Sagesse, de longues périodes troublées

1. Homonymes. Voir *Her-Bak Disciple, Commentaire* I, § 4.
2. Cœur : *àb*.

où cette Sagesse s'est endormie ; mais il dit que nos dieux ont toujours envoyé ensuite quelques Maîtres, possesseurs des secrets. Il affirme qu'ils n'ont rien laissé subsister qui n'ait été conçu selon la loi sacrée.

Asfet rit :

— Pasab abuse de ta naïveté ! Ce qu'un roi ou un noble a construit pour sa vie privée est détruit, par le fait que ses fils construiront aussi pour eux-mêmes. N'en peut-on dire autant des monuments ?

— Pasab affirme que les temples, les statues et les stèles répondent à l'enseignement qu'il faut léguer aux temps futurs.

— Que sait Pasab ?

— Il a cru ce que le Maître lui a dit.

— Croire n'est rien : il faut des preuves.

Her-Bak parle à son tour :

— On assure que leurs monuments enseignent les mystères du ciel.

— Qu'y a-t-il de mystérieux ? Le Soleil ? La Lune ? Les étoiles ? Chacun ne peut-il pas observer leur lever et leur coucher ?

Her-Bak met sa main gauche sur l'épaule d'Aouab, sa droite sur l'épaule d'Asfet, il leur dit :

— Aouab, tu es *àabet* (l'Orient) ; Asfet, tu es *àment* (l'Occident) ; *àment* est la fin du jour, *àabet* en est le commencement ; j'ai appris qu'aussitôt né, l'enfant pousse un cri, puis commence à aspirer l'air ; que dit Pasab ? Ce premier cri, ce cri du commencement, n'est-ce pas *à* [1] expiré ? Et son aspir n'est-il pas *a* [2] qui prend le souffle sans lequel le cœur, *àb* [3], cesserait de battre ?

Aouab ne contient plus sa joie :

— Entends cela, Asfet, c'est une preuve !

Mais Her-Bak n'accepte pas la réplique trop enfantine :

— Entends ceci, Aouab : Pasab dit aussi « c'est avant d'affirmer qu'il faut chercher la preuve ! ». Pour moi la preuve est faite ; Pasab a compris la pensée des Anciens pour la double lettre-origine *àa* [4] et pour *àb*, cœur et soif.

— Si telles étaient leurs subtiles pensées, pourquoi n'ont-ils donné, sur leurs murs et leurs stèles, que des formules monotones d'offrandes et de nourritures, des histoires de guerre, ou des faveurs qu'ils ont reçues du Roi ?

1. Lettre *à*, Pl. IV.
2. Lettre *a*, Pl. IV.
3. Voir signe 10, Pl. I.
4. Voir *Her-Bak Disciple, Commentaire* I, § 3.

— Les nourritures, suggère Aouab, sont pour leur père Amon...

Her-Bak l'interrompit de nouveau :

— Non, Aouab, ce n'est pas un argument. La question d'Asfet est apparemment raisonnable. Cependant, si l'on parle partout de leurs connaissances secrètes, il doit y avoir quelque chose de vrai...

La parole d'Asfet se fait insinuante :

— Précisément : ainsi que l'a dit Smôn « si c'est là que gît l'erreur il importe, du fait même de son extension, de la connaître et de la combattre. Il est impossible d'admettre que, dès cette époque reculée, ils aient pu se créer des concepts qui ne répondaient plus à quelque chose de concret et de matériel ! ».

Her-Bak réfléchissait.

— Pourtant, insista-t-il, le Sage prétend que ces textes ont d'autres sens pour ceux qui connaissent leurs clés.

— Qui sait si ce n'est pas une illusion ? Les textes des Anciens sont plus courts et moins clairs que ceux de notre époque ; s'il existait une science extraordinaire, pourquoi nous la cacher ? Ne sommes-nous pas plus avancés que les Anciens ? Aux premiers Temps, les rois seuls avaient le privilège des rites et du culte funéraire ; peu à peu les nobles en ont partagé le bénéfice ; maintenant l'homme du commun obtient aussi ces droits : ceci prouve notre progrès !

— Toi, mon ami, sais-tu ce qu'on enseigne dans le Temple intérieur ?

— Ceux qui y sont entrés ne nous le disent pas, répondit Asfet ; si quelque haute science leur était révélée, crois-tu qu'ils ne se hâteraient point d'en tirer gloire ?

Aouab s'écria :

— Abouched affirmait en avoir eu les preuves !

— Abouched verra des étoiles en plein jour pour témoigner d'un cercle d'initiés !

— Pourquoi vos professeurs n'y sont-ils pas entrés ?

— Sans doute le favoritisme, ou l'intérêt particulier, choisit les uns et en exclut les autres. Mais tes questions sont insolentes : tout « extérieurs » que nous soyons, ne fournissons-nous pas des prêtres, des scribes excellents, des fonctionnaires influents ?

— Fournissez-vous aussi des Sages ?

La réponse d'Asfet fut si violente que les canards inquiets se mirent à canqueter tous à la fois.

— Les vrais Sages sont ceux qui donnent ce qu'ils savent, sans avarice et sans secret !

— Ô Asfet, le secret ne gêne que les bavards !

— Pour l'homme intelligent il n'est point de mystère.

— C'est ce que dit le vaniteux ; les Sages lui ferment la porte.

— La porte de quoi ? D'une mystique de demi-fous et de dégénérés ? À quoi mènent ces divagations sur un symbolisme arbitraire ? Les scribes qui comptent des milliers ont un sens plus solide des réalités !

— Eût-on fait ces travaux fantastiques, ces monuments couverts de textes, pour dire des banalités ?

— Serais-tu un âne chargé ? Il n'y a aucune compréhension dans ce corps !

La querelle s'envenime ; Aouab s'interpose :

— Vous savez qu'il est dit : « Il ne faut pas crier dans la Maison du Dieu. »

Asfet est furieux ; il se lève, il pérore, et son poing menaçant prend à témoin ses dieux, ses professeurs et ses amis que leur école est en danger si l'on tolère une telle arrogance :

— L'insolence de ce débutant, c'est l'ignorance des crédules ! C'est la mort du progrès, la dégénérescence ! C'est le retour à l'esclavage ! C'est une aberration qui nous fera sombrer dans l'imbécillité !

Le bruit de la dispute attire l'attention ; les causeries s'arrêtent, on s'approche, et ceci redouble la colère d'Asfet ; en gesticulant il recule... et sa chute dans le bassin fait envoler à grand tapage les canards !

Des rires fusent de toutes parts ; Asfet est un mauvais nageur, il patauge péniblement sous les regards moqueurs des assistants ; Aouab enlève sa robe, plonge pour lui venir en aide.

Ils abordent l'escalier où Her-Bak les attend ; et les trois batailleurs se regardent, calmés et quelque peu honteux.

Her-Bak prend la main du « noyé » et l'emmène loin des curieux ; Asfet sèche au soleil sa robe et son prestige ; il déclare :

— C'est excellent, l'eau du bassin est purificatrice !

Her-Bak masque son rire sous un air offusqué :

— Que dis-tu, mon ami ? Ne vas-tu point sombrer dans la mystique des dégénérés ?

XXXVI

NOUT

La terrasse d'un toit, sous une nuit sans lune. Le sol est couvert de nattes. Sur les nattes, deux ombres sont assises côte à côte, jambes croisées, les mains sur les genoux.

La sérénité du ciel les enveloppe ; leurs voix s'assourdissent pour ne point la troubler.

— Ô Pasab, pourquoi ne pas venir ici chaque nuit ? Les nuits sont plus douces que les jours !

— Quel regret dans ta voix, Her-Bak ! Le jour ne t'apporte-t-il pas l'enseignement que tu cherches ?

— Non, pas celui que je désire. Ô toi, Pasab, qui avais su troubler mes professeurs, toi dont les réponses m'avaient réchauffé comme une flamme, voici que tu ne corriges plus leurs erreurs ! Tu enseignes, depuis ce jour-là, comme les autres : où est la vérité ? Dois-je aussi être « juge » quant à ce que tu dis ?

Pasab répondit avec douceur :

— Si tu ne m'avais pas été confié par le Maître, je ne parlerais point avant que l'élève ait acquis le sens du respect ! Je répondrai cependant à ce chevreau altéré, mais à l'heure favorable et dont moi-même je serai juge.

« Est-ce là tout ce que t'inspire la sérénité de cette heure ? »

Her-Bak regarde les étoiles ; leur scintillement le fascine et calme peu à peu l'impatience qui bouillonne en lui.

Par jeu il s'amuse à les dénombrer… L'impossibilité éveille l'inquiétude. Est-ce la première fois qu'il regarde le ciel ? Son ignorance le confond ; il explose :

— Pasab, qu'est-ce que les étoiles ? Pasab, qu'est-ce que le ciel ?

Le rire de Pasab lui répond :

— Her-Bak, qu'est-ce que la Lumière ? Her-Bak, qu'est-ce que la Nature ? Telle question vaut telle autre question ; est-ce une définition que tu désires ? Veux-tu m'obliger à parler comme les autres professeurs ?

Her-Bak est confus, il s'excuse :

— Ô mon Maître, ce que je ne sais pas je dois le demander !

— Le Sage m'enseigna ceci : une réponse n'est féconde que si la question est mûrie à tel point qu'elle suscite cette réponse comme son fruit. Apprends donc à poser la question.

— Nos instructeurs n'agissent pas ainsi. Ils imposent leur savoir comme on charge un faix sur un âne ; il n'y a point à réfléchir ; le bon élève est celui qui inscrit leurs listes et leurs formules dans sa mémoire.

— L'erreur d'une méthode classe les étudiants : le mouton la subit, le renard y adapte son intérêt ; le chat en profite pour sa paresse ; le lion ne s'appuie que sur sa propre force.

— Le lion sait trouver une piste ; moi, Her-Bak, je ne sais pas chercher.

— Apprends donc ! D'abord, il faut créer la *curiosité*.

— Asfet n'est-il pas curieux ? L'enseignement caché, il le raille mais il en épie les moindres échos.

— Ceci n'est qu'indiscrétion ; autre chose est la curiosité ; la curiosité est une éponge faite pour boire l'eau, mais qui est sèche : donc c'est une pauvreté que l'on reconnaît.

« Or l'âme sait tout, mais elle ne formule pas. Quand on prend conscience sans savoir formuler, on est pauvre, on est inquiet, on a soif, on est curieux. »

— Il faut donc oser s'avouer qu'on est pauvre ?

— C'est la première condition. C'est pourquoi les vaniteux ne connaissent que la curiosité malsaine : happer, copier, répéter ce que les autres ont formulé.

— Ne faut-il pas étudier les écrits des Sages ?

— Certes, c'est excellent pour s'orienter et guider sa *recherche intérieure* qui, seule, donne la Connaissance. C'est pourquoi la *curiosité saine* puise en soi-même les éléments de tout problème, créant *par son désir* le contact avec la chose à connaître.

— Qu'ai-je donc à puiser en moi-même ? Ô Pasab, je suis pauvre !

Pasab rit :

— Fort bien ! Tout ce dont tu as pris conscience dans tes divers métiers et expériences est un acquis réel : ceci est mémoire vitale et non mémoire du cerveau. Réveille cette conscience pour l'étendre à ce que tu désires connaître ; dans la Nature tout se tient ; or toi, tu fais partie de cette Nature ; observe au-dehors, écoute au-dedans : tu seras surpris d'apercevoir le rapport des choses entre elles et, peu à peu, leur jeu vital.

« Alors ne sois pas impatient, écoute encore... et recommence, jusqu'à ce que la conscience acquise se formule sans effort ; *ainsi tu comprendras* ce que tu as *connu*. »

— Ô mon Maître, aurai-je cette grande patience ?

— Laisse-la si ta soif n'est pas assez intense, et demeure « comme les autres » !

Her-Bak poussa un grognement de dépit :

— Certes, tu as dit ce qu'il fallait dire ! Je commence maintenant ; je vais essayer de comprendre le ciel.

Il croise ses mains sur ses genoux, mais son Maître lui dit :

— Pas ainsi : étends-toi sur le dos et contemple en silence.

Il obéit. La nuque sur la terre, la face vers le ciel, Her-Bak observe intensément les points d'or innombrables ; ils scintillent comme des yeux clignotants qui le regardent... leur multitude le déconcerte. Qu'y a-t-il à « chercher » dans le ciel ?

— Qu'est-ce que le ciel ?... Je ne vois pas de « ciel », je vois des étoiles : des petites lumières. Qu'est-ce que ces lumières ?... Oh ! une étoile qui tombe ! Elles peuvent donc remuer ?... Il y en a trop, on ne sait plus ! Il y en a partout... Partout ? jusqu'où ? Est-ce que cela finit quelque part ?

« Qu'est-ce que les étoiles ? Entre les points brillants je ne vois rien : est-ce cela « le ciel » ?... Si les étoiles sont des lumières, pourquoi n'éclairent-elles pas le « noir » ?... Sur quoi sont-elles fixées ? Sont-elles suspendues dans le vide ?

« C'est effrayant ce grand trou sombre... partout, partout le « noir ». Où suis-je ? Dans le « noir » ?... La terre est solide ; mais si je tombe de la terre je tomberai aussi dans ce « noir » ! Où ?... Je ne peux pas : on ne tombe pas « en haut », on tombe toujours sur la terre... Pourquoi les étoiles ne tombent-elles pas ? Elles tombent : j'en ai vu... Encore une ! où va-t-elle ? Je ne sais plus... Oh ! ce vide... J'ai peur !

« Tous ces points de feu qui étincellent, est-ce du feu ? Ils bougent... ils tournent... non c'est moi qui tourne ! On dirait qu'ils approchent... Cette étoile bleue, elle a grossi... elle descend... elle va tomber sur moi...

« *J'ai peur !* »

Ses yeux clignotent, il frissonne ; le vertige l'emporte... sa poitrine se soulève péniblement...

— Qu'est-ce que le ciel ? Des feux ? Des trous ? Un trou ? Du vide ?...

Il ne résiste plus ; ses yeux se ferment... Et il sombre dans le sommeil, au milieu des étoiles qui tombent.

Pasab, qui l'observe en silence, le couvre d'une natte, s'assied auprès de lui. Puis il veille, seul, dans la nuit.

***

Alors se pose le problème qu'il ajourna devant l'élève. La plainte d'Her-Bak réveille en lui l'écho de sa propre souffrance : pourquoi son enseignement diffère-t-il de sa conscience ?

Il évoque sa vie d'études, sa méditation patiente, sa recherche laborieuse, la joyeuse révélation des lettres qui s'animent, des symboles qui prennent corps. Son devoir est-il de se taire, ou de partager son trésor ? Abouched l'avertit de ne point trop parler : il obéit, il suit les formules banales ; n'est-ce pas un mensonge ?

Qu'arrive-t-il quand il expose sa vision ? Espoir pour quelques-uns, révolte pour les autres ; ceux-ci scandalisent ceux-là : trouble et confusion... La révolte vient-elle du *mystère ?*

— Peut-on supprimer le mystère ? Ce qui se révèle à moi-même cesse pour moi seul d'être mystérieux ; si je le dévoile à un autre, cet autre entend des mots qui trahissent le sens vivant : profanation, jamais révélation ! Que faut-il faire ? Quelle fut l'attitude du Maître à mon égard ? Il écouta mes questions sans répondre directement ; mais il rectifia mes erreurs, modifia mon mode de recherche ; il simplifia ma pensée, m'enseigna le sens du Problème... Pourquoi ai-je si longtemps résisté ? Puis-je blâmer les autres ?

Il médita profondément, cherchant les causes de l'obstination des hommes, mesurant la valeur des diverses formes du Savoir.

***

La dernière heure de la nuit lui donna conscience d'une double réalité.

La première quant aux « secrets » : *toute connaissance vient du dedans ;* on n'est donc initié que par soi-même, mais le Maître donne les clés.

La deuxième quant au « chemin » : le chercheur a besoin d'un Maître pour le guider et redresser. Mais quel Maître peut forcer l'orgueilleux à préférer le « Réel » à l'apparence et à ses préjugés ?

Pasab sentit son impuissance à dépasser le stade actuel. Et de cette conscience jaillit un cri d'appel : *l'appel irrésistible de l'affamé.*

***

La face d'Her-Bak émerge de la natte ; la fraîcheur de l'aube éveille le dormeur ; il se dresse, confus :

— Je n'ai pas pu veiller ! Est-ce déjà le jour ?

L'aube grise n'a pas encore terni les étoiles ; Her-Bak les cherche anxieusement :

— Elles ont changé de place : ce sont d'autres dessins, pourtant c'est toujours le même ciel... Qu'est-ce que le ciel ?

Pasab reste muet.

— Toi, Pasab, tu n'as pas dormi ?

— La nuit est propice pour gester la lumière, et le jour pour la formuler ; je veux répondre à ton reproche, Her-Bak : pour quelle raison ai-je cessé d'enseigner ce que j'ai compris ? Autrement dit : *est-il bon d'attaquer l'erreur dans un milieu non préparé ?*

« Et moi, je te demande : *qui* a faussé l'enseignement ? Nos hiéroglyphes sont les mêmes pour tous ; signes et mots offrent à tous les yeux l'évidence de la philosophie dont ils découlent ; cependant, tu as vu la révolte des instructeurs !

« Que ceci ne t'étonne point : la première réaction des hommes est égoïste ; ils redoutent le changement qui troublerait leurs habitudes ; leur vanité n'admet point une Sagesse qu'ils ne possèdent pas. Celui qui leur indique une nouvelle voie est un gêneur, contre lequel se liguent ceux qui se laissent limiter par ce qu'ils ont professé. Il est dur de se désavouer. *Seul le chercheur sincère en est capable.* Maât a peu de dévots qui osent se renier pour elle ! Pour sauver sa propre doctrine on raille, on se dérobe, *au risque de tromper les jeunes...*

« Remarque cependant que ceci est le Temple extérieur, le cercle d'épreuves où se déterminent les possibilités. »

— Toi, mon Maître, pourquoi donc y es-tu resté ?

— Je devais accomplir mon rôle et mon destin. Mais l'heure du chacal va bientôt prendre fin.

L'aube a blanchi la terre ; l'aurore commence à nuancer le ciel. Her-Bak dit à Pasab :

— Les étoiles s'éteignent ; la dernière est si pâle qu'on la distingue à peine : où sont les autres ?

— Où veux-tu qu'elles soient si ce n'est dans le ciel ?

— Est-ce possible ? Tout le jour, là-haut, elles restent, invisibles ?

— Oui, comme des lumières dans la lumière...

Pasab ajouta :

— Laisse prendre corps à ce qui fut conçu dans la nuit. Il est un temps pour chaque chose. Reviens ce soir. Et puis reviens encore... afin que Nout elle-même te livre son secret.

Un murmure s'élève du temple voisin ; Pasab regarde l'Orient ; il s'incline, et sa voix émue répète les paroles que prononcent les prêtres à ce moment.

***

La deuxième nuit d'Her-Bak est solitaire. Mais Pasab lui a dit que, sur une terrasse du temple, des prêtres passaient les

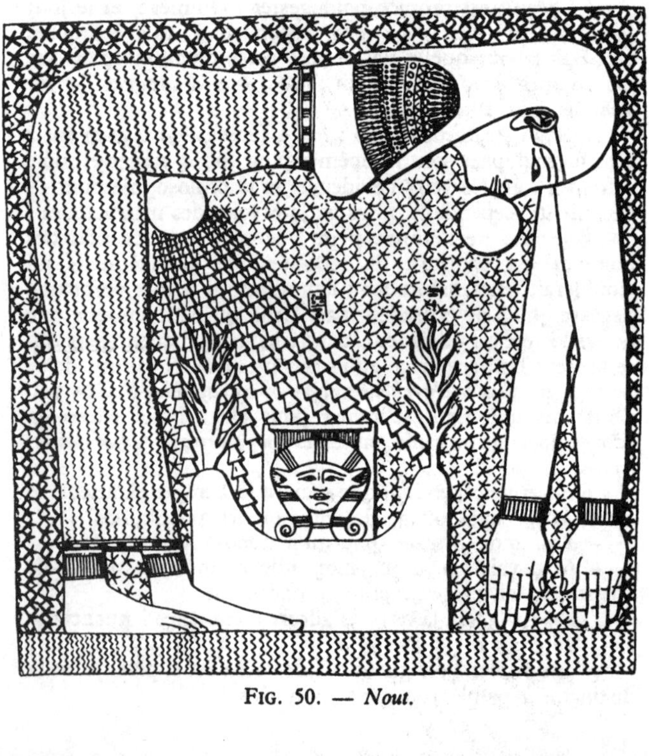

FIG. 50. — *Nout.*

heures nocturnes à étudier le ciel ; la présence invisible de ces « chercheurs » l'émeut et le stimule.

Avec ardeur il avait préparé cette veille. Il a questionné Asfet qui s'est moqué de lui :

— Hé toi, tu ignores même ce qu'on nous enseigne et tu veux redresser tes instructeurs ?

Her-Bak n'a point ouvert la bouche pour répondre : il a compris la leçon. Il a passé tout le jour à déchiffrer des textes, le nez levé vers les murailles pour y repérer des symboles ; Aouab lui a dit avec simplicité ce qu'on lui avait appris. Mais ses explications l'ont troublé.

Il interroge en vain le plafond étoilé, rien n'y confirme la légende :

— Est-il vrai que Nout soit une femme dont le corps serait le ciel constellé ? Est-il vrai qu'elle se tienne, comme une vache, « à quatre pattes » sur ses deux mains et ses deux pieds ? On enseigne que, le soir, elle avale Râ pour le mettre au monde dès l'aube ? Mais je ne vois pas Nout, et le Soleil est descendu sous la montagne : alors, Nout est *en dessous* de la Terre ?... Elle n'est donc pas dans le ciel que je vois ?

« Une autre chose est incompréhensible : puisqu'on la dit fille de Râ, comment Râ peut-il devenir son fils chaque matin ? Aouab dit encore qu'elle est mère des cinq grands dieux : Osiris, Isis et Nephtys, Seth et Horus ; et j'ai lu sur une stèle la parole d'un scribe : « Entre les bras de ma mère Nout... » Les hommes et les dieux sont-ils, tous, ses enfants ?

« Pourquoi lui met-on un vase sur la tête ? C'est le vase *nou* [1], il est rond comme le ciel... Un vase est fait pour contenir de l'eau : y a-t-il de l'eau entre les étoiles ? Mais l'eau que je bois se dit *« mou » :* qu'est-ce que l'eau de *nou ?*

« Il y a beaucoup de choses à apprendre !

« Le symbole du ciel [2] est un couvercle droit posé sur deux pointes : le ciel semble rond, car le Soleil sort de la terre chaque matin, il monte au ciel et redescend dans la terre chaque soir ; mais je ne vois pas les pointes ! On dit que quatre piliers le soutiennent : s'agit-il des deux pieds et des deux mains de Nout ? Je ne comprends pas !...

« Quant au Soleil, je sais qu'il éclaire et qu'il brûle ; il est rond. La Lune n'est pas toujours un disque : pourquoi ?... Elle marche vite, elle passe devant les étoiles : *qui* la fait avancer ? Je ne sais rien : comment puis-je chercher ? »

1. Voir signe 11, Pl. I.
2. Voir signe 12, Pl. I.

Her-Bak a l'impression de buter contre un mur ; il se sent fermé, dur et sec. Qu'arrive-t-il ? Pourquoi ne peut-il ni comprendre ni sentir ?... Alors il demande conseil à son passé. Il cherche en ses expériences la trace des lumières reçues : la leçon du potier, les avertissements de Menkh, la révélation de la Cime [1]. Il remonte jusqu'à leur cause : à la source de chacune d'elles il constate une faute, une erreur dont la destruction fut une joyeuse éclaircie. Quel obstacle l'arrête aujourd'hui ?

Sa rancœur d'écolier lui répond. Il écoute ses griefs, il jauge son ignorance... Et la pesée n'est point en sa faveur.

— Au fond je suis un orgueilleux : je ne sais rien et je veux redresser les autres ! Ce n'est pas amusant de constater ses torts ; mais c'est plus ennuyeux d'y rester embourbé !

Et voici qu'un espoir dissout son amertume ; il ose regarder le vide noir ; les étoiles ne sont-elles pas des lumières ? La Lune, le Soleil : toujours de la lumière ?... L'homme n'est-il donc jamais sans Lumière ?

L'obscurité lui paraît éblouissante ; l'ancienne parole du menuisier reprend corps : *sba* [2] l'étoile, *sba* [2] la porte... L'étoile, est-ce un trou dans le ciel ? Une porte par laquelle passe la lumière ? Pourquoi son nom est-il presque le nom de l'âme *ba ?*

La nuit devient vivante ; l'enfant qui, autrefois, n'avait point « reconnu » sa mère [3], se sent enveloppé par une Mère immense, une Nout qui nourrit chacune des étoiles. Et lui, homme minuscule au milieu d'elles, il rit de joie de sentir sa Mère infinie ; et, consolé, il se laisse endormir dans ses bras.

***

Au lendemain matin, les professeurs furent surpris de trouver Her-Bak empressé au travail. Point de morgue, point de bouderie ; il écoute avec déférence ; il répète les textes, il apprend les formules. Son ardeur fait sourire Asfet qui l'appelle après la leçon :

— Tu en as assez d'être un âne ? Suis mon conseil, tu t'en trouveras bien : laisse tes rêveries ; fuis la théorie fantaisiste qui ne répond que de très loin à la réalité des faits ! Apprends les formules connues ; ne recherche pas au-delà, de peur qu'on ne dise de toi : « C'est un fou », comme on le dit de Pasab.

1. Voir chap. XX, XXIV, XXVI, XXX.
2. Voir signe 13, Pl. I.
3. Voir chap. XI.

Her-Bak, impassible, répond :

— Sois en paix : j'apprendrai les formules.

⁂

Et la troisième nuit réunit le Maître et l'élève sur la terrasse haute, et Nout reprend possession d'Her-Bak et Her-Bak ne dit plus : « Où est Nout ? »

L'apprenti chercheur fait un effort intense pour rassembler l'acquis des deux dernières veilles ; il ne regarde pas le ciel, mais, dans l'obscurité, il essaie d'évoquer la double vision : ce qu'il y « là-haut », et les symboles de « tout cela ». Entre les deux s'établit peu à peu un rapport ; il s'efforce de l'exprimer, et, parlant pour lui-même, il traduit à mi-voix sa pensée :

— Si je dis « le ciel », j'imagine ce que j'ai vu ; si j'écris son symbole, je n'imagine point le ciel que j'ai vu. Si je dis « les étoiles », j'imagine les points brillants que j'ai vus ; si je dessine des étoiles à cinq branches, ce ne sont plus les points brillants que j'ai vus.

« Alors, puisque nos Maîtres ont figuré ces choses par des signes qui ne sont pas leurs images, c'est qu'ils ont voulu dire d'autres choses qu'il ne faut pas regarder avec les yeux, mais en dedans avec le cœur ? »

Pasab jugea l'heure propice pour répondre ; il dit :

— C'est parfait, cette conclusion ; tu as parlé pour toi : il est bon que j'aie entendu. Tu commences à savoir établir un problème ; maintenant, exprime clairement ce que tu as compris.

Her-Bak fit le résumé des trois nuits ; Pasab approuva son élève :

— Voilà d'excellents éléments pour réfléchir ! Le véritable enseignement est donné dans le Temple couvert ; hélas, nous sommes dans le Péristyle. Mais ta route est bonne pour trouver la porte ; je ne puis que t'aider à la chercher.

« Nos Sages connaissent la marche des étoiles, le sens des décans et des mois. Ignores-tu la valeur du mois ? C'est la première chose à savoir. Tu as vu la Lune quand elle est pleine ? »

— Oui, elle est ronde, elle est *meh* [1].

— À partir de ce jour elle diminue jusqu'à ce qu'on ne la voie plus, puis elle recommence à croître de nouveau.

« Le premier soir où tu aperçois son croissant, c'est son

1. Voir signe 14, Pl. I.

premier jour ; le dernier matin où tu vois le croissant avant qu'il disparaisse, c'est son avant-dernier jour. Or, du premier au dernier jour, c'est le *mois de la Lune : àbed* [1]. Maintenant, toi, réponds-moi, qu'est-ce qu'*un jour ?* »

— C'est tout ce qui arrive depuis que le Soleil se lève jusqu'à ce qu'il se couche.

— Non, car pendant que tu dors, le Soleil continue sa course dans la nuit. Un jour, c'est le temps qui passe entre le lever de Râ et son lever du lendemain. Donc, si c'est la Lune qui fait le mois, c'est le Soleil qui le *mesure*.

« Le Sage m'avait dit : " C'est ainsi que tout se mesure... " Mais je ne l'ai pas encore compris. »

— La Lune fait-elle le même chemin que le Soleil ?

— Elle est toujours en retard sur lui ; mais, tous les mois, le Soleil la rattrape. Quand elle est au plus loin de lui, c'est pleine Lune. Les prêtres du Temple mesurent le temps avec les étoiles.

« Nout est l'image de la vie du ciel. Le symbole du ciel est un secret [2]. Les quatre piliers du ciel sont les quatre directions ; si tu te couches sur le sol, ayant à ta gauche l'Orient, à ta droite l'Occident, tu as la tête au Nord, les pieds au Sud d'où vient le Nil. »

— Tout ceci n'est pas difficile à retenir ! Apprendrai-je davantage dans le Péristyle.

— Tu y apprendras ce que tout le monde peut savoir, non pas les « secrets » pour lesquels il faut être préparé.

— Les « secrets » ! J'ai défendu leur principe devant Asfet, mais j'avoue que l'idée de « cacher » m'exaspère.

— Je sais cela, mon fils, j'en ai souffert aussi jusqu'au jour où j'ai moi-même entrevu quelques sens plus abstraits des *medou-Neter ;* j'en ai reconnu l'importance. L'affirmation des Sages et ma propre expérience m'ont prouvé le mauvais usage que les hommes risqueraient d'en faire ; alors j'ai appris à me taire. D'ailleurs le jugement du Ciel vient souvent confirmer la légitimité du « secret » : un mur se dresse devant l'homme dont le cœur n'est pas disposé, le sens mystérieux lui échappe.

— Ô Maître, je l'ai vu dans ma deuxième nuit, et mon orgueil est tombé !

Pasab sourit :

— Tu es trop ignorant pour avoir le droit de révolte. Tu as jugé tes professeurs sans équité : ces hommes ont beaucoup

1. Voir signe 15, Pl. I.
2. Voir signe 12, Pl. I et *Her-Bak Disciple, Commentaire* II, § 2.

travaillé ; œuvre de compilateurs ? Soit ! Mais ce fut pour plusieurs un labeur acharné. Toi qui n'as encore rien fait, oserais-tu élever la voix ?... Tu peux apprendre d'eux leurs notions sur le monde des apparences ; ce sont les aspects enregistrés par les sens et par la mémoire ; hâte-toi de passer ce stade ; puis tu devras t'exercer à formuler. Heureux seras-tu si tu trouves dans l'insuffisance de ce « savoir » le courage d'un plus grand effort ! Alors tu seras mûr pour une autre recherche : celle qui scrute le *mobile* et le *sens vital* d'une chose ; celle-ci dit « pourquoi », l'autre disait « comment ? ».

La paix joyeuse illuminait le visage du novice ; cependant il ne put résister à poser la question qui l'obsédait :

— Comment peut-on connaître l'enseignement qui est donné par les images ?

— La réponse va constituer le chemin que tu auras à suivre : elle t'apprendra *pourquoi* nos Maîtres ont choisi l'enseignement par les images.

XXXVII

LA VISITE

Il ne s'était point trouvé de diversion à la vie quotidienne depuis l'introduction du novice ; un mois était semblable à l'autre et l'histoire d'un jour était celle du lendemain. Mais voici qu'en cet heureux matin un mouvement extraordinaire anime le Péristyle ; un groupe d'écoliers du temple de Memphis (Hat-Ka-Ptah) est venu en visite, et leurs condisciples du Temple extérieur leur font fête.

Un cri de joie avait salué l'annonce de leur arrivée, et le bateau avait été reçu par des acclamations de bienvenue. Depuis qu'ils avaient aperçu le port, les voyageurs n'avaient cessé de s'émerveiller car, sur les deux rives, la Ville d'Amon (Nout-Amon) s'étendait sans qu'il fut possible d'en deviner les limites. On les avait conduits à la cité de Mout dont l'école les accueillait ; le trajet à travers les palmiers, les villages de serfs et d'artisans, les ateliers et les jardins, n'avait point déçu leur attente.

Les serviteurs étaient chargés de leurs présents : des pièces de lin pour le temple de Mout, du vin pour celui de Khonsou, de la résine de térébinthe pour le grand temple d'Amon, et toutes bonnes choses pour leurs condisciples du Sud. Un vieillard du Temple intérieur d'Apet-Sout [1] présidait cette réception. Pasab le salua du nom de Nefer-Sekherou.

Her-Bak écoute avec curiosité toutes les paroles des Memphites. On les interroge courtoisement. On les comble de louanges sur la réputation de leurs sanctuaires. Ils en font une description enthousiaste.

Ils racontent le glorieux passé de Memphis, le faste de sa cour, la science fabuleuse du grand Sage Imhotep. Ils

1. Karnak.

décrivent Hat-Ka-Ptah avec ses portes d'or incrustées de pierreries, la statue du *Neter* en or et joyaux précieux, les deux effigies royales, statues d'or et d'argent qui présentent à genoux les offrandes ; les tablettes d'argent repoussé et gravé qui portent les décrets d'administration ; le mystérieux Naos fait d'un monolithe en granit d'Éléphantine, qui abrite en son intérieur la triade divine : Ptah, Sekhmet et Nefertoum ; les innombrables vases, coupes et autres objets pour le culte et pour les offrandes, tous en or et en argent ; la cour d'Aneb-Sebek, plantée d'arbres à myrrhe et d'arbres à encens. Les Memphites sont fiers des incalculables trésors sortis de la « Maison d'Or » dont l'atelier est attenant au temple, des maisons de techniciens et de parfumeurs, des greniers débordant des produits des Deux-Terres.

On les écoute, on les louange ; on les questionne avidement sur les détails du beau voyage. Leurs récits, évoquant la vie du fleuve aimé, raniment chez Her-Bak les rêves nostalgiques de Pois Chiche.

Mais ces rêves sont maintenant dominés par un intérêt plus puissant : la description de ces sanctuaires ignorés de lui, Héliopolis, Memphis, Abydos [1] visité en passant. Et le cœur d'Her-Bak déborde d'émotion devant cette vision nouvelle. La surprise l'étourdit ; un doute le saisit, il s'inquiète ; jusqu'à ce jour « son » temple était le Temple et le centre du monde, un seul Temple, un seul horizon limité par ses deux montagnes ; une terre : la sienne ; un seul Maître : le Sage... Et voici que le monde se peuple aujourd'hui d'autres temples dont on lui vante les merveilles ! La terre se dédouble : celle du Sud, celle du Nord. On cite d'autres lieux, d'autres Maîtres ; l'intonation des paroles n'est point familière ; le nom des animaux sacrés est différent.

La multiplicité trouble son harmonie ; il écoute, muet, tendu vers les notions nouvelles : ce que les autres savent, devait-il l'ignorer ? Les écoliers discutent, Aouab interroge :

— Vous dites : « Ptah maître des dieux » ; nous avons aussi un temple de Ptah, mais nous disons : « Amon-Râ est le roi des *Neter*, Mout est son épouse, et Khonsou est son fils. »

Le Memphite Ptah-Mose répond :

— Ptah a créé le monde, mais huit dieux primordiaux y ont contribué ; son œuvre dans la Nature se continue sans cesse ; alors Sekhmet est son épouse, Nefertoum est son fils.

Aouab veut montrer son savoir :

1. Ioun, Aneb-hedj, Abdjou. Iounou (Héliopolis) est le *On* biblique.

— Nous savons que Sekhmet est son épouse ; mais ici, dans son sanctuaire, c'est Imhotep qui l'accompagne...

Nefer-Sekherou interrompt Aouab :

— Que dis-tu d'Imhotep ?

— Ne savons-nous pas que c'est un fils de Ptah ?

— Dis « je sais », ne dis pas « nous savons ». Ce que tu ignores, n'en charge pas les autres.

Neni manifeste sa réprobation :

— N'avons-nous pas le droit d'affirmer notre enseignement ?

Mais le Vieillard lui impose silence :

— N'est-il pas bienséant de laisser la parole aux visiteurs ?

Un Memphite établit le rapport entre l'enseignement d'Héliopolis et celui de Memphis [1] :

— Héliopolis donne l'histoire du dieu solaire, qui fut Atoum et devint Râ ; les enfants d'Atoum — Chou et Tefnout — mirent au monde Geb et Nout qui donnèrent naissance aux deux couples : Osiris et Isis, Seth et Nephtys. Tous ces dieux forment la compagnie divine d'Héliopolis.

Un autre Memphite intervient :

— Les prêtres de Thot nous enseignent que Râ est issu des huit dieux primordiaux, car ceux-ci ont formé l'œuf cosmique duquel est né le Soleil.

— Nous les connaissons, ces huit dieux, répliqua Neni : Atoum en fait partie sous le nom de *Our*.

— *Our,* déclare un Memphite, est le nom du *Neter* créateur.

— Dans Héliopolis, dit un autre, c'est un nom de Râ.

— C'est exact, répond Ptah-Mose, mais il est vrai aussi qu'il est assimilé à Ptah.

Un visiteur, resté jusque-là silencieux, intervient pour prouver que l'un n'est pas en contradiction avec l'autre. Chacun donne ses arguments ; on discute, on ergote.

Her-Bak retient son souffle, décontenancé ! Asfet déclare :

— Ces théories abstraites sur les dieux créateurs sont des jeux de pensée ; je préfère les dieux bénéfiques accessibles aux humains et qui leur donnent la prospérité : notre Renenoutet des moissons, Khnoum des mariages, Touéris de la fécondité, même notre Osiris, le protecteur des morts.

Un visiteur s'exclame :

— Tu dois visiter Abydos si tu veux connaître Osiris ! C'est là qu'il règne en maître sur les défunts.

1. Voir Appendice V, § 2.

— N'avons-nous pas aussi l'Osiris « premier des Occidentaux », principe de résurrection dans notre montagne d'Amentit ?

Her-Bak risque timidement une remarque :

— Dans la montagne nous avons Mersegert.

— C'est une déesse locale : elle ne peut se mesurer avec les grands dieux.

— Comment un dieu peut-il être local ? Le *Neter* n'est-il pas partout ?

Aouab essaie de lui venir en aide :

— Certes, mais chacun des *Neter* a son office particulier : Osiris et Thot ont un rapport avec la Lune ; quant à l'étoile Sothis, c'est Isis dont une larme fait déborder les grandes eaux.

Chacun donnait son opinion. Neni demanda le silence pour prévenir les visiteurs :

— Je vous en prie, veuillez excuser l'ignorant : il prend des symboles pour les réalités ! Nous, les savants, ne saurions errer de la sorte. Nous voyons en ceci l'imagination spontanée des Anciens « primitifs » qui se meuvent avec aisance dans le mystère, parce qu'ils réduisent à leur échelle — en les transposant sur le plan humain — les phénomènes qu'ils ne peuvent pas expliquer logiquement.

Le plus âgé des Memphites manifesta sa discrète réprobation :

— Cette théorie porte la marque d'un modernisme sceptique dont nous nous sommes, jusqu'ici, préservés. Je suis surpris qu'elle soit émise dans le fief d'Amon-Râ tout-puissant !

Nefer-Sekherou répondit :

— Ces jeunes gens parlent en leur nom, aucun d'eux n'a reçu l'enseignement théologique.

Asfet dit à mi-voix :

— L'intelligence y supplée fort avantageusement !

Des murmures s'échangèrent entre les auditeurs ; un jeune visiteur se pencha vers Asfet :

— J'apprécie cette indépendance, je voudrais demeurer dans cette enceinte.

Le Memphite Ptah-Mose s'inclina devant le Vieillard et l'interrogea en témoignant un grand respect :

— Que faut-il faire pour recevoir votre enseignement secret ?

— Ce qu'il faut faire dans votre temple, ô mon fils : courber la tête et dilater le cœur !

Alors Hesy se leva, et il dit :

— Mes enfants, je crains que vous ne donniez une impression fâcheuse à vos condisciples du Nord ; en écoutant vos paroles, peu s'en faut qu'ils ne vous jugent mécréants ! Par la vie d'Amon-Râ, il n'y a point de vérité en cela.

« Vous tous qui m'écoutez, enfants du Nord, enfants du Sud, vous êtes les serviteurs du Roi V. S. F., toujours vivant en nous. C'est le *Neter* qui donne le souffle à vos narines ; joignons-nous à Sa Majesté dans nos cœurs, ainsi nous vivrons ! Il ne peut y avoir de divergences entre nous, car Il unifie toutes croyances comme Il unifie les Deux-Terres. Je vous en prie, sachez ceci : ce ne sont pas les paroles qui importent, mais la docilité aux principes de sagesse. Mettez-les en pratique : vous vous en trouverez bien. Suivez le chemin de la vertu ; méfiez-vous de l'homme pervers. L'enseignement amène la vie dans la maison, mais prenez garde aux paroles trompeuses ; les hommes se perdent par leur langue : gardez-vous de causer votre perte ! Suivez le chemin habituel, il est sûr et n'a point de pièges.

« Faites des offrandes aux *Neter,* évitez ce qui leur déplaît. Nous, prêtres, nous pensons pour vous ; nous jalonnons votre chemin ! Servez les *Neter* par votre obéissance à nos préceptes, votre fidélité dans nos fêtes, votre générosité en offrandes : et le *Neter* vous donnera tout ce dont vous aurez besoin. »

Her-Bak étouffa son bâillement avec résignation. Seth-Mesy se tourna vers ses élèves et leur dit :

— Mes enfants, je vous prie de donner à nos visiteurs l'exemple de votre savoir quant aux préceptes de Sagesse.

Les écoliers de Mout obéirent, et chacun s'empressa, récitant tour à tour tel ou tel des versets connus :

— « La vertu d'un homme juste de cœur est plus agréable à Dieu que le bœuf de celui qui pratique l'injustice... »

— « Travaille, agis pour Dieu, afin qu'il travaille pour toi à son tour... Dieu connaît celui qui travaille pour lui. »

— « Fais profiter les gens de ce que tu possèdes : c'est le devoir de celui que Dieu favorise... Ne sois pas avare de tes richesses : elles ne sont tiennes que par le don de Dieu... »

— « Célèbre la fête de ton Dieu quand son temps arrivera, car le Dieu se fâche contre celui qui la néglige ; le chant, la danse et l'encens sont sa nourriture... »

— « Fais ta prière d'un cœur aimant, et que chacun de tes mots soit caché. Le *Neter* fera ce dont tu as besoin. »

— « Fais des offrandes à ton Dieu, et garde-toi de ce qui lui déplaît. »

Les visiteurs écoutaient avec courtoisie ces préceptes,

familiers à tous ; mais Her-Bak déversait dans le cœur d'Aouab l'amertume de sa désillusion :

— Si tu es mon ami, dis-moi ce que tu penses : suis-je un malfaiteur ? Suis-je un lâche ? Ces conseils font de moi un guépard du Midi ! Celui qui prêche cette vertu, il enferme ma joie en cage ; ces sentences me ligotent comme une momie ! Cette perfection qu'on m'impose, elle m'étouffe ! La vertu ! La vertu ! Qu'est-ce que la vertu ?

Aouab fut terrifié par ce flot de colère :

— La vertu, c'est ce qui convient au *Neter*.

— Qu'en sais-tu ? Qui donc a parlé au *Neter ?* Qui le connaît ? Dans les champs je pouvais y croire... Ici je vois des prêtres, et des statues de pierre, et des hommes jaloux ! Les *Neter ?* On en parle sans cesse et je ne les vois plus !

Aouab, effrayé, le fit taire :

— Écoute plutôt ce que dit Nefer-Sekherou ; vas-tu manquer cette occasion ?

Le Vieillard proposait aux Memphites une visite aux temples principaux. L'enthousiasme lui répondit. On se leva, on se groupa autour de lui, tandis que Seth-Mesy s'approchait d'Her-Bak ; il prit sa main et le retint près de lui en arrière :

— Reste avec moi, mon fils, je veux être ton guide pour visiter les maisons de nos dieux.

Devant le groupe des Memphites, Nefer-Sekherou expliquait :

— Vous êtes dans le Péristyle de Mout en Acherou [1]. Acherou est l'eau du « fleuve noir », ou du lac en forme de croissant — ou plus exactement d'estomac — où la mort engendre la vie. Le nom de Mout qui est celui de « mère » est bien proche du mot *mout* (mort) car toute vie naît de la mort ou décomposition d'un germe.

« Mout est la mère de nos novices, elle geste dans son Temple intérieur ceux qui seront les grands serviteurs d'Amon-Râ et ceux qui seront dignes de devenir disciples de Thot et de Maât.

« Remarquez que Maât a un sanctuaire situé à l'opposé du nôtre, au nord du grand temple d'Amon, car Maât sélectionne et amène à leur perfection les éléments dont la nature aura été définie en Mout.

« Mout prend diverses formes suivant les phases de la fonction qu'elle représente et les divers états qui en résultent

1. Lac du temple de Mout à Karnak. Cf. l'Achéron, fleuve infernal (noir) des Grecs.

dans la substance qu'elle transforme. Ici, saluez-la sous son nom de Sekhmet, la lionne-femme à la face entourée de flammes comme celle d'un soleil éclipsé, buveuse de sang, maîtresse des ténèbres d'où ressuscitera la Lumière. Son nom [1] n'est-il pas celui d'un sceptre [3], et aussi celui d'un pouvoir ? »

Les fidèles de Ptah admiraient la majestueuse image de son épouse — ou plutôt sa *merit* [3] : son amante, son « aimant » — la Sekhmet assise, que le sombre granit rendait encore plus sévère. Ce que voyant, on leur fit contourner le temple dans un couloir empli de ces statues ; Ptah-Mose dit au Vieillard :

— Il est surprenant que toutes ces Sekhmet, sculptées pendant une même époque, ne soient pas taillées dans le même granit ; chaque statue diffère des autres par sa couleur, depuis le gris très pâle jusqu'au noir bleu ; les veines de la pierre — tantôt blanches, tantôt rouges — coupent bizarrement les formes !...

Nefer-Sekherou répondit :

— Cela ne confirme-t-il pas ce que j'ai dit de Mout-Sekhmet ? Chaque moment de transformation est représenté par une nuance. Quant aux veines, peut-on supposer des accidents ou des erreurs dans des œuvres aussi parfaites ? Je puis vous montrer telle statue de reine en granit noir, dont un sein est exactement entouré d'une veine rouge [4] : la pierre avait été choisie avec l'intention formelle de souligner la fonction spécifiée dans cette image.

« Il est profitable de chercher les causes de ces nuances, comme de chaque détail de nos sculptures ! »

Dans l'angle sud-ouest du couloir, on fit remarquer aux Memphites une statue de Senen-Mout à genoux, tenant devant lui le nœud d'Isis portant la tête d'Hathor coiffée du sistre [5]. Ptah-Mose s'étonna de la coïncidence :

— Ô Nefer-Sekherou, nous diras-tu s'il y a quelque rapport entre ce nom « *Sen-n-Mout* » et sa place dans le temple de Mout ?

Le Vieillard répondit :

— Qui pourrait en douter ? Sen-n-Mout (frère de Mout), Sage régisseur d'un règne féminin (Hatchepsout), grand intendant de la Fille Royale (dont il est dit aussi le « nourricier »)... Senen-Mout portant le symbole de la

1. Sekhmet.
2. Sceptre *sekhem*. Voir signe 126, Pl. III.
3. Voir *Her-Bak Disciple*, Index : *merit*.
4. Buste visible actuellement au temple de Mout, à Karnak.
5. Voir signe 143, Pl. III.

double fonction féminine « Hathor-Isis » (ou plutôt Hathor-Mout, car ce nœud est aussi symbole d'une fonction de Mout), ce Senen-Mout garde la pierre d'angle de la déesse Mout : est-ce là simple coïncidence ? Mais qui ne veut pas croire est libre de douter !

Her-Bak ne profita point de cet enseignement ; il écoutait la légende de Sekhmet, que Râ fit enivrer de bière (rougie avec la terre d'Éléphantine) pour arrêter le carnage des humains.

— Qu'y a-t-il de vrai dans cette histoire ? demanda le disciple à son guide, Seth-Mesy. Les dieux sont-ils cruels ? Ce qui est défendu aux hommes est-il permis aux dieux ?

Seth-Mesy sourit avec bonhomie :

— Il ne faut point scruter la vie intime, ni des dieux ni des rois ; on obéit à ce qui est puissant, on s'incline devant le « fort » ! La puissance des *Neter* est prouvée chaque jour : que te faut-il de plus ? Adore-les, garde-toi de leur désobéir ; fais le bien, évite le mal, pratique la vertu, et tu jouiras de leurs faveurs.

— Qu'est-ce que le mal ?

— Ce qui est défendu par le *Neter*.

— Comment sait-on ce qui est défendu ?

— Nous, les prêtres, nous traduisons leurs volontés ; sois pieux, sois pur, sois obéissant !

Her-Bak ne montra point le trouble de son cœur ; il suivit le prêtre en silence. On prit un chemin extérieur pour contourner le lac en forme de croissant, dans lequel s'avançait le sanctuaire du temple comme un pilon dans un mortier. Cette disposition surprit grandement les Memphites. Le Vieillard écoutait leurs questions en souriant.

Des pluviers noirs et blancs baignaient leurs pattes rouges au bord de l'eau limoneuse. Nefer-Sekherou fit remarquer chacun de ces détails aux visiteurs, puis il leur dit :

— Tous ces symboles devraient être paroles vivantes pour les scribes des *medou-Neter* : toute forme a sa cause, comme toute couleur ; mais il y a plusieurs sens pour un symbole.

« Dirigeons-nous, maintenant, vers l'Amenti (Occident), si vous voulez étudier l'histoire du fruit de Mout, — Khonsou, — dans les divers moments de son évolution. »

Un va-et-vient croissant animait d'une activité bourdonnante les abords du temple de Khonsou. Dessinateurs et graveurs, peintres et sculpteurs, achevaient la décoration intérieure du monument dans la partie récemment modifiée.

Ptah-Mose observait les matériaux de construction : grès, pierre de sable rouge. Il dit à Nefer-Sekherou :

— Comment expliquez-vous qu'un même Pharaon qui construisit chez nous en calcaire blanc, ait choisi le grès pour vos temples ?

Quelqu'un émit cette supposition que la proximité de telle ou telle carrière aurait pu justifier cette préférence.

Nefer-Sekherou répliqua :

— Si telle était la cause de ce choix, pourquoi transporter à Memphis la pierre rouge d'Éléphantine, et chercher à Héliopolis la pierre *biat* [1] pour Thèbes [2] ? Pourquoi emploierait-on dans le même monument des pierres différentes ? Pourquoi intercaler dans un mur de grès des morceaux de calcaire, comme on le constate dans les temples en ruine ?

« Les étudiants, habitués dans le Temple intérieur à observer sans préjugés pour pouvoir déchiffrer la mystérieuse symbolique des Sages, pourraient répondre à ces questions. »

Ptah-Mose s'écria :

— Quelle leçon est cette application scrupuleuse du symbole jusque dans les parties invisibles des murs !

Le Vieillard acquiesça :

— Ce scrupule est poussé jusqu'au choix des veines et de la nature de la pierre, dès son extraction de la carrière ; et ce choix est soigneusement appliqué pour chaque partie du monument, même si cette pierre doit être ensuite peinte, sculptée, et ses sculptures parfois recouvertes de métal repoussé.

Chacun écoutait, commentant en soi-même les paroles de Nefer-Sekherou. On se dirigea vers l'entrée ; on contourna la masse austère du monument, et l'on pénétra dans le temple par une porte latérale. Un prêtre de Khonsou reçut les visiteurs et leur présenta les beautés de la Maison du *Neter*. Murs et colonnes, couverts de textes et de scènes sculptées, rutilaient de couleurs éclatantes et de métaux précieux. Les statues somptueusement décorées, les vases et les tables d'offrandes, constituaient un trésor où l'argent, l'or, les émaux et joyaux étaient jetés à profusion.

Her-Bak dit à Seth-Mesy :

— Le vert et le bleu dominent dans le temple de Mout, mais ici les couleurs sont si variées qu'on est ébloui par cette montagne de merveilles.

— Il est juste, répondit le prêtre, que ce temple soit un des plus riches, puisque Khonsou est fils de notre dieu.

1. *Biat :* grès cristallin qui, suivant ses différentes provenances, a une couleur allant du jaune au rouge.

2. Ouast.

— Les dieux sont-ils avares ?

Seth-Mesy éclata de rire :

— Avares ou non, ils bénissent en proportion directe de la générosité des fidèles !

Il fit admirer au novice la porte magnifique, ses encadrements couverts d'or, les montants et battants décorés de figures incrustées d'or ; il se complut à l'éblouir avec le poids d'or fabuleux employé pour tout ce décor, la beauté des bois précieux apportés en tribut par les étrangers des montagnes de l'Est [1].

Pendant qu'ils discouraient, le prêtre de Khonsou faisait contempler aux Memphites les diverses représentations du *Neter ;* plusieurs exprimèrent leur surprise devant la variété de ses formes. Le prêtre n'ouvrit point la bouche pour répondre. Un des visiteurs insista :

— En ce tableau, Khonsou emmailloté [2] ressemble à l'image de Ptah [3], sauf pour la coiffure et la disposition des emblèmes...

Nefer-Sekherou répondit :

— Ptah est à l'origine ; Khonsou lui succède comme fils d'Amon en devenir. C'est pourquoi sa coiffure est celle de l'héritier royal : la tresse bouclée. En cette forme il est encore « lié », quoique portant déjà les sceptres des divers pouvoirs ; plus loin vous le voyez délié, en mouvement, et couronné ; cette autre image lui donne une face de faucon exprimant la nature Horienne qui est ici la sienne.

« N'oubliez pas que *c'est le hotep d'Amon qui donne Khonsou...* »

On conduisit les visiteurs au sommet du pylône par l'étroit escalier construit dans la muraille du côté de l'Orient. Le Vieillard leur fit observer qu'on avait choisi, pour faire les parois de cet escalier, certains blocs [4] d'un temple d'Amon édifié par Amenhotep Neb-Maât-Ré [5], puis détruit. Le fait fut remarqué par les Memphites pour sa correspondance avec les dernières paroles de Nefer-Sekherou.

Ptah-Mose constata que les sujets représentés sur ces pierres remployées s'adaptaient à la symbolique du lieu.

On parvint au passage qui domine la porte, puis au

1. Il s'agit spécialement des fameux bois de sapin *âch* dont le tronc, parfaitement vertical et d'une grande hauteur, était utilisé pour les mâts et les portes des temples.

2. Voir Khonsou, n° 13, Pl. V.

3. Voir Ptah, n° 25, Pl. VI.

4. Ces blocs sont encore visibles actuellement dans cet escalier.

5 Aménophis III.

sommet du pylône Occidental. Le vent faisait flotter les flammes des quatre mâts de sapin gaînés d'or.

De l'étroite terrasse, chacun put contempler la splendeur du domaine d'Amon qui s'étend à perte de vue vers le Sud. Le Vieillard décrivit, sur un plan idéal, le cœur de Nout-Amon (la Ville d'Amon) projetant, comme des rayons, ses allées de béliers et de sphinx, conduisant la plus grande jusqu'à l'Apet-Reset (Luxor). Il montra les canaux, aboutissant à des tribunes-embarcadères, qui relient l'enceinte des temples au fleuve nourricier des Deux-Terres. Il situa, sur les deux rives, l'emplacement des anciens sanctuaires et des nouveaux, déterminant pour chacun d'eux l'élément principal de leur enseignement. Sa parole évoqua pour les Memphites la vision d'un immense réseau, dessinant des figures apparemment désordonnées, comme les constellations du ciel, et cependant réglées comme elles d'après un plan depuis longtemps préétabli.

Il laissa ses auditeurs continuer leur rêve en silence. Puis il les rappela dans la réalité de la relativité de ce monde ; il étendit son bras vers l'Amenti :

— Toute gloire terrestre a une fin... Et voici la barrière : la montagne du dernier enseignement, où les os de nos rois attendent le blanchiment et l'eau de renouvellement [1]...

Un à un, lentement, les écoliers songeurs descendirent l'escalier de la muraille creuse sans qu'une seule parole vînt rompre l'enchantement.

***

Aouab, qui cherchait Her-Bak, fut surpris de le retrouver près du seuil, la main dans la main de Seth-Mesy. Sa figure boudeuse témoignait de sa déception d'avoir été tenu à l'écart. Son attitude l'inquiéta ; il alla prévenir Pasab, mais la réponse fut :

— Ne te soucie pas d'Her-Bak.

On se dirigea vers le temple d'Amon à travers le dédale des chemins contournant des chapelles, des bassins ombragés, et des jardins où les fleurs étaient nombreuses comme les grains de sable de la rive. On accorda aux écoliers du Nord l'insigne faveur de traverser les cours pour pénétrer directement au cœur de la cité d'Amon. Statues de pierre noire, colosses de calcaire ou de granit rose règnent dans chaque cour, donnant aux visiteurs une taille de pygmées. Le Soleil rend la pierre

1. Voir chap. XXIX et XLI.

jaune éblouissante ; les murs sont chatoyants d'images colorées ; l'or étincelle de toutes parts, et, sur les dalles blanches, prêtres et scribes en robes blanches circulent comme des oiseaux blancs dans un palais de pierreries.

Par une porte latérale, le grand temple d'Amon ouvre son Péristyle, et tous les visiteurs Memphites contemplent avec émotion le but vénérable du pèlerinage : le siège de royauté du *Neter*.

On les conduit devant l'autel d'offrande ; après l'accomplissement des rites on les introduit dans la salle hypostyle ; le sentiment du grandiose les saisit à la gorge et rend muettes toutes les bouches.

Hauteur démesurée qui oblige à lever la tête... Profondeur, multipliée par les énormes fûts de la forêt de pierre ; jeu magique des Nombres dans les figures mouvantes des allées délimitées par les colonnes... Masses qui dessinent l'Espace comme un vase enferme le vide ; chatoiement des couleurs qui animent le clair-obscur : tout désoriente la pensée par la conception gigantesque et la multiplicité des symboles !

Chacune des colonnes est un livre, et le petit homme déçu doit tourner sans cesse autour d'elle pour en lire le contenu. Aucune n'est indépendante des autres : chaque déplacement révèle entre elles un rapport de mesures et d'orientation [1] !

Les visiteurs désemparés cherchèrent auprès de leur guide un point d'appui pour l'interprétation. Alors Nefer-Sekherou parla ; sa voix profonde et calme sembla sortir de la pierre elle-même, et le temple, par elle, s'anima :

— Quelle était l'intention de votre pèlerinage ? Satisfaire votre curiosité ? Emplir vos yeux d'images et vos pensées de souvenirs ? Ou bien vouliez-vous communier avec le cœur des Maîtres qui ont conçu ces temples comme des projections de Principes du Ciel en action sur la Terre ?

« Le nôtre n'a-t-il pas reçu le nom d'Apet-sout, dont une des significations est « la place du Nombre [2] » ? Si tel est votre but, sachez abdiquer, pour l'instant, votre propre pensée pour écouter l'intention des constructeurs ; acceptez l'ambiance du temple qui crée la disposition religieuse. Car la science du symbole véridique, y étant appliquée dans ses moindres détails, réalise une magie capable d'éveiller une

1. Quelques traits et cannelures révèlent, sur les colonnes des temples, cette volonté précise d'orientation.

2. Voir *Her-Bak Disciple*, *Commentaire* VI, § 5.

compréhension du cœur telle qu'aucun discours ne saurait l'évoquer.

« Le regard suit la direction suggérée par la forme, comme la marche subit l'impulsion imposée par un rythme. Par le son et par la forme on peut obliger notre corps à faire certains gestes, susciter certains réflexes, provoquer telles réactions correspondant à l'intention de l'idée directrice ; une statue, conforme dans ses proportions aux jeux de Nombres des Principes qu'elle représente, agit sur la conscience profonde de l'homme qui la contemple ; la pointe des doigts de pierre que sont nos obélisques appelle le feu du ciel.

« La Nature — même dans l'humain — obéit aux gestes et aux formes exécutés selon ses lois, si elle n'est pas contrariée par la volonté cérébrale. C'est ainsi que nous agissons sur les KA des humains pour les accorder à l'harmonie cosmique et pour éduquer leur conscience.

« Déchiffrez *simplement* l'enseignement de ce temple : levez les yeux si vous voulez connaître ce qui se rapporte aux lois du ciel ; regardez en face de vous, sur nos murs, pour y étudier les Principes — ou *Neter* — de la Nature. Si vous voulez savoir le rôle de la terre, comment elle conçoit et fait jaillir du sol toute végétation, cherchez-en les symboles vers la base de nos colonnes et de nos murs, même sur les dallages et dans leurs fondations.

« Ainsi la plante puise, par ses racines, sa nourriture dans la terre ; ainsi va-t-elle chercher, par son sommet, — pointe ou fleur, — sa vitalité dans le ciel ; ainsi vous parleront nos colonnes.

« *Tout* étant établi sur les lois de *l'analogie*, vous pourrez, de cette manière, y trouver le triple enseignement qui est inscrit dans tous nos temples. »

Le Vieillard conseille aux Memphites de s'imprégner de cette vision ; il leur permet d'errer à travers les colonnes, laissant chacun trouver l'écho de ce qu'il y cherchait. Puis il les fait sortir par la porte du Nord près de laquelle les attendait Seth-Mesy, avec Her-Bak et ses autres élèves.

On contourne le mur de la salle hypostyle ; on suit le chemin dallé jalonné de statues, de sycomores, de palmiers et d'arbustes odoriférants. Le ciel de lapis-lazuli réjouit les habitants du Nord. C'est une orgie de lumière qui fait étinceler les ors des monuments.

Les fidèles de Ptah sont heureux de visiter le temple consacré à leur dieu. On entre, on se prosterne ; un prêtre récite une prière devant le *Neter* emmailloté qui tient, resserrés en ses mains, tous les symboles créateurs.

— Voici Ptah, votre dieu... dit Asfet.

— ... et *notre* dieu, dit le Vieillard. Sans lui il n'y a point de créature.

Un des jeunes Memphites s'exclame :

— Pourquoi son temple est-il si minuscule ?

Nefer-Sekherou réplique en écho :

— Pourquoi le *naos* est-il la partie la plus exiguë du sanctuaire ? Pourquoi, au milieu de tant de *Neter,* le Grand *Neter* est-il nommé : Dieu unique et caché ?

Chacun cherchait en soi le sens de ces paroles. Asfet triomphait :

— Je savais bien que le « secret » ne cachait pas grand-chose !

Her-Bak, attardé malgré lui, écoutait l'explication de Seth-Mesy :

— Nos visiteurs s'étonnent de la disproportion entre ce petit temple et celui de Hat-Ka-Ptah : il est fort naturel que leur dieu passe ici au second plan, laissant toute la gloire à notre dieu Amon !

Her-Bak n'était point satisfait :

— Comment peut-il se trouver un dieu Maître des dieux à Memphis, et un autre chez nous ?

— Mon fils, sois donc intelligent ; on adore avec plus de ferveur les *Neter* dont le nom est puissant et le temple grandiose ; il est juste de les répartir en différents lieux, afin que chaque pays, ayant le sien, puisse bénéficier de l'afflux des croyants.

— Qu'est-ce qu'un croyant ?

— C'est l'homme qui suit nos préceptes et nos rites, sans ergoter sur toute chose comme tu le fais. Passer le jour en rêveries oiseuses ne remplit ni la tête ni le ventre ! La faveur des Puissants ne va point à celui qui discute les ordres. L'indépendant n'est pas un bon modèle ! Obéis, sois vertueux, sois pur, et tu réussiras.

La visite se terminait. Her-Bak parvint à s'évader pour rejoindre Aouab. Il courait, il jouait des coudes pour passer ; son sang bouillonnait comme un tourbillon tumultueux ; il appela son ami, il soufflait plus qu'il ne parlait :

— Viens avec moi, j'étouffe !... Aouab, qu'est-ce que l'homme ? Une poupée de glaise qu'on modèle ? Un *ouchabti* [1] qui répond pour un autre ? « Fais ceci, tu t'en

1. *Ouchabti :* statuette, originellement en bois de perséa, par la suite en pierre ou terre vernissée, servant de « répondant » au défunt. *Choubty* ou *chaouabty,* au propre « celle qui est en bois de *choub* (perséa) », a donné par jeu de mots *ouchabty,* « répondant ».

trouveras bien ! Obéis ! Sois prudent ! Sois médiocre ! Sois pur ! Rase toutes tes envies comme un crâne de prêtre !... » Partons d'ici ! je veux sortir du temple ! je veux manger et boire avec les bateliers ! Je veux...

Aouab était suffoqué !

— Es-tu fou ? Le Soleil a brûlé ta tête ! Va te reposer chez Pasab.

— Je n'irai pas ! Je veux chercher la vie, une vie saine, sans *Neter* et sans prêtres sermonneurs. Leur vertu m'enserre le cœur comme une griffe ! Ah ! le Sage avait d'autres paroles... Mais avant qu'il m'appelle, je serai vidé, aplati, comme un poisson séché !

Tandis qu'il éclatait devant Aouab consterné, un jeune homme, inconnu de lui, l'écoutait. Aqer était son nom ; il s'empressa de rapporter à Nefer-Sekherou ce qu'il venait d'entendre ; ils échangèrent quelques paroles avec Pasab ; puis, le Vieillard ayant parlé à voix basse à Aqer, celui-ci partit à la rencontre du révolté.

Her-Bak s'éloignait à grands pas vers le chemin de ronde. Sa colère cherchait un prétexte comme la foudre cherche une issue. Aux conseils vertueux, ses instincts animaux ripostent par défi ; une litanie hargneuse scande sa course : — Sois pieux, sois pur ! sois pieux ! sois pur ! sois pieux ! sois pur !... *ouâb ! ouâb ! ouâb ! ouâb ! ouâb ! ouâb* [1] *!...* Il passe la poterne, le gardien le regarde avec surprise :

— *Ouâb ?* Déjà [2] ?

Il passe, il court, il arrive auprès d'un canal, il regarde cette eau limoneuse... Dans une joie sadique, il plonge avec sa robe blanche !

***

Aqer avait retrouvé sa trace ; il le rejoignit à l'instant où la momie boueuse remontait sur la berge. Il ne s'en émut point, il l'appela :

— Où vas-tu, camarade ? Il fait chaud et j'ai soif ! Je cherche un compagnon ; je connais près du fleuve un cabaret où la bière douce est parfaite.

Her-Bak lui dit :

— Je suis Her-Bak ; quel est ton nom ? Quel est ton Maître ?

— Aqer est mon nom, je suis libre.

Il ajouta, sans que rien pût déceler son ironie :

1. *Ouâb :* pur ; désignation d'une classe de prêtres.
2. Prêtre *ouâb*. Voir le chap. XXXIV.

— Quitte ta robe blanche, faisons ensemble un jour heureux.

Le « *ouâb* », quelque peu confus, obéit. Après avoir longé le canal, ils prirent un sentier dans une palmeraie. Des chants et des rires les guidèrent vers une maison basse ; ils entrèrent. On les salua d'une joyeuse « Bienvenue ! ».

La lueur jaunâtre d'une mèche fumeuse éclairait les visages frustes des buveurs. On leur fit place ; on leur offrit

FIG. 51. — *Une danse presque rituelle commença.*

de la bière douce et des gâteaux au miel ; Her-Bak ne se fit point prier car il *voulait* faire ripaille.

Sur les nattes, les bateliers, accroupis ou vautrés, s'égayaient avec des chansons grivoises en regardant les tours d'un baladin et de son singe. L'animal, pour prix de ses cabrioles, volait les gâteaux et buvait goulûment la bière des spectateurs.

Les têtes commençaient à s'échauffer. Un des buveurs renversa de la bière sur le sol en s'écriant :

— Par tous les *Neter*...

Her-Bak hurla :

— Tais-toi ! ne parle pas des *Neter* ! Je suis libre, je suis un homme qui veut vivre ! Qu'on danse ! Qu'on chante ! Qu'on boive ! c'est ma fête aujourd'hui !

Her-Bak donnait l'exemple : il s'efforçait de boire et de manger plus que les autres.

Une danseuse acrobate s'avança, nue sous sa robe ouverte, balançant ses hanches onduleuses. Un « Bès [1] » était tatoué sur sa cuisse.

1. Voir *Bès*, n° 5, Pl. V.

Une danse presque rituelle commença ; par mouvements félins ou saccadés, elle alternait ses gestes en répétitions monotones et acrobaties énervantes. Ses doigts souples claquaient, parlaient, animaient le sens de chaque geste ; et les buveurs, battant des mains, scandaient la cadence du rythme ; et le rythme scandait l'écoulement du temps... Un long temps... Un long temps, où la femme impudente s'offrait, où le désir s'exacerbait...

On versa du vin de caroube ; Aqer n'y toucha point, mais il remplit la coupe du novice qui se mit à le déguster, puis à boire jusqu'à perdre le goût du vin.

Le singe, repu, se mit à tituber. Les bateliers, à peu près ivres, lançaient d'une voix rauque des plaisanteries grossières, riant, crachant, taquinant le singe et la femme. Celle-ci s'approcha d'Her-Bak ; elle exécuta devant lui ses poses les plus obscènes. Deux hommes, se bousculant, empoignèrent brutalement la femme pour l'accaparer à leur profit.

Her-Bak, dans un rêve d'ivresse, vacilla ; il voulut boire encore... Aqer lui refusa. Alors, il s'effondra sur la natte, ivre mort.

Aqer l'enleva dans ses bras et l'emporta.

XXXVIII

LES ANIMAUX SACRÉS

Le corbeau a craillé en avertissement, car l'aube a dissipé l'obscurité du ciel. Une brise fraîche a nettoyé l'atmosphère de la vie nocturne, chassant l'odeur des petits carnassiers, effaçant le souvenir des meurtres de la nuit.

L'étoile du matin [1] a « baigné le visage de Râ » pour sa naissance à l'horizon ; la chouette a rejoint son refuge de pierre ; debout sur le bord de son trou, elle assiste à l'ouverture des portes du Ciel et de la Terre.

Alors le trille strident des busards déchire l'air, comme un signal de la libération du silence et de l'ombre. Quelques pépiements timides lui répondent ; on se le dit dans les buissons : c'est la lumière ! De tous côtés éclatent les gazouillements... Les cris et les bruits du jour recommencent. La chouette, aveuglée et vaincue, s'enfonce entre les pierres.

« Her-Bak, n'entends-tu pas l'appel des psalmodies ? »

Par l'étroite fenêtre, un rayon d'or éclaire la danse des poussières. « Her-Bak, réveille-toi ! » Mais le dormeur est écrasé par un sommeil de plomb. Le rayon de lumière insiste, il approche, il frôle les yeux du dormeur. « Her-Bak, tes compagnons sont déjà réunis : que fais-tu ? » Le rayon, rigide comme une lame, transperce les paupières qui se soulèvent...

— Qui m'a frappé ? Où suis-je ?

Her-Bak, redressé en sursaut, soutient sa tête lourde, tourne dans sa bouche amère une langue pâteuse. Le souvenir revient avec l'éveil des sens et c'est d'abord un grognement confus qui lui répond, puis une inquiétude : qui l'a ramené dans sa maison ? Quel était l'étrange

1. Vénus.

compagnon ? Pasab fut-il averti de sa fugue ? S'il l'ignorait, il l'eût tiré de son sommeil. Il appelle son Maître... Point de réponse. Voici l'heure où Pasab enseigne les *medou-Neter :* a-t-il renié son élève ?

Her-Bak éprouve une morsure au cœur. Réfléchir ? Il est tard ; chaque instant aggrave son cas. Se lever, courir au Péristyle, prendre sa place aux pieds du Maître ? C'est se présenter devant son juge !

Cette crainte lui répugne : « Es-tu lâche ? Qui jugera, sinon toi-même ? C'est la fuite qui est la faute définitive... Debout Her-Bak ! » Il s'étire, il va chercher l'eau de la jarre pour secouer sa torpeur.

Alors il s'aperçoit qu'il a perdu sa robe ! La stupéfaction l'anéantit ; la fugue — qu'il voulait oublier comme on efface un rêve — s'imposait, se prouvait, inéluctable dans ses conséquences ! Elle était là, et sa présence changeait l'atmosphère de la chambre : était-ce un relent d'ivresse ?... Le fait passé pourrait-il n'avoir pas été ? Si cela se pouvait, le voudrait-il ? « Ne te mens pas, Her-Bak : tu ne regrettes rien, si ce n'est cette impression d'inévitable dans les suites. »

Cet inévitable le bouleverse :

— Ce que j'ai vu, ce que j'ai fait, me dégoûte : c'est brutal, c'est grossier, j'ai suivi mon envie comme un âne ; ai-je mal agi ? Je ne sais pas. Mon cœur n'est pas content de cette histoire, cependant elle m'attire encore ; pourquoi n'en ai-je point honte ? Mon désir était vrai, était fort : j'ai réalisé mon désir sans artifice ; Maât n'est-elle pas la vérité ?... Maât existe-t-elle ? Qu'est-ce que la Vérité ? Une vertu menteuse est-elle vérité ?

Un souffle chuchotant balaye les palmiers ; le sable, en tourbillon, s'engouffre dans la porte en cinglant la peau du rêveur. Ce coup de fouet précipite sa décision ; les poings serrés, il part en courant vers le temple ; il entre dans le Péristyle comme dans la salle de justice. Est-ce sa dernière leçon ?...

Il s'avance ; sous les regards effarés des condisciples il se sent nu ; dans son pagne étroit il est nu, au milieu des autres en robe blanche. Il s'approche, son sang bourdonne en ses oreilles ; il se glisse parmi les assistants ; la tentation est forte de rester inaperçu ! Tous ses compagnons sont assis autour de Nefer-Sekherou ; il se tient debout, tête haute, écoutant le Vieillard qui semble l'ignorer et qui termine son discours :

— Je ne répéterai plus ce que je viens de dire, qui classait l'enseignement de la journée d'hier. Chacun prend la

Lumière où il peut, comme il peut. Mais que chacun — s'il a des oreilles pour entendre — écoute le conseil de Sagesse : « Jette ton cœur en avant sur le chemin choisi ; puis va le rechercher et dirige tes pas en suivant son appel en toute loyauté. »

Le novice troublé s'est agenouillé ; mais il doit se relever comme les autres, car Nefer-Sekherou propose une visite aux animaux sacrés. Her-Bak cherche Pasab qui s'éloigne sans paraître le remarquer ; il suit le groupe ; quelques scribes l'insultent, d'autres le chassent :

— Tu te couvres de ridicule ; sans ta robe tu n'es point des nôtres.

Il ne répond rien ; il marche, écoutant ses pensées : « Parce que je suis nu, ils me repoussent : suis-je autre lorsque j'ai ma robe ? La robe est-elle une vertu ? Donne-t-elle un savoir ? Elle me désignait comme scribe, elle me distinguait des ignares. Hier j'avais ma robe, maintenant je suis nu... moins stupide qu'hier. Les hommes sont fiers de savoir ; drôle de savoir : un peu de bière, et le savant roulerait comme une brute et ne saurait plus ce qu'il sait... Qu'est-ce que le savoir ? Hier je ne connaissais pas ce que je connais aujourd'hui : mais je ne l'ai pas appris dans les écrits ! »

On arrivait au lac sacré. Près de la berge un édifice est consacré aux volatiles d'Amon [1]. Les prêtres qui les gardent les présentent avec fierté ; ils sont gras, ils sont beaux, ils s'éjouissent dans leur domaine et nul n'oserait troubler leurs ébats. On visite leur garde-manger ; on assiste à la confection de leurs gâteaux et de leur pâtée ; quel paysan fit jamais pareille bombance ?

Des sycomores donnent leur ombre sur les rives du lac ; les oies d'Amon quittent l'ombrage et viennent s'ébattre sur l'eau au grand effroi des autres volatiles qui fuient la rage du *smôn,* le plus méchant des oiseaux aquatiques. Her-Bak cherche la cause du culte dont on les honore : « Qu'ont-elles de sacré ? Elles ne sont pas dieux, elles sont moins que des hommes ; elles ne savent pas qu'on les vénère : pour qui leur rend-on ces hommages ? Pour Amon ? Qu'est-ce qui les rattache au grand Dieu ? »

Un des Memphites lui dit :

1. « Haut temple » dominant le quai méridional du grand bassin de Karnak, et consacré aux offrandes divines et aux volatiles d'Amon. En dépendances : réserves de grains, résines, etc., et enclos pour les volatiles et les oies de la rive.

— Notre animal sacré est le divin Apis ; il possède aussi sa maison, ses serviteurs, ses prêtres qui le soignent, qui le parent de bijoux pour ses grandes sorties ; le troupeau de ses vaches est le plus beau des troupeaux et sa progéniture est l'objet du respect. On lui donne une sépulture magnifique ; on l'honore comme on le fait pour un *Neter* bienfaisant.

L'orage gronde à nouveau dans le cœur du novice : « L'animal, quoique consacré au *Neter*, boit, mange, et lâche ses ordures comme tout autre animal : peut-il être divin ? N'est-ce pas s'abaisser que de donner un culte à un être inférieur ? Brute est l'animal, humain est l'homme, et divin... »

Her-Bak s'arrête, il est surpris de sa propre pensée : « ... divin » ? Pourquoi affirme-t-il ce qu'il niait hier ? Il s'interroge : ce mot a jailli de son cœur... Il se trouble, il voudrait clarifier ses pensées. Mais Nefer-Sekherou a donné le signal du départ. À ce moment, Asfet s'approche du Vieillard et lui dit à voix haute en désignant Her-Bak :

— Maître, excuse ma hardiesse, mais ce garçon est un scandale parmi les scribes : il est nu.

Le Vieillard dévisage le « scandalisé ».

— Certes il est nu, plus « nu » que tu ne le crois ; et toi, hélas, tu ne l'es pas !

Asfet se retire, déconcerté, cherchant le sens de la réponse. Aouab court vers son ami.

— Tu ne peux pas rester dans cette tenue : viens, je vais te prêter une robe.

Her-Bak ne sait que faire... Il regarde Pasab qui incline la tête et dit :

— Va.

***

C'est dans un jardin du temple qu'à leur retour ils retrouvèrent leurs condisciples. On avait apporté des dattes, des gâteaux, des pains de caroube et de la bière. Pour faire honneur aux invités du Nord, on avait appelé des harpistes. L'un d'eux chantait le vieux poème d'un temps passé :

— « Toute forme née d'un ventre est appelée à disparaître, et cela depuis le temps du premier dieu. Les générations s'en vont à leur destin... Les eaux coulent vers le Nord, l'aquilon souffle vers le Sud ; chaque homme va vers sa destinée.

« Prends donc du bon temps... Ne trouble pas ton cœur, en rien, en rien, avec tes soucis. N'use point ton cœur pendant la durée de ta vie. Prends du bon temps, beaucoup, beaucoup ! »

Her-Bak, qui subissait cette mélancolie, en écoutait la réaction en lui-même et son incohérence l'étonnait : hier le plaisir était sa vérité, son but, sa fin : aujourd'hui, changement d'horizon ! Son cœur lui reproche sa « bestialité » et demande autre chose. Quoi ?... Ce « divin » qu'il reniait la veille, peu s'en faut qu'en ce moment il le nomme « nécessité » : est-il Un-qui-ne-sait-pas-ce-qu'il-veut, un « volage » de cœur ? Quand ce cœur sera-t-il fixé ?

Pourquoi s'est-il scandalisé de voir attribuer le « divin » aux animaux sacrés, si le divin n'est pas une réalité ? Si lui, Her-Bak, n'a pas d'âme divine, d'où lui vient l'insatisfaction dans les plaisirs humains ? L'animal ne refuse pas ce qui lui plaît... Quel est le mobile de sa propre inquiétude ? Quelle est la cause de ce retournement ?

C'est l'histoire du taureau sacré qui l'a troublé : peut-être n'a-t-il pas compris le sens des oies et du taureau ? Il s'approche timidement du Vieillard et lui dit :

— Ô Nefer-Sekherou, est-il permis à l'ignorant de t'adresser une question ?

— Cette question, pose-la.

— Maître, peut-être as-tu parlé de ce sujet en mon absence, peut-être ai-je perdu cet enseignement ; je ne comprends pas le sens des animaux sacrés.

Nefer-Sekherou répondit :

— Sois en paix, je ne l'ai pas expliqué ; mais toute inquiétude appelle une réponse, écoute donc ceci :

« Chaque animal est l'incarnation de certains aspects caractéristiques d'une fonction ; c'est ce qui fait la diversité des espèces. Les oiseaux sont des volatiles, donc dépendent de l'air ; mais certains d'entre eux se particularisent par la respiration, alors leur appareil respiratoire est puissant et leur pouvoir de vol est très grand : tels le faucon et l'hirondelle. D'autres expriment le souffle par le chant.

« Certains oiseaux, tout en étant sujets de l'air, le sont aussi de l'eau comme le canard, ou de la terre comme l'oie. Le canard barbote dans le marécage ; l'oie préfère la rive. Quoiqu'elle puisse voler, elle s'attache au lieu de son nid ; elle couve pendant vingt-huit jours ; douze est le nombre maximum de ses œufs.

« L'oie *smôn* a des plumes de diverses couleurs, comme les hautes plumes d'Amon. Ce volatile a été choisi comme symbole animal Amonien parce que les nombres et les tendances qui régissent sa vie, sont causés par les nombres et les fonctions qui caractérisent le principe que nous nommons Amon.

« L'animal qui incarne ces caractères est donc plus qu'une image : c'est le *vivant symbole* [1] du *Neter*. Pour la même raison on peut dire que notre taureau et celui de Memphis sont l'incarnation de Ptah en certaines fonctions, parce que Ptah anime et signe ce spécimen animal, et ceci d'autant plus intégralement que certains dessins et taches de couleurs viennent en préciser le symbole. »

Pasab fit observer que le nome Thébain avait quatre taureaux.

— Ces quatre taureaux, dit Nefer-Sekherou, sont les quatre aspects de Montou, chacun représentant un caractère particulier de la même fonction.

Her-Bak écoutait passionnément :

— Je ne savais rien de cela. Cependant je ne comprends pas pourquoi ces animaux sont adorés : ils ne sont pas divins !

Nefer-Sekherou répondit :

— Il serait profitable à celui qui critique d'approfondir le sens des mots et des gestes par lesquels nous exprimons les hommages rendus aux *Neter*, puis de les mettre en relation avec la transposition donnée par la langue vulgaire.

« Tu sais que les deux termes essentiels pour signifier ce que tu appelles « adorer », sont *iaou* et *doua*. Essaie de pénétrer leur véritable sens. L'être terrestre qui « fait des *iaou* [2] » à la Puissance divine *s'identifie* à la Qualité ou Fonction qui en émane. Les animaux, qui obéissent sans résistance aux impulsions de la Nature, communient instinctivement avec elle ; les chants des oiseaux, les gestes des singes au lever et au coucher du Soleil, le miaulement des chats et l'aboiement plaintif des chiens sous la Lune, sont autant d'expressions de leur accord vital avec la vie du ciel qui anime la Terre. C'est pourquoi nous disons que les singes font *iaou*. C'est la véritable louange des créatures à la Puissance créatrice et aux forces animatrices dont elles expriment en tous temps les Qualités et les activités. *Iaou* est donc en rapport avec la vie fonctionnelle de l'Univers.

« L'action *doua* situe la créature en face du Principe animateur auquel elle s'adresse. Il y a, en *doua*, dualité : ce qui donne et ce qui reçoit.

1. Voir *Her-Bak Disciple, Commentaire* II, § 3.
2. En égyptien, fonction s'exprime par *iaout*

« *iaou* est le confondement de la vie naturelle avec la Vie divine.

« *doua* est : manifestation de la Vie créatrice — ou animatrice, — et reconnaissance de cette manifestation par la créature. C'est pourquoi on nomme *doua* les louanges adressées au Soleil qui apparaît triomphant des ténèbres.

« Toutes nos manifestations d'adoration, de vénération ou de louanges sont donc l'expression de la conscience d'une interdépendance entre les qualités abstraites et les qualités manifestées, comme entre les Causes et leurs effets.

« Quant au culte de vénération [1] dont nous gratifions les animaux sacrés, il leur est rendu comme à des expressions terrestres d'une qualité fonctionnelle cosmique. Encore faut-il remarquer la différence entre les deux aspects des cultes d'animaux : le premier tend à réaliser l'harmonie bénéfique résultant de l'affinité naturelle entre telle espèce animale et les habitants du lieu où elle se complaît particulièrement.

« Le deuxième aspect a pour but d'éduquer l'homme en l'habituant à observer les fonctions universelles incarnées par chacune des « espèces ».

« Or nous cherchons, en tout enseignement, sa réalisation par le mode concret, qui produit son effet en dépit de l'inintelligence et de l'inertie des hommes. C'est ainsi que nous augmentons l'influence d'un « type » animal dans le lieu qui lui correspond, en y protégeant son existence par des lois rigoureuses, et en y groupant avec respect les ossements de leurs cadavres et même leurs momies. »

Her-Bak se réjouit de cette explication :

— C'est pour cela, dit-il, que de toute l'Égypte on transporte à Bubaste les cadavres des chats, comme ceux des ibis à Hermopolis ?... Pasab m'avait parlé de la « parenté de tendances », mais j'en comprends mieux aujourd'hui la portée !

Le Vieillard répondit :

— La compréhension se développe graduellement. Tu devras encore apprendre à connaître la constitution de l'être humain avant d'interpréter, dans sa réalité, le second but des cultes d'animaux ; car ce but est de développer en l'homme les notions — puis la conscience — des fonctions naturelles, pour lui apprendre le chemin de leur Conscience totalisée, qu'il devra finir par réaliser en lui-même [2].

1. Voir *Her-Bak Disciple, Commentaire* IV, § 5.

2. C'est le but des religions animistes. Voir *Her-Bak Disciple, Commentaire* V, § 2.

« Plus l'homme est encore animal et plus il est intéressant pour lui de se mettre en rapport avec le « type fonctionnel » qui correspond à sa propre nature. Le progrès de la Conscience supérieure le rend de plus en plus indépendant des états inférieurs et de leurs influences, dont il doit acquérir la totale domination. C'est ce progrès que marque, pour l'élite humaine, la transformation des cultes animaux, que l'homme cherche à remplacer par des images humaines [1], jusqu'à ce qu'il parvienne à la conception de l'Esprit sans images et sans formules. »

***

Seuls Pasab et Ptah-Mose avaient entendu l'enseignement du Vieillard. Les autres comparaient les poèmes anciens avec ceux de leur temps. Les avis étaient différents ; on discutait, on s'échauffait ; Nefer-Sekherou intervint.

Quelqu'un répéta la conclusion du chant : « Enivre ton cœur du matin au soir, jusqu'à ce que vienne le jour de l'abordage dans l'autre monde », en déplorant ce matérialisme, signe de dégénérescence d'une époque passée. Nefer-Sekherou l'interrompit :

— Ne vous laissez pas tromper par un phénomène périodique de révolte contre une emprise doctrinaire ; l'exagération des obligations cultuelles, et la complication intellectuelle des symboles, provoquent toujours la réaction négative. À leur tour cette négation spirituelle et la recherche effrénée des plaisirs suscitent le dégoût, le désespoir et le rappel de l'âme.

— Faut-il s'en affliger ou s'en réjouir ?

— Nous n'en sommes pas maîtres ; toute existence est rythmée par un pendule, dont le cœur *àb* est le type et le nom ; un temps pour la dilatation, un temps pour la contraction ; et l'un provoque l'autre, et l'autre nécessite le retour du premier.

« Mais, entre les deux temps, la Nature poursuit sa fonction gestatrice ; un monde se forme, un monde se détruit ; les êtres viennent et disparaissent, les uns dans la lumière, les autres dans les ténèbres… »

Ptah-Mose soupira :

— Il n'est pas agréable de vivre dans la période d'obscurité.

1. Ainsi naquit l'anthropomorphisme grec, puis chrétien.

Nefer-Sekherou répliqua :

— Jamais on n'est plus près de la lumière que dans les plus profondes ténèbres ! Le temps où fut écrit ce chant matérialiste fut suivi d'une renaissance dont nous bénéficions aujourd'hui : les Sésostris et les Amenemhat qui ont bâti en Apet-Sout y ont inscrit la Sagesse de leur Temps.

« Une longue période passa, suivi d'une nouvelle obscurité ; et voici que nos prédécesseurs ont renoué le fil de notre tradition, donnant l'enseignement approprié à notre époque dans les temples et monuments construits par nos grands Pharaons au sortir de la dernière période noire. Et ces Amenhotep ont détruit ce qu'il fallait détruire, pour réédifier selon la loi des Temps nouveaux ; mais ils ont pieusement « replié » les blocs des anciens temples, pour servir de fondation aux nouveaux. »

Ptah-Mose écoutait avec admiration :

— Maître, tes paroles semblent dire que nos Sages ont pu prévoir le retour de ces périodes ?

— Tu dis vrai : ils l'ont pu et le peuvent toujours ; les noms qu'ils donnent à nos rois en sont le témoignage. Mais ce n'est pas le moment d'en parler [1].

Ptah-Mose remercia le porte-parole du Temple thébain, et sortit en emmenant ses compagnons.

Alors, Her-Bak flaira la terre devant le Vieillard et lui dit :

— Ô Nefer-Sekherou, tu as calmé mon inquiétude par l'enseignement que tu nous as donné ! Certes je n'en suis pas digne, car j'ai commis une faute hier par ma rébellion ; aussi ai-je honte de recevoir aujourd'hui la réponse merveilleuse que je n'ai pas méritée.

Le Vieillard regarda longuement le novice en silence, puis il dit :

— Je te connais, Her-Bak. Le Sage m'a parlé de toi. Il y a une erreur dans chacune des paroles que tu viens de dire : la honte, tu ne la connais pas ; il y a trop d'orgueil en toi pour cela. Nous savons ce que tu as fait ; la conscience acquise par ce geste a été ton excuse à tes yeux : cela n'a pas effleuré ta satisfaction de toi-même !

« Quant au mérite, sache ceci : le don du Ciel est gratuit ; ce don de Connaissance est si grand que nul effort ne le « mérite ». Mais pour le recevoir l'homme doit être libéré de ses entraves, devenir transparent comme un cristal ; tel est le travail du chercheur.

« Quant à mes paroles, elles ont éclairé ce vers quoi tu te

1. Voir *Her-Bak Disciple*, *Commentaire* VI, § 5.

dirigeais sans le savoir : j'ai seulement donné la clé. J'ai une autre clé à vous offrir. Que Pasab nous accompagne. »

Ils se dirigèrent vers l'embarcadère ; ils suivirent le bord du canal jusqu'au Nil. Alors Nefer-Sekherou parla :

— Un bateau descend le fleuve sans voile. Qu'est-ce qui emporte le bateau ?

— C'est le courant.

— Qu'est-ce que le courant ?

— C'est la force qui fait couler le fleuve vers sa fin.

— C'est parfait ; ainsi toute chose est emportée vers sa fin. Maintenant regardez cette barque : voyez-la remonter sans effort vers la berge ; pouvez-vous m'expliquer comment elle peut être emportée à contresens du flot ?

Her-Bak, ayant observé attentivement, répondit :

— Il se forme un courant qui reflue le long de la rive, et la barque en profite.

— C'est juste ; la berge est un obstacle au cours de l'eau ; cet obstacle, par sa résistance, provoque un effet réactif : un courant de l'eau en sens inverse. Cela démontre la loi de *réaction* et te donne, ô mon fils, la première leçon de sagesse. Toi, Pasab, écoute mes paroles, puis tu t'efforceras de les faire assimiler par ton élève :

« Toute cause naturelle a un effet ; cet effet est la conséquence directe de cette cause. Si tu juges le fait d'après cette apparence tu seras trompé sur le jeu véritable et ton raisonnement sera erroné.

« En réalité l'effet est toujours indirect, en ce sens que la cause doit être reflétée par la résistance de même nature ; cela provoquera une transformation de ces deux forces, transformation qui donnera naissance à l'effet. C'est ainsi que la semence agira sur la substance de l'ovule, et que les deux s'annihileront pour donner la vie à un nouvel être.

« Cet effet est donc la conséquence d'une *réaction* de la résistance qui aura transformé l'action causale. Autrement dit : la Nature produit ses phénomènes par un jeu entre les forces complémentaires, la force active provoquant la résistance de la force opposée ; c'est la réaction de cette dernière qui donnera le phénomène.

« La volonté humaine peut transgresser cette loi en imposant directement sa décision ; elle en recevra tôt ou tard le contrecoup. La masse des humains subit cette loi sans la comprendre, mais tout éducateur doit la connaître s'il ne veut pas obtenir le contraire de ce qu'il souhaite.

« L'action directe est l'action du brutal qui frappe pour dominer par la violence. Autre est l'action du jardinier et du médecin intelligents : le jardinier n'impose pas à la plante un engrais excessif qui forcera son accroissement, provoquant ensuite un épuisement rapide de la plante et de la terre. Le médecin ne soignera pas la maladie par suppression brutale de ses effets, ni par compensation immédiate de l'humeur dont l'excès a causé la douleur : médecin et jardinier devront trouver le moyen *indirect* qui provoquera dans l'organisme la réaction vitale, de telle sorte que la plante et le malade soient incités à produire en eux-mêmes — ou à capter dans la Nature — le principe dont ils ont besoin.

« Cette action médiatrice cultive, chez l'individu ainsi traité, la conscience organique et la liberté vitale ; l'action directe atrophie la conscience de l'individu et le rend esclave de la force. »

Pasab, profondément ému, remercia :

— Ô mon Maître, ceci est une lumière et un programme.

Nefer-Sekherou dit encore :

— C'est la première grande leçon de l'Égypte pour cet enfant. Entends ceci Her-Bak : ne présenter à l'homme que l'aspect vertueux, c'est éveiller l'attrait du mal ; le forcer à faire le bien, c'est provoquer la volonté contraire ; de même que donner sans compensation, aider en supprimant l'effort, c'est créer la révolte et l'envie plutôt que la reconnaissance.

— Je crois avoir compris, dit Her-Bak, qu'il ne faut jamais créer l'opposition par une action directe qui *veut* la chose sans tenir compte du ricochet, aussi inévitable que celui du caillou que je lancerais contre un mur ?

Tandis que Pasab s'étonnait de la sagacité de son élève, Nefer-Sekherou répondit :

— Cette loi est rigoureuse. Si tu veux le bien, conçois la possibilité du mal, écoute la réaction de ton cœur vers le bien. Et sache que jamais ni l'un ni l'autre n'est absolu [1]... sauf un seul mal, qui est le refus de la Lumière.

Le cœur du novice commençait à s'orienter ; Her-Bak lui obéit et il l'affirma gravement :

— Ô Nefer-Sekherou, tu as détruit ma révolte et tu as tracé mon chemin.

1. Voir *Her-Bak Disciple*, *Commentaire* VII, § 13.

XXXIX

AKHENATON

Le jour suivant fut consacré à la visite du temple d'Hatchepsout, Djeser-Djeserou [1], dans la falaise d'Occident. On se réjouit beaucoup, car il n'était point d'oreille qui n'ait entendu les louanges de ses beautés, de sa rampe qui monte vers le ciel, de ses terrasses qui découvrent une étendue de plus de quatre lieues.

Certes on ne fut point déçu ! Mais on questionna vainement le vieillard sur le symbolisme de ce temple et sur sa mystérieuse reine : il n'ouvrit point la bouche pour répondre.

On utilisa le passage construit par Hatchepsout, partant d'une terrasse, pour visiter le temple d'Hathor où la statue d'Amon vient passer une nuit lors de la belle Fête de la Vallée [2]. Nefer-Sekherou dit aux Memphites :

— Remarquez ceci : ce temple d'Hathor, élevé dans la montagne, est encadré, sur sa face Nord par Djeser-Djeserou, sur sa face Sud par la pyramide de Mentouhotep.

Her-Bak obtint la faveur de conduire ses condisciples à la Cime [3] ; il leur parla de Mersegert ; et voici qu'il y reconnut l'émotion de sa première visite. Aujourd'hui comme alors, une ferveur naissait de son doute et de sa révolte ; il y baigna son cœur dans l'enthousiasme.

Le silence de Mersegert s'imposa comme le respect d'une « présence ». Quand on eut écouté Her-Bak, chacun descendit le sentier désertique en scellant dans son cœur ce souvenir.

1. « Sublime des sublimes. » Temple situé à un niveau élevé, au flanc de la montagne thébaine.

2. Visite de la barque d'Amon à la nécropole thébaine. Voir chap. XXIX.

3. Sommet pyramidal dans la montagne thébaine. Voir chap. XXVI. Mersegert = déesse du silence.

On traversa des groupes de maisons et des cultures ; on parvint à la rive du fleuve. On prit la barque sans tarder pour revenir vers la cité de Mout. Or le vent la poussa vers le quai de l'Apet Reset [1]. Le mur d'enceinte laissait deviner son grand temple, dont on n'apercevait que les mâts du pylône.

Tous les bateaux du port, amarrés à la berge, coque contre coque, rames contre rames, dressaient dans le ciel une palissade de mâts. C'était un spectacle réjouissant pour les yeux. Les Memphites exprimèrent le souhait d'accoster pour visiter le sanctuaire renommé. Nefer-Sekherou refusa :

— Il ne m'appartient pas de vous y introduire ; j'exprimerai votre désir à celui qui en a le pouvoir.

On descendit le fleuve, entraîné par le fil de l'eau. Quelques Memphites, assis à l'avant du bateau, discutaient à voix basse. Nefer-Sekherou entendit prononcer le nom d'« Akhenaton [2] » ; il demanda :

— Lequel d'entre vous s'est inquiété d'Akhenaton ? Parlez sans hésiter, il n'y a pas de mal en cela. Que disiez-vous d'Akhenaton ?

Un des visiteurs répondit :

— Nous étions curieux de savoir si quelque chose subsistait ici des œuvres de ce Pharaon ; mais nous craignions d'être indiscrets en évoquant la mystérieuse dissidence de ce règne.

— Que votre cœur soit en repos ; nous n'avons point de dissidence sacrilège ! Votre curiosité est légitime, mais une réponse est efficace lorsqu'elle est donnée au temps — et si possible au lieu — qui lui sont harmonieux.

« Profitez du moment présent, contemplez Amon-Râ dans sa dernière gloire avant qu'il ait quitté la terre des vivants. Vous avez visité l'Occident de Thèbes, inscrivez sa vision dans vos cœurs et demandez à Mersegert de vous révéler son secret. »

***

Au lendemain matin, dès que l'aube eut blanchi la terre, Pasab alla réveiller les Memphites et les pria de le suivre ; Hesy, Her-Bak et Aouab l'accompagnaient.

1. Temple de Louxor.
2. Akhenaton (Aménophis IV) avait fait effacer la plus grande partie des symboles Amoniens, pour y substituer les symboles correspondant au culte d'Aton (le disque solaire). Les historiens modernes ont cru qu'il s'agissait d'une révolution religieuse suscitée par Akhenaton.

On se dirigea vers le Nord par un chemin extérieur au mur d'enceinte du grand temple d'Amon. Quand on fut parvenu à l'Orient de ce temple, on vit Her-Bak se précipiter aux pieds d'un homme de haute taille et flairer la terre devant lui : c'était le Sage qui attendait les visiteurs. Chacun s'approcha pour lui rendre hommage, mais il les arrêta en disant :

— L'instant n'est point propice aux congratulations. C'est l'heure de saluer le Maître du monde qui va bientôt paraître.

Il se tourna vers l'Orient où les rayons précurseurs de la gloire solaire commençaient à nuancer l'horizon ; il continua :

— Lui l'Aton, qui vient dorer toutes les terres et répandre la vie à profusion.

Au grand étonnement des auditeurs, il prononça l'hymne au disque solaire en son nom d'Aton. Puis se tournant vers eux, il observa, sur leurs visages, les réactions suscitées par son geste. Silencieusement, chacun réfléchissait... Enfin, Hesy se permit d'exprimer sa surprise. Le Sage leva la main et répondit :

— Entends et comprends avant de te scandaliser, car voici : il est bon pour les hommes d'écouter.

« Je vous ai fait venir en ce lieu pour assister au lever de l'Aton, sur l'emplacement de ce qui fut le temple construit par Akhenaton et nommé par lui : « L'horizon d'Aton dans le pilier du Sud [1]. »

« Il l'établit à l'extérieur de l'enceinte du temple Amonien, comme il convenait à l'expression d'une phase « hors-la-loi normale d'Amon ». Pas plus que d'autres Pharaons, il n'eut la liberté d'agir selon sa volonté personnelle : il dut se soumettre à la Loi de son Temps.

« Il n'est pas dans nos règles d'expliquer cette Loi dans le Temple extérieur, cependant je veux vous en montrer un aspect. La Nature a formé deux sexes, l'un mâle pour engendrer, l'autre femelle pour gester : c'est le cours naturel de la vie organisée.

« Mais il se trouve, dans la suite des manifestations fonctionnelles d'une genèse, des exceptions dont la *légende* du scarabée et celle du vautour sont *des expressions symboliques :* le scarabée qui, sans femelle, fait concevoir et gester sa semence dans sa boule [2] ; le vautour qui conçoit sans mâle, par le souffle du Nord [3].

1. Le « pilier du Sud » ne désigne pas Ermant, comme on a pu le croire, mais doit se situer dans la région thébaine.
2. Voir chap. XI.
3. Cf. Horapollon, *Livre I*, II.

« Or il est arrivé, dans la suite de nos Temps, que la période qui précédait immédiatement la nôtre a personnifié cette exception sous ses deux aspects : une reine masculine, Hatchepsout, et un roi féminin, Akhenaton. Leurs deux temples sont face à face : l'un sur la montagne à l'Occident d'Amon, recevant les rayons du matin ; l'autre à l'Orient d'Amon, recevant les rayons du soir en ce bas-fond.

« Tous les deux ont dû jouer leur rôle comme deux accidents nécessaires dans la lignée naturelle Osirienne ; tous les deux ont dû disparaître lorsque ce rôle fut accompli, pour que se rétablisse l'obédience à la loi d'Amon [1] en son nom actuel d'Amon-Râ. Cependant, chacun d'eux a laissé le témoignage nécessaire de la « phase » exceptionnelle qu'il devait représenter.

« Pour Hatchepsout, son Sage — Senen-Mout — révèle un aspect du mystère de son règne sur ses statues, dans son nom, dans ses titres, dans le développement de ses fonctions et en un symbole spécial qu'il se vante d'avoir composé [2]. »

Hesy, sceptique, demanda :

— Ce symbole n'est-il pas un jeu de mots sur le nom d'Hatchepsout ?

— Ne sais-tu pas, répondit le Sage, qu'un secret important doit être caché sous un aspect banal apparent ? Or Senen-Mout attire l'attention du chercheur en précisant que ce symbole « n'avait pas été trouvé depuis les Ancêtres », voulant indiquer par cela qu'il correspond au cas particulier de ce « moment [3] ».

« Sans vouloir développer ici toute la valeur de ce symbole, je puis vous dire que ce Sage y confirme l'androgynat symbolisé par la reine Hatchepsout qui prend, pendant une partie de son règne, le rôle et l'aspect masculins, tandis que le nom et le rôle de Senen-Mout, par un curieux croisement, donnent à ce Sage un certain aspect féminin en son rôle de nourricier de la fille royale. »

Pasab dit au Maître :

— Je connais une statue de Senen-Mout qui paraît confirmer ce caractère. Il est représenté assis sur ses talons ; sur le cube formé par sa robe qui enserre ses genoux, sort la petite tête de cette enfant royale.

Le Sage approuva cette remarque opportune ; il refusa de s'étendre davantage sur ce sujet, mais il expliqua le rapport du scarabée avec Akhenaton :

1. Voir *Her-Bak Disciple, Commentaire* V, § 7.
2. Voir signe 144, Pl. IV.
3. Secret est pris ici dans le sens de clé.

— De même que le scarabée cache sa boule dans la terre, puis, lorsque vient le temps de l'éclosion du germe, la sort à la lumière et la plonge dans l'eau, dans laquelle naîtra sa progéniture, de même la préparation du « moment Atonien » s'effectue dans l'obscurité ; et lorsque le Temps d'Amon-Râ sera révolu et parachevé, son fruit solaire spirituel sortira des ténèbres sous le signe d'une étoile nouvelle, comme un divin poisson dans l'océan du ciel [1].

Les Memphites inquiets se dirent les uns aux autres :

— Sans doute il prophétise ? Mais comment faut-il comprendre ses paroles ?

Le Sage sentit le trouble causé par cette étrange révélation ; il fit asseoir ses auditeurs et il leur dit :

— Les mouvements du ciel règlent le devenir des hommes ; notre culte et notre histoire en sont l'image.

« La deuxième période de cette histoire fut caractérisée par le culte d'Amon dans son aspect occidental et lunaire. Sa troisième période [2] — qui devait correspondre à la génération du Principe royal solaire — débuta par la dernière affirmation du Principe lunaire, symbolisée par le Pharaon *Iâhmes* — Ahmes — (né de la Lune) triomphateur des Hyksos ; puis par le premier Amenhotep (Aménophis Ier) qui commença le *hotep* (ou fin de l'accomplissement) de l'Amon lunaire, dont le passage à l'Amon solaire fut annoncé par la transformation du quatrième *Amenhotep ouâ-n-Râ* (premier de Râ), en *Akh-n-Aton ouâ-n-Râ* [3].

« Ce passage d'une nature en une autre nature est toujours marqué — quelle que soit la genèse dans laquelle il se produit — par une intervention d'ordre spirituel, qui est un mystère pour l'intelligence cérébrale, et n'est compréhensible que pour l'Intelligence spirituelle.

« Cette transition, qui fait le caractère d'Akhenaton, se présenta deux fois dans la suite des règnes de cette troisième période, pour la réalisation des deux principes nécessaires à l'avènement du Roi solaire.

« Le premier cas fut la théogamie de la reine *Iâhmes* (née de la Lune), avec Amon sous l'apparence du premier Thoutmès [4] ; le produit fut la reine Hatchepsout.

« Le deuxième cas fut la théogamie de la reine *Mout-m-ouia* [5], avec Amon sous la forme du quatrième Thoutmès ; le

1. Voir *Her-Bak Disciple, Commentaire* III, § 13.
2. Période commençant à la XVIIIe dynastie.
3. Aménophis IV, devenu Akhenaton.
4. *Thot-mes* = né de Thot.
5. *Mout-m-ouia* = Mout dans la barque.

produit fut le troisième Amenhotep qui engendra le quatrième (et dernier) Amenhotep, devenu Akhenaton, c'est-à-dire la parution du disque solaire extrait du milieu lunaire.

« Il est à remarquer que le passage d'une « nature » à une autre « nature » se réalise par l'intermédiaire d'un principe mixte et pour ainsi dire androgyne, ce qui est le cas pour les caractères Hatchepsout et Akhenaton.

« L'histoire de ces deux passages — ou transitions — a pour but un double enseignement :

« l'évolution de la conscience humaine à travers l'expérience des deux natures — femelle, mâle —, pour aboutir plus tard à l'accomplissement d'une totalité ;

« et la révélation, par ces épisodes symboliques de l'histoire pharaonique, des « moments » les plus mystérieux de la genèse humaine.

« Cette histoire se situe, dans le Temps, à chaque moment où elle correspond à un passage analogue dans le développement d'une genèse : homme, peuple, humanité.

« Selon notre habitude, nous n'écrivons pas de théories sur ce sujet, mais nous l'enseignons par le nom de nos rois et des personnages qui entrent dans ce jeu avec chacun d'eux ; puis par des symboles et des énigmes, tels que ceux du scarabée et du vautour de Sen-n-Mout.

« Pour ce dernier symbole [1], Sen-n-Mout avait raison de dire « qu'on ne l'avait pas trouvé depuis les Ancêtres », car le cas ne s'était effectivement pas présenté depuis le commencement de l'âge inauguré par Mena.

« Quant au scarabée, sa nature luni-solaire en fait un merveilleux symbole [2] que nous mettons en valeur à chaque époque caractérisée par sa fonction. Sa principale signification est la transformation qui s'accomplit par une gestation, dont sa boule de fumier — contenant le germe — représente la nature et le fruit.

« Les diverses phases d'une gestation sont signifiées dans nos tableaux par des couleurs ; la principale phase exprimée par le scarabée est la phase noire. Or le troisième Amenhotep, dont le règne correspond à une phase noire préparant la réalisation de l'Homme royal, édifia son palais sur la rive occidentale, dans la cité nommée « celle où l'on vit la nuit » (dans les ténèbres). Le Maître de son Temps,

1. Voir signe 144, Pl. IV.
2. Voir chap. XI et *Her-Bak Disciple, Commentaire* III, § 13.

Amenhotep fils de Hapou, dans la conception de ses colosses, a spécialement développé le thème de l'Homme Roi. »

Pasab dit au Sage :

— Sans doute ne faut-il pas considérer Akhenaton comme le réalisateur de la royauté solaire ?

Le Sage répondit :

— Akhenaton et Hatchepsout sont des principes intermédiaires, momentanément nécessaires à la préparation de cet avènement. La royauté solaire s'est réalisée progressivement, par les Ramesses [3]. Khonsou est l'épisode essentiel de cette réalisation.

« Cependant, ce principe royal solaire est encore un principe humain... L'avènement du Soleil spirituel appartient à un Temps beaucoup plus lointain. »

Hesy ne savait plus l'endroit du monde où il était ; en aucun cas, pareil trouble ne l'avait bouleversé. Il répliqua :

— Maître, nous n'avons jamais entendu rien de semblable ! Si telle vérité se cache sous l'erreur apparente, pourquoi ne pas la révéler ?

— N'est-ce pas ce que je viens de faire pour quelques-uns ? La foule ne peut pas comprendre l'enseignement de certaines lois causales ; dans ce cas, mieux vaut le silence que la profanation.

— Ô Maître, ce silence n'a-t-il pas fait juger l'œuvre d'Akhenaton comme une violence blasphématoire, comme la création arbitraire d'un culte réformateur ?

— Seuls les ignorants ont admis cette interprétation humaine.

— Les ignorants sont la majorité : pourquoi les laisser dans l'erreur ?

— Mieux vaut l'erreur dans les choses humaines qu'une divulgation profanatrice des Lois divines.

Hesy, ayant réfléchi, répondit :

— Il est cependant évident qu'il y eut volonté de destruction quant aux monuments et symboles Amoniens !

Le Sage répliqua :

— Si la révolution d'Akhenaton était née d'une haine personnelle contre un clergé ou un principe, n'eût-elle pas démoli complètement le temple d'Apet-Sout qui était le cœur du culte d'Amon, au lieu d'en marteler les symboles ? Ceci eût été une destruction définitive, plus simple que le martelage fait avec tant de précaution que les formes restent souvent perceptibles... et qu'il laisse transparaître tels

1. Ramsès.

attributs ou telles parties du corps nécessaires au rôle qu'ils contribuent à jouer dans les scènes où ils sont représentés. Quel travail dut être celui des surveillants initiés qui contrôlèrent les moindres traits de tous ces monuments, murs, stèles, obélisques, afin de réserver les signes qui devaient être respectés ? Je puis vous montrer telle stèle sur laquelle tel aspect d'un *Neter* a été martelé, alors que l'autre est conservé afin d'adapter le symbole au « moment » caractéristique. Quiconque désire d'autres preuves en trouvera d'innombrables. La reine mère Tii n'avait-elle pas son palais dans la ville d'Akhenaton ? Eût-elle résidé chez son fils s'il y avait eu conflit entre lui et son père Neb-Maât-Ré, qui lui-même habita pendant quelque temps à El-Amarna ? Tout-ankh-Amon ne vécut-il pas d'abord à Amarna sous son nom de Tout-ankh-Aton, faisant ainsi le lien entre la période Atonienne et la période d'Amon-Râ ?

Hesy hochait la tête en un geste réprobateur :

— Que ta sagesse ne s'offense point de notre scepticisme, mais peut-on nier l'hostilité de celui qui s'acharne à effacer le nom et l'image des dieux pour donner l'exclusivité au *Neter* qu'il a imposé ?

Le Sage répondit :

— Quand arrive la fin d'un Temps, il faut savoir abandonner ce qui l'avait délimité, pour donner libre accès à la Lumière du Temps nouveau ; il faut savoir livrer à la destruction ce qui est destructible, pour que subsiste, seul, l'indestructible.

« Akhenaton a exécuté le geste nécessaire : effacer momentanément l'expression des principes qui devaient faire place à la fonction qu'il incarnait, supprimer tout ce qui concernait le culte représentant les fonctions périmées. »

Hesy s'exclama :

— Ô Maître de Sagesse, nous ne saurions douter de ta parole, mais qui peut comprendre cela ?... Pourquoi donc Akhenaton a-t-il construit un sanctuaire ici même, dans le domaine d'Amon, alors qu'il édifiait le grand temple Atonien d'Amarna ?

Le Sage souriait :

— Tu dois remarquer aussi que ces deux centres cultuels portent le même nom, Akhet-Aton, et qu'ils sont situés l'un et l'autre à l'Orient. De même qu'Amenhotep Neb-Maât-Ré [1] avait déjà célébré le nom d'Aton, de même Akhenaton

1. Aménophis III.

en affirma le premier témoignage à côté du temple d'Amon *qu'il ne détruisit pas*.

« Mais il indiqua, par son départ, le changement d'orientation qui s'effectuera vers l'Orient après l'achèvement des Temps Amoniens. »

— Maître, j'ai vu des résidus de sculptures et de travaux décoratifs d'Akhenaton : quand on regarde la composition des tableaux, les formes et les gestes des personnages, on ne reconnaît plus notre technique, tant ils sont différents de ce qui fut avant et de ce qui fut après ! Le cœur de l'homme pieux est offensé, car *On* [1] a transgressé les règles imposées depuis les anciens Temps. *On* a méprisé les canons, proportions et mesures ; *On* a sans doute dit aux techniciens : « Dessinez ce que voient vos yeux et ce qui réjouit vos sens. »

Le Sage se leva et il dit :

— Tu parles avec sincérité : je répondrai comme il convient. Suivez-moi.

Il les conduisit sur un chantier de reconstruction où se trouvaient classés des tronçons de colonnes et de blocs sculptés ; certaines pierres avaient été retaillées de manière à mettre en évidence un motif ; d'autres avaient été martelées pour isoler un signe ou une phrase. Tout cela était préparé, disposé comme pour un emploi déterminé. Ptah-Mose en fit la remarque ; le Sage répondit :

— C'est comme tu le dis, en vérité ; ces pierres ont été choisies et extraites de certains monuments, pour être employées dans des constructions nouvelles où elles serviront de témoignages pour en indiquer l'idée directrice : tantôt comme pierres d'angle exprimant le principe essentiel du temple, tantôt comme pierres de base où elles seront les Idées-semences de ses fondations. Parfois aussi, elles serviront à « remplir » l'intérieur d'un pylône ou d'un mur, exprimant ainsi le mobile intérieur — ou agent — qui a causé la formation des principes exprimés sur l'extérieur du mur.

« Parmi ces pierres sélectionnées, vous voyez un choix important de pièces extraites des temples Atoniens, gardées comme les autres pour être employées dans certains monuments comme pierres de fondations ou de remplissage, selon ce qu'elles expriment par leurs symboles ; quelques-unes furent placées récemment dans un pylône d'Amon. Ce n'est point le moment d'en approfondir la raison ; vous pouvez la déduire vous-même de toutes mes paroles. Sachez

1. Pronom pour désigner respectueusement le Pharaon.

seulement que rien n'est abandonné au hasard ni au caprice des constructeurs ! Ce qu'on doit démolir l'est de la manière exacte qui convient au sens de cette démolition et du futur emploi. »

Hesy dit au Sage :

— Qu'il me soit permis d'insister sur la question de Ptah-Mose : n'est-il pas vrai qu'Akhenaton a transgressé la loi canonique des mesures et proportions, des formes et des gestes ? Cette violation n'est-elle pas sacrilège ?

— Il n'y a pas eu violation sacrilège, répondit le Sage, mais changement de rythme, obligatoire et passager, pour correspondre à ce « moment d'exception ».

« Depuis les anciens Temps, nos Maîtres ont poussé jusqu'à l'extrême l'étude de la Nature, de ses relations analogiques, et des variations continuelles dans les aspects du ciel. Ils ont su en déduire la succession des phases de ce qui constitue notre histoire, de même que l'on connaît les phases de la formation de l'enfant dans le sein de la mère. C'est pourquoi ils ont pu déterminer d'avance les caractères et les symboles qui devaient exprimer ou personnifier chacune d'elles. »

— Tout constructeur, tout sculpteur, est donc obligé de leur obéir pour construire, pour décorer ?

— Il y est obligé en effet. Cela ne diminue en rien l'habileté de l'artisan ; mais il lui est défendu de faire appel à sa propre interprétation quant à ce qu'il pourrait qualifier de beau ou vrai.

« Le thème lui est toujours imposé, avec ses mesures et ses moindres détails (car chacun a son importance), et même avec sa technique : la gravure en creux signifie autre chose que la gravure en relief ; la douceur ou la dureté du relief a une signification. Cela peut rendre nos œuvres froides quant au sentiment, mais nous ne sacrifions jamais au plaisir des sens : la dignité du but nous l'interdit.

« Pourtant cette austérité elle-même, et la justesse de l'équilibre, donnent à nos œuvres une beauté qui n'aura jamais son égale, parce qu'elles obéissent à un ordre inéluctable qui est celui du devenir. »

— Un changement brutal comme celui-là, dit Hesy, n'est-il pas un trouble dans cette harmonie ?

Le Sage répondit :

— Il peut se trouver que le thème d'un Temps exige une transformation d'expression : nous obéissons alors à cette exigence, comme cela fut pour le « moment Akhenaton ». Regardez sa statue. L'anomalie — ou perversion —

représentée par lui, a été signifiée par l'exagération volontaire des formes efféminées : taille, hanches et ventre accentués parfois jusqu'au grotesque.

Ptah-Mose insista sur la fantaisie arbitraire des décorations atoniennes.

— Non point arbitraire, répondit le Sage, mais symbolique de ce « moment » ; le thème moral est d'abord l'inversion, même décorative : vous trouverez des motifs d'oiseaux sur le sol, et des végétaux vers le haut des murs. Ensuite la mollesse et la lascivité ; enfin les préoccupations humaines qui caractérisent toutes les scènes.

« Le Temps dont Akhenaton fut le précurseur éloigné sera le Temps de l'*homme,* où les sentiments humains devront dominer. C'est pourquoi son annonciation imagée abandonne, pour cette période, la rigidité hiératique, exprimant — à travers un caractère sensuel, presque bestial — cette émotivité humaine qui devra, dans le Temps futur annoncé, prendre une forme plus élevée. »

— Faut-il, demanda Hesy, considérer l'indépendance de la pensée comme un ennoblissement de l'homme ou comme une servitude ?

— Qu'est-ce que la noblesse, sinon la libération d'esclavages, donc de l'erreur ?

Ptah-Mose et Pasab se réjouirent de la définition du Sage. Celui-ci continua :

— Ô Hesy, j'ai répondu à ta question : si le Maître enseigne l'erreur, la soumission du disciple est esclavage ; s'il enseigne la vérité, cette soumission est ennoblissement. Toi-même, dans le Temple extérieur, n'es-tu point l'esclave de vos propres doctrines, c'est-à-dire des déductions de vos raisonnements logiques ?

Hesy répondit tristement :

— Me diras-tu, ô Maître de Sagesse, comment il pourrait en être autrement ?

— Cela se pourrait si tu admettais que la Connaissance n'est pas une doctrine figée, mais une expérience de conscience vitale, accessible au chercheur graduellement, dès qu'il a désavoué sa fausse science.

Le Sage se tut. Chacun s'efforçait d'enregistrer ce qu'il avait entendu. Puis Ptah-Mose vint remercier le Maître de sa révélation extraordinaire ; tous les Memphites le suivirent et chacun répétait :

— Certes c'est un enseignement merveilleux que nul n'avait donné depuis les premiers Temps !

Le Sage éleva la voix pour rectifier cette assertion :

— Cela n'est point exact : il fut toujours enseigné dans le secret du Temple [1], mais certaines choses doivent être révélées aujourd'hui à haute voix !

Her-Bak avait inscrit chaque parole dans son cœur. Il regarda Hesy ; il vit l'amertume sur son visage ; il lui dit doucement :

— Ce sont tes questions qui nous ont valu ces belles réponses. Je voudrais m'en entretenir avec toi. Sais-tu quand viendra le Temps nouveau dont a parlé le Sage ?

Hesy posa sa main sur le front d'Her-Bak, et répondit avec mélancolie :

— Ce n'est pas moi, c'est Pasab que tu dois questionner, mon enfant.

1. Voir *Her-Bak Disciple, Commentaire* VI, § 5.

XL

LE TRÉSOR

La joie d'Her-Bak ne connut plus de bornes lorsque le Sage accepta de les accompagner jusqu'au temple de Mout. Le temps du trajet se passa en confidences enthousiastes ; le Sage écoutait le novice, il l'observait. Lorsque celui-ci lui demanda s'il pouvait espérer devenir bientôt son disciple, il répondit :

— Je crois que ce moment approche ; cependant tu n'es pas encore arrivé...

Her-Bak tremblait d'émotion ; il insista :

— Ô Maître, dis-moi ce qui me manque, je le chercherai !

Le Sage sourit :

— Ne te fais nul souci, mon fils ! Ce qui te manque, on le trouve quand on ne le cherche pas...

Dans la cour extérieure, ils rencontrèrent Asfet qui guettait leur retour ; son frère l'accompagnait. Asfet flaira la terre devant le Sage et lui dit :

— Ô Maître, mon frère est venu présenter une requête : voici qu'en se promenant dans la montagne d'Orient, il a vu des cristaux qui semblent être d'améthyste. Son cœur et le mien ne connaissent plus de repos tant est grand notre désir de creuser cette roche pour trouver un trésor digne de notre temple.

Le Sage répondit :

— Je n'ai jamais entendu qu'il y eût des améthystes en ce lieu ; d'ailleurs ces cristaux naissent à l'intérieur d'une gangue en forme d'amande, il serait surprenant qu'on en trouvât en cristaux isolés ; cependant une amande pourrait avoir été brisée...

Le frère d'Asfet, Koukou, se jeta aux pieds du Maître, affirmant la certitude de sa découverte ; il le supplia d'autoriser Asfet à l'accompagner avec quelques camarades. Her-Bak et Aouab attendaient la réponse avec impatience, car l'expédition les tentait comme un plaisir nouveau. Her-Bak ne put contenir son envie, il insista :

— Ô Maître, quelle grande merveille si l'on trouvait des améthystes pour enrichir le trésor de ce temple ! Certes il serait beau de participer à cette exploration ! Permets au serviteur-ici-présent [1] et à son ami Aouab de les accompagner.

Le Sage comprit que cette diversion serait bonne pour le novice, il accorda la permission :

— Qu'il soit fait selon votre désir ; vous partirez demain dès l'aube. Choisissez vous-même les outils dont vous aurez besoin.

— Sois loué, ô notre Maître, s'écria joyeusement Asfet, certes, nous n'omettrons rien.

Ils se mirent à discuter des objets nécessaires ; le Sage les interrompit pour questionner Asfet :

— Ton frère est-il certain de retrouver le lieu de sa découverte ?

— Il a dressé un « kairn » aux approches de ce point ; il connaît la montagne.

— C'est parfait, dit le Sage, allez donc ; ne vous éloignez pas les uns des autres ; cependant vous délimiterez les terrains de recherche et chacun fouillera le sien. Je récompenserai celui qui trouvera le plus grand trésor. Ceci sera le prix.

Il montra le bijou qu'il portait à son bras : un bracelet d'or décoré d'émail bleu. Un cri de joie sortit de toutes les poitrines ; on remercia, on salua le Maître, puis on alla disposer tout pour le départ.

Aux premières lueurs de l'aube, les quatre prospecteurs étaient déjà parvenus aux abords des terrains de culture. Un âne les accompagnait ; il portait trois jarres d'eau fraîche, quelques pains, deux corbeilles pour les « trésors », et tous les outils : houes, marteaux de bois, outils de bronze pour détacher les pierres.

On marchait allégrement ; on arriva aux confins du désert avec la lumière. Et la lumière révéla des sentiers tracés par centaines, parallèles, ou rayonnant vers tous les points de la montagne. Il faut choisir... Koukou s'oriente et tire l'âne sur une piste entre les pistes :

1. Locution respectueuse servant à remplacer le pronom *je* ou *moi*

— En ligne droite ! La route est bonne !

En ces déserts, où le sol est un amas de sable, de graviers, de rognons de silex et débris de calcaire, hérissé de buttes sablonneuses, la ligne droite n'existe pas. Le tracé du chemin ondule entre les buttes, s'élargit, s'efface, se retrouve, se divise au pied d'une colline, se perd devant un éboulis. Sa platitude jaune est trompeuse ! À tout moment elle soulève un mamelon ; un monticule cache un autre monticule... Une dune dissimulait un ouadi : on descend la pente, on traverse une bande caillouteuse ; au fond de l'ouadi, des petits buissons secs meurent faute d'humidité, installés dans ce qui fut une flaque et qui est devenu un dépôt de boue craquelée. La montagne semble toute proche.

On remonte sur l'autre pente, et de nouveau voici le désert devant soi.

L'œil se rassure en fixant le but immobile. Mais la montagne s'élargit sur l'horizon et l'on n'aperçoit pas le kairn annoncé par Koukou.

La chaleur monte avec le soleil ; les ombres raccourcissent et le chemin s'allonge. On est couvert de mouches qui se font porter.

Encore un ouadi : Koukou s'exclame :

— En avant ! sur l'autre bord j'apercevrai le kairn !

On dévale la pente, on se hâte, on se brûle les pieds sur les cailloux ; l'ouadi est plus large qu'on ne croyait.

— Voyez les traces des gazelles ! dit Her-Bak.

Sur l'autre bord, un lièvre aux longues oreilles rejoint son trou hâtivement. Koukou observe la montagne sans trouver son repère. Her-Bak entonne un chant rythmé ; sa magie endort la fatigue et ranime l'ardeur.

On avance à travers le jaune éblouissant. Un tourbillon de sable s'élève en trombe fine ; d'autres se forment, se poursuivent, tournent, reviennent et vous aveuglent ! Les pieds se heurtent aux mamelons sans ombre qu'on ne distingue plus. L'âne bute à chaque pas ; il traîne en arrière, s'arrête à la moindre touffe épineuse, broute et reste sourd à l'appel. Aouab s'efforce de le tirer, il retarde la marche. Asfet met ses mains en cornet, il hèle son frère qui les avait devancés ; alors on voit Koukou sur un monticule élevé, qui les appelle joyeusement.

On se hâte. Koukou, d'un geste triomphal, montre un point blanc au flanc de la montagne :

— Le kairn ! En moins d'une heure nous serons arrivés !

Au pied du mamelon un autre ouadi s'élargit.

— La chaleur est étouffante, dit Asfet, mais nous ne

pouvons nous arrêter si nous voulons faire notre travail avant la nuit. Prenons un peu de nourriture et hâtons-nous de repartir.

Ils firent ce qu'il avait dit, mais l'eau fut accordée avec parcimonie.

Or voici qu'au départ l'âne refuse de marcher ! On insiste, on le force : ni la parole ni le bâton ne le décident à avancer. Ayant tout essayé, Koukou déclare :

— C'est assez ! nous ne pouvons tarder davantage. Que l'un de nous reste pour le garder, les autres prendront la charge.

Nul ne voulait rester ! On tire au sort : Her-Bak est désigné... En hâte chacun prend ses outils et les corbeilles ; Aouab installe une palanche, se charge de deux jarres, et l'on part en abandonnant le gardien et son âne.

Her-Bak les voyait s'éloigner avec dépit ; Her-Bak boudait : le sort était injuste ! N'était-ce pas lui qui avait obtenu cet ordre de fouille ? Il se félicitait de cette faveur ; certes, ses compagnons ont méconnu son importance : ils seront blâmés par le Sage !

Sans doute, mais l'un d'eux gagnera le bijou... le bijou porté par son Maître : ceci lui donne une valeur plus grande que sa grande beauté. Il ronge ses poings dans sa colère ; il cherche un subterfuge pour rejoindre ses camarades. Soudain la parole du Sage revient en sa mémoire : « Ne vous éloignez pas les uns des autres. » Point n'est besoin d'autre argument : il bondit sur ses pieds, il court auprès de l'âne, il dénoue son licou pour lui servir d'entrave ; il se charge de la troisième jarre, et il part.

Il court, il vole, il n'y a ni butte ni cailloux qui le retiennent ; la montagne s'approche, le kairn l'attire à lui comme un aimant... Le point blanc grandit à vue d'œil... Il est au pied du ghebel ! Pourra-t-il rejoindre les autres ? Point de sentier : la roche ! Il ne réfléchit pas, il se laisse happer par son but, il se hisse ; ses pieds et ses mains sont en sang, il s'agrippe aux saillants, il contourne une faille... Et soudain, au détour, il aperçoit ses compagnons qui s'approchent du kairn. Que se passe-t-il ? Aouab, en retard, a couru : il tombe, et dans sa chute les deux jarres brisées perdent l'eau sur le sol !

Her-Bak éclate de rire :

— Sans aucun doute, Amon me voit et me protège !

Apaisé maintenant il rejoint ses amis, certain d'être bien accueilli. Devant le kairn, les trois prospecteurs discutent ; on le reçoit dans la stupeur :

— Qu'as-tu fait de l'âne ? N'est-ce pas assez que nous soyons sans eau ?

Her-Bak présente en même temps l'ordre du Sage et la dernière jarre. On ne conteste plus : il est tard, on prépare les outils. Koukou déclare :

— Je ne connais pas l'endroit précis, c'était non loin de ce saillant ; divisons ce terrain en quatre parts et tirons au sort chacune d'elles.

On fit ainsi qu'il avait dit, on se mit à l'œuvre sans tarder. Chacun fouillait selon son gré. On déblaya la terre, on dégagea la roche. On n'entendait que les « han » de la houe et les coups de marteau. Des fissures nombreuses écartelaient la pierre, et chacune était un espoir !

Mais le temps s'écoulait, épuisant en vain les forces des fouilleurs.

Le terrain d'Her-Bak était contigu à celui d'Asfet, à droite du saillant rocheux. De l'autre côté, cachés par ce saillant, étaient les quartiers des deux autres. Asfet constata le déclin du soleil, il soupira :

— Il nous reste une heure de lumière ! Je vais voir si les autres ont mieux réussi.

Il s'éloigna et se trouva bientôt hors de vue.

Her-Bak n'a plus aucun espoir de trouver des cristaux dans son sol caillouteux. Le terrain d'Asfet lui paraît avoir plus de chances. Il a la curiosité de déblayer un coin rocheux de son voisin... Et voici qu'un prisme brillant se dégage ! Une transparence rosée semble mauve dans ses reflets. Her-Bak ne sait plus où il est ! Son cœur martèle sa poitrine... dans un éclair il voit la main du Sage et le bijou : l'envie monte en lui comme une trombe, l'aveugle, l'étourdit, l'enflamme de passion, et rien n'existe plus que « volonté de possession » ! Il se penche, l'outil en main, il va détacher le cristal... le marteau glisse de ses doigts... Le mirage perd sa puissance.

Il se relève, les yeux hagards, il vacille, il lui semble être hors de lui-même ; son hésitation est insupportable comme une impuissance de cauchemar !... Machinalement il se baisse et jette un peu de terre sur sa trouvaille. Alors il entend les pas d'Asfet qui revient.

Lorsque son ami le rejoint, il est assis sur un rocher, la tête enfouie dans ses genoux.

— Que fais-tu, Her-Bak, tu renonces ? Les autres n'ont rien découvert. Je tente encore ma chance, puis il faudra partir !

Quelques instants plus tard, la montagne retentissait de ses appels joyeux :

— Venez tous ! J'ai trouvé des cristaux ! Je ne sais si c'est de l'améthyste ; il est trop tard pour hésiter. Aidez-moi, emportons ce que nous pouvons, puis enterrons notre trouvaille : si ceci a quelque valeur, nous reviendrons terminer notre fouille.

Her-Bak aida ses compagnons en silence. On profita du crépuscule pour revenir vers l'ouadi. Alors on commença à s'inquiéter de l'âne. Her-Bak saisit cette occasion pour s'éloigner ; il partit en recherche, il devança les autres. Leur compagnie lui était une gêne ; il ne pouvait plus supporter leurs regards. Il s'en crut libéré par cette solitude, mais un autre regard le poursuivait :

« Her-Bak, qu'as-tu fait ? Ne dis pas que tu as refusé la tentation : si ton destin t'empêcha d'exécuter le geste, ce geste fut conçu en toi ; il fut même ébauché... Quel geste ? Une traîtrise, un vol au détriment d'un compagnon ! Est-ce possible ?... Her-Bak, as-tu voulu cela ? Qui t'a poussé ? L'envie de ce bijou ? — Non ! le bijou porté par le Maître. — Qu'importe le motif ? Le fait est là. Cette passion t'a possédé, ta main s'est baissée pour ce larcin, cette laideur a été la tienne ! Si un autre eût agi ainsi, quel nom lui aurais-tu donné ? »

Un sursaut de dégoût lui cause une nausée ; il serre les poings, il se met à courir pour chasser l'obsession...

— Her-Bak, n'est-ce pas toi-même que tu fuis ? À quoi sert de te dérober ? Peux-tu tromper ton cœur ? Ton remords te suivra comme ton ombre...

« Je ne veux pas du remords ! j'ai mal... »

Her-Bak est arrivé à l'ouadi. Il se laisse tomber la face contre terre : il pleure.

Un long cri rauque déchire l'air : l'âne s'est mis à braire pour avertir de sa présence. Her-Bak sèche ses larmes ; il se lève, il va libérer l'âne de ses entraves ; il le remet aux mains d'Aouab qui accourt, puis il repart, précédant la petite troupe.

La Lune éclaire les moindres détails du chemin, donne des ombres aux cailloux, aux morceaux de jarres brisées qui jalonnent la piste. La fraîcheur de la nuit efface la fatigue ; Her-Bak marche plus vite, plus vite encore pour être seul. Mais quelqu'un l'accompagne, ce quelqu'un qu'il ne veut pas voir et qui lui montre une autre face de lui-même...

« Qui est celui-là, cet impétueux, ce « volontaire », cet arrogant toujours prêt à se révolter ? Et cette main ? Oh ! cette main qui s'est tendue vers le larcin... — Non, pas pour le trésor : pour l'amour du Maître ! — Bel amour qui a suscité cette horreur ! Tais-toi, Her-Bak, pas cela : n'y touche point ; ce n'est pas Lui qui est la « cause », mais ce qui est en toi. La passion de la bête a parlé : le blé ne lève pas si le germe n'est là ! Constate sa présence... Tu n'oses pas ? Serais-tu lâche ? »

Il marche comme un somnambule ; à peine si les autres peuvent le suivre. L'âne les entraîne, trottinant comme un âne qui retourne à son écurie ; et nul ne se doute qu'Her-Bak porte en lui un brasier.

« Qu'est-ce que le remords ? Un feu que l'on voudrait en vain éteindre ! Tous les criminels ont-ils du remords ? »

Her-Bak ne se dérobe plus, il cherche la racine du remords. Il fouille dans son cœur pour trouver le fond de l'abîme, il touche la chair vive : sa brûlure le met en contact avec lui-même ; il se voit tel qu'il est, si différent de ce qu'il voudrait être !...

... Et ce fut un nouvel Her-Bak — honteux de sa réelle image mais identifié avec elle — qui rentra chez Pasab et dormit lourdement jusqu'au matin, malgré son désir de veiller.

*
**

Asfet vint le tirer de son sommeil.

— Ne tarde point, nous serons reçus par le Sage ; les autres t'attendent, et tu dors !

Her-Bak le renvoya.

— Va, je vous rejoindrai.

La brûlure revint avec le souvenir. Il éprouvait l'angoisse du coupable qui va passer en jugement ; et cette angoisse l'étouffait. Et soudain il comprit que personne ne l'accusait : nul ne soupçonnait sa faute... Pourquoi créer un drame inexistant ?

La réaction ne se fit pas attendre ; il ne demanda plus d'excuse à l'image trompeuse ; la phrase du copiste lui revint en mémoire : « Je suis un dissolu, je me donne mille claques. » Il s'administra une gifle magistrale, puis il partit en hâte vers le Péristyle.

Le Sage regardait les cristaux rapportés.

— Mes enfants, je regrette de vous désabuser : ce n'est point améthyste, mais gypse rosé sans valeur que l'on trouve communément dans ces parages. Ne vous attristez pas, vous avez gagné une promenade. Lequel a fait cette trouvaille ?

Aouab répondit : — C'est Asfet.

Her-Bak se jeta sur son ventre devant son juge, il déclara :

— Non, c'est moi ! Maître, je ne mérite pas d'être ton disciple.

Asfet le regarda comme on regarde un fou. Le Sage dit :

— Relève-toi, Her-Bak, et parle en vérité.

Her-Bak demeurait prosterné ; pour la première fois il n'osait relever son visage ; une honte effroyable l'écrasait. Il ferma les yeux, il appela le Maître en son cœur, puis dans un grand effort il s'accusa :

— Maître, j'ai commis une infâmie. Le Sage l'arrêta :

— J'ai dit : « Relève-toi ! » On se prosterne pour vénérer, mais si l'on est coupable c'est debout qu'il faut porter sa faute, et oser avouer ce que l'on a osé commettre. Cependant tu n'es pas obligé de parler devant tous.

Her-Bak se leva, puis il dit :

— Quand on s'est rendu vil à ses propres yeux, on peut aussi l'être aux yeux des autres. Voici ce que j'ai fait.

Il raconta la chose telle qu'elle s'était passée, sans rien omettre. Asfet poussa un cri d'indignation ; le Sage imposa silence ; il demanda :

— Peux-tu dire ce qui t'a empêché d'exécuter ton geste ?

— Je ne sais.

— À ce moment, ignorais-tu qu'Asfet revenait ?

— Je l'ignorais, mais ceci n'enlève rien à ma honte ! J'aurais pu commettre ce vol : ceci suffit pour me rendre indigne du Temple. Il n'y a pas d'excuse pour ma faute !

Il se tut. Pendant un moment qui parut un siècle, le Sage n'ouvrit point la bouche pour répondre. Il regardait Her-Bak, et Her-Bak, accablé, sentait son cœur fondre dans sa poitrine... Enfin le Maître parla :

— Tu dis la vérité, il n'y a pas d'excuse pour ta faute. Va !

La douleur s'abattit sur tous les membres du novice ; il rassembla ses forces pour ne point défaillir, il flaira la terre devant le Maître, il se releva et s'éloigna, ayant le goût de la mort dans son gosier...

Asfet le regarda partir avec mépris ; Aouab se mit à pleurer. Le Sage attendit qu'Her-Bak fût auprès de la porte ; alors il l'appela :

— Reviens, Her-Bak, prends ta place à mes pieds, et entends mes paroles.

Her-Bak hésitait...

— Obéis ! Et vous tous, écoutez ce que je lui dirai :

« L'instinct qui t'a poussé est une vilenie, mais crois-tu être plus coupable aujourd'hui que tu l'étais avant la promenade ? L'ordure que l'on porte en soi sans y penser n'est-elle pas une ordure ? Mais on veut ignorer l'ordure ! Crois-tu que celle-ci soit ton unique ordure ? Combien de forces animales sont en toi ?... L'homme sage sait les asservir ; mais pour les asservir il faut les reconnaître. Plus grave était ton impureté lorsque tu étais si content de toi-même !

« Ce qui rend un homme indigne du Temple, c'est la lâcheté qui lui fait refuser la honte, car ce refus cultive l'inconscience. »

Le Sage détacha son bracelet :

— J'ai promis ce bijou à celui qui aurait trouvé le plus grand trésor : il t'appartient, Her-Bak, car la honte acceptée est le plus grand trésor.

— Ô mon Maître, je ne pourrai jamais le porter !

— Tu le porteras si tu veux être mon disciple ; non point, certes, comme une récompense, mais pour conserver le souvenir d'une brûlure. Il est inutile de garder un remords alors qu'il a produit son fruit, mais le feu qui résulte du remords est un trésor : garde-toi de le négliger !

— Her-Bak suffoquait ; la surprise étouffait sa voix, il balbutia :

— Maître, comment supporter l'humiliation de la honte ?

Le Sage fixa son regard sur celui de Her-Bak, il lui dit :

— Ô novice, la Porte s'ouvrira devant toi lorsque tu comprendras ceci : ce qui est humiliant, c'est l'impuissance. L'ignorance de tes erreurs est cause de cette impuissance ; au contraire, la conscience de ta faillibilité attire en toi la puissance de ton Dieu...

« Si tu nies la faute ou l'erreur, elle s'affirmera ;

« Si tu la reconnais, ta conscience la détruira.

« Cette parole est essentielle. Qui refuse de l'entendre ignorera l'entrée du Temple. »

Her-Bak embrassait avec ferveur les mains et les genoux de son Maître. Celui-ci le releva :

— Debout Her-Bak, et va ! Ceci est ton « deuxième jour [1] ».

1. Son « Premier jour » fut la première rencontre de Pois Chiche avec le Sage Voir chap. I.

XLI

FUNÉRAILLES

— Pourquoi pleures-tu, Her-Bak ? L'entrée d'un homme juste dans l'Amenti, est-ce un si grand malheur ? Nadjar fut ton Maître en technique du bois [1], cette technique lui donna la maîtrise : toute maîtrise est une conscience, et par cette conscience il vit ! Nadjar fut aussi notre Frère, à nous qui t'avons reçu dans cette loge qui sera son tombeau ; et nous ne pleurons pas : nous savons qu'il demeure en Maât avec nous.

Her-Bak écoute le Maître menuisier qui murmure ces mots à son oreille, dans la barque qui suit le cortège funèbre.

— Sèche tes yeux, Her-Bak ! N'y a-t-il point assez de femmes pour pleurer ? C'est aux femmes qu'il appartient de gémir et de se lamenter pour empêcher le KA de s'éloigner, afin que la réunion se fasse.

« C'est le rôle des pleureuses aux chevelures ruisselantes, qui l'entourent de larmes comme l'eau maternelle, afin que « ne s'en aille point le principe féminin » ; c'est le rôle des deux sœurs célestes Isis et Nephtys, dont les pleurs seront l'eau de résurrection... »

***

Les bateaux ont touché la berge ; le cortège se forme sur la rive ; Her-Bak, appelé par faveur auprès des Maîtres menuisiers, assiste au débarquement du cercueil que l'on pose sur un traîneau tiré par quatre bœufs. Sur son passage on fait des libations d'huile et de lait. Des serviteurs portent le mobilier du défunt : lit, vases, coffrets, cannes, ainsi que ses outils préférés.

Et le cœur d'Her-Bak se serre à cette vue.

1. Voir chap. XXIV.

« Les objets qu'il avait aimés, jamais Nadjar ne les touchera plus : ses doigts habiles sont liés sous des bandelettes ! Jamais il ne reviendra pour enseigner aux apprentis la connaissance acquise ! C'est le départ, où nul ami ne peut le suivre ; c'est la séparation impitoyable... Et tout homme en est menacé... Menacé ? Non point menacé, mais assuré ! Comment peut-on vivre joyeux en cette attente ?

FIG. 52. — *C'est le rôle des pleureuses...*

« Pourtant ses Frères qui m'entourent ne paraissent pas affectés : ils sont graves, mais leur visage n'exprime pas la douleur... »

Le cortège arrive au pied de la montagne où la déesse d'Occident les accueille devant sa chapelle ; puis on oblique en direction du Nord pour se diriger vers la tombe, malgré l'effort d'un serviteur qui s'agrippe aux cordes du traîneau pour le ramener vers le Sud [1].

Pendant tout le parcours, les prêtres funéraires protègent la momie par leurs encensements et leurs incantations. Les intimes et les parents redoublent leurs plaintes, et les pleureuses leurs lamentations. Seuls paraissent paisibles les

1. Cérémonies rituelles.

« Frères » de Nadjar qui prononcent à mi-voix les paroles rituelles.

Voici, devant la tombe, le moment du dernier adieu. Il faut abandonner aux prêtres funéraires le cercueil et l'effigie du mort, afin que s'accomplisse sur cette image le rite libérateur : l'ouverture de la bouche et des yeux, avant la descente au tombeau. Her-Bak, qui n'a vu que de loin le sacrifice de l'animal, n'est pas mieux placé pour suivre ce mystère ; ce qu'il en aperçoit le trouble comme une comédie :

« Ce n'est pas Nadjar mais son image, dont le prêtre effleure la bouche et les yeux avec une herminette, puis avec

FIG. 53. — *Ceux qui attendent l'eau de rajeunissement.*

un ciseau : comment ce simulacre peut-il rendre l'usage d'un organe ou d'un sens ?... »

On consacre les offrandes, on multiplie les onctions, fumigations et libations ; enfin des amis sont conviés à porter le cercueil pour entrer dans la tombe où se dérouleront les rites successifs dans les diverses phases symboliques. Her-Bak assiste du dehors à la formation du cortège conduit par les officiants. Il voit disparaître le cercueil, précédé par la grande pleureuse qui représente Isis, et suivi par Nephtys, la petite pleureuse. Et il ne comprend rien à tout ce symbolisme... rien, si ce n'est la séparation définitive !

Alors, le plus âgé des Maîtres menuisiers s'approcha de Her-Bak et lui dit :

— N'est-ce pas toi qui avais dessiné un lit à têtes d'ânes ? Pourquoi ne t'avons-nous pas revu parmi nous [1] ?

1. Voir chap. XXV.

L'émotion troubla le regard de l'ancien apprenti ; il répondit :

— Les Maîtres m'ont introduit dans le Temple, j'espérais y rencontrer Nadjar, mais hélas ! il est mort...

— Son corps est mort, mais son âme et son KA reviendront parmi nous.

— Je ne connais ni l'âme ni le KA !

Le vieillard regarda Her-Bak en silence. Puis il dit :

— Es-tu déjà reçu dans le Temple couvert ?

— Peut-être le serai-je bientôt.

— S'il en est ainsi, je comprends que l'on t'ait joint à nous pour assister aux funérailles ! Avais-tu déjà vu cette cérémonie ?

— C'est la première fois... et je n'y comprends rien.

— Je ne te l'expliquerai point, car je ne suis pas ton Maître ; c'est un grand enseignement, mais il faut savoir beaucoup de choses pour le comprendre ! D'ailleurs, les cérémonies ne sont pas les mêmes pour tous les cas.

— On ne fait pas toujours l'ouverture de la bouche ?

— Cela fait partie du rite essentiel ; mais les autres actes du rituel varient : les détails et le lieu du sacrifice animal peuvent changer ; il arrive qu'on simule l'entrée du défunt dans la peau d'un animal, afin qu'il y renaisse d'une nouvelle vie : c'est ce qu'on appelle le *tikenou*. Quelquefois, on conduit la momie dans la tombe sur une fausse barque, comme s'il s'agissait d'un voyage par eau.

Her-Bak demanda :

— Pourquoi pratiquer l'ouverture de la bouche sur la statue du mort ?

— Ce n'est pas toujours une statue : ce peut être l'effigie de sa momie, et souvent l'une et l'autre ; il peut même arriver qu'il n'y ait ni statue ni simulacre de momie ; chacune de ces différences répond au cas particulier du défunt, à sa nature, à son nom, à son état spirituel, ou à ce qu'il symbolise.

— Connaîtrai-je un jour l'explication de ces symboles ?

— Ce ne sont pas seulement des symboles : il intervient aussi l'action magique dans les gestes et les paroles. Il n'appartient qu'à toi d'apprendre à les connaître, mais je ne puis devancer l'instruction que tu dois recevoir en son temps et en son lieu. Hâte-toi de t'y préparer, ô néophyte, c'est le meilleur moyen de ne plus redouter la mort.

— Qu'est-ce que la mort ?

— Une transformation ; mais ma réponse ne vaut rien pour celui qui n'en connaît pas les éléments. Travaille mon enfant ; deviens tellement ferme que rien ne puisse te rebuter.

La réponse porta son fruit. Her-Bak se leva, il partit sans retourner la tête, et reprit son chemin vers l'Orient.

XLII

LA FEMME

Plusieurs lunes encore ayant accompli leur circuit, il advint qu'Her-Bak s'attarda chaque soir autour de la demeure d'un artisan. Non point que le novice fût curieux de son tissage, mais la femme et la fille, travaillant pour le temple de Mout, allaient et revenaient vers la tombée du jour. Or Pasab avait observé son élève ; un soir il sortit avec lui et le conduisit sur ce chemin.

Quand ces femmes vinrent à passer, Her-Bak ne put dissimuler son intérêt. La mère était belle en ses membres, plus que toute autre beauté ; la fille était laide et sans charme, mais son œil provoquant narguait l'admirateur. Pasab dit au novice :

— Pour laquelle des deux viens-tu ici chaque soir ?

Her-Bak se troubla :

— N'est-il pas naturel que le désir de l'homme se porte vers la femme ?

— Si cette femme est l'épouse d'un autre, elle sera châtiée, et pour toi se réalisera la parole : « Un petit moment qui a la durée d'un rêve... et la mort est la peine qui paie cette joie ! »

« Quant aux autres femmes, tu peux choisir entre toutes une épouse si tu veux prendre ton plaisir comme le font les hommes de la Terre ; alors, écoute ce qui est dit : " Si tu veux fonder un foyer, prends une femme pendant que tu es jeune pour qu'elle te donne un fils ; aime-la sincèrement ; revêts son dos, remplis son ventre ; rends joyeux son cœur toute sa vie ; c'est un champ profitable à son Maître. "

« Quant à l'homme qui veut connaître les secrets du *Neter,* il lui est d'abord demandé d'apprendre à maîtriser ses instincts animaux, afin de n'être point exposé à tomber dans les filets d'une femme : " Car la femme sait tendre des pièges, c'est une eau profonde dont on ne connaît pas les détours. " Celui qui est tombé dans un tel piège risque d'être parjure : il peut se perdre par sa langue. »

Le visage du novice s'assombrit :

— Ô Pasab, tout mon désir est tendu vers le Temple plus que vers toute autre chose ! Mais si l'âne devient trop fort en moi, que ferai-je [1] ? Si l'on m'interdit une joie, ne crains-tu pas que son envie m'obsède ?

— Voici le cas où tu dois décider si tu veux être Pois Chiche ou Her-Bak ! Le Maître ne t'a-t-il point dit qu'il y avait deux routes : l'une large, qui est celle de la foule ; l'autre fort étroite, qui mène à la Sagesse ? Entre ces deux tu as le libre choix.

Le novice ne répondit point.

La mère et la fille rentraient à la maison ; il les suivit des yeux, puis il parla :

— N'est-il pas à craindre que l'homme, privé de femme, devienne comme un guépard du Midi ?

Pasab se mit à rire :

— Ô novice, novice ! tu as besoin d'être instruit sur ce sujet ; écoute donc. L'animal se joint à sa femelle pour se reproduire, et la Nature fixe les temps du rut. L'homme n'est pas limité par ces temps parce qu'il a d'autres moyens pour provoquer ce rut ; ces moyens sont les artifices de l'imagination et les artifices de la séduction.

« L'erreur causée par « l'artifice » n'est point dans l'acte sexuel, mais dans l'illusion d'union qu'on y rattache ; car le jeu sexuel affirme la *dualisation,* alors que la Connaissance est confondement, donc *unification :* l'homme qui cherche la Connaissance doit donc éviter l'illusion qui l'éloignerait du chemin d'Union.

« Cette illusion est entretenue par la volonté de possession et l'artifice de séduction ; tout ceci est le jeu des hommes de la foule qui veulent la satisfaction. Or la femme, livrée à elle-même, veut la satisfaction et l'artifice, car cet artifice est le piège qui attire et captive le mâle. Et ceci est la déchéance de l'homme. »

— Ainsi tous les hommes subissent cette déchéance ?

1. Voir chap. XXI.

— Ce n'est pas une déchéance pour l'homme de la Terre, pas plus que pour l'animal ; beaucoup de prêtres ont une femme et des enfants ! La déchéance est pour celui qui, ayant entendu l'appel du *Neter,* sent la nécessité d'y répondre. Or j'ai reçu l'ordre de te parler comme à l'un de ceux-là.

— Ô Pasab, qu'en sais-tu ? J'ai commis quelques vilenies...

— Si tu déchois, c'est ton affaire ; nous devons te montrer ta signature.

— Mais les prêtres n'ont-ils pas entendu l'appel du *Neter.*

— Les prêtres exercent les diverses fonctions du Temple ; ces fonctions se rapportent à leur nature et à leurs aptitudes. Indépendante de tout cela est la sagesse personnelle, ou maîtrise, qui mène à la Connaissance.

« L'appel du *Neter* est celui qui oblige un être à chercher le chemin étroit de cette sagesse. Peu d'hommes y sont appelés, très peu le suivent en vérité. »

Her-Bak écoutait ces paroles ; la surprise agrandissait ses yeux ; il dit à Pasab :

— Pour être de ceux-là, il faut trouver la force de mâter ses instincts !

— Que ton cœur ne s'en inquiète point ; le disciple de la Sagesse n'est pas condamné à refuser l'appel de la vie, mais il y répondra par un autre moyen.

— Tu es mon Maître en ce moment : ne peux-tu m'enseigner ce moyen ?

— Certes non ! Ce n'est pas mon affaire ; mais ceux qui nous dirigent connaissent le cœur humain : ils ont formé des femmes qui sont des auxiliaires de nos temples. Ces femmes ne tendent point de pièges, elles ne cherchent jamais à capter le cœur des hommes ; elles ont accepté de « servir » pour le *Neter.* Le disciple peut trouver avec elles les instants de vie nécessaires, d'une vie qui n'est pas une mort ; car il ne s'agit point d'étouffer cette ardeur : il faut au contraire l'accroître... mais dans une autre direction.

« Ô novice, écoute-moi : un Feu vivant anime l'homme ; un feu sexuel le reproduit ; ces deux feux sont un Feu unique dans sa source. Il est possible à l'homme de l'épuiser pour son plaisir, ou de le sublimer en force divine.

« Voici ce que tu devais savoir aujourd'hui pour ne point commettre d'erreur néfaste. »

Her-Bak commençait à se rasséréner, percevant une solution au problème qui l'obsédait ; son soulagement s'exprima en un profond soupir :

— Ô Pasab, les Maîtres ont donc pensé à tout ?

Pasab ne répondit point : il riait.

Mais l'élève gardait un air grave. Il murmura :

— Mais qui me dira si c'est l'appel du *Neter* que j'ai entendu ? Est-ce que je connais le *Neter* ?...

XLIII

LITANIE

Dans l'avant-porche de la chapelle Hathorienne, on pénètre sans bruit, et chacun prend sa place dans la pénombre... et l'ambiance absorbe chacun, le noyant dans la brume extatique

où les choses perdent leur nom,

où toute volonté se dissout dans l'indifférence ou la sérénité...

où l'oreille subit l'enchantement et la narine l'envoûtement...

Atmosphère alourdie de nuages d'encens...

Bustes se balançant comme épis sous le vent, cédant sans résistance au rythme enveloppant...

Sonorités dansantes et chuintantes des sistres...

Tambour qui bourdonne et résonne en voix sourde...

Harpes vibrantes, aux vibrations montantes, s'épuisant en rebondissant aux plus lointaines harmoniques ;

Ondes sonores, élargissant de sphère en sphère l'appel fervent ;

Murmures murmurant les hymnes monotones ;

Tout ce bruissement, qu'un rythme coordonne, émeut en sympathie la Maîtresse des sphères.

« Elle entend, la Face divine :
Elle répond, la Donatrice,
la dispensatrice des grâces ;
Mère des Dieux, Hathor, Maison d'Horus,
Maison dorée, vase de Lumière,
Maison du Ciel et de la Face,
Mère d'amour et d'Harmonie.
En elle vit Maât, miroir de Justice
et siège de Sagesse ;

Mère du Ciel terrestre,
Matrice de l'Homme divin.
Elle est Une,
elle est double, car elle est
deux en une...
Elle est mère sans enfanter,
car elle est la matrice de l'Origine
qu'elle amène à sa dernière fin.
Unie dès le Commencement avec son créateur,
elle est le Milieu, l'Équilibre,
et l'Accomplissement.
Ô Maât, fille de Râ ! Râ seigneur de Maât !
Ô Râ vivant en Maât ! Ô Râ qu'attire Maât !
Ô Râ qui s'accroît en Maât ! Ô Râ glorifié en Maât !
Ô Râ nourri par Maât ! Ô Râ affermi par Maât !
Ô Râ qu'illumine Maât ! Ô Râ conjoint en Maât !
Maât conjointe de Râ dès son commencement !... »

Her-Bak est empoigné par la magie des litanies ; il ne pense pas ; il évoque... Il n'entend pas : il vibre en harmonie avec l'atmosphère vibrante ; la psalmodie le plonge dans une euphorie qui le dilate au-delà de ses propres frontières. Il vogue, il plane, il se laisse emporter par l'ivresse extatique... jusqu'au déclin, habilement gradué, des résonances.

A l'exaltation succède la frénésie. Her-Bak frémit d'ardeur, il se sent capable de choses immenses... et vagues ; point de limites à ses aptitudes ! Pas de frein aux espoirs grandioses ! Il rêve dans l'impondérable, il s'exalte, il se perd en projets nuageux... qui s'effritent péniblement quand il se retrouve « sur terre », dans le silence !

***

Au soir de ce jour-là, le novice dit à Pasab :

— Cette heure merveilleuse m'a transformé ; j'étais heureux, j'étais ailleurs ; je me sentais puissant, léger, comme si je m'élevais dans le Ciel...

— Ne sais-tu pas qu'il est écrit : « Le chant, la danse et l'encens sont la nourriture du *Neter ?* »

— Ô Pasab, pourquoi ne pas l'ordonner comme devoir quotidien ?

— Chaque chose, répondit Pasab, se fait aux jours et aux heures favorables.

⁂

La nature ardente d'Her-Bak se nourrit d'une nouvelle passion ; l'exaltation qu'il a connue, il la recherche, il l'attend ; à toute heure du jour, l'ivresse du rythme l'appelle. Il frémit d'impatience lorsque ses professeurs prolongent les leçons, par crainte de manquer l'occasion... Et cependant chaque séance le laisse plus rêveur, plus déçu de l'existence monotone. Le travail lui paraît fastidieux ; l'élève actif devient mélancolique.

Pasab lui en fait le reproche :

— Écolier, qu'arrive-t-il de ta bonne renommée ? Ton zèle s'est refroidi quant à l'étude ! Voici trois décades que tu ne fais plus rien. Tes yeux sont pleins de rêve. « Il est sourd à ce qu'il entend, il passe, oublieux de ce qu'on lui signale... » Voilà ce que disent tes instructeurs.

Her-Bak répliqua sans s'émouvoir :

— Trois décades, est-ce beaucoup ? Voici douze mois que je suis dans le Péristyle, douze mois que j'étudie ce que tout le monde peut savoir ! N'est-ce pas assez de temps passé sur cela ? Un lion en cage ne perd-il pas sa force ? C'est une cage pour le cœur que la pensée stérile !

— Sont-elles stériles, les leçons de tes professeurs ?

— Ce qui ne donne point de vie en enlève ; je cherche la vie.

— Et qu'en est-il de ta recherche ?

— J'ai trouvé le moyen de sortir de ma cage : pendant les psalmodies je m'évade, je suis libre, je suis vivant.

— Cependant, au sortir de ce rêve tu deviens morose, inactif ; tu perds le goût du travail.

— Tout est fade à côté de cette vie intense.

— La vie n'est pas un rêve : c'est une œuvre.

— L'étude ne m'a pas donné cette joie, cette satisfaction !

— Satisfaction est plaisir d'animal : ce n'est pas joie du cœur ; la joie véritable est fruit de délivrance d'un esclavage.

— Ô Pasab, c'est excellent : c'est l'effet de la psalmodie.

— Ne te laisse pas dévier ; tu es à la merci d'un nouvel esclavage : la psalmodie t'obsède ! En dehors d'elle tu es inerte, et ton âme n'habite plus ton corps : c'est l'erreur.

— C'est parfait, si mon âme rencontre le *Neter !*

— Tu ne peux le trouver qu'en toi-même ; ô novice, ne suis pas le chemin d'illusion ! La joie véritable et la Vie sont des forces actives qui décuplent la puissance et le goût du labeur, au lieu de les amoindrir ; tu peux chercher les *Neter* dans la plante et dans l'animal, si tu trouves en toi-même leurs correspondances ; tu ne les trouveras jamais dans les nuages.

— Pourquoi, dans ce cas, est-il écrit que la danse et le chant sont la nourriture du *Neter ?*

— Ils le sont si ton *Neter* est éveillé en toi ; sinon c'est la grande illusion !

— Qu'est-ce que le *Neter ?*...

XLIV

LA NUIT DU NETER

Elle recommença, la vie de chaque jour, telle que l'écolier la connaissait avant la première psalmodie ; car il ne voulait point que soient portées des plaintes contre lui. Il travailla plus que tout autre pour compenser le temps perdu ; mais son cœur était insatisfait.

Un jour qu'il était plus triste que de coutume, Pasab le conduisit devant la chapelle Hathorienne.

— Ici, lui dit-il, tu as connu la puissance du rythme et la magie du son ; l'homme avisé s'en sert pour « entendre » le Verbe ; l'ignorant se laisse emporter dans l'illusion : c'est ce que tu as fait. En renonçant à ton erreur tu as posé le pied sur le seuil d'une porte : es-tu prêt à forcer le passage ?

La face du novice s'éclaira, il répondit sans hésiter :

— Rien ne me sera dur pour entrer dans le Temple intérieur !

Pasab dit gravement :

— C'est ce que l'on verra. Sache bien ceci : aucun artifice n'ouvrira cette porte ; ton savoir et ton habileté ne te seront d'aucun secours. Mais Anubis peut frayer le chemin.

— Comment Anubis agirait-il pour moi ?

— N'est-il pas la force qui sélectionne l'indestructible en éliminant ce qui est destructible ? Cependant, c'est toi qui joueras le rôle d'Anubis : il n'est point de *Neter* qui puisse intervenir... sauf un seul que tu dois reconnaître.

« Tu seras introduit, ce soir, dans un lieu secret pour y passer la nuit, sans dormir, jusqu'à l'aube. »

— Que devrai-je y faire ?

— Ce que ton cœur te commandera.

— Qu'arrivera-t-il ?

— Ce que ton destin décidera. L'épreuve sera définitive ; tu peux la refuser si tu doutes que l'heure soit venue.

Her-Bak s'entretint longtemps avec lui-même, mesurant sa force et son désir ; puis il dit :

— Qu'ai-je à redouter, sinon de laisser passer l'heure ?... J'irai où l'on me conduira.

Pasab le renvoya dans sa demeure :

— Va, repose jusqu'à la fin du jour sans prendre aucune nourriture.

⁂

On approchait de la nouvelle lune ; lorsque la nuit effaça toute forme sur la terre, un prêtre vint chercher le novice.

Le mystère et l'obscurité du trajet parcouru accrurent son angoisse. Après mille détours on aboutit enfin. Un gardien veillait près d'une porte basse qui s'ouvrit devant eux ; un long couloir étroit... puis une lourde porte au verrou compliqué.

Le prêtre manœuvra le verrou ; il poussa le novice dans une chambre de pierre aux murs couverts de hiéroglyphes. Sur un support très bas, une coupe remplie d'huile ; la flamme de la mèche éclaire faiblement un naos adossé au mur. Le novice ose à peine lever les yeux ; le prêtre dit :

— Le *Neter* est dans son naos ; tu dois passer la nuit, seul, devant sa Face ; puisse-t-il daigner manifester sa présence !

Her-Bak pressentait l'importance de l'épreuve qui l'attendait.

— Que dois-je faire ? demanda-t-il.

— Implorer le *Neter*, essayer d'obtenir qu'il se révèle à toi.

— Comment puis-je parler au *Neter ?*... Que lui dirai-je ?

— Tout ce que tu désires, tout ce que tu ressens ; tu parleras à haute voix, par respect pour le dieu ; tu ne t'approcheras d'aucun mur, tu ne chercheras point à en lire les textes.

Le prêtre prit un vase sur la sellette :

— Bois ce vin qui est une offrande du *Neter*, afin que le sommeil n'appesantisse pas tes paupières.

L'ayant bu, le novice se trouva réconforté.

Le prêtre s'approcha du naos ; c'était un coffre clos, un peu plus grand que lui ; deux petits vantaux fermaient à mi-hauteur la partie supérieure ; il les ouvrit : la lueur jaunâtre éclaira la face de Ptah ; il fit faire à Her-Bak le geste d'adoration, puis il sortit laissant le néophyte en tête à tête avec le dieu.

***

Her-Bak entend le verrou se fermer ; il est seul… Et voici que soudain il en doute ; ses yeux s'habituant à la pénombre, il regarde le sol dallé : point de puits, point de trappe ; mais la pierre est usée sous ses pieds. Combien d'hommes s'y sont prosternés ?… Son regard fouille chaque mur, chaque coin : aucune fissure apparente ; au plafond une étroite ouverture où scintille une étoile. On lui a défendu de déchiffrer les murs : on n'a pas défendu de regarder le dieu… Il s'approche timidement ; la statue de pierre occupe à peu près le vide du naos : un homme ne pourrait pas s'y cacher ! Rien d'autre dans la chambre, que la sellette à offrandes, et le dieu, et lui-même…

Le *Neter* et lui-même !… Le *Neter* ou sa statue ?

Alors il se souvient de sa promesse, il répète à voix haute :

— Le *Neter*, et moi-même…

Comme il est difficile de parler pour le vide ! Il achève péniblement :

— Le *Neter ?* Ou sa statue ?

Les mots sortent avec effort, il ne reconnaît plus sa voix ; jamais il ne pourra prononcer ses pensées ! Il veut obéir, il essaie :

— Jamais je ne pourrai prononcer…

La pensée, exprimée à voix haute, revient à lui comme un écho ; il se trouble :

— Jamais je ne pourrai… jamais je ne pourrai…

Sa gorge se contracte. Exaspéré, il s'assied sur le sol, il bouche ses oreilles pour ne plus entendre sa voix, il crie :

— À quoi sert ma colère ? Je veux forcer la porte ! Pour m'habituer, je dirai quelque litanie.

Il retrouve les phrases d'une psalmodie ; il oblige sa bouche à scander les paroles…

Et voici : peu à peu le rythme égalise sa voix, il se familiarise avec la résonance… Le trouble se dissipe. Alors il arrête la litanie, il s'exprime sans réticence :

— J'ai délié ma langue, est-ce une victoire ? Que dirai-je au *Neter ?* Ce que je désire ? Je ne sais pas ; je suis fâché de ne rien ressentir… Sans doute est-ce un grand honneur de veiller devant un naos : suis-je indigne ? Je ne sens pas la présence d'un *Neter !* Est-il donc en cette statue ? Y a-t-il une vie en elle ?… Dis-moi qui tu es ! *Y a-t-il une vie en toi ?*

Son audace lui donne un frisson : il cherche sur la face du dieu une trace de réaction. La flamme qui vacille anime l'image de pierre… Il épie, anxieux…

— Quel éclair a jailli des yeux ? Un reflet !... La bouche s'est-elle entrouverte ?... Quel est ce bruit ? L'aile d'une chauve-souris !... Et cette ombre sur le naos ? C'est celle de mon bras !

Un malaise l'agite ; son attention exacerbée amplifie le moindre mouvement. Le lumignon flamboie comme une torche ; la pénombre se peuple de formations étranges. Et la pire menace, tapie dans le coin sombre...

Son imagination divague ; sa peur attire son regard vers la fente d'en haut :

— Quelle figure menaçante va paraître dans l'ouverture ?

Il la crée, il la forme... L'épouvante le paralyse et l'oblige à attendre la « chose »... qui ne vient pas.

— Quoi que ce soit qui me menace, que cela vienne !... pour que ma crainte ne soit pas celle d'un lâche, pour que ma frayeur ait une cause !

Il attend, à l'affût du moindre phénomène, tous les sens en alerte ; il n'ose remuer, pour ne pas provoquer la « chose »... Mais le temps passe... et rien ne vient.

— Mais ma peur, d'où vient-elle ? Qu'ai-je donc à redouter ? Quel danger serait plus intolérable que la crainte ?...

Il s'adresse au *Neter :*

— Si tu es Dieu vivant, tu me protèges ; si tu ne l'es point, que peux-tu contre moi ? Pourquoi m'a-t-on conduit en ta présence ? Pour obtenir une faveur ? Que peux-tu pour moi ?

« Ce que je veux, c'est connaître le vrai *Neter :* es-tu son image ?

« Il y a tant d'images...

« Statue divine, es-tu divine ?...

« J'obéis, je te parle, et tu ne réponds rien...

« Comment répondrais-tu ? ta bouche est de pierre, tes oreilles de pierre ! Cependant les Sages s'inclinent devant toi, ils te nomment Créateur du Monde !

« *Neter* tout-puissant, où es-tu ? Si tu es un homme, tu vis sur terre : quel homme t'a connu ?... Si tu ne l'es pas, pourquoi t'en donner l'apparence ? »

Her-Bak s'est laissé tomber sur ses genoux ; assis sur ses talons, les mains tendues vers le naos, il implore :

— Si tu as un visage, des pieds, des mains, tu peux mourir comme moi : je veux un Dieu qui ne puisse pas mourir !... Si je t'adore ici, j'adore quelque chose qui me ressemble ! Moi je ne suis pas puissant, je ne suis pas bon : je veux un Dieu qui soit meilleur que tout au monde...

« À quoi sert de vouloir ? Je ne changerai rien à ce qui est... *Qu'est-ce qui est ?* »

***

Le menton dans les mains, il réfléchit profondément... Dans le vague il se perd : il fuit le vague, et sa plus grande « profondeur » le conduit en lui-même ; il entend les battements de son cœur, et ceci lui est un point d'appui :

— Ceci *est,* mon cœur *est ;* après ? Je ne sais rien !

« Toi, je ne te connais pas ! Que tu sois dans la pierre, dans la terre, dans le ciel, si tu es Dieu tu connais tout : réponds-moi ! Si tu es tout-puissant, pourquoi m'as-tu donné des yeux qui ne peuvent pas te voir ? Pourquoi m'as-tu fait ignorant ?

« Pourquoi permettre des images qui sont moins vraies que moi ? Moi, je pense, je parle, je souffre, mon cœur est plus vivant que ta statue : pourquoi devrai-je l'adorer ? J'ai droit de le savoir puisqu'on m'agenouille devant elle ! Qu'est-ce qui est sacré en elle ?... *Qu'est-ce qui est sacré dans le monde ?*

« Pourquoi me suis-je agenouillé ? Est-ce pour Toi ? Est-ce pour elle ? Es-tu elle ?... Est-ce que je crois en elle ?... Est-ce que je crois en Toi ? »

Her-Bak, frémissant d'angoisse, s'est relevé. Les poings serrés, il fixe la statue, il la dévisage, il la provoque, il l'adjure, il défie son mutisme :

— Parle ! Révèle-toi ! Je renie ton image ! Je veux le *Neter* véritable !

Il s'approche... et, dans un désir obscur de détruire son doute, il crache au visage du dieu !

***

Un silence absolu succède à la tempête. La réaction secoue Her-Bak en tous ses membres. Il tremble, il regarde la face impassible de Ptah...

Et soudain il éclate en sanglots ; il tourne le dos au naos, il se prosterne, le front contre le sol, il s'écrie :

— Toi je t'adore, *Neter* du monde, contre qui l'on ne peut pas cracher ! Oh ! révèle à mon cœur ta vraie Face ; je t'appelle !...

— Bien, mon fils !

Her-Bak sursaute au son de la voix connue ; il se relève sur ses genoux : le Sage est devant lui.

— Ô Maître, j'ai...

Le Sage l'interrompt :

— Je sais ce que tu as fait.

« Le *Neter* que tu cherches est en toi ! Tu es son vrai Temple. Mais pour le savoir, il fallait oser renier tout ce qui n'est pas Sa Réalité. Il fallait discerner ce qui est destructible et ce qui ne l'est point.

« L'image est destructible, cependant peu d'hommes peuvent s'en passer ; elle est sacrée pour ceux qui lui accordent leur foi. Pour ceux-là nous la rendons plus efficace

FIG. 54. — *Oupouat « l'ouvreur des chemins ».*

par un influx magique, parce qu'il faut aider l'homme selon la qualité de sa recherche ; la réaction de la foule n'est pas celle de l'homme conscient. Heureux celui qui renonce aux satisfactions de l'apparence pour trouver l'Absolu ! »

— Moi je ne sais pas encore ce que je cherche : je voudrais le « vrai »...

— Cela suffit. Her-Bak, le chemin est ouvert devant toi, le chemin du Temple couvert où toutes questions trouveront leurs réponses... si tu es agréé par les Maîtres de Sagesse. Mais avant de subir leur examen, tu devras affronter l'œil perçant du Pharaon V. S. F., car je suis responsable de toi devant Sa Majesté.

« Cet honneur qui t'est fait, qu'éveille-t-il en toi : la joie ou la frayeur ? »

— Mon Maître attend-il vraiment une réponse ?... Je ne sais rien du Pharaon, et pourquoi mon cœur tremblerait-il devant un homme ?

Le Sage sourit ; il sortit, abandonnant Her-Bak à son incertitude. Quand il revint, il était accompagné de Pasab. Il dit au néophyte :

— Remercie ton professeur de t'avoir amené jusqu'ici, car tu quittes aujourd'hui le Péristyle. Et toi, Pasab, remercie ton élève de t'avoir écouté, car tu entres aujourd'hui dans le Temple intérieur ; ton nom n'est plus Pasab : tu deviens Oupouat [1].

Élève et professeur, confondus dans la joie, baisent les pieds du Maître ; mais la joie de l'élève est une exubérance, le triomphe inespéré d'un beau rêve ; la joie de l'homme mûr a l'anxiété grave qu'inspire un dramatique inconnu : quel problème nouveau surgira de l'autre côté du seuil ?...

Et le novice tremble en songeant à l'échec possible de l'examen. Et l'instructeur s'affermit, devant la perspective d'un fructueux combat.

1. Oupouat : ouvreur des chemins. C'est une des formes d'Anubis.

XLV

PHARAON

— Est-ce ici le palais d'un roi, ô mon Maître ? Ces couloirs si étroits, ces chambres sans apparat...

— ... sont la Grande-Maison du Pharaon V. S. F. et la place du trône de Sa Majesté !

La voix basse du Sage répond à la voix étouffée d'Her-Bak. La présence des gardes, la pénombre, l'attente, enfièvrent le disciple ; les questions se pressent, entrecoupées.

— Quel contraste avec la splendeur de nos temples !...

— Temple et ciel, Pharaon et *Neter*, tout est proportionné.

— N'est-il pas le Maître puissant des Deux-Terres ?

— Tout le royaume est son palais ; les cœurs de ses sujets sont ses lieux de repos.

— Je ne le connais point : que lui dirai-je ?

— Tu dois manifester ta frayeur devant Lui.

— Je n'ai pas de frayeur !

— Tu devras t'effondrer dans la crainte de Sa présence.

— Je ne pourrai pas simuler ce que je n'éprouve point !

— Tu le devras, parce que tel est le rite du respect.

— Pharaon est un homme !...

— C'est *l'Homme* royal, l'Homme sacré par le *Neter !*

— Ô mon Maître, emmène-moi ! Ne me laisse pas approcher Celui devant lequel je ne pourrai point trembler !

Un remous dans la chambre d'attente... Dix hommes du palais s'avancent, les entourent, s'inclinent devant le Sage et le précèdent, poussant devant eux le disciple jusqu'à la salle d'audience. Des introducteurs le saisissent, l'agenouillent : et voici qu'Her-Bak, malgré lui, flaire la terre devant la porte redoutable.

On le relève, on l'empoigne, on l'entraîne... Mais il n'a pas besoin de simuler la crainte : la stupeur le saisit, un tremblement secoue son corps, ses yeux sont aveuglés, tous ses membres défaillent... et c'est un homme sans connaissance qu'on jette sur son ventre au pied de l'estrade du trône !

Le choc de son front sur la dalle ranime sa conscience. Il entrouvre les yeux sans oser élever son regard au-dessus de la marche dorée. Le Sage, prosterné, s'est redressé pour présenter au Pharaon son disciple effondré.

Et Sa Majesté dit :

— Qu'il se lève et qu'il me parle !

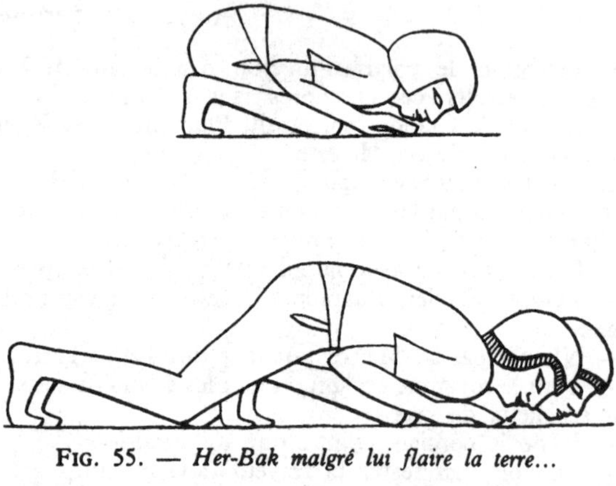

FIG. 55. — *Her-Bak malgré lui flaire la terre...*

Sous la main de son Maître, Her-Bak reprend courage et essaie d'obéir. Les yeux clos, il évoque en lui-même la royale image somptueusement parée de ses costumes d'apparat, les coiffures imposantes, le pagne et la ceinture ruisselants de pierreries, les colliers, pendentifs et bijoux magnifiques... La voix de Pharaon le sort de sa torpeur :

— Ne sois pas silencieux, Her-Bak ! Ne sois pas silencieux !...

C'est un ordre ! Il se soulève, il gravit du regard, un à un, les degrés de l'estrade ; il voit les pieds ouvragés d'or du trône étincelant... et, sur ce trône, la robe simple du Pharaon, presque aussi simple que celle de son Maître ! Un collier, deux bracelets et l'uraeus frontale sont toute sa parure.

Le sourire railleur de la Face royale ranime, comme un fouet, la fierté d'Her-Bak qui prononce avec effort quelques paroles :

— Ô Maître de la Terre entière, le serviteur-ici-présent est surpris par Ta Majesté... il ne sait que dire ni que faire...

Le Roi rit, déchaînant le rire des courtisans. Il dit :

— Ce serviteur-ici-présent n'est pas toujours aussi embarrassé ! Ma Majesté le connaît, car Elle sonde les cœurs des bons comme des mauvais ! Ne t'ai-je point vu, Pois Chiche, sur le marché, portant comme une canne un grand sceptre *ouas* ?...

« Ne t'ai-je point vu au jardin de Menkh, faisant arroser le scribe par le singe ?...

« Ne t'ai-je pas vu, Her-Bak, dans le bouge où tu t'es enivré parmi les matelots [1] ?... »

Le rire du Pharaon et de ses familiers met le comble à la confusion du disciple, mais il n'en laisse rien paraître. Debout devant son Souverain, il tente d'effacer sa défaillance ; il affermit sa voix pour déclarer :

— Ta Majesté connaît ce qu'Elle désire et fait ce qui Lui plaît... Sa puissance est si grande qu'Elle a brisé l'insolence du serviteur-ici-présent et rempli tous ses membres d'une frayeur qui n'a pas été feinte !

Bravade ou innocence ?... On guette sur la Face impassible un signe de courroux pour chasser l'impudent. Le silence royal ferme toutes les bouches. Sous l'uraeus frontale, les sourcils contractés abritent un regard pénétrant... Les yeux fixant les yeux, Souverain et sujet se dévisagent... Un frisson contagieux passe dans l'assistance...

Sans baisser les paupières, Her-Bak, lentement, tombe sur ses genoux. Pharaon se penche vers le disciple.

— Her-Bak, sais-tu mentir ?

Dans le silence général, la réponse monte comme un défi :

Que Ta Majesté me pardonne : pas encore !

Le scandale n'attend qu'un geste pour éclater...

Pharaon se retourne, et fixe, tour à tour, chacun des courtisans.

— Lequel d'entre vous se chargera de lui apprendre ?

Un seul mot, un seul geste de la main royale : le scandale se retire, entraînant à sa suite les assistants stupéfaits.

1. Voir chap. XXIII, XVI, XXXVII.

*
**

La salle est vide autour du trône, du Maître, et du disciple agenouillé.

Pharaon s'est levé ; il descend les degrés, il embrasse le Sage et lui offre un fauteuil à côté de son trône.

Mais le Sage se penche : sa main s'appesantit sur la tête de son disciple et le prosterne devant le trône vide. Sa voix ordonne, impérieuse et solennelle :

— Et maintenant, Her-Bak, flaire la terre sur les pas de Sa Majesté ! Vénère à genoux la « Présence ». Ton orgueil confond la forme et la Réalité...

« La Présence est une Lumière que le corps voile de son ombre ; la bêtise humaine juge l'ombre et perd le sens de la Présence, seule puissance souveraine !

« Ce trône est le sommet du Pouvoir sur la Terre ; l'or qui le couvre est la perfection des richesses de la Terre. L'homme de la Terre s'agenouille devant cet or... L'homme « vivant » laisse la forme, mais il vénère les dons du Ciel déversés sur le trône et sur la Personne royale.

« Car le Ciel est aussi nécessaire au Roi que le Roi nécessaire à la Terre : par la force du Ciel, Sa Majesté est *sou* [1], Lui, la Personne, type royal de la personne humaine.

« Par la vertu du Ciel, Elle accumule et renouvelle *ankh* [2], la puissance de Vie individualisée.

« Par le Ciel, Elle reçoit cette surabondance qui rend le Roi *oudja* [3] pour le Royaume, qui fait de Lui le pourvoyeur des pauvres, le grenier pour les affamés, la subsistance de toutes les bouches, et le rassasiement des cœurs.

« Par le Ciel, Il devient *snb* [4], sain dans son corps vitalisé par l'union de son KA, Maître équilibré comme l'or de Maât.

« Sa Majesté *(hem)* est la matrice *(hem.t)* qui geste l'évolution de ses sujets.

« Elle est le gouvernail *(hemou)* qui modifie la direction.

« Elle est le ferment de son peuple, Elle est le sel de son Royaume. »

Pharaon s'avança, il releva le disciple dont le visage était baigné de larmes ; il posa familièrement la main sur son épaule et il lui dit :

1. *Sou,* pronom égyptien : masculin 3ᵉ personne : « lui ».
2. Voir *Her-Bak Disciple, Commentaire* VII, § 5
3. *Oudja :* surabondance de puissance vitale.
4. La formule *ankh-oudja-seneb* (vie, santé, force, abrégée en V. S. F.) suit souvent le nom du Pharaon. Voir signes 49, Pl. II

— Oui, Her-Bak, Ma Majesté est tout cela... si Elle est vraiment l'esclave *(hem)* des *hepou* [1] *!* Mais celui qui connaît les *hepou*, le voici :

Il s'inclina devant le Sage, il prit sa main, il la referma sur celle du disciple et il dit :

— Il est la voix juste de Thot, il est le « prophète-canal » de Maât ; il est « Celui-qui-sait », il est le Maître... Tu es heureux, toi Her-Bak : tu ne seras jamais roi ! Tu peux te libérer de l'esclavage de la Terre ; ton royaume sera supérieur au mien... si tu suis son chemin !

1. *Hepou* = lois universelles

PLANCHES

I A VI

1	hehe = *h h*	17	àrt = *à r t*	33	ren = *r n*
2	a à (ou) *a i*	18	chert = *ch r t*	34	nedj = *n dj*
3	à a (ou) *i a*	19	r (ou) ra = *r*	35	enty = *n t y*
4	medou = *m d ou*	20	mesdjer = *m s djr*	36	àn = *à n*
5	à b (ou) *i b*	21	chou = chou	37	ner = *n r*
6	sab = *s a b*	22		38	nefer = *n f r*
7	ouâb = *ou â b*	23	Ptah = *p t h*	39	qed = *q d*
8	ouâb	24	hotep = *h t p*	40	neter = *n t r*
9	ouâb	25	âcha = *â ch a*	41	âa = *â a*
10	àb (ou) ib	26	châ = *ch â*	42	our = *ou r*
11	nou = *n ou*			43	sout = *s ou t*
12	pt (ou) hry			44	sa (ou) za = *s a*
13	sba = *s b a*			45	saa = *s a a*
14	meh = *m h*			46	sa = *s a*
15	àbed (ou) ibed = *à b d*	31	senedj = *s n dj*	47	sa = *s a*
16	her = *h r*	32	chen = *ch n*	48	sep = *s p*

Pl. I

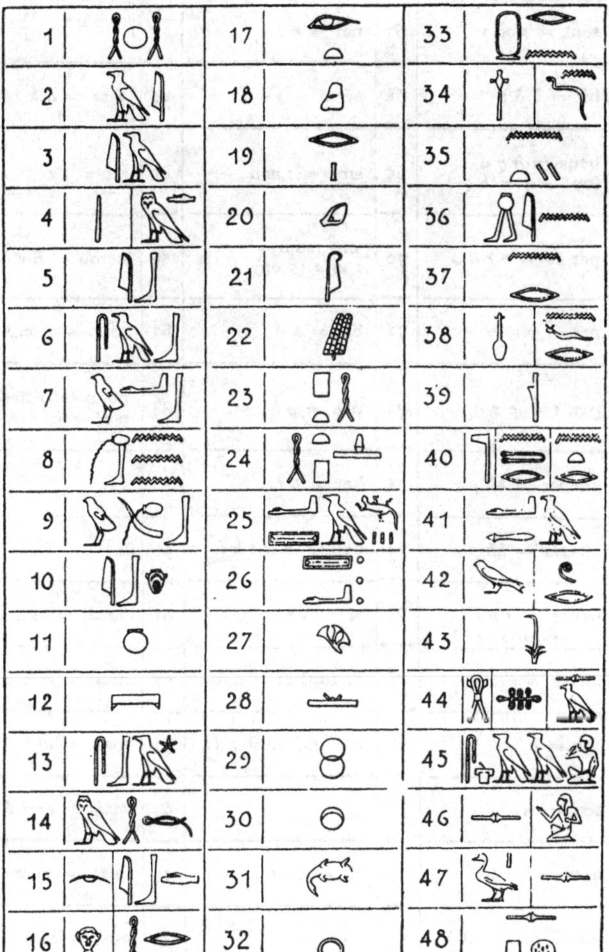
1
2
3
4
5
6
7
8
9
10
11
12
13
14
15
16
17
18
19
20
21
22
23
24
25
26
27
28
29
30
31
32
33
34
35
36
37
38
39
40
41
42
43
44
45
46
47
48

49	ânkh oudja seneb = ânkh oudja *s (n b)*	65	tep = *t p*		
50	seneb = *s n b*	66	àten = *à t n*	82	nou = *n ou*
51	sout = *s ou t*	67	nef = *n f*		
52	bit = *b à t*	68	senef = *s n f*	84	aker = *a k r*
53	heqa = *h q a* (ou) heq = *h q*	69	sma = *s m a*	85	ter = *t r*
54	per âa = *p r â a*	70	sma taoui = *s m a ta ouy*	86	herou = *h r ou*
55	per = *p r*	71	hat = *h a t*	87	rouh = *r ou h*
56	per. t = *p r t*	72	peh = *p h*	88	noub (ou) neb = *n b*
57	kheper = *kh p r*	73	her = *h r*	89	r h
58	kheper = *kh p r*	74	hathor = *h t h r*	90	hr
59	neper = *n p r*	75	àr = *à r*	91	ouadj = *ou a dj*
60	imyra = *i m y r*	76	dà (ou) di = *d à*	92	maât = *m a â t*
61	nes = *n s*	77	rdà (ou) rdi = *r d i*	93	maât = *m a â t*
62	sen = *s n*			94	maât = *m a â t*
63	hery = *h r y*	79	ais = *a i s*	95	ouast = *ou a s. t*
64	pet = *p t*	80	sia = *s i a*	96	ouas = *ou a s*

Pl. II

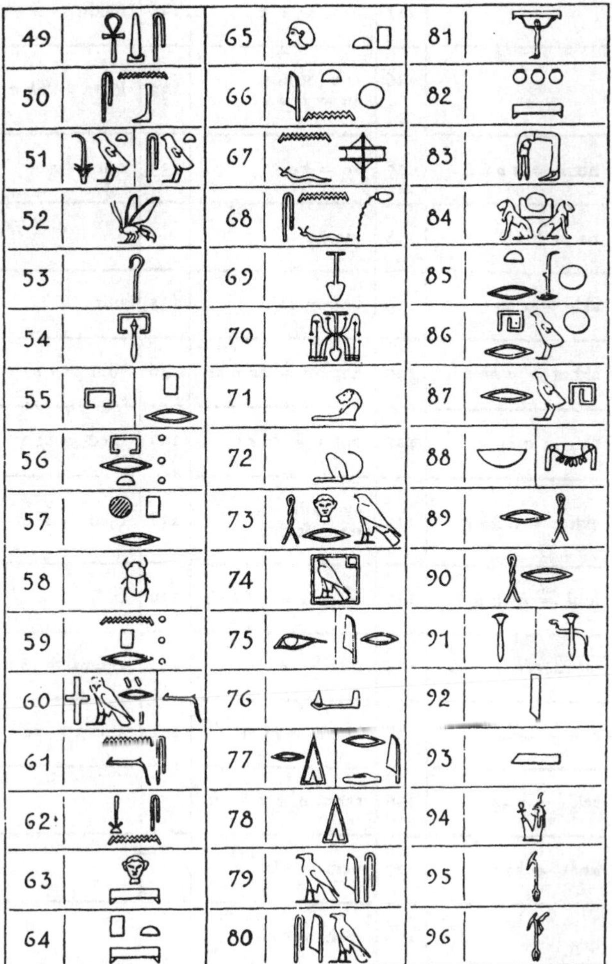
49
50
51
52
53
54
55
56
57
58
59
60
61
62
63
64
65
66
67
68
69
70
71
72
73
74
75
76
77
78
79
80
81
82
83
84
85
86
87
88
89
90
91
92
93
94
95
96

L. Lamy

				129	ânkh = *â n kh*
		114	mes = *m s*	130	oudja
		115	hem = *h m*	131	nekht = *n kh t*
		116	*ioin* (ou) *àn.* àn = *à n*	132	khen = *kh n*
101	bit = *b à t*	117	ka = *k a*	133	out = *ou t*
102	ba = *b a*	118	meska		
103	akh = *a kh*	119	ouâ = *ou â*	135	out
104	akhet = *a kh t*	120	khnem = *kh n m*	136	tout = *t ou t*
105	akh = *a kh*	121	ouser = *ou s r*	137	djed = *dj d*
106	akhet = *a kh t*	122	symbole de Sefekht	138	djed = *dj d*
107	iouà = *à ou â*	123	sefekht = *s f kh t*	139	tt
108	iaaou = *à a a ou*	124	mer = *m r*	140	chems = *ch m s*
109	aou = *a ou*	125	khem = *kh m*	141	kherp = *kh r p*
110	rekh = *r kh*	126	sekhem = *s kh m*		
111	kher = *kh r*	127	hem = *h m*		
		128	tekh = *t kh*		

Pl. III

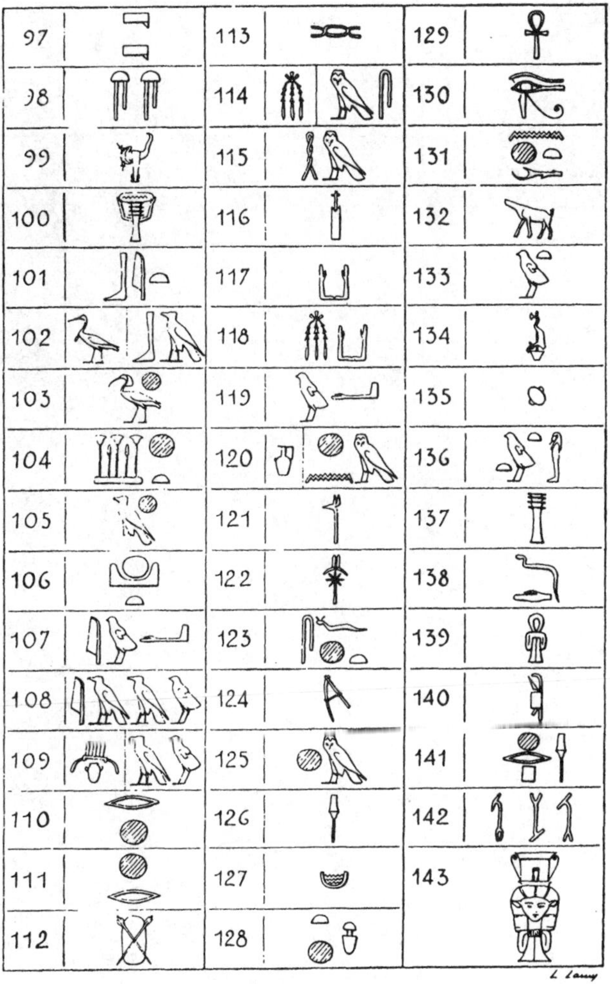
97
98
99
100
101
102
103
104
105
106
107
108
109
110
111
112
113
114
115
116
117
118
119
120
121
122
123
124
125
126
127
128
129
130
131
132
133
134
135
136
137
138
139
140
141
142
143

Pl. IV

I	II	III	I	II	III
ꜣ	𓄿	a	ḫ	𓐍	kh
i	𓇋	à ou i	ẖ	𓄡	kh
y	𓇌 𓏭	y	s	𓊃	z ou s
ꜥ	𓂝	â	ś	𓋴	s
w	𓅱	w ou u	š	𓈙	sh
b	𓃀	b	ḳ	𓈎	q
p	𓊪	p	k	𓎡	k
f	𓆑	f	g	𓎼	g
m	𓅓 𓐝	m	t	𓏏	t
n	𓈖 𓋔	n	ṯ	𓍿	th
r	𓂋	r	d	𓂧	d
h	𓉔	h	ḏ	𓆓	dj
ḥ	𓎛	h			

I TRANSCRIPTION CLASSIQUE
II SIGNE.
III TRANSCRIPTION ADOPTEE DANS L'OUVRAGE.

144

145

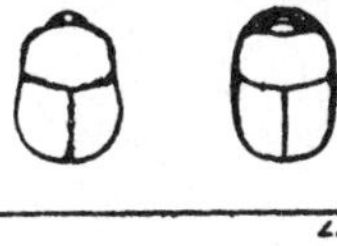

L. Lamy

FIGURATIONS DES NETER

1. — Amon
2. — Anubis
3. — Atoum
4. — Apet
5. — Bès
6. — Chou
7. — Fils d'Horus
8. — Geb
9. — Hathor
10. — Horus
11. — Isis
12. — Khnoum
13. — Khonsou
14. — Maât
15. — Min
16. — Montou

Pl. V

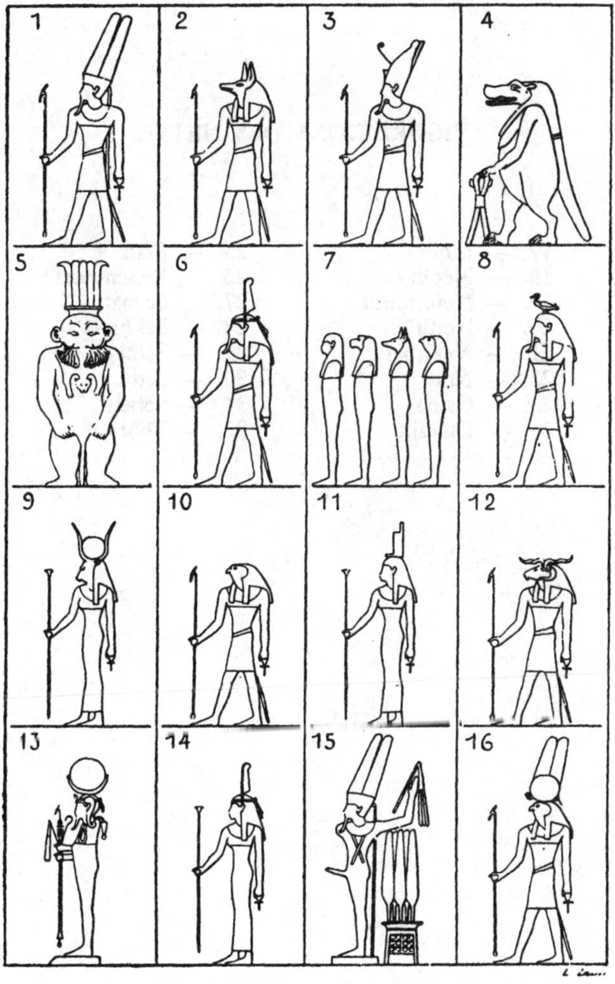

FIGURATIONS DES NETER

17. — Mout
18. — Nephtys
19. — Nefertoum
20. — Neith
21. — Nekhbet
22. — Nout
23. — Osiris
24. — Ouadjit
25. — Ptah
26. — Renenoutet
27. — Sechat
28. — Sekhmet
29. — Selkis
30. — Seth
31. — Sobek
32. — Thot

Pl. VI

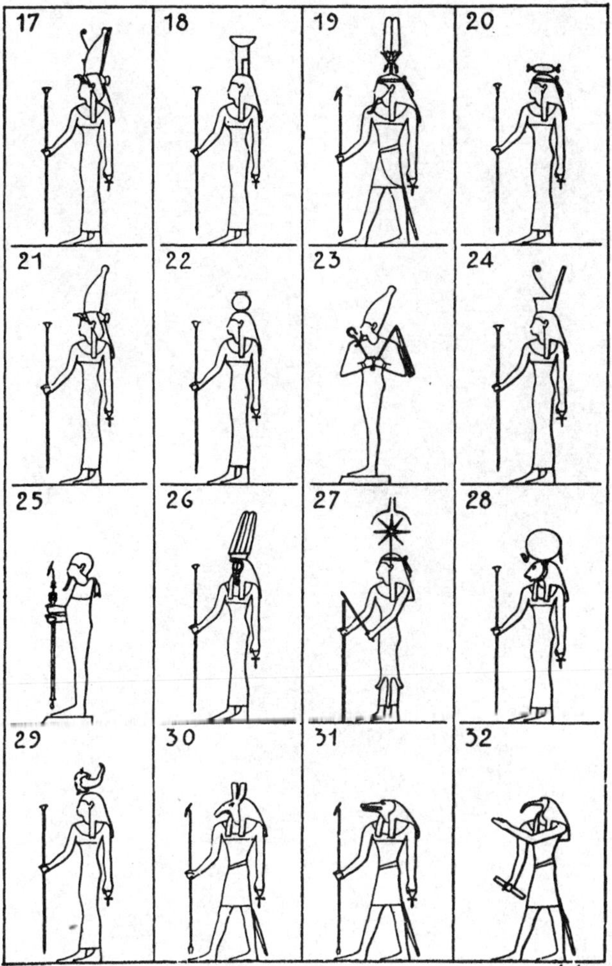

APPENDICE DOCUMENTAIRE

I. — LE PAYS D'ÉGYPTE

1. Noms de l'Égypte.

Le mot *Égypte* peut être dérivé du mot grec *Ægyptus*, transcription du mot *Haikouptah, — Ha Ka Ptah,* — nom du temple de *Ptah* à Memphis.

Plusieurs noms désignent l'Égypte dans les textes égyptiens :

— *Kemit,* « la noire », c'est-à-dire la terre noire. Ce nom était connu des Grecs comme *Khemia,* ou *Khimia*. Toute la terre cultivable est en effet formée par le limon du Nil dont la couleur gris-noir est caractéristique.

— *Ta-meri,* c'est-à-dire « terre aimée », ou plutôt « terre aimant ». En effet le mot *mer,* exprimant l'amour, l'affinité, l'attraction, l'aimantation, donne à la terre *ta* la fonction d'un aimant, attirant les forces vitales et les « dons » de ses *Neter : Hapi,* le Nil ; *Râ,* le Soleil ; et *Nout,* le Ciel.

— *Ta noutri,* « terre des *Neter* », terre des dieux.

— *Mizraïm* est le nom donné à l'Égypte par les Hébreux, nom qui est passé dans la langue arabe comme *Misr*.

— Les « *Deux-Terres* » est le nom donné à l'Égypte dans de nombreux textes, pour désigner la totalité de ce pays composé de ses deux parties, la Terre du Nord et la Terre du Sud, alliées comme deux puissances complémentaires sous la même autorité pharaonique. Chacune d'elles garde toujours sa couronne et son symbole particuliers.

La « Terre du Nord », constituée par le pays compris dans le delta du Nil depuis Memphis jusqu'à la Méditerranée, a pour symbole le papyrus. Son souverain porte la couronne rouge ; il a pour attribut l'abeille-guêpe, mouche à miel.

La « Terre du Sud » s'étend depuis Memphis jusqu'à la frontière sud de l'Égypte. Son souverain porte la couronne blanche et a pour attribut le jonc *scirpus*. Ce jonc et le pâpyrus, alliés dans un monogramme (qui laisse à chacun sa place et son caractère), représentent les « Deux-Terres », Nord et Sud.

Le Pharaon « maître des Deux-Terres » porte la double couronne, le *pschent* (*sekhemty* = les deux pouvoirs), qui est formé de la couronne blanche supportée par la couronne rouge.

2. Le Nil.

En égyptien : *atour*, « le fleuve ».

Fleuve unique de l'Égypte, le Nil, qui est son « artère de vie », la traverse du Sud au Nord.

Le nom primitif du Nil, d'après Diodore de Sicile, aurait été *Ægyptos* (de *œgypta*, nom grec du vautour). Il aurait reçu le nom de *Nil* du roi Nileus.

Sa longueur est de 6 400 kilomètres. Sorti du lac Victoria-Nianza à 1 200 mètres d'altitude, il forme cinq cataractes entre Berber et Assouan.

Au nord de Memphis, il se divisait autrefois en sept branches s'ouvrant en éventail jusqu'à la Méditerranée. Il ne reste aujourd'hui que deux branches importantes : la Phatmétique, débouchant à Damiette, et la Bolbitine à Rosette, entre lesquelles s'élargit le delta fertilisé par de nombreux canaux.

La crue débute au solstice d'été ; ses premières eaux, vertes et malsaines, sont le « Nil vert », qui est suivi du « Nil rouge » chargé d'un épais limon rougeâtre. Le niveau atteint son maximum entre le 30 septembre et le 10 octobre, et décroît progressivement. Pour ne pas être désastreuse par manque ou excès d'inondation, la crue doit atteindre une hauteur minimale de 6 mètres et maximale de 8 mètres.

Le Nil est nommé *Hapi* au temps de l'inondation. Il est représenté par un personnage androgyne : corps d'homme avec seins de nourrice et ventre « maternel ». Il porte sur la tête une touffe de papyrus, et dans les mains la croix de vie, avec les « dons du Nil » : vase d'eau, fruits, lotus, etc.

3. L'Égypte constituée a l'image du ciel.

Texte d'Hermès Trismégiste à Asclépius : « Ignores-tu donc, ô Asclépius, que l'Égypte est la copie du ciel, ou, pour mieux dire, le lieu où se transfèrent et se projettent ici-bas toutes les opérations que gouvernent et mettent en œuvre les forces célestes ? Bien plus, s'il faut dire tout le vrai, notre terre est le temple du Monde entier. » (A. J. Festugière, *Corpus Hermeticum*, coll. Budé, t. II, p. 326.)

4. Les Nomes.

La terre d'Égypte a été divisée en carrés, et le signe déterminatif du nome est un rectangle divisé en carrés. Ce symbole est apparenté à celui de la lettre *p* qui écrit le nom du ciel, *pt*. Or le nom du nome est *spt*. La racine *sp*, en égyptien, exprime la spécification. Il se trouve, en effet, que les nomes, par leur emblème, par le nom de leur capitale et par leurs *Neter*, spécifient certaines fonctions, comme si les nomes d'Égypte situaient des lieux organiques, terrestres et célestes...

On compte 20 nomes en Basse-Égypte et 22 en Haute-Égypte, ce qui donne au total 42 nomes, nombre des 42 assesseurs (ou fonctions) d'*Osiris* qui est le *Neter* de la Nature.

Chaque nome avait son « enseigne » comportant un emblème sur une sorte de perchoir ; il avait sa métropole, et un ou plusieurs *Neter* qui en étaient les « patrons », plus ou moins en relation symbolique avec l'emblème. Les listes de nomes spécifient, pour chacun d'eux, son principal canal d'irrigation, sa division, la nature des terrains et leurs confins, et parfois sa coudée particulière.

5. Les villes d'Égypte.

Les noms des villes d'Égypte sont déterminés par les caractéristiques fondamentales de chaque lieu ; ils sont donc en rapport avec le symbolisme des nomes, puisque chaque nome correspond à une *fonction organique* dans le corps de l'Égypte, qui se dit elle-même organisée à l'image du ciel.

Principales villes (classées alphabétiquement d'après leur nom le plus fréquemment employé) :

— Abydos et Thinis
— Assiout
— Assouan
— Bouto
— Busiris
— Éléphantine
— El Kab-Nekheb
— Héliopolis
— Hiérakonpolis-Nekhen
— Kom Ombo
— Memphis
La Terre de l'Arc (Nubie)
— Philæ
L'arc ; les neuf arcs
Le Pays de Koush
— Saïs

— Héracléopolis
— Hermopolis
— Tanis
— Thèbes
— La Thébaïde

ABYDOS, en égyptien *Adbjou*, capitale du VIIIe nome de Haute-Égypte, non loin de l'ancienne Thinis, est près de la ville moderne de Girgeh.

La tradition situait à Abydos le tombeau d'*Osiris*. Le grand temple actuel contient une construction qui porte ce nom. De tous temps, Abydos fut un pèlerinage funéraire ; les vivants eux-mêmes s'y faisaient élever une stèle ou un cénotaphe. Abydos fut déjà la ville sainte sous Pépi Ier ; son temple fut restauré par Ousertesen, embelli par les rois de la XIIIe dynastie, puis reconstruit par Séti Ier et augmenté par Ramsès II qui y ajouta un autre petit temple.

Le voyage des défunts, apportés en barque pour rendre visite à *Osiris*, était considéré comme un rite presque nécessaire.

Le temple, en calcaire blanc, fut adossé par Séti à la montagne sainte où *Osiris* était censé s'enfoncer chaque soir.

C'est à Abydos que se célébraient chaque année les grands « mystères » d'*Osiris* (de sa passion) aux fêtes de *Khoïak* (fin décembre).

THINIS ou *THIS*, dont l'emplacement exact n'est pas actuellement connu, était certainement très proche d'Abydos.

Thinis fut la capitale de Mena, premier roi de la première dynastie. Son destin fut bientôt lié à celui d'Abydos, qui devint la ville sainte d'*Osiris* pour l'Égypte entière.

ASSIOUT (Lycopolis), ancienne *Siout*, est la ville des « loups-chacals » consacrée à *Anubis*.

Dans la montagne d'Assiout sont creusés de nombreux puits remplis de momies de loups et de chacals.

Siout fut la capitale des princes féodaux de la XIIe dynastie.

Son nome et celui d'*Ounou* furent remplacés, sous Akhenaton, par un nouveau nome qui eut pour capitale *Khout-n-Aten* (Tell el-Amarna).

ASSOUAN, nom moderne de l'ancienne *Sounou*, la *Syène* des Grecs. Assouan est l'extrême sud de la Haute-Égypte, dont Philæ marquait la frontière avec le nord de l'Éthiopie.

Sounou, vers l'époque saïto-éthiopienne, supplanta,

comme métropole du Ier nome de Haute-Égypte, l'antique *Abou* (Éléphantine).

Il existait, dit-on, à Syène, un puits au fond duquel les rayons du soleil tombaient verticalement au moment du solstice d'été. Mais ce puits n'a jamais été découvert.

Évergète Ier et Philopator y construisirent un petit temple, inachevé, consacré à l'*Isis* de Syène.

La caractéristique essentielle d'Assouan est le remarquable granit rose-rougeâtre de ses carrières qui, dès les temps les plus reculés, fournissaient aux Égyptiens les matériaux pour leurs temples, obélisques, sarcophages et statues. On peut y voir encore actuellement un obélisque, une statue colossale de roi, des sarcophages en voie d'extraction et inachevés.

BOUTO, anciennement *Per ouadjet*, nom sacré de la métropole du XIXe nome de Basse-Égypte, dont le nom est *Ammt*, « la ville des sourcils ». C'est le *Buto* de la Bible.

La ville de Bouto avait deux parties ou quartiers, nommés *Pe* et *Dep*, dont les habitants se battaient dans certaines cérémonies symboliques (redressement du *djed*).

Située sur la branche sébennytique du Nil, Bouto était très importante à cause de ses temples et de sa proximité de la fameuse île de Chemnis, « située — dit Hérodote — contre le temple de Buto, dans un lac vaste et profond, et les Égyptiens disent qu'elle est flottante ». La légende de cette île flottante, au milieu des marais (où l'on situe la naissance d'Horus), est identique à celle de Latone qui avait accouché d'Apollon dans une île flottante qui devint fixe à partir de cette naissance. D'ailleurs, les deux légendes se joignent à Bouto, puisqu'il y eut aussi dans cette ville un temple de Diane et d'Apollon, contenant une chapelle de Latone « faite d'une seule pierre ; sa hauteur, sa largeur et ses murs sont d'égale dimension, et n'ont pas moins de quarante coudées dans tous les sens. Une autre pierre forme seule la toiture, avec une saillie de quatre coudées ». (Hérodote, *Liv.* II, CLV, CLVI.) D'ailleurs, « chez les Égyptiens, dit encore Hérodote, Apollon est Horus, Cérès Isis, Diane Bubastis »... (Donc *Bubastis* ou *Bastit* est ici la chatte *lunaire*, puisque Diane est la Lune.)

Il y avait à Bouto un oracle célèbre d'Apollon — ou *Horus*.

BUSIRIS, nom grec de *Pa-Ansar* ou *Bous-Osiris*, s'écrivait en égyptien *djedou* (avec le pilier *djed* d'Osiris).

Busiris, du IXe nome de Basse-Égypte, fut le plus ancien sanctuaire d'*Osiris* ; le *Neter* primitif du nome de Busiris fut

Andjty (coiffure de deux plumes avec ruban tombant dans le dos) ; il portait le crochet *heqa* et le flagellum, sceptres symboliques de la royauté terrestre.

Andjty devint *Osiris* qui représenta le même principe avec un caractère plus occidental, et avec les mêmes symboles.

Le temple de Busiris était aussi dédié à *Isis* pleureuse d'*Osiris*. *Osiris* de Busiris était donc le *Neter* de l'*Amenti*, personnifiant aussi le Soleil dans son voyage nocturne, avec le principe de perpétuel retour sur la Terre.

ÉLÉPHANTINE est la plus grande île formée par les roches de la première cataracte, située en face d'Assouan.

Le nom d'Éléphantine vient de son nom égyptien *Abou* (éléphant), qui fait probablement allusion à ses roches grises arrondies.

Les Égyptiens d'*Abou* colonisèrent le nord de la Nubie entre la VIe et la XIe dynastie. *Abou* était alors la capitale du nome de *Ta qenset*, dont les autres localités principales étaient *Senen* (l'île de Bigeh), *Pa lak* (l'île de Philæ) et *Noubit* (Ombos).

Souan — ou *Syène* — (Assouan) ne jouait alors qu'un rôle secondaire.

On ne trouve plus aujourd'hui à Éléphantine que quelques ruines, les soubassements d'un sanctuaire construit par Trajan avec des pierres remployées — aux noms de Thoutmès III, Thoutmès IV et Ramsès III — et un cimetière de béliers sacrés.

Un temple d'Aménophis III et un autre de Thoutmès III ont été complètement détruits au début du siècle dernier.

Au nord de l'île se trouve un nilomètre de quatre-vingt-dix marches.

Les *Neter* d'Éléphantine étaient *Khnoum*, *Anoukis* et *Satis*.

EL-KAB, en grec *Eileithyias*, est l'ancienne ville de *Nekheb*, capitale du IIIe nome de Haute-Égypte, avec le temple de *Nekhbet* « la blanche », dont l'animal symbolique est le grand vautour blanc que l'on peut encore voir survoler cette région [1].

Nekhbet est une *Mout* gestatrice qui a dépassé le stade noir de la *Mout* destructrice et qui fait sortir la fleur du germe (*nekhbet* = le bouton de lotus sorti de l'eau). *Nekhbet* amène à bonne fin la croissance de l'embryon gesté par *Mout*.

Nekhbet protège « ce qui devient ». C'est pourquoi on la

1. Voir *Her-Bak Disciple, Commentaire* III, § 15.

voit obombrant les images du Pharaon, ou étendant ses ailes protectrices aux plafonds des couloirs des temples et des tombes.

On trouve dans son temple des scènes relatives aux travaux agricoles.

En face d'El-Kab, sur la rive orientale du Nil, était *Nekhen* (Hiérakonpolis), ville et temple de l'*Horus* emmailloté symbolisant *Horus* embryonnaire.

HÉLIOPOLIS, nom grec donné à la ville d'*Iounou*, située à peu près à l'emplacement d'El-Matarîyah, près du Caire. C'est la ville de *On* citée par la Bible et dont la fille du Grand Prêtre épousa Joseph.

C'était la ville solaire par excellence ; *Râ* était le *Neter* de son temple, et son école sacerdotale enseignait la plus haute philosophie. Solon y habita pour s'instruire dans sa théologie. Hérodote prétend que « les habitants d'Héliopolis passent pour les plus doctes des Égyptiens ».

Le temple était précédé d'une allée de sphinx, et l'on trouve encore à Matarîyah un des deux obélisques (Sésostris Ier, XIIe dyn.) qui la terminaient.

HÉRACLÉOPOLIS MAGNA, dont le nom égyptien était *Hakheninsou* ou *Akhenas*, était la capitale du nome de *Nârou* (du laurier-rose). Située sur le Bahr Youssef, au sud du lac Moeris, elle fut la capitale de l'Égypte pendant les IXe et Xe dynasties. Elle reprit de l'importance sous la XIXe.

Son nom *Héraclès* = *Hercule* = *Khonsou*) explique pourquoi son temple eut un double aspect, solaire et osirien (*Osiris* funéraire, Soleil de nuit, Lune).

Héracléopolis est aujourd'hui la grande bourgade d'Ahnasieh.

HERMOPOLIS. Il y avait deux Hermopolis : une en Basse-Égypte était *Pa Tehuti*, « celle de *Thot* », capitale du XVe nome de Basse-Égypte. Aujourd'hui El-Bakaliyeh.

En Haute-Égypte, Hermopolis était *Khemenou* (aujourd'hui Eshmunen), capitale du XVe nome de Haute-Égypte, et située presque en face Tell el-Amarna.

Les deux Hermopolis étaient consacrées à *Thot*, et celle du Sud — Hermopolis Magna, *Khemenou* — fut un centre théogonique très important.

HIÉRAKONPOLIS, « ville du faucon », aujourd'hui Kom el-Ahmar, est l'ancienne *Nekhen* qui était située en face de *Nekhbet* (El-Kab), au nord d'Edfou. Son *Neter* est *Horus*, faucon momifié, ou plutôt enveloppé, comme pour symboliser l'état embryonnaire.

Or, dans la période légendaire des *Chemsou-Hor* — « Compagnons d'*Horus* [1] » — qui précéda Menes, *Nekhen* était la capitale du royaume du Sud, alors que *Bouto* était la capitale du Nord. Il est dit que Menes (Ire dynastie) unifia l'Égypte en alliant les « Deux-Terres » sous son sceptre.

Depuis lors, on parla des « âmes de Nekhen et de Bouto [2] » comme on parla des « âmes d'Héliopolis » et d' « Hermopolis ». Il faut remarquer que Nekhen et Bouto symbolisèrent deux phases de l'histoire d'*Horus :* à Nekhen on vénérait l'Horus en gestation ; Bouto, à travers tout le mythe Osirien-Horien, est resté le symbole du lieu de naissance d'*Horus* [3].

Toute cette légende de Nekhen et de Bouto se passe précisément au temps préhistorique des *Chemsou-Hor,* les « Compagnons d'*Horus* » qui l' « accompagnaient » dans sa gestation.

Il devient alors intéressant de constater que les noms de « âmes de Nekhen et de Bouto », « âmes d'Héliopolis », « âmes d'Hermopolis », ont signifié les Principes qui animèrent l'Égypte et furent, en somme, les « archétypes » représentés par les dynasties divines préhistoriques, d'après lesquelles se construisit l'Égypte historique [4].

KOM OMBO, — anciennement *Ombos,* et *NOUBET,* — dans le nome de *Qenset,* à mi-chemin entre Edfou et Assouan. On y retrouve encore un temple (construit par Hatchepsout et Thoutmôsis III, et réédifié sous les Ptolémées) autrefois consacré à *Sobek* [5], mais dont la dernière disposition présente une particularité intéressante.

En effet le caractère de ce temple est la dualité : il est divisé en deux parties parallèles (accolées), ayant chacune son portique et chacune son sanctuaire. Or il est consacré à un double symbole : le principe Sethien et le principe Horien, — qui d'ailleurs sont souvent associés sous le nom de *Neter-ouy,* « les deux *Neter* ».

Ce sont les deux aspects de la Lumière Universelle à

1. Voir ci-dessous II, § 2 et *Her-Bak Disciple, Commentaire* V, § 8.
2. Voir ci-dessus, *Bouto.*
3. *Bouto* est relié à *Chemnis* où naquit Horus. Voir ci-dessus.
4. Voir ci-dessous II, § 2.
5. Voir *Her-Bak Disciple, Commentaire* III, § 19.

laquelle l'or, — *noub*, — est souvent assimilé : l'aspect obscurci, matérialisé, fixé, contractant, satanique, *Seth* ; et l'aspect irradiant, spirituel, subtil, épanouissant, *Horus*.

Il faut aussi remarquer que le nom ancien du *Neter* d'Ombos était *Noubty*, qui peut vouloir dire « celui d'Ombos », mais aussi « celui de l'or » (pris dans l'acception dite ci-dessus), dont la désinence *ty* (quoique au féminin) indique aussi la dualité.

MEMPHIS, — ancien nom égyptien, *men-nefer*, — était située à la pointe sud du Delta, sur l'emplacement du village actuel de Mit-Rahîneh. Elle fut construire par Menès, premier roi de la Première dynastie qui, d'après Hérodote, détourna le Nil en comblant le coude qu'il formait vers le Sud, asséchant l'ancien lit du fleuve pour y construire Memphis.

La ville, encore imposante au temps de Strabon, mais déjà dévastée par Cambyse, fut détruite par les empereurs chrétiens, et ses pierres servirent à bâtir Le Caire. On n'y trouve actuellement que deux colosses de Ramsès II, — dont l'un est renversé, — un sphinx en albâtre, et quelques décombres.

L'hypogée des *Apis* a pu être mis au jour près de Memphis.

Le grand temple de Memphis était le temple de *Ptah*, *Ha-Ka-Ptah*, qui fut un centre d'enseignement considérable [1].

PHILÆ, autrefois *Pa-Lak*, est l'île qui marque l'extrême sud de la Haute-Égypte ou Thébaïde, et le commencement de l'Éthiopie-Nubie.

Longue d'environ 400 mètres sur 150 mètres de large, elle n'était jamais couverte par l'inondation avant la construction du barrage d'Assouan.

Le dessin de l'île affecte la forme d'un oiseau (hirondelle ?) couvant. Le temple est situé au milieu du corps de l'oiseau, comme s'il était couvé par lui.

Les textes de Philæ résument la philosophie du rôle total d'*Osiris* et d'*Isis*, jusqu'à leur accomplissement par la libération de l'âme Horienne d'Osiris.

On trouve quelques traces d'Amasis (XXVIe dyn.), un kiosque de Nectanebo, puis le temple édifié par les Ptolémées, complété par les empereurs romains, Auguste,

1. Voir ci-dessous, V, § 2, la cosmogonie memphite.

Tibère, Trajan, Hadrien, Antonin et Lucius Virus, jusqu'au ve siècle apr. J.-C., où un autel de la Vierge fut édifié dans la chapelle d'Isis.

Isis est nommée à Philæ « Maîtresse de la terre de l'Arc », c'est-à-dire de la Nubie dont Philæ est à la frontière. Son temple est orienté vers le Sud, regardant cette « terre de l'Arc ». Or, dans le mur en briques crues qui fait l'enceinte de ce temple d'Isis, une partie est construite en pierre dans la forme exacte d'un arc.

L'arc ; les « neuf arcs ». Il y a un jeu de mots et d'idées construit sur le symbole de l'*arc* et des *neuf arcs*. La Nubie, « terre de l'arc » *(ta-seti)*, est le pays de l'or *(noub)*, pays noir qui contient toutes les « odeurs » *(seti)* et semences qui fertiliseront le limon d'Égypte. C'est la terre de gestation.

Le symbole des « neuf arcs », souvent cité dans les textes égyptiens, fait allusion aux neuf phases de gestation, neuf obstacles qui menacent la croissance de l'embryon.

Ces neuf « arcs » — ou ennemis (qui sont fréquemment représentés sur le socle et sous les pieds des statues du Pharaon) — sont les neuf « ennemis » que le roi doit réduire à merci « sous ses sandales » pour dominer les forces inférieures et réaliser sa maîtrise royale.

Le pays de KOUSH (ou *Cush*), autrefois *Kaoushou*, était tout le pays situé au sud de la première cataracte. D'après la Bible, les *Kouschites* étaient les habitants de l'Égypte méridionale, de l'Éthiopie, et même de l'Arabie méridionale.

« Suivant la Genèse, dit M. Lenormant, Cham eut quatre fils : *Kousch*, *Mizraïm*, *Phut* et *Chanaan*. L'identité de la race de *Kousch* et des Éthiopiens est certaine. Les inscriptions hiéroglyphiques de l'Égypte désignent toujours les peuples du Haut Nil au sud de la Nubie, sous le nom de *Kousch*. Dans les livres saints, *Mizraïm* est l'appellation constante de l'Égypte [1]... »

Le « prince de Kousch », en tant que « prince noir » (quoique souvent fils du Pharaon), jouait un rôle de représentation symbolique importante dans certaines cérémonies et processions rituelles.

SAIS (ancien nom égyptien : *Saït*) était la capitale du Ve nome de Basse-Égypte, située sur la branche Bolbitine du Nil, vers le centre du Delta.

La fondation du temple de *Neith* à Saïs est mentionnée sur

1. Cf. Ménard et Sauvageot, *Vie privée des Anciens*, I, p. 12.

des tablettes datant du règne d'Aha, roi de la Première dynastie. Saïs prend une grande importance historique à partir de la XXe dynastie. La XXVIe dynastie est Saïte.

Sa célébrité religieuse s'explique par le culte rendu à la Vierge cosmique *Neith,* Vierge-mère dont il est dit, dans l'inscription gravée sur son temple : « Je suis ce qui est, ce qui sera, ce qui a été. Personne n'a soulevé le voile qui me couvre. Le fruit que j'ai produit est le Soleil. »

On y célébrait la « fête des lampes ardentes » (probablement semblable à la Chandeleur chrétienne), où, pour marquer le triomphe de la lumière sur les ténèbres, on allumait toutes les lampes ; et, dit Hérodote, « ce n'est pas seulement à Saïs qu'on allume, mais par toute l'Égypte ».

TANIS, ancienne capitale du XIVe nome de Basse-Égypte, est la moderne Sân el-Haggar (du nom égyptien *Zânt*) située au sud du lac de Manzalieh.

Mariette a découvert à Tanis des résidus de monuments construits par les « Pasteurs » pendant la période de leur invasion (fin Moyen Empire).

On a trouvé aussi, récemment, les tombeaux de rois des XXIe et XXIIe dynasties, dans l'enceinte du temple, conformément aux paroles d'Hérodote (II, 169), disant que les rois Saïtes étaient enterrés « dans l'enclos de Minerve *(Neith)* tout près du temple ».

Il faut remarquer qu'il y eut, à Tanis, un culte de *Seth,* et que Tanis est aussi le pays d'origine des rois de la XIXe dynastie, Ramsès Ier et Séti.

THÈBES, autrefois surnommée « la ville aux cent portes », était nommée par les Égyptiens *No-Amon* ou *Nout-Amon,* c'est-à-dire « la ville d'Amon ». Dans un autre aspect, elle portait le nom de son emblème, *Ouast.*

Cette immense cité s'étendait sur les deux rives du Nil, couvrant les quatre quartiers, — remplis de temples, palais et statues, — sur lesquels ont été construits les villages arabes de Karnak et Louxor sur la rive orientale (autrefois reliés par une allée de sphinx), et de Gournah et el-Baharat sur la rive occidentale.

Thèbes fut la capitale de l'Égypte depuis la XIe jusqu'aux XXIe, XXIIe dynasties, époque à laquelle une seconde capitale fut choisie dans le Delta.

Après diverses incursions, Thèbes fut en partie détruite par Ptolémée Latyre, et bouleversée par un tremblement de terre en l'an 27 apr. J.-C.

Thèbes a été l'*accomplissement* de la mission initiatique de l'Égypte avec les XVIIIe, XIXe et XXe dynasties. Son enseignement théologique a résumé et *conclu* tout ce qui avait précédé ; selon la vieille parole des Sages, « la réponse est donnée à Thèbes [1] ».

Par la suite, Sages et Rois ne firent que « répéter » l'enseignement reçu, dans la forme exigée par la correspondance symbolique de leur temps.

La Vallée des Rois est effectivement le tombeau de la Royauté divine de l'Égypte.

LA THÉBAÏDE, ancien nom de la Haute-Égypte, qui s'étendait depuis *Thébaïca Phylakâ* (entre Tell el-Amarna et Assiout) jusqu'à Assouan et Philæ, correspondant aujourd'hui au Saïd. Thèbes était la capitale de cette Haute-Égypte (voir *Thèbes*).

Le nom de *Thébaïde,* devenu synonyme d'ermitage, se rapportait alors aux déserts environnant la région thébaine, surtout à l'ouest de la vallée fertile. Les montagnes arides, les roches de calcaire aux nombreux replis, recèlent des cavités profondes qui servirent d'ermitages à beaucoup d'ascètes chrétiens.

II. — L'HISTOIRE DE L'ÉGYPTE

1. L'HISTOIRE.

L'Histoire est la chronologie des faits résultants.

L'Ancienne Égypte n'a voulu transmettre que l'enchaînement des causes profondes et des réactions psychologiques qui produisent ces faits. L'inscription « historique » dans le temple égyptien résulte d'un jeu conscient où l'on fait cadrer le fait avec la cause, mettant alors en évidence tantôt ce fait et tantôt cette cause, selon le but visé par l'inscription.

« Il saute aux yeux, dit A. Varille, que ces textes analysent la correspondance d'un programme royal déterminé avec les phases caractéristiques d'une genèse cosmique, dans laquelle se plaçait la structure dynastique. Les inscriptions dédicatoires d'un temple n'ont pas seulement un sens historique :

1. Voir *Her-Bak Disciple,* chap. X.

leur intention est de donner, par la symbolique, un enseignement... Pharaon synthétise dans son protocole et ses cartouches, les *Neter* d'une époque ; et toute l'histoire dynastique n'est qu'une savante transcription symbolique de cette Idée Royale dans le temps. » (A. Varille, *Mercure de France,* 1/VII/51.)

2. LES DYNASTIES.

La tradition historique nous a été transmise par des textes égyptiens, par des auteurs grecs, — Ératosthène, Le Syncelle, — et le prêtre égyptien de langue grecque, Manéthon. Ce dernier, qui vivait sous Ptolémée II, écrivit une histoire d'Égypte dont fut tiré un abrégé (l'épitomé) comportant la liste des rois divisée en 31 dynasties. Cet épitomé fut repris, et « arrangé à leur façon », par les apologistes chrétiens, Jules l'Africain (217 apr. J.-C.) et Eusèbe (327 apr. J.-C.).

On attribue à Ératosthène (à Alexandrie, IIIe siècle av. J.-C.) une liste de 38 noms de rois thébains, transcrite en grec. Le Pseudo-Apollodore aurait ajouté 53 noms à cette liste, enfin transmise par Le Syncelle.

Les listes royales données par les textes égyptiens ont été gravées sur l'ordre de Pharaons du Nouvel Empire. Ce sont :

1. *Chambres des Ancêtres à Karnak,* actuellement au Louvre. (Cf. Lepsius, *Auswahl,* pl. I ; Prisse d'Avennes, *Mon. Égypt.*, pl. I et *Rev. Arch.*, II, 1845, pl. XXIII ; Sethe, *Urk.*, IV, 608-610.)

2. *Table d'Abydos,* gravée sur ordre de Séti Ier. (Cf. Dumichen, A Z, 2, 1864, p. 81-83 ; de Rougé, *Recherche sur les Monuments,* pl. II ; Lepsius, *Auswahl,* pl. II.)

3. *Table de Saqqara,* dans la tombe de Tounroï, contemporain de Ramsès II. (Cf. de Rougé, *op. cit.*, pl. I ; Meyer, *Æg. Chron.*, pl. I.)

4. *Papyrus de Turin* (endommagé). (Cf. Lepsius, *op. cit.*, pl. III ; de Rougé, *op. cit.*, pl. III ; Meyer, *op. cit.*, pl. II à V ; Lanth, *Manetho, und der Turin papyrus.*)

Ces diverses listes diffèrent en nombre et en ordre, et ne donnent pas de renseignements précis permettant d'attribuer des dates aux règnes ni même aux dynasties, surtout avant la XIIe et même la XVIIIe. Chaque événement était daté du quantième de l'année en cours depuis l'avènement du

Pharaon, chaque règne étant une ère indépendante. Aucune date absolue n'a pu être relevée dans les textes, si ce n'est quelques notions du lever héliaque de Sothis en rapport avec tel événement historique. Encore peut-on parfois douter de quelle période sothiaque il s'agit.

Ces incertitudes ont donné lieu à plusieurs hypothèses sur la durée de l'histoire égyptienne connue, et divisé les opinions entre les chronologies « longue » et « courte ». La première reculerait la Ire dynastie à 5500 ans av. J.-C. et la XIIe vers 3600 ; la dernière situerait la Ire dynastie vers 3200 et la XIIe vers 2000.

La XVIIIe dynastie — par des synchronismes avec le Proche-Orient — reste fixée généralement vers 1580.

3. Les huit périodes de l'histoire d'Égypte.

On a classé l'histoire d'Égypte en huit grandes périodes, qui présentent chacune un caractère particulier.

A) *La préhistoire,* comprenant les dynasties des dieux (7 ou 9 *Neter*), les demi-dieux, les *Chemsou d'Horus* [1]. Les égyptologues veulent trouver, dans ces dynasties préhistoriques, des rois effectifs se disputant les couronnes de Haute et Basse-Égypte. En réalité, les dynasties divines incarnent des Principes cosmiques dont elles représentent le jeu primordial, en tant que facteurs et fonctions d'un univers dont l'Égypte se donne comme l'image vivante.

Les dynasties divines comportent deux *Horus,* dont le dernier est encore considéré comme « Principe ».

Les *Chemsou d'Horus,* qui précèdent immédiatement la Ire dynastie humaine, doivent sans doute être considérés comme les aboutissants de la première série « divine », et comme devant donner naissance au premier *Roi-Homme, Menes* (ou *Aha-Menes*). C'est sans doute pourquoi Manéthon les appelle les « Manes ».

Les *Chemsou d'Horus* ne sont pas les « suivants d'*Horus* », mais ses « compagnons » (sens philosophique) : ceux qui sont « gestés avec », et desquels surgira *Horus-Roi* humain, c'est-à-dire Menes.

En preuve de ceci, les rois de la Ire dynastie se réclament d'*Horus,* mais les noms de leur *Horus* sont : *Hor aha* (le combattant), *Hor khent* (qui est dedans : dans le ventre). L'*Horus* qui règne en ce temps-là est celui de Létopolis *(Sekhem),* qui est un faucon momifié ; son nom est *Hor khenti*

1. Voir *Her-Bak Disciple, Commentaire* V, § 8.

arti, « les deux yeux à l'intérieur », c'est-à-dire les deux semences, solaire-lunaire, mâle et femelle, dont l'union fait la gestation.

B) *Les sept Périodes historiques*, qui sont :

1. Époque Thinite. Ire et IIe dynasties. Thinis (et Abydos).
2. Ancien Empire. IIIe, IVe, V^e^ dynasties. Memphis.
3. Fin Ancien Empire et période intermédiaire. VIe à XIe dynasties. Éléphantine. Memphis.
4. Moyen Empire. XIe et XIIe dynasties. Héracléopolis. Thèbes.
5. Deuxième période intermédiaire. XIIIe à XVIIe dynasties. Les Hyksos.
6. Nouvel Empire. XVIIIe à XXe dynasties. Thèbes, puis Tanis.
7. Basse Époque :
   — Rois-prêtres. XXIe dynastie.
   — Rois lybiens. XXIIe et XXIIIe dynasties.
   — Rois saïtes. XXIVe dynastie.
   — Rois éthiopiens. XXVe dynastie.
   — Rois saïtes. XXVIe dynastie.
   — Domination perse et fin des dynasties égyptiennes.
   — Alexandre le Grand, puis :
   — les Ptolémées, puis :
   — la domination romaine.

III. — LA CIVILISATION. LA SOCIÉTÉ

1. La civilisation pharaonique.

La civilisation pharaonique nous apparaît entièrement constituée dès la première dynastie :
— les caractères royaux sont nettement définis ;
— les idées religieuses sont établies ;
— la conception de la vie et de la mort se trouve fixée ;
— presque tous les procédés techniques sont connus ;
— on possède un calendrier précis ;
— enfin, l'écriture est déjà en plein usage.

2. Le Pharaon.

Per âa, nom égyptien de Pharaon, signifierait littéralement, d'après les hiéroglyphes qui le composent, « double grande maison ». Ce symbole donne au Pharaon le caractère impersonnel de la « maison royale », siège et porteur de la *Présence* royale, puissance considérée comme étant en « devenir » continu à travers les dynasties successives. Sa dénomination en tant que *roi* est « *nesout-bit* » (littéralement « celui de *sout* — jonc symbole du Sud — et de *bit* » — abeille symbole du Nord). Mais c'est le symbole du Sud qui est resté attaché à la dénomination générique du « roi »-*nesout* et de la qualité royale.

Les noms du Pharaon.

La titulature royale comportait, selon l'époque, plusieurs noms et diverses épithètes ; cette titulature, très simple sous les premières dynasties, s'est accrue peu à peu jusqu'à l'extrême complexité de l'époque ptolémaïque.

Dans les périodes moyennes, elle se composait de deux noms personnels qui désignent chaque Pharaon dans l'histoire ; par exemple *Amenhotep Neb-Maât Rê,* pour Aménophis III. Ces noms sont précédés et suivis de plusieurs autres noms et épithètes : son nom d'*Horus* (nom spirituel, ou nom du KA ?) ; son nom d' « *Horus* d'or » ; sa filiation divine : « fils de Rê », « né des Deux-Maîtresses » (*Ouadjit* et *Nekhebit,* Maîtresses des Deux-Terres) ; « *Horus* Maître des naissances » ; enfin les épithètes royales qui spécifiaient sa souveraineté : « Roi du Sud et du Nord », etc.

Ses deux noms personnels étaient inscrits dans deux rectangles aux angles arrondis que nous appelons « cartouches ». Le cartouche est cerné par le double circuit d'une corde ligaturée à sa base ; les deux bouts de la corde sortent de chaque côté du lien, comme s'ils faisaient partie d'un fil continu dont la boucle déterminerait l'existence actuelle du Pharaon.

On trouve d'ailleurs, dans les tombes royales, de fréquentes représentations de la *corde* encerclant la momie du défunt, ou transportant sa face (son être typique survivant) dans ses circonvolutions, comme par un fil conducteur, à travers les phases successives de sa vie d'outre-tombe. Or le nom égyptien du cartouche est *chenou,* mot dont la racine signifie « circuit » et « encerclement ».

Les noms du Pharaon révèlent, d'une part la nature du Principe qu'il incarnait (exemple, *Râ-messes* « produit de

Râ »), et d'autre part son rôle symbolique dans la genèse de son pays.

Le rôle du Pharaon.

Le rôle du Pharaon est double : rôle actif et rôle passif.

Le rôle *actif* du Pharaon comporte : la transmission du sang royal, les décisions et interventions arbitraires, — sociales, militaires ou familiales — qui font jouer son destin personnel et le destin particulier de son peuple.

Il est *passif :*

1° Il devient, pour son peuple, le « ferment » du Principe qu'il incarne ; c'est pourquoi il est dit « fils de *Râ* », ou « fils d'*Amon* », ou « aimant de *Ptah* » ou de *Thot,* etc.

2° Il subit le caractère imposé par le « moment » astrologique qu'il représente ; il *porte* les noms qui lui sont attribués.

3° Il *obéit* aux gestes qu'il doit, en conséquence, exécuter : actes religieux ou guerriers, décrets ou écrits symboliques, construction ou rénovation de monuments selon le temps et la règle imposés par les Sages « de la Maison de Vie ».

Témoignages des textes : « Sésostris Ier réunit le Grand Conseil des Compagnons du Palais pour leur développer son rôle particulier par rapport aux *Neter* héliopolitains... Il appelle alors son conseiller privé pour lui dire que c'est le temps d'agir. » (A. Varille, *Mercure de France,* 1/VII/51.) Le temple d'Edfou, au IIIe siècle av. J.-C., réalise son plan d'après le « Livre du Programme conducteur du temple du *Neter* », œuvre du chef ritualiste Imhotep, qui vivait au temps de Zozer (IIIe dynastie). (Cf. *J. E. A.*, 1942, VI, 10, 10.)

Autre texte à Dendéra : « Grand Plan fondamental de *Ioun.t* (Dendéra). Refait à neuf en monument par le roi du Nord et du Sud *Menkheper Rê* (Thoutmôsis III) après qu'on l'eut trouvé en écritures anciennes du temps du roi Khoufou (Chéops, IVe dynastie). » (Cf. Mariette, *Dendéra,* III, pl. 98 ; Dumichen, *Bang.*, Pl. I.)

3. Les Castes.

L'Égypte n'a pas appliqué dans sa rigueur le principe des « castes » qui régissait l'Inde brahmanique et enfermait chaque homme jusqu'à sa mort dans la caste où il était né.

Il y avait en Égypte une classification sur laquelle les auteurs classiques ne sont pas d'accord.

D'après Diodore, les Égyptiens auraient eu, comme les Athéniens, trois classes : prêtres, paysans (chez lesquels étaient pris les soldats), et artisans. Ailleurs, il en suppose cinq : pasteurs, cultivateurs, artisans, soldats, prêtres.

D'après Strabon, trois classes : soldats, cultivateurs, prêtres.

D'après Platon *(Timée)*, six classes : prêtres, artisans, bergers, chasseurs, cultivateurs, soldats.

L'étrangeté de ces classifications qui ne mentionnent même pas les scribes, prouve qu'il ne s'agit pas d'une tradition continue de castes intangibles rigoureusement fermées, mais de classements variables, adaptés aux nécessités politiques et sociales de l'époque.

Le fait certain est que les fonctions sociales et les métiers étaient divisés en classes professionnelles, et la plupart étaient transmissibles au fils aîné.

Certains récits, documents, décrets et procès, témoignent cependant qu'un homme changeait parfois de profession, qu'il pouvait se marier hors de sa classe, et même transmettre sa charge à un individu d'une autre classe. Mais ceci exigeait l'adhésion d'autorités compétentes, et parfois une cérémonie d'investiture en présence de membres du clergé.

Ce dernier fait semble révéler un point de liaison entre l'ordre officiel qui régissait la vie sociale et un ordre secret intérieur qui filtrait et formait une élite, sans violenter la médiocrité inévitable d'une société aux instincts naturellement égoïstes.

4. Les Prêtres.

Le nom de « prêtre » qui désigne aujourd'hui les hommes exclusivement consacrés — par des vœux et un sacrement — à un ministère sacerdotal, ne peut certainement pas être appliqué à *tous* les desservants de temples, fonctionnaires, techniciens, professeurs et Maîtres de hautes sciences, exerçant leurs fonctions dans le Temple égyptien.

La hiérarchie supposée par les listes de dignitaires figurant dans les processions, ne concorde pas avec les renseignements donnés par les textes, quant aux attributions plus ou moins élevées, plus ou moins laïques ou religieuses, de ces dignités.

Il est d'ailleurs probable que cette démarcation entre

« laïc » et « religieux » serait une erreur par rapport à la mentalité égyptienne. Mieux vaut citer, sans les qualifier :

1° Les titres de prêtrise (supposée) : *ouâb,* pur ; *kher-heb,* lecteur (ou peut-être directeur du rituel ?) ; *hem-Ka,* prêtre du KA ; *hem-Neter,* prêtre ou prophète (?) ; premier ou deuxième Prophète d'*Amon ;* Divin Père, Grand Voyant, etc.

2° Quelques-uns des rôles des officiants :
— service du *Neter,* soin et toilette de sa statue avec les rites qu'il comporte. Le service de chaque *Neter* était assuré par un collège de prêtres dirigé par un chef [1] ;
— rituel journalier, où le roi jouait un rôle, personnellement ou représenté ;
— rituel des fêtes, spécial pour chaque jour de chaque mois ;
— rôles symboliques dans les cérémonies diverses (fêtes *sed,* fondation de temples, funérailles, etc.) : *ioun-moutef ;* (prêtre ?) *sam ;* figuration d'un *Neter ;*
— assistance aux sacrifices d'animaux ;
— réception des offrandes ;
— service des prêtres horaires ;
— observations astronomiques et astrologiques [2].

Certaines de ces fonctions — telles que les rôles symboliques, *ioun-moutef,* prêtre *sam* — étaient souvent représentées dans certaines fêtes, par des princes, des nobles ou des fonctionnaires de la Cour.

Les prêtres n'étaient pas astreints à la chasteté ; beaucoup avaient leur maison, leur femme et leurs enfants. Mais les prêtres attachés au service de certains *Neter* étaient tenus à des observances particulières, abstinence et mode de vie.

D'autre part, les détails relevés dans les textes sur certains dignitaires du temple peuvent augmenter l'incertitude quant à leur caractère sacerdotal. Certaines charges, comme celle de Prophète d'*Amon,* étaient héréditaires et n'empêchaient pas leur titulaire de gérer des domaines ou d'exercer d'autres fonctions, militaires ou sociales. Quelques documents donnent un rôle fâcheux aux membres du clergé d'*Amon ;* certaines pièces de procédure accusent d'escroquerie les desservants de temples funéraires.

Cependant on apprend qu'anonymement — en marge des titres officiels — les secrets techniques et les plus hautes

1. Cf. Hérodote, Livre II.
2. Textes de Diodore, Hérodote, Jamblique.

sciences étaient enseignés et appliqués par des hommes faisant partie du Temple...

Tous ces éléments disparates enlèvent un sens précis au mot « prêtre » appliqué de façon trop globale aux membres « dirigés » ou « directeurs » du Temple. Hérodote et Diodore parlent parfois de prêtres et parfois d'initiés. On cite aussi les « Sages de la Maison de Vie », « ceux qui connaissent les secrets des lettres de *Thot* » ; on parle de ceux qui conservent les « livres » du canon des temples, les lois, mesures et proportions imposées par la tradition...

Pour clarifier un tel sujet, on peut en tout cas s'appuyer sur deux faits indéniables : la haute opinion de critiques tels que Diodore de Sicile, Jamblique, Hérodote, Clément d'Alexandrie, quant à la source de connaissances qu'était le Temple égyptien ; d'autre part, la continuité de l'œuvre architecturale qui en laisse le témoignage. Or si l'on voit des « médecins divins » et des architectes — tels qu'Imhotep (IIIe dynastie) et Amenhotep fils de Hapou (XVIIIe dynastie) — décrire leur œuvre matérielle en même temps que leur rôle mystique, on est obligé de conclure que « le Temple » a formé des Sages, des savants et des techniciens, pour lesquels le nom d'*initié* serait peut-être plus exact que le titre de prêtre, — à moins que l'application de leur science fût considérée par ces hommes comme de véritables sacerdoces..., ce qui pourrait être le cas d'après la lecture des textes.

IV. — L'ENSEIGNEMENT DE L'ÉGYPTE

Pour parler sciemment de l'enseignement égyptien, il faut d'abord poser plusieurs problèmes :

1. — De quel matériel dispose-t-on pour connaître cet enseignement ?

2. — *Qui* enseignait ?

3. — *Qui* était enseigné ?

4. — Quels étaient les bases et les caractères de l'enseignement ?

5. — Quels modes d'enseignement étaient employés ?

6. — Quelles sciences étaient enseignées ?

7. — Quels étaient les différents modes d'inscription ?

8. — L'enseignement extérieur (exotérique) et l'enseignement intérieur (ésotérique).

1. MATÉRIEL ÉGYPTOLOGIQUE.

Les éléments constituant le matériel égyptologique sont : les textes gravés dans les temples, sur les stèles et les statues ; textes des tombeaux et des sarcophages ; papyrus et ostraca.

Les sujets traités varient, depuis la plus haute philosophie, généralement voilée sous le mythe et la cabale, jusqu'aux lettres profanes et aux exercices d'écoliers... ; textes plus ou moins cabalistiques des pyramides et des stèles ; mythes cosmogoniques ; textes astronomiques, hymnes et poèmes à sens initiatique, contes philosophiques, récits historiques — presque toujours symboliques ; décrets et actes royaux ; textes de conseils dits « sagesses ». Écrits scientifiques : mathématiques, médecine et chirurgie, thérapeutique. Textes magiques. Textes innombrables sur la vie d'outre-tombe, sur le rôle du Soleil, et de son escorte stellaire dans la *Douat ;* sur les transformations de l'être après l'existence terrestre ; sur les divers aspects de l'être psycho-spirituel. La plupart de ces textes ont été compilés par les égyptologues dans divers recueils intitulés « *Livre des Morts* », « *Livre du Jour et de la Nuit* », etc. Enfin toute une littérature épistolaire, personnelle et judiciaire.

Les éléments dont on dispose sont :

— Quelques textes de préceptes, conseils de sagesse tels que : les *Préceptes de Kaqema ;* ceux de *Ptahotep ;* les *Instructions du Roi Amenemhat à son fils ;* les textes des tombes de nobles et grands fonctionnaires décrivant leurs devoirs et responsabilités (*Rekhmara, Ramose,* etc.).

— Des récits de conquêtes et d'expéditions en pays étrangers, dénotant des connaissances géographiques quant à l'Afrique, aux pays limitrophes de la Méditerranée, aux îles grecques, et aux pays compris dans le moderne Moyen-Orient.

— Des listes de dynasties qui ne correspondent pas toujours entre elles.

— Des récits de batailles, des exploits militaires ou sportifs, tantôt trop puérils et tantôt trop prodigieux pour qu'il soit raisonnable de les traduire littéralement.

— Des listes royales provenant d' « annales » historiques reculées et précises.

— Des textes funéraires groupés sous différents titres : *Livre des Morts ;* le *Livre de ce qu'il y a dans la Douat* (appelé par Maspero le *Livre des Portes*) ; les *Litanies du Soleil* (dans le monde inférieur) ; le *Livre de traverser l'Éternité ;* les

Lamentations d'Isis et de Nephtys ; les *Litanies de Sokaris* ; le *Livre de renverser Apophis*.

— Des textes mystiques, tels que le *Livre des Respirations* et le *Livre d'Amenhotep fils de Hapou*.

Et de nombreux textes non encore publiés.

— Divers papyrus scientifiques : mathématiques, astronomiques (et astrologiques), médicaux : diagnostic et thérapeutique ; des recettes de laboratoire, etc.

Il existe des listes de bibliothèque (par exemple à Edfou et à Philæ) qui révèlent une grande richesse d'écrits dont on ne possède qu'une petite partie.

La plus grande masse de documents est constituée par les innombrables textes hiéroglyphiques gravés sur les murs des grands temples et des monuments votifs appelés aujourd'hui « temples funéraires », et dans les pyramides ; les scènes et les inscriptions gravées ou peintes sur les murs des tombes et sur les sarcophages, enfin sur les stèles dont les inscriptions, disent les Anciens, voilaient des enseignements très importants. « ... Si tu nous proposes quelques difficultés de philosophie, — dit Jamblique dans ses *Mystères*, — nous en déciderons d'après les antiques stèles d'Hermès, que lurent en entier Platon et Pythagore, et d'où ils constituèrent leur philosophie. » (Jamblique, *Mystères*, Première Partie, I.)

Enfin de nombreux papyrus, des ostraca, quelques écrits supposés être des exercices d'écoliers.

Nombre de textes ont été traduits dans leur sens vulgaire, parfois correct et parfois inexact à cause de l'imperfection des relevés, ou par fausse interprétation des anomalies innombrables attribuées trop légèrement à des négligences de scribes.

Mais nombreux sont les textes inédits ou restés incompréhensibles pour les moyens actuels de l'Égyptologie.

2. QUI ENSEIGNAIT ?

Il existe un grand nombre d'écrits intéressant la vie sociale : rapports de scribes comptables, actes de procédure, querelles de successions, plaintes contre exactions de prêtres ou de scribes, contre gérances déloyales de temples funéraires ou de donations, etc.

L'instruction primaire et d'ordre utilitaire nécessitée par ces actes sociaux, différait totalement — en matière et en qualité — de l'enseignement impliqué par les sujets cités dans le précédent paragraphe et le sixième. Il est donc évident que deux genres d'écoles s'imposaient : l'école d'instruction vulgaire répondant aux nécessités sociales, et d'autre part l'enseignement supérieur qui semble avoir été monopolisé par le *Temple* et réparti par lui entre les différents lieux d'enseignement, selon l'opportunité de l'époque, selon les sciences enseignées, et selon le caractère dévolu à chaque temple.

Le fait est d'ailleurs confirmé par des attestations de princes ou de dignitaires qui, relatant les hautes charges qui leur furent confiées, ajoutent qu'ils furent élevés et instruits dans le Temple dès leur jeunesse ; quelques-uns disent : « Alors que j'étais encore enfant... », ou encore qu'ils furent « instruits des secrets de *Thot* », etc.

3. QUI ÉTAIT ENSEIGNÉ ?

D'après les documents connus, il ne semble pas qu'il y ait eu grand souci religieux — quant au culte ou à la connaissance des *Neter*, — dans la classe ouvrière ou paysanne la plus inculte. On trouve seulement des vestiges de gestes et coutumes traditionnels quant à certaines fêtes rurales, quant à l'ensevelissement, et quant à des formules et amulettes de protection magique ou de vulgaire sorcellerie.

La classe d'employés subalternes, petits fonctionnaires, scribes surveillants et comptables, — même de prêtres salariés, — semble, d'après maints témoignages, avoir réglé la vie selon une morale utilitaire de profit immédiat : récompense ou châtiment. En revanche, on trouve de fréquents exemples de fonctionnaires influents, de maîtres techniciens instruits par le Temple, et même de grands Sages, qui, selon leur propre aveu, sont sortis du peuple et ont gravi toute l'échelle sous la direction de leurs Maîtres. Amenhotep fils de Hapou, Sage du roi Amenophis III, — architecte des Colosses de Memnon et de Karnak (X^e pylône) et du temple de Louxor, — en est un exemple typique. Il n'est pas de pont apparent entre la mentalité servile de la classe intermédiaire et celle qui a pu former les dirigeants et les exécutants d'une œuvre gigantesque en monuments et parfaite en artisanat...

La logique des faits constatés, et la lecture de nombreux documents (y compris les récits et contes populaires), nous amènent à cette explication : l'Ancienne Égypte a pratiqué le système de l'instruction limitée et proportionnée à la capacité individuelle, donnant à chacun le nécessaire pour aiguiser son intérêt et ses facultés de travail, mais réservant l'enseignement du Temple à ceux qui acceptaient l'adaptation totale à sa mentalité et l'apprentissage impitoyable des responsabilités. Nous en verrons les procédés dans le paragraphe suivant.

Quant à la satisfaction des instincts vitaux légitimes, tous les détails connus de la vie journalière, du costume et du mobilier, montrent une limitation du confort et du luxe à la stricte nécessité. Il semble que les Sages aient réduit les besoins, pour limiter les drames de la cupidité et concentrer l'effort sur un travail impersonnel ; ceci d'ailleurs ne paraît pas avoir affecté l'humour des Égyptiens, leurs joies familiales, leur ardeur au travail, ni leur sens de la *qualité*.

4. Bases et caractères de l'enseignement égyptien.

Les bases : la tradition des Anciens à laquelle ils se réfèrent à tout propos ;

une étonnante connaissance expérimentale de la matière, qui donnait à cette tradition le poids d'une certitude et le caractère de base immuable et suffisante.

Conséquence : pas de recherches individuelles tâtonnantes, pas d' « inquiétude ».

Quant aux *caractères* de l'enseignement appliqué en Ancienne Égypte, notre critérium ne devra s'appuyer que sur des faits indéniables :

a) Les plus anciennes inscriptions connues sont des *symboles de Neter* (colonne d'Osiris, nœud d'Isis), de clans ou de provinces, de noms royaux ;

— l'Écriture hiéroglyphique est constituée de *symboles ;*

— l'Histoire des dynasties divines « préhistoriques » est évidemment *symbolique ;*

— le Mythe religieux qui se développe depuis les premiers jusqu'aux derniers jours de l'Égypte connue est *symbolique ;*

— tous les tableaux représentant des actes royaux figurent le Pharaon en compagnie d'un ou plusieurs *Neter ;*

— il est écrit que *Thot, Neter* de l'écriture, enseigna lui-même aux hommes les lois de la géométrie, de l'arpentage, de la musique, et les divers modes de transcription de ces lois, avec la science du *symbole* et les secrets des hiéroglyphes.

Il est donc évident que le premier caractère de l'enseignement pharaonique est le mode *symbolique*.

b) Dans les diverses catégories de textes énumérés dans le premier paragraphe, on ne trouve pas de théories rationnellement développées par une controverse d'arguments, selon la méthode moderne. Leur absence, ainsi que la disproportion entre le petit nombre de textes scientifiques *expliqués en langage clair* et la haute portée de la science impliquée par les œuvres égyptiennes, tout cela témoigne en faveur d'un enseignement beaucoup plus explicite et plus développé que celui des textes.

D'autre part, la banalité apparente des textes couvrant les innombrables temples, les fréquentes anomalies constatées dans l'écriture hiéroglyphique, les invraisemblances de nombreux récits lorsqu'ils sont lus dans leur sens vulgaire : tout cela rend indubitable l'existence d'un sens ésotérique révélé par une lecture plus « philosophique ». L'opinion d'auteurs accrédités tels que Clément d'Alexandrie, Hérodote, Plutarque, Jamblique, etc., confirme cette assertion :

L'enseignement égyptien comportait deux aspects : un exotérisme et un ésotérisme.

5. Modes d'enseignement employés.

Les procédés des Égyptiens sont révélés par leurs propres paroles et par certaines anomalies dans leurs inscriptions et leurs tableaux.

Ils ont transmis leurs connaissances :

a) En éduquant le sens de l'homme et sa mentalité ; en appliquant ce qu'ils nommaient « les lois de *Maât* » (conscience de la vérité), c'est-à-dire : conformité du nom de toute chose avec sa nature vraie ; conformité de l'apparence (forme, couleur, décoration) donnée aux objets fabriqués, avec leur raison d'être et leur destination ; conformité des mesures et proportions de toute construction (temple, statue, obélisque) avec les lois qu'elle devait enseigner.

b) En incitant les hommes à « suivre les leçons de *Thot* et de *Sechat* » qui sont les *Neter* de l'écriture, des dessins et formes géométriques produits par la Nature, et de toutes les configurations et « signatures » qui révèlent, en chaque chose terrestre, son caractère et ses propriétés.

Tous moyens leur étaient bons pour attirer l'attention des étudiants : accentuation d'une caractéristique dans telle espèce ou tel individu ; réunion dans une même scène (de chasse, pêche ou culture) de certaines plantes et certains animaux qui vivent en symbiose ; composition du nom de chaque être et de chaque objet de telle sorte que « tout ce qui vit sur la terre, dans le ciel et dans la *Douat* », ait sa nature impliquée dans son nom ; enfin que, par les jeux d'homonymes, soient signalées au chercheur attentif les analogies révélatrices de fonctions communes.

c) En développant chez le lecteur la vision synthétique, par la superposition des divers aspects d'un sujet (aspects physique, spirituel, historique) dans un même texte ou un même tableau. C'est dans cet esprit qu'ils ont enseigné les différentes sciences, dont les applications ont pu faire l'objet d'études particulières sans qu'il y eût jamais, cependant, de spécialisation absolue puisque l'Égypte Ancienne sous-entendait toujours, en tout phénomène, la cause à travers l'effet. Car ceci est la caractéristique essentielle de la méthode égyptienne : *l'observation du fait concret, ou du symbole concret d'un fait, pour susciter chez l'étudiant l'évocation de son aspect abstrait.*

6. Quelles sciences étaient enseignées ?

Le matériel égyptologique, que nous avons cité au paragraphe 1, donne déjà une réponse à cette question, si l'on considère, à côté des textes, les œuvres qui les accompagnent : architecture des temples comme des pyramides, sculpture, statuaire, alliage des métaux, etc. Ces œuvres nécessitent des connaissances approfondies en mathématiques, géométrie, statique, chimie métallurgique, géologie, etc., sans compter que certains travaux, — tels que le calcul des coudées pour différents nomes, — exigeaient des connaissances géodésiques formelles.

Entre autres témoignages, Philon d'Alexandrie (*Vie de Moïse,* I, 5) prétendait que Moïse avait appris des Égyptiens la théorie du rythme, de l'harmonie et du *mètre* (Lefebvre, *Chron. d'Ég.*, 49, p. 58).

Mais la difficulté consiste en ce qu'on ne trouve pas en Égypte de cloisons étanches spécialisant les différentes branches de l'enseignement :

— l'Astronomie s'occupe des influences astrologiques ;

— les prescriptions médicales comportent fréquemment des considérations astrologiques (date et heures favorables ou néfastes) ou magiques (paroles à dire, etc.), ou des instructions, — explicites ou sous-entendues, — sur la constitution occulte du corps humain, par exemple l'énumération de « vaisseaux » qui souvent ne se rapportent pas aux vaisseaux sanguins, mais aux conduits imperceptibles des forces énergétiques du « corps subtil » ;

— l'Histoire est toujours mélangée de mythologie ;

— le mythe est une forme exotérique de cette philosophie synthétique, — cosmologie, cosmogonie, anthroposophie, anthropogonie, — étendue aux divers états de l'être.

— Chaque texte et chaque tableau comportent plusieurs aspects du sujet traité, par le fait que ces aspects ne sont jamais isolés dans la pensée égyptienne, et que leur étude séparée en supprimerait le lien vital, dénaturerait le sens global de la composition et par conséquent le sens particulier de l'aspect considéré.

C'est pourquoi il est plus facile, quant aux connaissances transmises par le Temple égyptien, d'en ébaucher le plan général que d'en analyser les branches distinctes, puisque celles-ci s'enchevêtrent continuellement. Il s'agit bien d'un plan, cependant, puisque certaines idées maîtresses ressortent constamment à travers toutes les sciences enseignées par les divers modes d'inscription et semblent converger vers un but défini.

Un coup d'œil rapide sur ces diverses branches permet d'en distinguer la note dominante.

SCIENCE DE L'HOMME.

— *Son corps physique :* papyrus anatomiques, chirurgicaux, médicaux ; recettes et procédés thérapeutiques ; connaissance de l'embryologie démontrée symboliquement (par exemple dans le temple de Louxor consacré au Microcosme).

— *Son être psychique :* la formation du « double », modelé par *Khnoum* en même temps que le corps physique (représentée dans les chambres dites « de naissance » de plusieurs temples, par exemple Louxor et Deir el-Bahari). Nombreux textes sur le KA (supérieur) et les KA inférieurs de l'homme (ses forces vitales, animales, etc.) ; tableaux et contextes des tombes royales, etc.

— *Sens de la vie humaine* et ses conséquences dans l'au-delà : textes de conseils dits « sagesses ». Confession négative ; quelques contes symboliques (*Conte des deux Frères,* par exemple).

— *La destinée d'outre-tombe :* textes des pyramides, nombreux textes et tableaux des tombeaux (surtout des tombes royales) et des sarcophages. Textes compilés dans le *Livre des Morts,* Rituel funéraire, etc.

SCIENCE DE LA NATURE dans la vie terrestre, mais toujours considérée comme inséparable de l'Univers ; constitution et formation de la matière ; théories cosmogoniques. (Voir plus loin les thèmes cosmogoniques.)

— *Symbolique des éléments :*

La Terre : sa naissance, son rôle et son *Neter,* — *Geb.*

L'Eau : l'eau du fleuve céleste, — *Hapi ;* l'eau nouvelle d'*Osiris ;* l'eau des larmes créatrices de *Râ,* des larmes génératrices d'*Isis* (larmes = *rem*) ; l'eau de la terre, — *mou.*

L'Air : l'air animateur d'*Amon ;* l'air séparateur du ciel et de la Terre, — *Chou ;* l'air atmosphérique terrestre, — *taou.*

Le Feu : feu créateur de *Râ ;* feu constructeur de *Ptah ;* feu animateur d'*Amon-Râ,* puis d'*Horus ;* feu énergétique, — *sa ;* feu destructeur de *Seth,* etc.

D'innombrables textes et images symboliques — à sens exotérique et ésotérique — détaillent les multiples applications de ces différents thèmes.

— *Science de la Matière :* la géologie enseignée symboliquement par la nature des pierres employées pour les différentes parties d'un monument, en concordance avec ce qu'elles représentent, par l'attribution de chaque minéral à un *Neter* déterminé (listes de Dendéra, d'Edfou, etc.).

Connaissance incompréhensible de la situation et de l'orientation des filons d'un minerai ou d'un métal dans les carrières et les mines. Travail de divers métaux et alliages ayant des qualités extraordinaires (dureté). Travail de la pierre et du bois prouvant une connaissance raffinée de leur nature et de leurs réactions.

Connaissance des lois physiques (lignes de force, chute des corps, statique, etc.) prouvée par la forme des obélisques, par la solution des problèmes architecturaux tels que la taille d'obélisques dans la roche même, sans erreurs de mesure ni défauts dans leur masse ; leur transport et leur pose dans des lieux et conditions apparemment impossibles ; élévation et pose d'architraves immenses et de blocs énormes, sans la moindre épaufrure des joints ni des sculptures.

Et toutes les instructions impliquées par les divers métiers dont les connaissances techniques sont prouvées par leurs œuvres.

— *Connaissance des Temps et de la Nature :* enseignement continuel du rituel des fêtes qui s'y rapportent ; processions et réjouissances saisonnières ; animaux choisis comme symboles religieux pour leur cri ou leurs mouvements correspondant à des dates ou heures astronomiques (lever du Soleil, dates lunaires, etc.).

Intérêt donné aux temps et phases de gestation [liste des portées de nombreux animaux, avec leur durée et leurs époques, trouvée dans la rampe de la tombe d'Ounas (VIe dynastie)].

SCIENCE DE L'UNIVERS.

— *Enseignement astronomique*, réparti dans de nombreux textes ; plafonds astronomiques de Dendera, d'Esneh, du Ramesseum et des tombes royales ; escaliers d'Edfou et de Dendera. Mouvement des planètes, voyage des barques du Soleil, heures du jour et de la nuit ; constellations du « ventre de *Nout* », etc.

Adaptation de l'histoire dynastique aux grandes périodes précessioniques zodiacales ; passage du Soleil dans le Taureau (domination de *Montou* et symbole du taureau), dans le Bélier (domination d'*Amon* et symbole des béliers), puis dans les Poissons : fin de l'Égypte, et prélude du Christ annoncé dans Philæ avec l'enfant *Horus* et l'*Horus* rédempteur.

— *Cosmogonie*, dont les trois aspects sont développés opportunément par les principaux Temples : création primordiale enseignée à Héliopolis *(Atoum-Râ)* ; sa répétition réalisatrice enseignée à Memphis ; la théorie de sa genèse enseignée à Hermopolis ; son accomplissement à Thèbes [1].

L'étude des Causes premières et des Causes secondes en découle et constitue toute l'histoire des *Neter*, qui est la théogonie-théologie égyptienne.

LE MACROCOSME ET LE MICROCOSME.

La Sagesse égyptienne considérait le ciel comme le siège des *Neter*, c'est-à-dire des Causes créatrices, des agents de la création continue, et des Fonctions principielles qui, répercutées dans le monde terrestre, en entretiennent l'existence.

Les temples étaient conçus comme les sièges des *Neter* et l'habitat du Principe auquel chacun d'eux était particulièrement consacré. Leurs textes s'expriment formellement sur ce sujet : c'est le thème fondamental de leur enseignement ésotérique. En effet, la situation d'un temple, son plan, sa dédicace et son symbolisme, en font *la projection sur Terre d'un aspect de l'organisme universel ou « macrocosme »*. La projection du macrocosme dans l'homme (microcosme) est l'enseignement du temple de Louxor ; sa projection dans l'Égypte entière a donné son « organisation » (disposition de ses organes) dans ses nomes [2], avec les sanctuaires qui en révélaient les fonctions et le caractère.

1. Voir *Her-Bak Disciple*, chap. IX.
2. Cf. ci-dessus, I, § 4.

La science des nombres, mesures et proportions qui sont les facteurs de l'Harmonie universelle. De même que l'initiation pythagoricienne s'appuyait comme base indispensable sur la géométrie, de même cette science est traitée en Égypte comme le jeu des forces et des formes créées par le mouvement du *Nombre :* « Je suis un qui devient deux, je suis deux qui devient quatre... »

Et ce nombre, puissance manifestée de la Puissance suprême « au nom caché », est l'Absolu inconnaissable montré en action à travers toute la Genèse représentée par le Mythe :

Il est dans la première dualisation, *Chou-Tefnout,* sortie d'*Atoum,* l'Un primordial. Il est dans toutes les personnifications des différents aspects des quatre éléments. Il est dans l'action génératrice de l'Ennéade ; il est dans toutes les divisions multiplicatrices du premier *Neter* maternel, *Apet,* qui « dénombre » en engendrant les fonctions procréatrices, et qui les multiplie par fonction de « nourrissement ». Il est dans le jeu de la déesse *Sefekht* (sept) qui personnifie la puissance du septénaire dans les manifestations de l'Énergie sur terre (sept couleurs dans la lumière, sept sons, etc.).

Il est dans la numération des nomes, et dans la suite dynastique dont l'ordre numérique est étrangement conforme aux « âges » ou phases évolutives de l'Homme Royal dont les Pharaons représentaient l'histoire symbolique.

Ici se situe le point de jonction entre la science théologique et sa projection dans la vie humaine, entre le symbole et l'histoire.

L'histoire pharaonique est toujours conçue comme une genèse ou succession de phases dans le « devenir » de l'Homme, dont l'Égypte situe chez elle l'histoire typique. Elle dit volontiers « les hommes », pour parler des Égyptiens, non par outrecuidance mais parce qu'elle « voit » universel, qu'elle parle impersonnellement et dans un esprit didactique.

Cette même conception s'est appliquée au Pharaon, « Maître de la terre entière », et au mythe où le roi joue le rôle de « support » d'un Principe, d'un agent « subissant » la loi de son Temps, d'un porte-parole pour la volonté des Anciens, d'un fonctionnaire semi-divin accomplissant l'œuvre prévue pour son époque ; il est le type du *Roi* héritier du trône de *Geb,* maître du domaine terrestre, mais ayant incarné l'*Horus* dont il porte le nom. Il est le modèle de l'homme « Roi de la création », parce qu'il a acquis la maîtrise sur ses ka inférieurs ; il peut ainsi après sa mort

« s'élever sur l'échelle de *Nout* » et « être considéré par les *Neter* comme l'un d'eux [1] ». C'est pourquoi l'on réserve pour les textes funéraires des Pharaons la description du triomphe définitif du KA divinisé, et son intégration parmi les « Maîtres des étoiles ».

Tel est le rôle du Pharaon dans le Mythe, dont il situe le moment historique.

On pourra dès lors s'expliquer le changement gradué de l'attitude pharaonique dans la succession des dynasties. Dans les premières dynasties : volonté autocrate dans un groupe restreint, qui lui-même semble un noyau fermé par rapport à la masse. Puis, progressivement, on voit le Pharaon partager ses pouvoirs et ses prérogatives (initiation et rites funéraires) avec un cercle de plus en plus étendu, comme si le ferment royal transformait peu à peu la valeur de la masse. Ce progrès s'accentue, jusqu'à créer des dissensions inévitables par les libertés accordées. Mais le fil directeur subsiste indéfectiblement à travers troubles et invasions, prouvant l'immuabilité d'une « présence » qui demeure, indépendamment de la personne du Pharaon. Les héritiers des Sages veillent, ostensiblement ou dans l'ombre, et la volonté des Anciens dirige sans brisure l'œuvre monumentale sous le nom de chaque Pharaon.

On comprendra dès lors les éloges et le titre de « *Neter* » décernés à certains Pharaons, sans souci des désordres de leur vie privée. Les récits relatifs à leur règne, à leurs gestes et à leurs exploits, *lorsqu'ils sont gravés sur la pierre « pour la durée des siècles »*, n'ont que la valeur descriptive du rôle symbolique attribué à leur personnage. Ils seront adaptés à la vérité historique, ou s'en écarteront, dans la mesure nécessaire à *la concordance du fait avec le Plan général et le Mythe*.

Le Mythe permet l'association de l'histoire, de la morale et de la religion, qui deviennent l'enseignement de la loi de Cause à effet. Il opère la synthèse des diverses branches de la Connaissance ; il les met en jeu dans une action commune ; il leur compose une forme concrète qui revêt leur structure abstraite, et conduit l'étudiant à trouver leurs points de contact par l'analogie des symboles.

***

1. Voir *Her-Bak Disciple*, chap. XIV, XVII, XVIII.

7. Différents modes d'inscription.

Quatre moyens ont été employés d'une manière si coordonnée que l'un est souvent nécessaire pour la compréhension totale d'un autre, et que certains thèmes n'ont été enseignés dans tous leurs aspects que par la combinaison de ces quatre modes d'inscription qui sont : l'*Écriture* hiéroglyphique et cursive, la figuration par l'*Image* dessinée, peinte ou sculptée, la *Statuaire*, l'*Architecture*.

a) *L'Écriture hiéroglyphique* est composée de figures représentant le corps ou parties du corps d'êtres humains ou animaux, des végétaux, des matières diverses (bois, pierre, eau), des objets fabriqués, des parties d'édifices, constructions, bateaux, etc., et quelques formes géométriques.

Un certain nombre de ces signes jouent le rôle de lettres alphabétiques ; un plus grand nombre représentent par une seule image une syllabe, — ou même un mot, — avec sa sonorité (phonogrammes). D'autres expriment une idée qui détermine le sens du mot (idéogrammes). Or, un mot peut être écrit avec ses lettres composantes, ou avec une ou plusieurs de ces lettres, — auxquelles s'adjoint le phonogramme, — ou avec le phonogramme seul. L'idéogramme peut aussi s'ajouter à ces combinaisons, ou être supprimé.

Si, pour certains mots ou syllabes, la présence ou l'absence des lettres ou du phonogramme semble obéir à une règle fixée, il est plus fréquent de trouver une grande variété dans l'emploi et la disposition des divers éléments d'un même mot. À cette variété s'ajoutent de fréquentes métathèses et de nombreuses ellipses de lettres et de mots, des abréviations qui déforment les désinences, et d'innombrables exceptions aux règles grammaticales adoptées par l'égyptologie.

Aucun intervalle entre les mots, aucune ponctuation, ne divise les phrases. Si les étudiants égyptiens avaient pour se guider la prononciation sous-entendue, cet appui manque aussi aux modernes, car les voyelles proprement dites n'existant pas dans l'alphabet égyptien, cette prononciation ne peut être que supposée grâce aux mots subsistant dans le langage copte.

Une longue expérience et la lecture routinière de multiples formules connues ont permis d'établir les règles de grammaire nécessaires à la traduction du sens « profane » des textes. Mais les pièges posés par les irrégularités susdites et par nombre d'anomalies restées inexpliquées, ont gardé le secret du sens ésotérique dont les Anciens signalaient l'existence en parlant des « secrets des lettres de *Thot* », c'est-à-dire la connaissance des fonctions physiques et métaphysiques, symbolisées par les hiéroglyphes.

La juxtaposition des signes, sans séparation ni ponctuation, permettait une écriture cabalistique où la phrase ne dépendait plus des lois grammaticales mais de la *signification* totale des hiéroglyphes, — seuls ou groupés en racines, — de leur situation dans le texte ou dans le tableau, du jeu des homonymes, etc.

Or c'est la valeur philosophique de cette écriture qui a valu à ses caractères le nom de *medou-Neter* (paroles divines) transcrit par les Grecs : « écriture sacrée ».

L'écriture hiéroglyphique a persisté sans interruption avec la forme parfaite de ses caractères, depuis le début de l'époque historique jusqu'à la fin de l'Empire romain.

L'histoire de la langue égyptienne peut être divisée en cinq périodes :

— *L'Ancien Égyptien* (de la Ire à la IXe dynastie), a laissé des textes religieux et funéraires ; les textes des pyramides des Ve et VIe dynasties sont rédigés en langue archaïque.

— *Le Moyen Égyptien* (de la IXe à la XVIIIe dynastie jusqu'à la fin du règne d'Aménophis III) est appelé l'Égyptien « classique », parce que les grammaires égyptologiques s'appuient principalement sur les textes du Moyen Égyptien ; d'ailleurs il se continue dans l'inscription monumentale et dans toute la littérature symbolique, religieuse ou philosophique, jusqu'aux Greco-Romains, avec cependant un apport de quelques mots étrangers.

Ses nombreux documents sont des inscriptions monumentales, des stèles funéraires, des hymnes, des œuvres philosophiques, littéraires et scientifiques (médicales, etc.).

— *Le Nouvel Égyptien* (de la XVIIIe à la XXIVe dynastie) a laissé principalement des textes en langue populaire (correspondance, contrats), ostraca, inscriptions monumentales... Ces inscriptions en néo-égyptien ont été inaugurées à El-Amarna (Akhenaton).

— *La Basse Epoque* (de la XXVe dynastie jusqu'à la fin de l'Empire romain). Les inscriptions monumentales hiéroglyphiques reprennent les formules archaïsantes d'Ancienne Égypte et de Moyenne Égypte. Les Greco-Romains donnent des textes d'inspiration et de caractère anciens, en les compliquant avec de nouveaux monogrammes.

— *Le Copte*, égyptien final, fut constitué probablement

par des dialectes égyptiens et fut la langue des chrétiens d'Égypte, les Coptes. Il débuta trois siècles av. J.-C. et incorpora beaucoup de mots grecs. Il se servit de l'alphabet grec auquel il ajouta sept lettres tirées de l'égyptien.

Les autres formes d'écriture égyptienne furent :

— *L'Hiératique,* qui apparaît au début de la IIIe dynastie ; c'est une simplification des hiéroglyphes, dessinés au calame ; lorsque s'établit l'usage du Démotique, l'Hiératique n'inscrivit que des textes de caractère religieux, mystique ou philosophique. Elle ne doit pas être confondue avec les *hiéroglyphes linéaires* qui transcrivent les textes hiéroglyphiques sur les sarcophages et les papyrus du *Livre des Morts,* en tracés plus grossiers et moins précis.

— *Le Démotique* (populaire), transcription en cursive de la langue démotique, apparaît à la Basse Époque, et amène une déformation de l'Hiératique, dont elle est une simplification. Cette écriture vulgaire ne sert jamais aux inscriptions philosophiques ou religieuses, qui n'emploient que les deux écritures sacrées : l'Hiéroglyphique et l'Hiératique.

Direction des diverses écritures.

— *L'Hiéroglyphique.* Sa disposition : soit en colonnes verticales, soit en lignes horizontales. Sa direction : parfois de droite à gauche (direction la plus ancienne et la plus fréquente), parfois de gauche à droite ; parfois une partie du texte suit une direction inverse de l'autre partie. Pour lire un texte hiéroglyphique il faut aller à la rencontre des personnages ou des animaux représentés par les signes.

— *Les hiéroglyphes linéaires* sont écrits comme les autres hiéroglyphes, de droite à gauche, ou de gauche à droite.

— *L'Hiératique* se dirige toujours de droite à gauche.

Le matériel de l'écrivain.

Ce matériel se compose de la palette, du godet d'eau, des tablettes et du rouleau de papyrus. La palette est une tablette rectangulaire, longue et étroite, en bois, comportant un logement pour les calames et deux cavités pour les pains de couleur noire et rouge. Le scribe écrivait sur du papyrus, sur des tablettes de bois stuquées, sur des tessons, fragments de pots ou éclats de calcaire (ostraca).

b) *L'inscription par l'Image.*

L'Ancienne Égypte s'est servie de l'image comme d'un langage muet, enseignant par la forme, par la couleur, par la disposition des objets et des êtres figurés, par l'association des personnages, par leurs gestes, par la position du corps, des pieds, des mains, des sceptres, chacun de ces détails ayant sa signification.

Elle n'a pas craint d'accentuer par l'absurde le caractère ou la fonction attribuée à chaque personnage, lui donnant par exemple deux mains droites ou deux mains gauches, pour signifier son rôle, actif ou passif.

Les tableaux sculptés dans les temples ont souvent indiqué la relation symbolique entre plusieurs Pharaons, grâce aux modifications de mesures ou aux transformations effectuées par chacun d'eux sur une même image, tout en laissant la trace des précédents dessins.

Il suffit de connaître le symbolisme des couleurs, des gestes, des attributs donnés aux rois et aux *Neter*, avec quelques-unes des clés qui relient chaque image au contexte, pour trouver dans chaque tableau les éléments du thème dont cette scène est un chapitre. C'est ainsi qu'une salle d'un temple peut développer un sujet explicitement.

*
**

8. L'ENSEIGNEMENT « EXTÉRIEUR » (EXOTÉRIQUE) ET L'ENSEIGNEMENT « INTÉRIEUR » (ÉSOTÉRIQUE).

Le sanctuaire d'un temple égyptien, avec les chambres, couloirs et chapelles diverses qui l'entouraient, était la partie secrète du temple, portant sur ses murailles les textes les plus importants, et séparés du « temple ouvert » — le Péristyle — par la salle intermédiaire de l'hypostyle.

Le mot « Péristyle » exprime, en cet ouvrage, le lieu symbolique par lequel, en tout enseignement initiatique [1], on a signifié l'instruction et la formation préliminaires, extérieures c'est-à-dire exotériques. Ainsi le narthex était la seule partie des cathédrales dont on permettait l'accès aux catéchumènes. D'autre part, les Francs-Maçons emploient, pour signifier l'ouverture ou la suspension d'un enseignement secret, des termes symboliques qui n'ont pas de rapport avec les lieux ou faits matériels (Temple découvert ou Temple couvert, etc.).

Plusieurs attestations témoignent qu'en Ancienne Égypte, l'accès de certaines parties des temples n'était accordé qu'à une élite éprouvée. « Les récits des voyageurs grecs montrent que les étrangers ne peuvent pas entrer dans certaines parties

1. Voir *Her-Bak Disciple, Commentaire* II, § 1.

du temple. Cette prohibition est expressément formulée à Dendera en ce qui concerne les *cryptes* » (Mariette, *Dendera,* III, pl. 26 c, texte p. 226-27). « Elle est implicitement applicable aux autres parties du temple qui, à l'exclusion de la cour, — et peut-être du pronaos pour *certains initiés,* — n'étaient accessibles qu'aux prêtres » (Chassinat, *Mammisi, Edfou,* p. IX).

Diverses formules permettent de déceler des différences dans ces privilèges d'initiation ; telle l'expression « avoir accès à l'intérieur », — *m khenou,* — qui veut certainement signifier aussi bien l'entrée au palais que la possibilité d'un groupe sélectionné.

La Connaissance *appliquée* est réduite à des formules pratiques et ne comporte aucune théorie. Le Temple est le siège d'une Connaissance fondamentale qu'il ne divulgue pas, mais dont il répartit les éléments positifs nécessaires pour former les praticiens et techniciens, parmi lesquels il peut choisir les individus capables de recevoir le Haut Enseignement.

V. — LA RELIGION ÉGYPTIENNE

1. Le mythe théologique.

Si l'on étudie sans parti pris le développement du mythe théologique, depuis la première dynastie jusqu'à la dernière, et que l'on mette en corrélation tous les détails qui peuvent s'y rapporter dans le culte, la langue ou l'architecture, on constate une série de changements qui se reproduisent périodiquement, avec des coïncidences trop répétées pour qu'on puisse les attribuer à des initiatives capricieuses.

Voici les faits principaux, avec quelques exemples parmi les plus connus :

— Changements apportés, au début de chaque grande époque, dans les formes grammaticales, dans l'emploi des syllabiques, — ou phonogrammes, ou idéogrammes, — dans la disposition des signes, etc.

— Développement de telle partie du mythe en correspondance avec un lieu déterminé. Par exemple : *Osiris* a son tombeau à Abydos où il devient le *Khent Amentiou. Horus fils d'Isis* naît à Chemnis et est roi du Delta, mais le mythe d'Edfou célèbre les luttes d'*Horus* contre *Seth,* et le fait roi du Sud.

— Exaltation ou réapparition du culte d'un *Neter* en relation avec un principe exalté au même moment (développement du culte de *Neith* à Saïs [1] à la XXVIe dynastie, en même temps que la langue sacrée revenait à ses formes archaïsantes. Or *Neith* était une déesse primordiale, étant un aspect supérieur du ciel de *Nout*, le « Ciel supérieur », la grande tisseuse de l'Univers. (Texte de *Neith* au temple de Saïs : « Je suis ce qui est, ce qui sera, ce qui a été... ».)

— Mise en valeur de tel sanctuaire à telle saison de l'année ou d'un cycle précessionique (*Abydos :* fêtes du solstice d'hiver et de la renaissance du Soleil. *Thèbes :* temple d'Amon et ses béliers, au début du signe « Bélier » précessionique).

— Rénovation ou reconstruction des temples sur d'anciens sanctuaires, avec les modifications appropriées à cette nouvelle date ; remploi, dans les fondations, d'anciennes pierres sculptées dont les inscriptions et symboles se rapportent au principe du nouveau temple.

— Modification du nom d'un *Neter*, spécifiant pour chaque époque le caractère de sa fonction active (*Andjet, Osiris ; Amon, Amon-Râ*).

— Choix des noms de rois et de fonctionnaires correspondant au caractère de l'époque.

— Modification périodique apportée aux mesures de l'image pharaonique dans les scènes sculptées, avec traces visibles des mesures précédentes pour accentuer l'intention de changement.

— Reprise d'un ancien thème, ou rappel d'un personnage d'un autre temps lorsque son rôle symbolique redevient opportun. Exemple : Imhotep (IIIe dyn.), représenté avec Amenhotep fils de Hapou (XVIIIe dyn.) *comme son frère*, sous le règne de Ptolémée IX : on leur consacre une chapelle sur la terrasse supérieure du temple d'Hatchepsout (XVIIIe dyn.) avec lequel, effectivement, leurs rôles mystiques se retrouvent en rapport à cette dernière époque. Or il faut remarquer que c'est aussi sous les Ptolémées que sont construits les temples d'Edfou, « d'après les plans d'Imhotep », — dit un papyrus de ce temple, — et de Dendera.

Tous ces faits n'ont pas été la conséquence de lentes transformations donnant naissance à une coutume qui s'établit progressivement. Ces « nouveautés » se sont produites par bonds, comme si, à des époques déterminées, une volonté soudaine les imposait. Or il se trouve que ces époques

1. Voir ci-dessus, I, § 5, *Saïs.*

étaient précisément les plus importantes de l'histoire égyptienne : époque des Pyramides, V^e^ et VIe dynasties, XIe et XIIe, XVIIIe et XIXe, XXVe et XXVIe dynasties, Ptolémées. En ces moments de transition, entre la dernière phase d'une influence cosmique et le début d'une autre, un remaniement s'opérait dans l'extériorisation de l'enseignement égyptien, *ne modifiant jamais le fond* mais adaptant les détails aux caractéristiques de la nouvelle phase. Et si chacun de ces « changements », étudié isolément, ne révèle pas immédiatement sa signification, leur étude synthétique en concordance avec leurs dates astronomiques et les circonstances concomitantes fait ressortir un système bien défini, et un plan nécessairement préétabli puisque son développement s'effectue dans une directive continue, sans se laisser dévier par les crises d'anarchie ou de domination étrangère.

Ces considérations étaient indispensables pour envisager sainement la théologie égyptienne.

Il apparaît alors que les cosmogonies enseignées à Héliopolis, à Memphis, à Hermopolis et à Thèbes ne sont pas séparées par des *divergences,* mais par des différences de même nature que celles existant dans la Genèse de Moïse entre les deux récits de la création du premier couple : aux versets 26-27 du premier chapitre, il est dit que Dieu créa l'homme... « à l'image de Dieu, et il les créa mâle et femelle » ; puis aux versets 18-22 du chapitre II, il est dit qu'Adam n'ayant point d'aide semblable à lui, Dieu lui prit une côte pour en faire une femme. De même qu'entre ces deux versions il n'y a pas de divergence, mais différence de phases, de même, entre les quatre versions des cosmogonies égyptiennes, il s'agit de différences dont on peut discerner les motifs [1]. C'est pourquoi il est impossible d'étudier isolément, sans altérer leur signification, les divers éléments du mythe enseignés conformément au symbole de chaque Temps et chaque lieu. C'est une genèse totale qu'il faut étudier *à travers l'ensemble des systèmes théogoniques,* et non point chaque système pour soi.

2. LES QUATRE THÈMES COSMOGONIQUES (d'après la tradition commune).

Le thème Héliopolitain.

À l'origine des origines, il y avait :

— Le chaos originel, *Noun*.

1. Voir *Her-Bak Disciple, Commentaire* V, § 4 : *Les points de vue de la théologie égyptienne*

— De ce chaos sort, par sa propre puissance, le Soleil *Râ-Atoum* (celui qui se crée lui-même).

— *Atoum,* se masturbant et crachant, « émet » *Chou-Tefnout.*

— *Chou-Tefnout* produisent *Geb* (terre) et *Nout* (ciel).

— *Geb* et *Nout* donnent naissance à *Osiris, Isis, Seth, Nephtys.*

Le thème Memphite.

Ptah et l'Ogdoade :

— *Ptah,* créateur de tout ce qui est sur terre.

— *Huit Neter primordiaux :*

Tatenen, la première terre émergeant du chaos ;

Atoum, dont l'intelligence divine est *Horus,* et dont la volonté exprimée par la langue est *Thot ;*

Quatre autres *Neter* aux noms actuellement incertains.

Le thème Hermopolitain.

L'Ogdoade et le Soleil :

— *Huit Neter primordiaux,* représentés sous forme de grenouilles et de serpents. Ces quatre couples créent un œuf, qu'ils déposent sur la « butte » émergée du *Noun.*

— Le Soleil naît de cet œuf, puis organise le monde.

Le thème Thébain.

L'Ogdoade originaire de Thèbes, et le Soleil :

— *Les huit Neter primordiaux* sont portés par les eaux, de Thèbes à Hermopolis *(Khemenou) ;* là, ils créent le *Soleil,* puis reviennent mourir auprès de la montagne thébaine, à Médinet-Habou.

Le principe dominant du thème thébain est *Amon,* présenté sous trois formes :

1° *Kématef* [1], « celui qui a fait son temps » (dieu serpent qu'on assimile à l'*Amon* de Karnak).

2° *Irta,* « qui fait la terre » (deuxième dieu serpent qu'on assimile à l'*Amon* de Louxor), succède à son père *Kématef ;* c'est l'*Amon Irta* qui va tous les dix jours porter des offrandes funéraires aux huit Primordiaux enterrés à Médinet-Habou.

3° *Amon,* membre de l'Ogdoade.

Ces ébauches de cosmogonies font partie du mythe égyptien au titre de thèmes présentant les premières phases d'une genèse (les trois phases *créatrices*). Le rôle de cause

1. Que l'on assimile parfois à l'*Amon Kamoutef* de Louxor.

créatrice est attribué différemment dans chaque thème, selon la phase à laquelle se rapporte ce thème. L'ordre des principes agissant dans chaque phase peut varier selon le « produit » de cette phase ; mais la *manière* de l'exprimer dépend du point de vue sous lequel il est envisagé.

Il faut, à ce propos, remarquer que les dates de promulgation des diverses cosmogonies ne correspondent pas à l'ordre des phases, mais à des coïncidences symboliques entre ces dates et le caractère du thème (et non pas à des luttes cléricales de préséance entre les temples).

— Le thème *Héliopolitain* est celui du caractère abstrait de l'Origine. Il part de la création principielle : du chaos originel inerte (sans aucun mouvement ni différenciation), *Râ* universel sort par sa propre puissance, créateur de lui-même. Sous le nom d'*Atoum,* et par son propre mouvement, il émet *Chou-Tefnout,* première dualité principielle. Celle-ci produit la deuxième dualité, *Geb-Nout* (terre et ciel). Alors, après leur séparation, sont enfantés par *Nout* les grands *Neter* de la Nature : *Osiris, Isis, Seth, Nephtys.*

— Dans le thème *Memphite,* le Principe créateur est le feu céleste *Ptah,* descendu en la terre originelle, *Tatenen,* qui *par lui* surgit du chaos. L'*Atoum universel*[1] est la puissance manifestant les qualités divines, — Intelligence et Volonté (*Horus* et *Thot*), — qui « parlent » et « organisent » les formes « ectypiques » de la Nature. *Ptah* est l'auteur de cette deuxième création (des Puissances) ; les autres *Neter* de l'Ogdoade en sont les fonctions, actives et passives.

— Le thème *Hermopolitain* est une entrée en œuvre dans la Nature concrète :

les formes ectypiques (en Idées) du thème Memphite se projettent dans la Nature. Le *Noun* n'est plus le chaos originel, inerte, qui précède la création principielle : c'est l'Océan primordial, l'Eau-mère d'où émerge la première butte.

Râ est devenu le Soleil de la Nature, il est né de l'œuf cosmique créé par les huit *Neter* primordiaux, agents du monde de *Thot :* c'est pourquoi le nom d'Hermopolis (ville d'Hermès-*Thot*) a été donné par les Grecs à *Khemenou*. Car l'Ogdoade d'Hermopolis a pour chef *Thot,* celui qui « inscrit en caractères de *Thot* » les *signatures* des êtres terrestres.

Telles sont les trois formes très frustes sous lesquelles l'Ancienne Égypte effleure le thème de la triplicité de la

1. *Atoum,* ici, équivaut à l'Homme adamique avant sa chute, celui qui nomme les formes qui deviendront terrestres.

Création ; ébauche très grossière en effet d'après la lecture *exotérique* de ses textes, auxquels des auteurs dignes de foi accordent un sens ésotérique d'une haute portée philosophique. Cependant, même dans leur lecture vulgaire, ils forment un tout cohérent si chaque aspect des Principes envisagé figure avec son rôle exact dans la hiérarchie des *Neter*.

L'enseignement du Temple thébain facilite cette mise au point en situant au centre du « puzzle » le triple aspect du Principe créateur :

« *Amon-Râ-Ptah, trois en un.* »

Cette affirmation étant posée comme essentielle, la Sagesse thébaine peut alors évoquer trois aspects fonctionnels de l'*Amon* primordial : *Kématef* « qui fait son temps », *Irta* « qui fait la terre », et l'*Amon* de l'Ogdoade. Elle peut établir à Karnak (qui est *Aset-Apet*, la « place des Nombres ») le siège d'*Amon* roi des *Neter ;* elle peut le représenter comme le condensateur d'Énergie, — *Min* ithyphallique, — comme l'animateur-fécondateur de la Nature maternelle, *Mout*, dont le fils *Khonsou* révèle la face de « celui qui l'a engendré ». Elle peut aussi, au-delà de toute création, évoquer religieusement l'Inconnaissable *Amon* « au nom caché ». Au centre de ces aspects extrêmes, Thèbes a situé le point fixe immuable qui, en trois noms, résume tous les thèmes, en fait la base et le fil conducteur : « *Tout est Amon-Râ-Ptah, UN EN TROIS.* »

Elle résume tous les *Neter* dans cette Trinité qui est l'Homme Cosmique, dont l'esprit inconnaissable (au nom caché) est manifesté par les fonctions d'*Amon* dont « *Râ* est la tête » c'est-à-dire la source et l'expression de toutes les formes du Verbe (dans les trois mondes), dont « *Ptah est le corps* » ou manifestation du feu créateur en toutes les Possibilités, fonctions et organes de la Nature.

3. Théories formulées en Ancienne Égypte.

Si l'on considère la théologie comme la *théorie explicative* des divers aspects de la Divinité ou manifestations de sa Puissance, il n'y a pas de théologie en Ancienne Égypte, parce que la théorie formulée par axiomes rigides et prouvée par arguments n'y existe pas. Mais on trouve, à travers tout le mythe égyptien, une connaissance de la « genèse » ou apparition successive des Puissances ou Qualités divines, issues de l'Unité originelle où elles sont à l'état latent, puis de la genèse dans la création continue par laquelle elles se manifestent à travers la Nature [1].

Ainsi considérés, ces éléments théogoniques établissent une « hiérarchie des *Neter* » telle qu'on en trouve dans les autres traditions, — Hindoue, Kabale hébraïque, — mais non « dogmatisée » comme elles, hiérarchie qui consiste dans l'ordre de leur parution comme causes premières ou causes secondes, et dans le caractère spirituel, subtil ou matériel de leurs fonctions.

Mais les Sages égyptiens n'ont pas établi un schéma rigide de cette hiérarchie, peut-être parce qu'elle eût révélé les secrets de forces naturelles dont la science démontre le danger redoutable... Ils en ont, comme toujours, dispersé les éléments, qu'il faut recomposer pour voir apparaître l'image du puzzle.

4. Les trois mondes : Ciel, Terre, Douat.

Les *Neter* sont les Puissances causales, — causes premières et causes secondes, — de tout ce qui se manifeste dans l'Univers ; ils en sont les principes, les agents et les fonctions.

Les *mondes* ou « états » de l'Univers en lesquels agissent les *Neter*, ont reçu différents noms des Sages égyptiens. Ils les ont résumés en une formule : *« Ce qu'il y a dans le Ciel, dans la Terre et dans la Douat. »* Ce disant, ils considéraient deux états extrêmes : céleste et terrestre ; et un état intermédiaire, celui de la *Douat*. Pour nous exprimer plus clairement, nous parlerons des mondes « Céleste », « Intermédiaire », et « Terrestre ».

« Ce qu'il y a dans le Ciel », c'est-à-dire :

le monde Céleste. Ce que les Égyptiens désignaient ici par « céleste » ne se rapportait pas au divin Principe absolu, « Père de l'Essence », insituable, « immobile et inintelligible [2] ».

Leur enseignement *exotérique* entendait par « céleste » le monde des Puissances causales principielles, Puissances spirituelles, Qualités en soi, qui agissent du fait qu'elles *sont ;* monde abstrait, impersonnel, impassible, qui contient *en soi* toutes les possibilités qui pourront prendre forme, puis se manifester corporellement dans les genèses successives.

1. Cf. *Her-Bak Disciple*, chap. IX, X, XIV et *Commentaire* IV, § 3.
2. Jamblique, *Mystères*, 8e partie, 2.

C'est le monde du BA, âme divine Universelle, source de tous les *ba.*

« Ce qu'il y a dans la Douat », c'est-à-dire :

le *monde Intermédiaire,* que les Égyptiens nomment *Douat* (homonyme de *doua,* moment intermédiaire entre la nuit et le jour) ; c'est le monde de transition entre le monde abstrait des Puissances causales et le monde des phénomènes, ou monde de la Nature. C'est l'état de ce qui va vers un « devenir » ou vers un « retour ». D'où les deux *Douat :* la première *Douat* est l'état de ce qui va vers les genèses terrestres, la deuxième *Douat* est l'état de ce qui est sorti de l'existence terrestre et se trouve en attente, soit pour y revenir soit pour retourner, à travers les transformations nécessaires, vers sa « patrie » spirituelle. C'est le monde des KA.

La première est la *Douat* prénatale, monde des préformations. C'est le monde des *Neter* « intelligibles » (en scolastique, c'est la Nature naturante), des Formes-Idées issues des Possibilités virtuelles du monde céleste, et qui imprimeront leurs signatures dans toutes les créatures terrestres. C'est le monde de *Thot, Neter* des « spécifications », qu'il détermine dans les *types* de la Nature par le jeu des nombres et de la divine géométrie.

La deuxième *Douat* est l'état post-mortem, où ce qui a pris corps dans le monde terrestre garde, après sa désincarnation, la conscience acquise par l'expérience corporelle, et subit les transformations correspondant à ses nouvelles possibilités. C'est le monde d'*Osiris,* témoin et maître des transformations dans la *Douat.*

« Ce qu'il y a dans la Terre », c'est-à-dire :

le *monde Terrestre* ou concret (en scolastique : la Nature naturée) réalise la personnification des « types » préconçus dans les mondes intermédiaires. C'est l'état de corporification des Formes-Idées dans toutes les productions de la Nature, depuis les quatre éléments constitutifs de la matière jusqu'à leurs combinaisons les plus complexes : astres, matières inorganiques et êtres organisés ; c'est le monde des corps *(khat).*

C'est le monde de *Ptah,* — feu inné dans la matière terrestre, — qui en fut le créateur, qui en est le moteur secret et l'agent de son devenir.

C'est le monde d'*Osiris Oun-nefer,* — maître et régénérateur de la vie végétative, — de l'*Osiris* maître de tous les cycles de renouvellement dans la Nature.

5. Les Neter et leur hiérarchie.

Les *Neter* étant l'expression des Qualités et fonctions de la Puissance divine, leur hiérarchie ne peut être définie que par le caractère plus ou moins spirituel ou matériel, universel ou particulier, absolu ou relatif, de la Puissance ou de la fonction considérée.

Or cette évaluation étant nécessairement infirmée par l'incompétence de l'intelligence humaine devant un tel sujet, les Sages égyptiens se sont gardés de commettre cette erreur ; ils ont développé les diverses fonctions de chaque *Neter* à travers les multiples épisodes du mythe, de sorte qu'*on ne puisse pas définir un* Neter *par une formule exclusive,* mais qu'on puisse évoquer son rôle dans les genèses, son mode d'action dans les phénomènes terrestres et sa relation avec les trois « mondes », — Céleste, Intermédiaire et Terrestre.

Les Neter *du monde Céleste :*

Au ciel supérieur (divin) appartiennent :

— *Amon* « jamais né ».

— *Râ* Universel, contenant la fonction *Atoum* en puissance.

— *Horus* cœur de *Râ* et son verbe immanent.

— *Neith* Vierge cosmique dont il est dit : « Je suis ce qui est, ce qui sera, ce qui a été. »

Ces *Neter* sont les premiers aspects intelligibles de la Puissance causale, source de vie inépuisable de l'Univers.

Neter *agissant dans le monde Intermédiaire :*

— *Amon,* descendant vers les genèses et « mettant au jour la puissance sacrée des discours secrets [1]».

— *Atoum,* auteur de la chute par première dualisation, *Neter* solaire intermédiaire entre nuit et jour.

— Les *Neter* des cinq jours épagomènes : *Osiris, Isis, Seth, Nephtys, Horus,* ces cinq *Neter* « qui ne sont ni au Ciel, ni sur la Terre, et que le Soleil n'éclaire pas [2] ».

— *Hathor* et *Nout,* en tant que *Neter* du ciel inférieur (ciel des influences stellaires), et dans leurs rapports avec les forces et les êtres de la *Douat.*

— *Thot,* véritable intermédiaire entre Ciel et Terre, « messager d'*Horus* » et « langue de *Ptah* » ; il formule

1. Jamblique, *Mystères,* 8ᵉ partie, 3.
2. *Papyrus Harris,* Pl. III, 1, 5-6, éd. Chabas, p. 53

toutes les paroles (tous les verbes) issues de « la bouche créatrice ».

Maître des formes engendrées par les nombres, il est le *Neter* des signatures qui détermineront les types (espèces) terrestres.

« Scribe de *Maât* », c'est-à-dire des impressions fixées dans la conscience des êtres, il les inscrit dans les annales de la *Douat* (Mémoire Universelle, *akasha*, etc.).

— *Anubis,* puissance transformatrice qui permet le passage de la Terre aux cieux inférieurs. Sous le nom d'*Oup-ouat,* il est l' « Ouvreur des chemins » de la *Douat.*

Neter *agissant dans le monde Terrestre :*

1. *Ptah,* son créateur, agent et moteur *continuels.*

— La triade de l'ordre Naturel : *Osiris, Isis, Horus ;* « dernier anneau qui rapprochait de la terre les triades divines, la plus vénérée parce que conservatrice du monde sublunaire [1] ».

— Tous les *Neter* dont les qualités spirituelles et les fonctions abstraites se retrouvent, concrétisées, dans des qualités ou fonctions de l'ordre Naturel, par exemple :

— *Amon-Min,* aimant condensateur de l'Énergie céleste.

— *Seth,* principe concrétisant, fixateur, séparateur.

— *Anubis,* transformateur de la matière putride en substance vivante.

— *Khnoum,* puissance attractive qui conjoint les complémentaires, et façonne le nouvel être.

— *Mout,* Principe de la *mère,* qui décompose les semences pour les régénérer (dans ce rôle elle est nommée *Sekhmet*), puis qui les geste jusqu'à maturité du produit.

— *Apet,* Principe de la fécondité maternelle, et de la multiplication de la substance.

2. *Les* Neter *des Qualités élémentaires* (sec, humide, chaud, froid) : *Chou, Tefnout, Geb, Nout,* dont les principes ont été évoqués par *Atoum* dans la création continue où ils deviennent : le feu, l'air, l'eau et la terre.

3. *Les principaux* Neter *des fonctions fondamentales :*

— *Sokar :* fonction de la « contraction-fixation » (*Neter* funéraire).

— *Serket* (déesse scorpion) : fonction de contraction suscitant la dilatation (l'aspiration).

— *Neith :* fonction de dilatation suscitant la contraction (et l'expiration).

1. Abbé MIGNE, *Dictionnaire mythologique :* Osiris.

— *Ouadjit :* fonction de dilatation qui permet la vie végétative (épanouissement).

— *Amm :* fonction d'absorption (*Ammit,* l' « avaleuse » des morts, monstre qui assiste à la pesée de l'âme).

4. *Les quatre aspects du Principe féminin dans la Nature,* dont les images entourent de leurs ailes les sarcophages et les coffres des vases canopes : *Isis, Nephtys, Neith* et *Selkis (Serket).*

Mais comme l'explique et le répète Jamblique, cette multiplicité des noms n'est qu'une analyse des fonctions qui, toutes, se rapportent à la Cause essentielle : UN EN TROIS.

MAÂT. — Il est un nom cependant qui mérite une attention particulière, parce qu'il est la plus belle synthèse et la plus haute philosophie de l'Égypte : *Maât,* qui personnifie la Justice et Vérité. Tous les *Neter* féminins sont des aspects de la grande Mère divine, mais *Maât* en est à la fois la source et l'accomplissement. « Émanée sans cesse du divin *Râ* dont elle est elle-même la nourriture, elle est l'intermédiaire et le véhicule de l'essence de *Râ* [1]. » Elle est la Présence du commencement et de la fin, dans tous les Temps et dans tous les mondes, « elle est la conscience cosmique, l'Idéation Universelle, la Sagesse essentielle [2] ».

Dans le monde des hommes, elle est la *conscience du « discernement »* et par conséquent la *Maât* du Jugement.

Or il y a ici quelque chose qui dépasse le mythe et tous les mythes : puisque depuis son nom jusqu'à son effective réalité, *Maât* est, dans le Cosmos, la Vérité en toutes choses, *Maât* se présente comme la clé de la « raison de vivre » de l'homme, et la clé de la philosophie théologique et mystique de l'Égypte.

1. Cf. *Her-Bak Disciple,* chap. XVI.
2. Cf *Her-Bak Disciple,* chap. XVI.

TABLE DES MATIÈRES

PREMIÈRE PARTIE

POIS CHICHE

DEUXIÈME PARTIE

L'APPRENTI

SCIENCES

BARBEROUSSE, KISTLER, LUDWIG
La Philosophie des sciences au XXe siècle. (Champs-Université)

BARROW
La Grande Théorie.

BITBOL
L'Aveuglante Proximité du réel (inédit).
Mécanique quantique.

BRADU
L'Univers des plasmas.

BROGLIE
La Physique nouvelle et les quanta.
Nouvelles perspectives en microphysique.

BRUNHES
La Dégradation de l'énergie.

CAVALLI-SFORZA
Qui sommes-nous ?

CHAUVET
La Vie dans la matière.

COUTEAU
Le Grand Escalier. Des quarks aux galaxies.
Les Rêves de l'infini.

CREVIER
À la recherche de l'intelligence artificielle.

DACUNHA-CASTELLE
Chemins de l'aléatoire.

DAVID, SAMADI
La Théorie de l'évolution. Une logique pour la biologie. (Champs-Université)

DAVIES
Les Forces de la nature.

DELSEMME
Les Origines cosmiques de la vie.

DELSEMME, PECKER, REEVES
Pour comprendre l'univers.

DELUMEAU (PRÉSENTÉ PAR)
Le Savant et la foi.

DENTON (Derek)
L'Émergence de la conscience.

DENTON (Michael)
Évolution. Une théorie en crise.

DINER, LOCHAK, FARGUE
L'Objet quantique.

DROUIN
L'Écologie et son histoire.

ECCLES
Évolution du cerveau et création de la conscience.

EINSTEIN
Comment je vois le monde.
Conceptions scientifiques.

EINSTEIN, INFELD
L'Évolution des idées en physique.

FRANCK
Einstein. Sa vie, son temps.

GELL-MANN
Le Quark et le jaguar.

GLEICK
La Théorie du chaos.

GRIBBIN
À la poursuite du Big Bang.
Le Chat de Schrödinger.

HAWKING
Commencement du temps et fin de la physique ?
Une brève histoire du temps.

HEISENBERG
La Partie et le tout.

HURWIC
Pierre Curie.

JACQUARD
Idées vécues.
La Légende de demain.
La Légende de la vie.

KLEIN, SPIRO (DIR)
Le Temps et sa flèche.

KUHN
La Structure des révolutions scientifiques.

LEAKEY, LEWIN
Les Origines de l'homme.
La Sixième Extinction.

LINES
Dites un chiffre.

LLOYD
Les Origines de la science grecque.

LOCHAK
La Géométrisation de la physique.
Louis de Broglie. Un prince de la science.

LOVELOCK
La Terre est un être vivant.

MANDELBROT
Fractales, hasard et finance (inédit).
Les Objets fractals.

MERLEAU-PONTY
Einstein.

MINSTER
La Machine-Océan.

VON NEUMANN
L'Ordinateur et le cerveau.

NOTTALE
L'Univers et la lumière.

PENROSE
Les Deux Infinis et l'esprit humain.

PERRIN
Les Atomes.

PICHOT
Histoire de la notion de gène (inédit).
La Société pure. De Darwin à Hitler.

PLANCK
Autobiographie scientifique et derniers écrits.
Initiations à la physique.

POINCARÉ
La Science et l'hypothèse.
La Valeur de la science.

POPPER
La Connaissance objective.

PRIGOGINE
Les Lois du chaos.

PRIGOGINE, STENGERS
Entre le temps et l'éternité.

REICHHOLF
L'Émancipation de la vie.
L'Émergence de l'homme.
Le Retour des castors.

ROBERT
Les Horloges biologiques.
Le Vieillissement du cerveau

ROSENFIELD
L'Invention de la mémoire.

RUFFIÉ
De la biologie à la culture.
Traité du vivant.

RUFFIÉ, SOURNIA
Les Épidémies dans l'histoire de l'homme.

SAPOVAL
Universalités et fractales.

SCHWARTZ
Le Jeu de la science et du hasard. La statistique et le vivant.

SELLERI
Le Grand Débat de la théorie quantique.

SERRES
Les Origines de la géométrie.

SHAPIRO
L'Origine de la vie.

SMOOT
Les Rides du temps.

STENGERS
L'Invention des sciences modernes.

STEWART
Dieu joue-t-il aux dés ? (nouvelle édition)

TESTART
Le Désir du gène.
L'Œuf transparent (inédit).

THOM
Paraboles et catastrophes.
Prédire n'est pas expliquer.

THORNE
Trous noirs et distorsions du temps.

TRINH XUAN
Un astrophysicien.

TUBIANA
Histoire de la pensée médicale.

ULLMO
La Pensée scientifique moderne.

WEYL
Symétrie et mathématique moderne.

WILLS
La Sagesse des gènes.

HISTOIRE

ARASSE
La Guillotine et l'imaginaire de la Terreur

ATTIAS, BENBASSA
Israël, la terre et le sacré.

BARNAVI
Une histoire moderne d'Israël.

BERTIER DE SAUVIGNY
La Restauration.

BIARDEAU
L'Hindouisme.

BOIS
Paysans de l'Ouest.

BOUREAU
La Papesse Jeanne.

BRAUDEL
La Dynamique du capitalisme.
Écrits sur l'histoire.
Écrits sur l'histoire II.
Grammaire des civilisations.
L'Identité de la France.
La Méditerranée. L'espace et l'histoire.
La Méditerranée. Les hommes et l'héritage.

BRUNSCHWIG
Le Partage de l'Afrique noire.

CAIRE
L'Histoire en France du Moyen Âge à nos jours. (Champs-Université)

CAROZZI, TAVIANI-CAROZZI
La Fin des temps. Terreurs et prophéties au Moyen Âge.

CARRÈRE D'ENCAUSSE
Lénine. La révolution et le pouvoir.
Staline. L'ordre par la terreur.

CAUVIN
Naissance des divinités, naissance de l'agriculture.

CHASSAIGNE
Histoire de l'Angleterre des origines à nos jours (nouvelle édition).

CHAUNU
La Civilisation de l'Europe des Lumières.

CHOURAQUI
Moïse.

CORBIN
L'Avènement des loisirs.
Les Cloches de la terre.
Les Filles de noce. Misère sexuelle et prostitution au XIXe siècle.
Le Miasme et la jonquille. L'odorat et l'imaginaire social, XVIIIe-XIXe siècle.
Le Monde retrouvé de Louis-François Pinagot. Sur les traces d'un inconnu (1798-1876).

Le Temps, le Désir et l'Horreur.
Le Territoire du vide. L'Occident et le désir du rivage, 1750-1840.
Le Village des cannibales.

DAUMARD
Les Bourgeois et la bourgeoisie en France depuis 1815.

DAVID
La Romanisation de l'Italie.

DIEHL
La République de Venise.

DUBY
L'Économie rurale et la vie des campagnes dans l'Occident médiéval.
L'Europe au Moyen Âge.
Mâle Moyen Âge. De l'amour et autres essais.
Saint Bernard. L'art cistercien.
La Société chevaleresque. Hommes et structures du Moyen Âge I.
Seigneurs et paysans. Hommes et structures du Moyen Âge II.

ELIAS
La Société de cour.

FAIRBANK
La Grande Révolution chinoise.

FERRO
La Révolution russe de 1917.

FINLEY
L'Invention de la politique.
Les Premiers Temps de la Grèce.

FOISIL
Le Sire de Gouberville.

FURET
L'Atelier de l'histoire.

FURET, OZOUF
Dictionnaire critique de la Révolution française (4 vol.).

FUSTEL DE COULANGES
La Cité antique.

GEARY
Naissance de la France. Le monde mérovingien.

GEREMEK
Les Fils de Caïn.
Les Marginaux parisiens aux XIVe et XVe siècles.

GERNET
Anthropologie de la Grèce antique.
Droit et institutions en Grèce antique.

GINZBURG
Les Batailles nocturnes.

GOMEZ
L'Invention de l'Amérique.

GOUBERT
100 000 provinciaux au XVIIe siècle.

GRIMAL
La Civilisation romaine.
Virgile ou la seconde naissance de Rome.

GROSSER
Affaires extérieures. La politique de la France, 1944-1989.
Le Crime et la mémoire.

HELLER
Histoire de la Russie.

HILDESHEIMER
Du Siècle d'or au Grand Siècle. L'État en France et en Espagne, XVIe-XVIIe siècle. (Champs-Université)

HUGONIOT
Rome en Afrique. De la chute de Carthage aux débuts de la conquête arabe. (Champs-Université)

ILIFFE
Les Africains. Histoire d'un continent.

JOURDAN
L'Empire de Napoléon. (Champs-Université)

KRAMER
L'Histoire commence à Sumer.

LACOSTE
La Légende de la terre.

LALOUETTE
Au royaume d'Égypte. Histoire de l'Égypte pharaonique I.
Thèbes. Histoire de l'Égypte pharaonique II.
L'Empire des Ramsès. Histoire de l'Égypte pharaonique III.
L'Art figuratif dans l'Égypte pharaonique.
Contes et Récits de l'Égypte ancienne.

LANE
Venise, une république maritime.

LAROUI
Islam et histoire.

LE GOFF
La Civilisation de l'Occident médiéval.

LEROY
L'Aventure séfarade. De la péninsule ibérique à la Diaspora.

LE ROY LADURIE
Histoire du climat depuis l'an mil.
Les Paysans de Languedoc.

LEWIS
Les Arabes dans l'histoire.
Juifs en terre d'Islam.

LOMBARD
L'Islam dans sa première grandeur.

LUPO
Histoire de la Mafia.

MAHN-LOT
La Découverte de l'Amérique.

MARRUS
L'Holocauste dans l'histoire.

MAYER
La Persistance de l'Ancien Régime.

MERVIN
Histoire de l'Islam. Fondements et doctrines. (Champs-Université)

MILZA
Fascisme français.

MOLLAT, WOLFF
Les Révolutions populaires en Europe aux XIVe et XVe siècles.

MOSSÉ
Politique et société en Grèce ancienne. Le « modèle athénien ».

MUCHEMBLED
Culture populaire et culture des élites dans la France moderne (XVe-XVIIIe siècle).

PERROT
Les Femmes ou les silences de l'histoire.
Les Ombres de l'histoire.

RICHET
La France moderne. L'esprit des institutions.

ROMANO
Les Conquistadores.

SCHWALLER DE LUBICZ I.
Her-Bak « disciple ».
Her-Bak « pois chiche ».

SCHWALLER DE LUBICZ R.A.
Le Miracle égyptien.
Le Roi de la théocratie pharaonique.

SERGI
L'Idée de Moyen Âge (inédit).

SOUTHERN
L'Église et la société dans l'Occident médiéval.

STERN
Hitler.

TOOMASPOEG
Histoire des Chevaliers teutoniques.

TUBIANA
Histoire de la pensée médicale.

VALANCE
Histoire du franc de 1360 à 2002.

VERRIÈRE
Genèse de la nation française (inédit).

VIDAL-NAQUET
La Démocratie athénienne vue d'ailleurs.

VINCENT
1492 : « l'année admirable ».

VINCENT (dir.)
Histoire des États-Unis.

DROIT

CHAGNOLLAUD, QUERMONNE
La Ve République :
t. 1 Le Pouvoir exécutif.
t. 2 Le Pouvoir législatif.
t. 3 Le Régime politique.
t. 4 L'État de droit et la justice.

EDELMAN
Le Droit saisi par la photographie.

ENCINAS DE MUNAGORRI, LHUILIER
Introduction au droit. (Champs-Université)

LEGENDRE
Le Crime du caporal Lortie. Traité sur le père.

ROUVILLOIS
Droit constitutionnel. La Ve République. (Champs-Université)
Droit constitutionnel. Fondements et pratiques. (Champs-Université)

SCHMITT
La Notion de politique.

SEILLER
Droit administratif. 1. Les sources et le juge. (Champs-Université)
Droit administratif. 2. L'action administrative. (Champs-Université)

SOLEIL
Introduction historique aux institutions. (Champs-Université)

STRAUSS
Droit naturel et histoire.

THIREAU
Introduction historique au droit. (Champs-Université)

SCIENCES HUMAINES

ABRAHAM, TOROK
L'Écorce et le noyau.
Le Verbier de l'homme aux loups.

ADORNO
Notes sur la littérature.

ALAIN
Idées. Introduction à la philosophie de Platon, Descartes, Hegel, Comte.

AMSELLE
Vers un multiculturalisme français.

ANATRELLA
L'Église et l'amour.
Non à la société dépressive.
Le Sexe oublié.

ARCHÉOLOGIE DE LA FRANCE
(Réunion des musées nationaux).

ARNAULD, NICOLE
La Logique ou l'art de penser.

ARNHEIM
La Pensée visuelle.

AUGÉ
Anthropologie des mondes contemporains.

AXLINE
Dibs.

BADINTER
L'Amour en plus.

BARBEROUSSE, KISTLER, LUDWIG
La Philosophie des sciences au XXe siècle. (Champs-Université)

BAVEREZ
Raymond Aron.
Les Trente Piteuses.

BENJAMIN
Le Concept de critique esthétique dans le romantisme allemand.
Origine du drame baroque allemand.

BERNARD
Introduction à l'étude de la médecine expérimentale.

BIARDEAU
L'Hindouisme. Anthropologie d'une civilisation.

BODEI
La Philosophie au XXe siècle (inédit).

BORCH-JACOBSEN
Lacan.

BRILLAT-SAVARIN
Physiologie du goût.

CHAGNOLLAUD, QUERMONNE
La Ve République :
t. 1 Le Pouvoir exécutif.
t. 2 Le Pouvoir législatif.
t. 3 Le Régime politique.
t. 4 L'État de droit et la justice.

CHOMSKY
Réflexions sur le langage.
Langue, Linguistique, Politique. Dialogues avec Mitsou Ronat.

CHUVIN
La Mythologie grecque.

COGARD
Introduction à la stylistique. (Champs-Université)

COHEN (Daniel)
Richesse du monde, pauvretés des nations.
Nos Temps modernes.

COHEN (Jean)
Structure du langage poétique.

COLLECTIF
Le Français dans tous ses états.

CONSTANT
De la force du gouvernement actuel de la France et de la nécessité de s'y rallier (1796) Des réactions politiques.
Des effets de la Terreur (1797).

DANIÉLOU
Mythes et dieux de l'Inde.

DARAKI
Dionysos et la déesse Terre.

DAVY
Initiation à la symbolique romane.

DE WAAL
De la réconciliation chez les primates.

DELEUZE, PARNET
Dialogues.

DERRIDA
Éperons. Les styles de Nietzsche.
Heidegger et la question.
La Vérité en peinture.

DETIENNE, VERNANT
Les Ruses de l'Intelligence. La Mètis des Grecs.

DEVEREUX
Femme et mythe.

DIECKHOFF
La Nation dans tous ses états. Les identités nationales en mouvement.

DODDS
Les Grecs et l'irrationnel.

DUMÉZIL
Heurs et malheurs du guerrier.
Loki.
Mythes et dieux des Indo-Européens.

DURKHEIM
Règles de la méthode sociologique.

ÉCOLE DE LA CAUSE FREUDIENNE
De l'amour (inédit).
Lacan, l'écrit, l'image (inédit).

EDELMAN
Le Droit saisi par la photographie.

ELIADE
Forgerons et alchimistes.

ENCEL
L'Art de la guerre par l'exemple.
Géopolitique de Jérusalem.
Le Moyen-Orient entre guerre et paix.

ÉRIBON
Michel Foucault.

ERIKSON
Adolescence et crise.

FAURE
Bouddhismes, philosophies et religions.

FLASCH
Introduction à la philosophie médiévale.

FONTANIER
Les Figures du discours.

FRÉMONT
France, géographie d'une société.
La Région, espace vécu.

FUKUYAMA
La Fin de l'Histoire et le dernier homme.

GADREY
Nouvelle économie, nouveau mythe ?

GENTIS
Leçons du corps.

GIRAUD
La Théorie des jeux. (Champs-Université)

GODELIER
L'Énigme du don.
La Production des grands hommes.

GOMEZ
L'Invention de l'Amérique.

GRANOFF, PERRIER
Le Désir et le féminin.

GRENIER
L'Esprit du Tao.

GUÉHENNO
La Fin de la démocratie.

GUILLAUME
La Psychologie de la forme.

GUSDORF
Mythe et métaphysique.

GUYOMARD
La Jouissance du tragique.

HABERMAS
De l'éthique de la discussion.
Écrits politiques.
Morale et communication.

HAMBURGER
L'Aventure humaine.

HARRISON
Forêts. Essai sur l'imaginaire occidental.

HASSOUN
La Cruauté mélancolique.
Les Passions intraitables.

HEGEL
Introduction à l'Esthétique. Le Beau.

HELL
Possession et chamanisme.
Le Sang noir.

HERVIEU-LÉGER
Le Pélerin et le converti.

HORNUNG
Les Dieux de l'Égypte.

IACUB
Le crime était presque sexuel.

JAFFRO, RAUZY
L'École désœuvrée. La nouvelle querelle scolaire.

JANKÉLÉVITCH
L'Ironie.
La Mort.
Le Pur et l'Impur.
Le Sérieux de l'intention. Traité des vertus I.
Les Vertus et l'Amour. Traité des vertus II.
L'Innocence et la Méchanceté. Traité de vertus III.

JANOV
Le Cri primal.

JONAS
Le Principe Responsabilité.

JULIEN
Tu quitteras ton père et ta mère.

LABORIT
L'Homme et la ville.

LACOSTE
La Légende de la Terre.

LAÏDI
Le Sacre du présent.

LAPLANCHE
Le Primat de l'autre en psychanalyse.
Vie et mort en psychanalyse.

LEBOVICI
En l'homme, le bébé.

LE BRAS
Les Limites de la planète.

LE DŒUFF
Le Sexe du savoir.

LEGENDRE
Le Crime du caporal Lortie. Traité sur le père.

LEPAPE
Diderot.

LESCOURRET
Levinas.
Introduction à l'esthétique. (Champs-Université)

LORENZ
L'Agression.
L'Envers du miroir.

LORENZ, POPPER
L'avenir est ouvert.

MACHIAVEL
Discours sur la première décade de Tite-Live.

MAHDI
La Fondation de la philosophie politique en islam.

MAJOR
Lacan avec Derrida.

MANENT
La Cité de l'homme.

MANIN
Principes du gouvernement représentatif.

MARX
Le Capital, livre I, sections 1 à 4.
Le Capital, livre I, sections 5 à 8.

MAUCO
Psychanalyse et éducation.

MEAD EARLE
Les Maîtres de la stratégie.

MÉDA
Qu'est-ce que la richesse ?
Le Temps des femmes. Pour un nouveau partage des rôles.
Le Travail. Une valeur en voie de disparition.

MESURE, RENAUT
Alter ego. Les paradoxes de l'identité démocratique.

MEYNET
Lire la Bible.

MILL
L'Utilitarisme.

MILLOT
Freud antipédagogue.

MORIN
La Complexité humaine.

MOSCOVICI
Essai sur l'histoire humaine de la nature.

NASIO
Les Yeux de Laure.

NASSIF
Freud. L'inconscient.

OLIVIER
Les Fils d'Oreste ou la question du père.

PANKOW
L'Homme et sa psychose.

PAPERT
Jaillissement de l'esprit.

PASSET
L'Illusion néolibérale.

PEETERS
Lire la bande dessinée.

PÉRONCEL-HUGOZ
Le Radeau de Mahomet.

PICHOT
La Société pure. De Darwin à Hitler.

POMMIER
Le Dénouement d'une analyse.
Freud apolitique ?
L'Ordre sexuel.

POPPER
La Connaissance objective.

PROKHORIS
Le Sexe prescrit. La différence sexuelle en question.

QUINE
Le Mot et la chose.

RAND, TOROK
Questions à Freud.

REICHHOLF
L'Émergence de l'homme.

RÉMOND
La politique n'est plus ce qu'elle était.

RENAUT
Kant aujourd'hui.

RENFREW
L'Énigme indo-européenne.

RENOU
La Civilisation de l'Inde ancienne d'après les textes sanskrits.

REVAULT D'ALLONNES
Ce que l'homme fait à l'homme. Essai sur le mal politique.
Le Dépérissement politique. Généalogie d'un lieu commun.

ROUDINESCO
Pourquoi la psychanalyse ?

RUSSELL
Signification et vérité.

SADOUL
Tintin et moi.

SAUVERZAC
Françoise Dolto. Itinéraire d'une psychanalyste.

SCHMITT
La Notion de politique. Théorie du partisan.

SCHUMPETER
Impérialisme et classes sociales.

SERRES
Atlas.
Le Contrat naturel.
Éclaircissements.
Éloge de la philosophie en langue française.
La Légende des anges.
Les Origines de la géométrie.
Statues.

SIBONY
Psychanalyse et judaïsme. Questions de transmission (inédit).

SPAEMANN
Notions fondamentales de morale (inédit).

STAROBINSKI
1789. Les Emblèmes de la raison.

STEINER
Martin Heidegger.

STOETZEL
La Psychologie sociale.

STRAUSS
Droit naturel et histoire.

SUN TZU
L'Art de la guerre.

TAYLOR
Multiculturalisme.

THIS
Naître... et sourire.

TISSERON
Le Mystère de la chambre claire.
Psychanalyse de la bande dessinée.

URVOY
Les Penseurs libres dans l'Islam classique.

VALADIER
L'Église en procès. Catholicisme et pensée moderne.

VERNANT
Introduction à la logique standard. (Champs-Université).

WALLON
De l'acte à la pensée.

WEBER
L'Éthique protestante et l'esprit du capitalisme (traduction inédite).
Hindouisme et bouddhisme (traduction inédite).

WOLTON
Éloge du grand public.
Internet et après ?
Naissance de l'Europe démocratique.
Penser la communication.

BIOGRAPHIES

BAVEREZ
Raymond Aron.

BORCH-JACOBSEN
Lacan. Le maître absolu.

BOUJUT
Wim Wenders.
DEBRÉ
Pasteur.
EISNER
Fritz Lang.
ÉRIBON
Michel Foucault.
FRANCK
Einstein, sa vie, son temps.
HURWIC
Pierre Curie.
LEPAPE
Diderot.
LESCOURRET
Emmanuel Levinas.
LOCHAK
Louis de Broglie. Un prince de la science.
MERLEAU-PONTY
Einstein.
PENROSE
Picasso.
SAUVERZAC
Françoise Dolto.
SCHIFANO
Luchino Visconti.
STEINER
Martin Heidegger.
URVOY
Averroès. Les ambitions d'un intellectuel musulman.
Les penseurs libres dans l'islam classique

ART

ARASSE
Le Détail. Pour une histoire rapprochée de la peinture.
BALTRUSAITIS
Aberrations. Les perspectives dépravées I.
Anamorphoses. Les perspectives dépravées II.
Le Moyen Âge fantastique.
La Quête d'Isis.
BAZAINE
Le Temps de la peinture.
BONNEFOY
Rome 1630.
BRAUDEL
Le Modèle italien.
BRUSATIN
Histoire des couleurs.
Histoire de la ligne.
CHAR
La Nuit talismanique.
CHASTEL
Fables, Formes, Figures (vol. I et II).
Introduction à l'histoire de l'art français.
CHRISTIN
L'Image écrite ou la déraison graphique.
DAMISCH
Le Jugement de Pâris.
L'Origine de la perspective.
DIDI-HUBERMAN
Fra Angelico. Dissemblance et figuration.
DUCHAMP
Duchamp du signe.
Notes.
FUMAROLI
L'École du silence.
GRABAR
L'Iconoclasme byzantin.
Les Voies de la création en iconographie chrétienne.
HASKELL
La Norme et le caprice.
HECK
L'Échelle céleste.
LE CORBUSIER
Urbanisme.
L'Art décoratif d'aujourd'hui.
Vers une architecture.
LICHTENSTEIN
La Couleur éloquente.
MÂLE
Notre-Dame de Chartres.
MARIN
Détruire la peinture.
MOREL
Les Grotesques. Les figures de l'imaginaire dans la peinture italienne de la fin de la Renaissance.
MOULIN
L'Artiste, l'institution et le marché.
OBALK
Andy Warhol n'est pas un grand artiste.
PANOFSKY
La Renaissance et ses avant-courriers dans l'art d'Occident.
PENROSE
Picasso.
PHILIPPOT
La Peinture dans les anciens Pays-Bas.
SEGALEN
Chine, la grande statuaire.
SEZNEC
La Survivance des dieux antiques.
SHATTUCK
Les Primitifs de l'avant-garde.
STEIN
Le Monde en petit. Jardins en miniature et habitations dans la pensée religieuse d'Extrême-Orient.
WÖLFFLIN
Réflexions sur l'histoire de l'art.

CINÉMA

BORDE, CHAUMETON

Panorama du film noir américain (1944-1953).

BOUJUT

Wim Wenders.

EISNER

Fritz Lang.

GODARD PAR GODARD

Les Années Cahiers.
Les Années Karina.
Des années Mao aux années 80.

PASOLINI

Écrits corsaires.

RENOIR

Ma vie et mes films.

ROHMER

Le Goût de la beauté.

ROSSELLINI

Le Cinéma révélé.

SCHIFANO

Luchino Visconti. Les feux de la passion.

TRUFFAUT

Le Plaisir des yeux.

CHAMP-UNIVERSITÉ

BARBEROUSSE, KISTLER, LUDWIG

La Philosophie des sciences au XXe siècle.

CAIRE

L'Histoire en France du Moyen Âge à nos jours.

COGARD

Introduction à la stylistique.

ENCINAS DE MUNAGORRI,LHUILIER

Introduction au droit.

DAVID,SAMADI

La Théorie de l'évolution. Une logique pour la biologie.

GIRAUD

La Théorie des jeux.

HILDESHEIMER

Du Siècle d'or au Grand Siécle.L'État en France et en Espagne,XVIe-XVIIe siècle.

HUGONIOT

Rome en Afrique. De la chute de Carthage aux débuts de la conquête arabe.

JOURDAN

L'Empire de Napoléon.

LESCOURRET

Introduction à l'esthétique.

MERVIN

Histoire de l'islam. Fondements et doctrines.

ROUVILLOIS

Droit constitutionnel. La Ve République.
Droit constitutionnel. Fondements et pratiques.

SEILLER

Droit administratif. I. Les sources et le juge.
Droit administratif. II. L'action administrative.

SOLEIL

Introduction historique aux institutions.

THIREAU

Introduction historique au droit.

VERNANT

Introduction à la logique standard.

Achevé d'imprimer en juillet 2008
sur les presses de l'imprimerie Maury-Imprimeur
45330 Malesherbes

N° d'éditeur : L01EHQN000225N001.
Dépôt légal : 3e trimestre 1981 .
N° d'impression : 08/07/139553.

Imprimé en France